경상대학교 사회과학연구원 사회과학연구총서 17

대학서열체제 연구 : 진단과 대안

경상대학교 사회과학연구원 엮음

정진상·김영석·이두휴·황갑진·최태룡·이전·이종래·김경근 지음

2005년도
대한민국학술원
기초학문 육성
"우수학술도서"
선정

한울
아카데미

국립중앙도서관 출판시도서목록(CIP)

대학서열체제 연구 : 진단과 대안 / 경상대학교 사회과학
연구원 엮음 ; 정진상...[등]지음. -- 파주 : 한울, 2004
  p. ; cm. -- (한울아카데미 ; ;710)(경상대학교 사회과학연
구원 사회과학연구총서 ; 17)

ISBN 89-460-3332-0 93330

377-KDC4
378-DDC21   CIP2004002168

책머리에

　입시지옥을 해소하고 중등교육을 정상화하기 위해 대학입시제도를 개혁해야 한다는 이야기는 이제 진부한 이야기가 되었다. 역대 정부가 대학입시제도를 개선하기 위해 얼마나 다양한 정책을 내놓았는가? 최근에 또다시 교육부가 '2008년도 대학입시 개선방안'을 내놓았다. 그러나 대학입시의 방법을 이리저리 바꾸는 것으로는 문제를 해결할 수 없다. 대학입시가 문제인 것은 대학의 숫자가 적어서도 입시방법이 특별히 나빠서도 아니다. 대학입시의 본질은 강고한 '대학서열체제'로 인한 무한경쟁에 있다. 모든 대학이 서울대를 정점으로 획일적인 서열체제 속에 있는 한, 학생은 한 단계라도 더 높은 서열의 대학에 입학하려 하기 때문에 입시 위주 교육에서 벗어날 수 없다. 지금까지 입시개혁은 대학서열체제를 그대로 둔 채 경쟁의 방법만 바꾸려 했기 때문에 효과를 거둘 수 없었다. 일렬로 된 대학서열체제에서 한 단계라도 위 서열의 대학에 모든 학생들이 입학하고자 하는데 어떻게 무한경쟁이 없어지겠는가?

　대학서열체제는 대학입시를 매개로 한국교육의 총체적 모순을 낳고 있는 주범이다. 단 한번의 대학입시로 인생의 등급이 매겨지기 때문에 중등학교는 오직 입시 위주 교육에 매달릴 수밖에 없다. 일단 대학입시의 관문을 통과하기만 하면 대부분의 대학생들은 입학할 때의 서열에 따른 졸업장을 보장받기 때문에 학과공부 대신에 각종 고시나 취직시험에 매달린다. 이로 인해 초중등교육이 황폐화되고 대학은 취업준비기관으로 전락한 지 오래이다. 대학서열체제로 인한 모순은 교육문제로 그치지 않고 막대한 사회적 비용을 초래하고 있다. 막대한 사교육비를 동원한 점수따기 경쟁은 계급재생산의 기제로 작용하고 있다. 과도한 사교육비 부담은 서민들의 생활의 질을 떨어뜨리고 노동자들의 초과노동을 강요하고 있다. 수도권 대학과 지방대학의 서열화로 인해 지역불균형을 심화시키고 있다. 명문대학의 동문패거리는 부정부패의 온상이 되고 있다. 대학서열로 인한 학벌주의는 국민들의 가슴 속에 빗나간 우월감과 절망적인 열등감을 재생산하고 있다.

그렇다면 대학서열체제가 유지되고 강화되는 이유는 무엇인가? 그것은 학벌주의가 우리 사회의 지배이데올로기로 군림하고 있기 때문이다. 학벌주의가 지배하는 학벌사회에서 대학은 학문을 생산하고 전수하는 본연의 기능을 상실하고 학벌 혹은 권력을 취득하는 장으로 변질된다. 학벌주의는 학교의 외부에 있다. 이 외부의 힘이 학교를 지배하는 것, 이것이 오늘날 입시 위주 교육으로 나타나는 우리의 교육 모순을 야기하는 핵심 요인이다. 학벌주의 타파가 교육 정상화의 전제라는 주장은 우리 교육 모순의 정곡을 찌르는 이와 같은 분석에서 나온 것이다. 학벌주의는 비단 교육 모순을 야기하기 때문만이 아니라 그 자체로 악이기 때문에 타파되어야 한다. 문제는 학벌주의는 그 자체를 공격해 타파할 수 있는 그런 실체가 아니라는 점에 있다. 학벌주의는 정치, 경제, 사회, 문화 등 사회의 모든 영역에서 사람들을 지배하는 이데올로기가 되어 있기 때문이다. 학벌주의가 단순히 원시신앙과 같은 미신이라면 의식개혁을 통해 그것으로부터 벗어날 수 있겠지만, 그것은 학벌이라는 사회적 실체와 뗄 수 없는 관계에 있기 때문에 학벌을 타파하지 않는 한 우리는 결코 학벌주의에서 벗어날 수 없다. 그러면 어떻게 학벌과 학벌주의를 타파할 수 있는가?

학벌주의는 무한입시경쟁을 야기하는 대학서열체제를 재생산하는 결정적인 원인이지만, 거꾸로 학벌을 생산하는 기제 내지 공장이 바로 대학서열체제이기도 하다. 따라서 우리가 학벌주의 자체를 타파할 수 없다면, 학벌을 생산하는 공장에 눈을 돌려야 한다. 학벌주의를 타파하는 가장 빠르고 확실한 방법은 학벌을 생산하는 대학서열체제를 혁파하는 것이다. 그리고 대학서열체제 혁파는 학벌과 학벌주의를 타파하는 유일한 방법이기도 하다. 왜냐하면 지금의 학벌주의는 생성단계에 있는 것이 아니라 이미 우리 사회에 깊이 뿌리를 내리고 있어서 어떤 부분적인 극복대책으로는 그것을 타파할 수 없기 때문이다.

이 책은 공동연구로 기획되었다. 작년(2003) 봄, 내가 책임을 맡고 있는 경상대 사회과학연구원에서는 대학서열체제를 체계적으로 분석하기 위해 '대학개혁 연구팀'을 구성했다. 경상대에서 김영석, 황갑진, 최태룡, 이종래, 이전 교수가 참여하고 그 동안 대학서열체제를 연구해온 여수대 이두휴 교수와, 이미 몇 년 전에 『대학서열 깨기』를 펴낸 전북대 김경근 교수가 합류했다. 우리는 대학서열체제의 현황과 문제점 분석, 외국 대학제도 사례연구, 구체적인 개혁안 마련 등으로 전체 연구과제를 구성하고 연구와 집필을 분담한 뒤 매달 만나 토론을 벌였다. 연구와 설문조사, 그리고 토론을 통해 우리는 처음에 가지고 있던 가설들에 현실적 근거들을 붙일 수 있었다. 공동연구자들의 협력이 아니었다면 이 책은 엄두도 내지 못했을 것이다.

이 책은 서설과 2부로 구성되어 있다. 서설 '대학서열체제에 관한 담론의 구조'에서는 대학서열체제와 학벌문제가 사회문제로 제기된 배경을 검토하고 이 문제를 해소하는 방법을 둘러싸고 대립하고 있는 담론구조를 분석한다. 김영석은 이러한 대립된 주장들이 전제하고 있는 개념, 가치, 사실의 측면에서 담론의 지형을 분석하고 있다. 제1부는 대학서열체제의 현황과 문제들을 분석하는 다섯 개 장으로 구성되어 있다. 제1장 '대학서열체제의 형성과 현황'은 대학서열체제가 형성된 역사적 과정을 추적하고 대학서열의 구체적 특성을 지역간, 설립유형별, 설립연도별, 전공계열별 서열로 나누어 분석한다. 이두휴는 수능성적을 기준으로 획일화되어 있는 현행 대학서열이 대학의 교육력과는 무관한 허구적 서열임을 밝히고, 대학서열체제가 형성된 요인으로서 국가의 교육정책과 사회·경제적 요인을 분석하고 있다. 제2장 '입시 위주 교육과 중등교육문제'는 대학서열체제로 인한 입시교육이 중등교육을 황폐화시키고 있다는 사실을 밝힌다. 황갑진은 입시교육이 초래하는 중등교육의 황폐화 현상을 학교운영, 교과교육, 학교생활, 과외활동 등으로 나누어 분석하고 대학서열체제의 해소가 입시교육을 탈피할 수 있는 선결요건이라고 주장한다. 제3장 '대학서열체제와 대학교육: 서열화와 황폐화'는 서울대를 정점으로 하는 대학서열체제가 각 대학의 교육여건이나 교육력과는 무관하게 형성되어 있어 대학간 경쟁을 오히려 저해하고 있음을 밝힌다. 이종래는 학벌주의와 계급재생산 기제를 통해 대학서열체제가 재생산되는 메커니즘에 특히 주목하고 있다. 제4장 '대학서열체제의 사회적 함의'는 대학서열체제로 인해 발생하는 여러 사회문제들을 검토한다. 최태룡은 대학서열체제로 인해 경제적 자원의 낭비, 연고주의의 확산과 부정적 자기 관념, 지방의 저발전 등이 초래되고 있다고 분석한다. 제5장 '대학서열체제에 대한 사회조사'는 대학서열체제의 현황과 우리 연구팀이 구상한 대안정책에 대한 시민들의 의식을 경험적으로 확인하기 위해 2004년 4월 26일부터 4월 30일까지 실시한 이메일 설문조사를 분석한 것이다. 최태룡과 이전은 이 조사 자료를 토대로 대학서열체제의 실태, 대학서열체제의 문제점 인식, 대학서열체제와 사교육, 대학서열화와 대학교육, 대학서열체제의 개혁방안 등에 관한 의식조사 결과를 분석하고 있다.

제2부에서는 서구 주요 국가들의 대학제도를 입시제도에 초점을 맞

추어 분석하고 이를 타산지석으로 삼아 한국의 대학서열체제 혁파방안을 제시한다. 제6장 '대학교육의 새로운 패러다임: 프랑스의 대학 문호 개방'에서는 교육민주화라는 관점에서 프랑스의 개방입학체제가 도입된 과정과 개요를 소개한다. 김경근은 프랑스의 대학제도가 20세기 교육의 도전, 즉 교육수요의 폭발이라는 양의 도전을 이겨낸 사례로 파악하고 있다. 제7장 '독일 대학제도의 형성과 변화: 공교육 중심의 사례'에서는 독일 대학의 설립의 기원에서부터 시작해 개방입학제와 양적 팽창, 대학제도의 근대화 과정을 다루고 최근 독일 대학의 위기 논쟁을 소개하고 있다. 이종래는 독일 대학교육이 역사적 변천에도 불구하고 공교육 중심주의를 고수하고 있다는 점을 중요한 특징으로 파악한다. 제8장 '미국의 대입제도: 공립대학의 차별적 평준화정책을 중심으로'에서는 개방입학체제를 둘러싼 논쟁과 함께 미국 대학의 입학제도를 소개하고 캘리포니아 주를 사례로 공립대학의 차별적 평준화정책을 분석한다. 김영석은 세계 어느 나라보다 경쟁을 강조하는 미국의 경우에도 공정한 경쟁을 강조하며 나아가 입학생의 성적에 의한 경쟁이 아니라 교육의 질로 경쟁하는 대학간 경쟁이 이루어지고 있다는 점을 강조하고 있다. 제9장 '대학서열체제 혁파방안: 국립대 통합네트워크'에서는 구체적이고 현실적인 개혁방안을 제시하고 그 실천방안을 모색한다. 정진상은 단순히 입시제도 개선이 아니라 대학제도를 포함하는 입학제도의 전면적 개혁방안인 국립대 통합네트워크는 현재의 정치 지형에서는 당장 실행에 옮기기는 힘들겠지만, 교육운동을 통해 실현가능한 개혁방안이라고 역설한다.

우리는 연구 진행과정에서 중간 성과들을 발표해 문제를 공론화하는 한편 많은 논평자들의 도움을 받을 수 있었다. 2003년 가을, 연구에 탄력이 붙을 즈음 경상대 사회과학연구원에서는 우리가 대학서열체제 혁파방안으로 마련한 '국립대 통합네트워크'의 초안을 발표하는 정책토론회를 열었다. 이때 토론자로 참석한 교수노조 학문정책위원장 강내희 교수, '학벌없는 사회' 이철호 사무처장, '참교육을 위한 전국학부모회' 김정금 부회장이 유익한 논평을 해주어 초안을 가다듬을 수 있었다. 2003년 12월 13일에 범국민교육연대 주최로 열린 '평준화학술대회'는 대학평준화 문제가 교육운동의 주요 의제로 부각된 의미있는 행사였는데, 이때 성공회대 조희연 교수와 '학벌없는 사회' 이철호 사무처장의 논평과 제언은 이 연구가 구체성을 더하는 데 중요하게 기여했다. 2004년 7월 14일 연구의 최종결과를 발표하는 심포지엄 '대학서열체제의 제 문제와 국립대 통합네트워크 구축'에서는 경상대 김용주 교수, 경남체육고 정경우 선생님, 경성대 김희복 교수, 독일 브레멘대 박사과정 이상호 님이 유익한 논평을 해주었다. 또 2004년 8월 5일에는 민주노동당 최순영 의원실 주최로 '서울대 폐지: 국공립대 통합네트워크'를 주제로 토론회가 열렸는데, 이때 토론자로 참여한 교육혁신위원회 김민남 선임위원, '학벌없는 사회' 정세근 연구위원장, 교육부 박백범 고등교육정책과장의 논평도 유익했다. 8월 10일에 범국민교육연대와 민주노동당 정책위원회가 공동 주최한 '주요국의 대학체제와 한국 대학의 개혁방안'을 주제로 한 토론회에서 서울대 김세균 교수와 해양대 김용일 교수는 우리가 미처 발견하지 못했던 약점들을 짚어주었다.

이 외에도 많은 분들이 우리 공동연구를 자극하고 도움을 주었다. '학벌없는 사회'는 대학서열체제와 학벌문제를 선구적으로 제기해 학벌타파운동을 전개해왔는데, 홍세화, 홍훈 공동대표와 김상봉, 김재홍, 조동섭 연구위원 등 여러분들이 우리 공동연구를 격려하고 애정어린 비판을 해주었다. 최근에 '대학평준화'를 기치로 대학개혁 문제를 본격적으로 제기하기 시작한 진보교육연구소의 천보선, 손지희 연구원 등 여러분들이 동지적 유대를 표하면서 우리 공동연구를 다그쳤다. 또 전교조 원영만 위원장, 장혜옥 수석부위원장, 조희주 부위원장을 비롯한 많은 분들이 우리 공동연구를 환영하며 아낌없는 격려를 보내주었다. 범국민교육연대 공동대표를 맡고 있는 상명대 박거용 교수와 교육개혁시민운동연대 대표인 부산교대 심성보 교수, '함께하는 교육시민모임' 김정명신 대표', 그리고 안승문 서울시 교육위원은 이 개혁안의 취지에 전폭적으로 지지하면서 토론의 장을 열어주었다. 민주노동당 정책위원회의 주대환 의장, 문성준 정책국장, 송경원 연구원과 최순영 의원실의 홍은광 보좌관은 동지적 연대로 토론에 함께 참여했다. KBS 교육대토론, KBS 코리아의 대학개혁토론, KBS 라디오 열린토론, EBS 교육대토론, 마산 MBC 초대석, 한겨레신문 남종영 기자, 진주신문 서성룡 기자, 오마이뉴스 윤근혁 기자와 윤성효 기자는 공동연구의 성과를 공론화하는 데 중요한 역할을 했다. 한국학술진흥재단은 이 연구를 위한 사회조사, 학술행사 및 집필에 재정적 지원을 해주었으며, 특히 윤언균 부장의 도움이 컸다. 경상대 사회과학연구원 김혜자, 박봉선 조교는 연구 진행과정에서 자질구레한 일들을 기꺼이 도와주었다. 이 모든 분들에게 감사한다.

이 연구를 시작한 이후 대학서열체제와 학벌주의는 공론의 장에서 혁파의 대상으로 떠올라 앞으로 교육운동의 중요한 과제가 될 전망이다. 이 책이 대학서열체제라는 모순을 인식하고 그것을 혁파하는 데 조그만 기여가 되기를 바란다. 끝으로 1988년부터 16년 동안 매주 만나 세미나를 같이 해온 진주사회과학연구회 동료 교수들의 격의 없는 토론은 우리가 새로운 일거리를 발견하고 추진하는 마르지 않는 샘인데, 출간의 기쁨을 이들과 함께 나누고 싶다.

2004년 11월 19일
경상대학교 사회과학연구원장 정진상

차 례

책머리에 ·· 3

서설: 대학서열체제에 관한 담론의 구조 / 김영석 ······················· 19
    1. 서론 ··· 19
    2. 대학서열체제 및 학벌문제를 바라보는 다양한 시각 ··············· 20
        1) 대학서열체제 및 학벌문제에 관한 논의의 형성과정 ········· 21
        2) 대학서열체제를 바라보는 관점의 대립 ······························ 23
    3. 대학서열체제 담론의 주요 쟁점들과 개념상의 충돌 ··············· 26
        1) 학력(學歷), 학벌(學閥), 학력(學力), 실력(實力): 현재 질서의 공정성 문제 ··· 27
        2) 획일적 서열체제와 하향 평준화 ·· 29
        3) 국제경쟁력과 공교육 정상화 ·· 31
        4) 엘리트 교육과 특성화 교육 ·· 33
    4. 현실론과 패배론을 넘어서 ··· 35

제1부 대학서열체제의 현황과 문제들

제1장 대학서열체제의 형성과 현황 / 이두휴 ································ 39
    1. 서론 ··· 39
    2. 대학서열체제의 특성 ·· 41

    1) 대학서열과 서열체제의 형성 ·· 41
    2) 대학서열과 서울대학교 ·· 43
    3) 대학서열의 구체적 특성 ·· 46
    4) 대학서열의 허구성 ·· 51
  3. 대학서열체제의 형성과정 ··· 54
    1) 서열체제의 형성: 교육수요의 서울 집중 ······························ 54
    2) 서열체제의 공고화: 수도권 집중과 지방대학의 위기 ············ 57
    3) 대학서열체제의 공고화과정에 대한 논의 ······························ 61
  4. 대학서열체제의 형성에 영향을 미친 요인 ······························· 64
    1) 국가의 교육정책과 대학서열체제의 형성 ······························ 65
    2) 사회·경제적 요인 ·· 68
    3) 국가의 수도권정책 ·· 83
  5. 결론: 대학서열을 바라보는 눈 ·· 84

제2장 입시 위주 교육과 중등교육문제 / 황갑진 ···················· 90

  1. 서론 ··· 90
  2. 중등교육의 문제점 ·· 92
    1) 학교운영의 문제점 ·· 93
    2) 교과교육 ·· 100
    3) 일상생활과 특별활동 ·· 105
    4) 대학입시제도와 과외활동 ·· 108
  3. 중등교육 문제점에 관한 상반된 시각 ···································· 111
    1) 기능론적 관점 ··· 112
    2) 갈등론적 관점 ··· 115
  4. 결론 ··· 117

제3장 대학서열체제와 대학교육: 서열화와 황폐화 / 이종래 ············ 123

  1. 서론: 대학의 위기 ··· 123
  2. 선행연구 검토 및 연구목적 ·· 126
  3. 대학교육의 현황 ··· 131
    1) 대학의 양적 성장 ·· 131
    2) 대학교육의 내용 ·· 136
  4. 대학서열화의 구조적 요인 분석 ·· 141
    1) 학벌주의 ·· 141

2) 계급고착화 ··· 147
　5. 결론: 한국적 특수성으로서 대학서열화 ·················· 153

제4장 대학서열체제의 사회적 함의 / 최태룡 ············· 158
　1. 서론 ·· 158
　2. 대학서열체제와 사회문제 ······································ 162
　　1) 경제적 자원의 낭비 ·· 162
　　2) 연고주의의 확산과 부정적 자기관념 ··················· 164
　　3) 지방의 저발전 ·· 166
　3. 대학서열체제 개혁안과 그에 대한 반응들 ·············· 169
　　1) 제안된 학벌주의 극복 방안들 ··························· 169
　　2) 국립대 통합네트워크 구상 ································ 171
　　3) 국립대 통합네트워크 구상에 대한 반응들 ··········· 172
　　4) 부정적 반응 비판 ·· 174
　4. 기득권 구조로서의 대학서열체제 ··························· 181

제5장 대학서열체제에 대한 사회조사 / 최태룡·이전 ······ 189
　1. 조사의 개요 ··· 189
　　1) 조사설계 ·· 189
　　2) 조사의 진행 ··· 196
　2. 자료의 성격 ··· 198
　　1) 인구학적 배경변수들 ·· 198
　　2) 사회·경제적 배경변수들 ··································· 200
　3. 조사결과와 분석 ··· 202
　　1) 대학서열체제의 실태 ·· 202
　　2) 대학서열체제 문제점의 인식 ······························ 212
　　3) 대학서열체제와 사교육 ····································· 219
　　4) 대학서열화와 대학교육 ····································· 224
　　5) 현행 대학서열체제의 강화 요인 ························· 228
　　6) 대학서열체제의 개혁방안 ··································· 230
　4. 결론과 토의 ··· 236

제2부 외국대학의 사례들과 대학서열체제 혁파방안

제6장 대학교육의 새로운 패러다임: 프랑스의 대학 문호개방 / 김경근 ······ 241
1. 서론 ······ 241
2. 대학 문호개방과 교육 민주화 ······ 242
3. 개방된 대학과 폐쇄적인 그랑 제꼴 ······ 246
4. 대학의 자구 노력 ······ 249
5. 量의 도전과 대학의 응전 ······ 251
6. 대학교육의 새로운 패러다임 ······ 254
7. 맺음말 ······ 257

제7장 독일 대학제도의 형성과 변화: 공교육 중심의 사례 / 이종래 ······ 260
1. 독일 대학제도의 역사적 형성과정 ······ 260
   1) 독일 대학설립과 운영원칙의 형성 ······ 262
   2) 개방입학제와 대학의 양적 팽창 ······ 264
   3) 대학제도의 근대화 ······ 266
2. 독일 대학의 현황 ······ 271
   1) 독일 대학의 종류 ······ 271
   2) 독일 대학의 인적 구성 ······ 274
   3) 신입생 선발제도 ······ 278
   4) 학사운영 ······ 282
3. 독일 대학의 위기논쟁 ······ 285
   1) 학생수의 증가와 학업이수기간의 장기화 문제 ······ 286
   2) 대학교육재정의 압박과 대학교육의 시장화 논쟁 ······ 289
   3) 대학교육의 효율성문제와 진단 ······ 291
4. 결론: 독일 대학교육제도의 함의 ······ 294

제8장 미국의 대입제도: 공립대학의 차별적 평준화정책을 중심으로 / 김영석 ··· 299
1. 서론 ······ 299
2. 미국대학의 입학자격조건 ······ 301
   1) 고등학교 성적 ······ 302
   2) 수학능력시험 ······ 304
3. 선별성을 기준으로 한 대학간 계층구조 ······ 309

4. 개방입학체제를 둘러싼 논쟁 ··················· 313
      1) 개방입학체제 논쟁의 맥락 ··················· 314
      2) 개방입학체제의 성과 ······················ 315
      3) 보수진영의 반격 ························· 316
   5. 사립대학과 공립대학 간의 전쟁 ················ 317
      1) 사립대학의 반격 ························· 317
      2) 선별적 학생선발체제의 부작용 ················ 320
   6. 공립대학의 차별적 평준화정책: 캘리포니아 주를 중심으로 ········ 322
      1) 캘리포니아 주의 공립대학시스템과 학생선발방식 ······· 323
      2) 캘리포니아 공립대학 입학체제의 함의 ············ 325
   7. 미국 대학의 입학정책이 우리에게 주는 시사점 ········· 327

제9장 대학서열체제 혁파방안: 국립대 통합네트워크 / 정진상 ········ 332
   1. 서문 ································· 332
   2. 몇 가지 원칙들 ························· 334
   3. 대학과 대학원 제도 ······················ 337
   4. 대학입학제도 ·························· 347
      1) 학부입학제도 ························· 347
      2) 대학원입학제도 ······················· 353
   5. 국립대 통합네트워크의 운영 ················· 354
   6. 부대적 제도개혁 ························ 361
      1) 지역균형인재등용제도와 고시제도의 개혁 ·········· 361
      2) 사립학교제도의 개혁 ···················· 364
      3) 조세제도의 개혁 ······················ 365
   7. 국립대 통합네트워크의 기대효과 ··············· 367
   8. 실천방안 ···························· 372
      1) 저항세력들 ························· 373
      2) 개혁의 주체 세력 ····················· 379
      3) 실천전략 ·························· 385
   9. 맺음말 ······························ 387

<표 차례>

<표 1-1> 지역별 대학수능시험 평균 백분위의 변화 47
<표 1-2> 지역별·설립유형별 대학수능시험 평균 백분위 48
<표 1-3> 지역별·설립년도별 대학수능시험 평균 백분위의 변화 49
<표 1-4> 지역별·전공계열별 대학수능시험 평균 백분위의 변화 50
<표 1-5> 지역별 4년제 대학의 교수 1인당 재학생수(2002) 51
<표 1-6> 지역별 4년제 대학의 전임교수 대 시간강사 비율 52
<표 1-7> 고등교육수요자의 진학희망대학 소재지 분포 55
<표 1-8> 서울 소재 대학 입학자 중 지방고교 출신 비율(1999학년도) 55
<표 1-9> 수능 상위 5% 이내 학생들의 서울 소재 대학 진학현황 56
<표 1-10> 지역별·연도별 4년제 대학 모집정원 미충원율 57
<표 1-11> 지역별 4년제 대학의 고교졸업자 수용률(2002) 58
<표 1-12> 지역별 대학생 변동현황 59
<표 1-13> 수도권 대학 일반대학 출신 편입자의 출신대학 소재지 61
<표 1-14> 수도권 집중도(2000) 69
<표 1-15> 국내 대기업 사원의 출신대학 분포 70
<표 1-16> 국가고시(행정고시, 외무고시, 기술고시) 합격자의 지역별 분포 71
<표 1-17> 권역별 지역총생산 비중 변화 73
<표 1-18> 연도별 부가가치 구성비의 변화 74
<표 1-19> 종업원 100인 이상 사업체수의 지역별 분포 75
<표 1-20> 총량경제력의 수도권과 지방 간 비교(2000) 77
<표 1-21> 한국사회 각 부문별 주요 인물의 출신지역 분포 78
<표 1-22> 지역별 대형 의료시설 분포(2001년) 79
<표 1-23> 전국 16개 시·도별 문화인프라 현황 80
<표 1-24> 2003년도 A기업 하반기 입사내부 사정 기준 82
<표 1-25> A결혼정보업체의 특별회원 내부 심사기준표 82
<표 2-1> 연도별 진학률과 학급 및 교사 1인당 학생수 93
<표 2-2> 중등학생들의 학교생활 만족도 96
<표 2-3> 학교운영에 대한 학생들의 학교불신 97
<표 2-4> 중등학생들과 교사와의 관계 99
<표 2-5> 교육내용과 방법 만족도 101
<표 2-6> 학생들의 하루 생활시간 106
<표 3-1> 고등교육기관 통계의 변화 추이 133
<표 3-2> 정부 및 교육부, 대학교육 예산 변동 추이 134

<표 3-3> 연도별 대학교 교과과목의 외래강사 담당비율 추이 137
<표 3-4> 2003년 대학별 연구비 총액 순위 139
<표 3-5> 대학수준 및 소재지별 수업충실도 평가 143
<표 3-6> 대학수준별 및 소재지별 학생의 열등감과 좌절감에 대한 주관적 평가 146
<표 3-7> 계층별, 보호자 학력 및 직업별 자녀의 대학수준 149
<표 3-8> 계층별, 보호자 학력 및 직업별 자녀의 대학 소재지 151
<표 4-1> 학벌주의 극복대책 방안들에 대한 찬반의 정도 170
<표 5-1> 응답자의 수와 응답률 197
<표 5-2> 응답자의 성별 분포 198
<표 5-3> 응답자의 연령별 분포 199
<표 5-4> 응답자의 지역별 분포 199
<표 5-5> 응답자의 학력별 분포 200
<표 5-6> 응답자의 주관적 사회계층별 분포 201
<표 5-7> 일반인과 대학생 보호자의 직업별 분포 201
<표 5-8> 명문대의 기준으로서의 중요성의 정도 204
<표 5-9> 명문대 졸업생과 비명문대 졸업생의 차이 208
<표 5-10> 서울 소재 대학 졸업생과 지방대 졸업생의 차이 210
<표 5-11> 대학입시에 있어서의 대학 평판의 중요성 212
<표 5-12> 학벌에 따른 좌절감이나 무력감 경험 213
<표 5-13> 대학생의 소속 대학 위상 평가별 열등감이나 좌절감을 느끼는 정도 215
<표 5-14> 성공에의 노력에 비한 학벌 기여의 중요성 216
<표 5-15> 집안이 부유하면 명문대에 입학하기 쉽다 217
<표 5-16> 지방고교 출신은 명문대에 입학하기 어렵다 218
<표 5-17> 중고생 자녀 여부 219
<표 5-18> 사교육 여부 219
<표 5-19> 과외가 대학입시에 유리하다 220
<표 5-20> 과외수업비용이 생활비에 많은 부담을 준다 221
<표 5-21> 사교육비 수준 222
<표 5-22> 사교육비 비율 222
<표 5-23> 과외가 대학에서의 좋은 성적에 유리하다 223
<표 5-24> 중고교 공부량을 줄이고, 대학 공부량을 늘려야 한다 224
<표 5-25> 대학생의 소속 대학 위상 평가별 대학수업 충실도 평가 224
<표 5-26> 대학생의 소속 대학 위상 평가별 전공수업 습득 충분도 평가 225
<표 5-27> 대학생의 소속 대학 위상 평가별 전공의 적성이나 흥미 부합도 평가 225
<표 5-28> 교수들의 소속 대학 위상 평가별 대학수업 충실도 평가 226
<표 5-29> 교수들의 소속 대학 위상 평가별 대학수업 충실도 평가 227
<표 5-30> 대학에서 학업능력이 떨어지는 학생을 졸업시켜서는 안 된다 227

<표 5-31> 고교평준화를 확대해야 한다	228
<표 5-32> 언론의 대학입시 보도가 대학서열화를 강화시킨다	229
<표 5-33> 정부의 교육정책이 대학서열화를 강화시킨다	229
<표 5-34> 기업의 인사정책이 대학서열화를 강화시킨다	229
<표 5-35> 국가 균형발전을 위해서는 지방대를 집중 지원해야 한다	231
<표 5-36> 지방 공기업이나 공공기관에 지방대생 우대제도를 도입해야 한다	232
<표 5-37> 수능시험을 폐지하고, 대학입학자격시험을 치르자	233
<표 5-38> 국립대 통합네트워크 운영제도를 도입하자	234
<표 5-39> 서울대를 정점으로 하는 대학서열체제는 해소되어야 한다	235
<표 5-40> 서울대 학부 신입생 뽑지 말자	236
<표 7-1> 독일 대학의 종류와 수	272
<표 7-2> 사립대학의 비중 변화 추이	273
<표 7-3> 대학의 인적구성	275
<표 7-4> 독일 대학생의 수	277
<표 7-5> 교수자격과정 통과자수	278
<표 7-6> 신입생과 전공(1학기)학생의 수	281
<표 7-7> 학업이수 추이	283
<표 7-8> 독일 대학 학생수의 변화 추이	286
<표 7-9> 독일 대학재정의 지출구조 추이	291
<표 8-1> 대학입학 사정시 고려하는 주요 요인	301
<표 8-2> 4년제 대학의 교과별 최소 대학준비과정 이수 요구 단위	303
<표 8-3> UC 적격성 지표	325

<그림 차례>

[그림 3-1] 연도별 대학교육 예산의 비중변화 추이	134
[그림 3-2] 연도별 전임교원 1인당 시간강사수의 변동 추이	138
[그림 7-1] 학령인구 대비 종합대학 및 전문대학 입학자격 취득률의 변화 추이	279
[그림 7-2] 독일 대학 재학생과 신입생의 변화 추이	287
[그림 7-3] 신입생과 졸업생의 대비	288
[그림 7-4] 독일 대학재정 수입구조 추이	290
[그림 8-1] 학교 종류별 학생선발정책	311
[그림 9-1] 국립대 통합네트워크 입학제도	355

서설: 대학서열체제에 관한 담론의 구조

김영석

1. 서론

　한국사회가 학벌사회이며, 학벌사회를 만들어낸 주범은 서울대를 정점으로 하는 획일적 대학서열체제에 있다는 주장이 최근에 많은 설득력을 얻어가고 있다. 이러한 주장을 뒷받침하는 여러 가지 증거들이 제시되고 있기도 하지만 더욱 중요한 것은 국민들 대다수가 한국사회가 학벌사회라는 데 공감하고 있고, 그 폐해를 심각한 수준에서 체험하고 있다는 점이다. 나아가 많은 국민들이 현재의 서열화 구조를 과감히 해체하는 급진적(radical) 수준의 변화까지도 원하고 있다는 것은 그다지 놀라운 일이 아니다. 오히려 국민들을 설득하는 것보다 교육관련 전문가들이나 정책관련자들을 설득하는 것이 훨씬 더 어려워 보인다. 국민들은 교육제도에 관한 급진적 변화까지도 수용할 준비가 되어 있는데, 수학능력시험을 조금 쉽게 출제하는 것조차도 망설이고 있는 것이 교육관련 전문가들이나 교육정책당국의 현실이라 할 수 있다.
　교육정책당국이 획일적 대학서열체제의 해체에 당장 나서지 못하는 데에는 여러 가지 이유가 있을 것이다. 교육관료조직의 문제점, 관련 기득권 집단의 이해관계, 설익은 시장만능주의 등 별도의 심층적 분석을 요하는 다양한 원인들이 있겠지만, 여기서 관심을 두고자 하는 것은 그들이 획일적 대학서열체제의 해체에 나서지 않으면서 내놓은 이유들이다. 이러한 핑계들은 단순히 개혁을 더디게 하는 데 머물지 않고 대학서열체제문제의 본질을 흐리고 심지어 '교육은 개혁될 수 없는 것'이라는 패배감마저 조장하는 것들이어서 반드시 짚고 넘어가지 않으면 안 되는 것들이라 할 수 있다.

그런데 문제는 대학서열체제의 해체를 반대하는 주장들이 특정한 대안을 바탕으로 체계화되어 있지 않다는 점이다. 상대의 주장에 대한 산발적 문제제기 방식으로 흩어져 있기 때문에 구체적 실체를 확인하기 어렵다. 물론 대학입시를 대학의 자율에 맡기자, 혹은 선택과 집중에 의한 지원방식을 통해 지방대학을 서울대학 수준으로 끌어올리자는 등 시장원리에 대한 막연한 기대를 바탕으로 한 대학관련정책들이 나오고 있지만 그러한 정책들이 구체적으로 어떻게 서열체제 해소에 기여할 것인지에 대해서는 이렇다 할 설명을 찾기 어렵다. 또 현재의 왜곡된 시장구조를 그대로 둔 상태에서 어떻게 시장이 저절로 서열체제 문제를 해소해줄 것인지 별로 납득이 가지도 않는다. 따라서 다음에서 논의의 대상으로 삼는 주장들은 특정한 개인이나 단체에 의해 공식적으로 제기된 것들이라기보다는 언론이나 토론회 등을 통해서 간접적으로 제기된 것들로, 그 중에서도 현재의 대학서열체제의 획기적인 해체를 반대하는 논리적 근거들을 중심으로 할 수밖에 없다는 점을 밝힌다.

2. 대학서열체제 및 학벌문제를 바라보는 다양한 시각

대학서열체제 및 학벌문제에 대한 반대 주장의 논리적 근거들을 따지기 전에 우선 현재 이 문제를 둘러싼 논의의 구조가 어떻게 형성되어 있는지를 살펴볼 필요가 있다.

1) 대학서열체제 및 학벌문제에 관한 논의의 형성과정

대학서열체제 및 학벌문제가 본격적으로 사회적 쟁점이 되기 시작한 것은 그리 오래되지 않았다. 1990년대 초반까지만 해도 대학서열체제 문제보다는 입시과열문제가 사회적 관심을 독점했는가 하면, 학자들의 관심을 끈 것은 대학교육기회의 확대 문제 혹은 사회적 불균등 문제였다고 할 수 있다. 그러나 입시과열문제는 학부모의 과열된 교육열 때문에 빚어진 것이고 따라서 별다른 해결책도 없는 것으로, 대학교육의 기획균등 문제는 1980년대 이후 전개된 양적 팽창 정책에 힘입어 상당부분 해소된 것으로 여겨져 왔다.

그런데 1996년 강준만의 『서울대의 나라』가 출간되어 사회적 반향을 일으키면서 우리 사회에서 학벌문제가 사회적 부정의의 중요한 원인으로 작동하고 있다는 점이 크게 부각되기 시작했다. 학벌문제가 그때까지 존재하지 않았던 것이 아니라 그 심각성이 새삼스럽게 부각된 것이다. 한편 김영삼 정부 이래 추진되어온 신자유주의적 교육정책이 전면에 등장하면서 서울대의 국제경쟁력이 도마 위에 오르기 시작했고, 입학성적에 의한 서열화보다는 대학간 경쟁을 강조하는 목소리도 생겨나기 시작한다. 그러나 대학의 경쟁력 강화를 내세워 추진되어온 BK21 사업 등은 오히려 서열화를 심화시키는 결과를 초래한다. 한편 김대중 정부 당시 한완상 교육부총리의 이력서상의 학력란 철폐 발언은 학벌문제에 관한 사회적 관심을 다시 한 번 불러일으키는 계기가 되었다.

그러는 와중에 학벌문제의 해소를 부르짖는 '학벌없는 사회' 등과 같은 시민단체가 결성되고, 이를 기회로 이 문제에 대한 비교적 체계적인 분석과 구체적 대안을 제시하려는 움직임이 생겨난다. 서열체제 문제의 본질이나 대안에 대해 시민단체들간의 논쟁이 벌어지기도 하는데, 서열체제 문제의 원인을 선발제도의 문제에서 찾는 입장과 국립대학과 사립대학 간의 격차 해소의 선결을 주장하는 입장이 서로 대립되기도 한다. 한편 서열체제 해소를 주장하는 목소리는 서울대 내부에서도 제기되는데, 장회익 교수를 비롯한 20명의 서울대 교수들이 서울대 학부를 개방하고 여타의 거점 국립대학과의 협력체제를 구축하자고 하는 이른바 '서울대 개방론'을 주장하면서 서열체제 해소를 위한 논의는 더욱 탄력을 받게 된다. 그러나 서울대 개방론은 동시에 '서울대 문제'에 대한 기득권층의 관심과 경계의식을 불러일으키게 되는 계기도 된다.

한편 2002년 대통령 선거는 학벌문제 및 서열체제 문제에 대한 사회적 관심을 증폭시키는 역할을 하게 된다. 이회창 후보와의 차별성을 강조하던 노무현 후보는 '학벌없는 사회'가 주최하는 토론회에 참석하는 등 정치적 슬로건 차원에서나마 학벌문제의 해소를 강조했고, 민주노동당의 권영길 후보는 유럽식 대학평준화를 대선공약으로 제시하기에 이른다. 나아가 고졸 출신인 노무현 후보의 당선은 학벌문제 해소 및 교육개혁에 대한 국민의 기대를 부풀리게 하는 중요한 계기가 된다. 또 노무현 정부 출범 이후 각종 시민단체와 교육관련 단체들이 연합해 학벌문제 해소 및 서열체제 철폐를 주장하는 운동을 본격화하기 시작했으며, 정부에서도 "학벌주의 극복을 위한 종합대책수립계획"을 마련하기로 하는 등 학벌문제 해소에 대한 희망을 엿보게 하는 움직임들이 벌어진다.

그러나 최근에 정부가 보여준 태도는 다소 비관적이라 할 수 있다. 지난 4월 6일 교육인적자원부는 "학벌주의 극복을 위한 종합대책"을 발표했는데, 정부의 대책안에는 서열체제를 어떻게 해소할 것인지에 대한 구체적 로드맵이 제시되어 있지 않을 뿐더러 이마저 경제관련 부처 장들의 반발로 차관의 발표를 장관이 뒤집는 해프닝마저 벌어지는 상황이 벌어지고 말았다. 이러한 과정에서 정부는 대학서열체제 철폐라는 핵심에서 한 발짝 물러나 EBS 수능강의를 통한 사교육비 절감 등과 같은 일회성 이벤트와 함께 국립대학의 구조조정과 같은 시장 친화적 정책에 오히려 힘을 쏟고 있는 실정이라 할 수 있다. 최근에 발표된 수능등급제 방안도 서열체제를 해소하기에는 턱없이 부족한 대책이라 할 수 있다.

그럼에도 불구하고 대학서열체제 철폐 문제는 이미 많은 사회적 관심의 대상이 되고 있다. 지난 총선에서 민주노동당이 대학입시평준화, 서울대 폐지 등을 공약으로 내세워 화제가 된 이래로 일부 방송과 신문에서 이를 본격적으로 다루기 시작했고, 서울대 내부에서도 논의가 활발하게 전개되고 있는 실정이다. 한편 서울대 동문회를 중심으로 기득권을 수호하려는 움직임도 체계화되고 있는 시점이라고 하겠다. 특히, 17대 국회에서 한나라당이 교육위원회를 장악함으로써 교육의 시장화 추세가 더욱 강화될 추세이어서 학벌문제를 둘러싼 논란은 더욱 가중될 전망이다.

2) 대학서열체제를 바라보는 관점의 대립

언론에 보도된 학벌문제 및 대학서열체제에 관한 기사나 칼럼들을 살펴보면, 이 문제를 바라보는 시각은 다양하지만 몇 가지 점에서는 외견상 공통된 의견을 보인다. 첫째, 한국사회의 학벌문제는 시정되어야 할 사회문제라는 것이다. 물론 학벌사회가 어떤 과정을 통해 형성되었으며, 어떤 과정을 통해 해소되어야 할 것인지에 대해서는 다양한 의견차가 존재하지만 일단 한국의 학벌문제는 어떤 방식으로든 해소되어야 한다는 데는 공감하고 있다.

둘째, 어느 정도의 대학간 서열화는 피할 수 없을 뿐더러 어느 정도 필요하다는 것이다. 대학입시의 평준화를 주장하는 입장에서도 입시에 의한 서열화를 반대하고 출발선상에서 공정한 기회를 보장하자는 것이지 대학별 특성화와 교육이나 연구능력에 따른 분야별 서열화는 오히려 장려하고 있다.

결국 이견을 보이는 지점은 이 문제를 어떻게 해소해 갈 것인가 부분에 있다. 물론 방법상의 이견은 문제의 본질을 바라보는 시각과 관련이 되어 있고, 따라서 외견상 일치를 보이는 부분에 대해서도 그 본심에 대해 의심의 눈길을 거둘 수 없는 경우도 있다. 즉, 어떤 방법은 학벌문제나 대학서열화를 공고히 하는 것들인데, 한편으로는 학벌 및 서열체제의 해소를 외치면서 다른 한편으로는 서열화를 심화시키는 방법을 주장할 경우 그 본심을 의심할 수도 있다는 것이다. 그럼에도 불구하고 외견상 존재하는 이견은 방법상에 존재하므로 이를 중심으로 논의를 전개할 수밖에 없다.

학벌·서열화문제를 어떻게 해결해야 할 것인지 대해서는 그야말로 다양한 시각이 존재한다. 그러나 이러한 시각들도 대략 크게 두 가지 범주에 위치시켜볼 수 있다. 전자가 학벌·서열화 문제의 적극적인 시정을 주장하는 쪽이라 하면, 후자는 시장에 의한 자연스러운 해결을 주장하는 쪽이라고 하겠다. 이들은 문제의 규정, 해결책 등에서 상이한 시각을 보이는데 그 내용은 다음과 같다.

첫째, 문제의 본질을 규정하는 데에서 입장차가 존재한다. 학벌·서열화의 적극적 해소를 주장하는 입장에서는 학벌문제와 서열체제 문제가 서로 연관되어 있다고 보는가 하면, 다른 입장에서는 이 두 가지 문제는 서로 무관하다고 보고 있다. 특히, 학벌문제와 대학입시와의 관련 부분이 쟁점이 되는데, 전자는 입학성적에 의한 서열화가 평생을 좌우하는 신분을 결정한다고 보는가 하면, 후자는 입학성적에 의한 서열화는 불가피한데, 문제는 이를 학연으로 묶어서 집단 이기주의화하는 사회분위기가 잘못이라고 주장한다. 대학의 경쟁력이 약한 원인에 대해서도 전자는 획일적 서열화가 대학간 경쟁을 원천적으로 가로막기 때문이라고 보는가 하면, 후자는 국가의 지나친 개입과 방만한 대학 운영 때문이라고 생각한다.
 둘째, 문제의 해결책에 대해서도 다양한 견해가 존재한다. 전자는 입시평준화, 공동학위제 등 구체적 내용을 가진 일련의 조치를 통해서 문제를 적극적으로 해결하자고 주장하는가 하면, 후자는 모든 것을 대학의 자율에 의해 결정하도록 함으로써 대학간 경쟁을 유도하면 시장의 원리에 따라 해결될 것이라고 본다.
 셋째, 문제해결의 전제조건에서도 차이를 보이는데, 전자는 대학간의 격차 해소를 위해 영세 사학의 국공립화와 지방대 지원 및 육성을 주장하는가 하면, 후자는 국립대학의 민영화를 통해 모든 종류의 대학간에 무차별 경쟁을 주장한다. 심지어는 대학의 영리법인화를 주장하기도 한다.
 넷째, 정책의 효과에 대해서도 시각은 서로 상반된다. 전자의 입장에서는 입시평준화나 공동학위제 등의 정책이 대학간의 공정한 경쟁을 유발하고 학벌이 아닌 능력에 의해 평가받는 사회를 만들어 갈 것이며, 대학의 민영화·시장화 정책은 교육기회의 불균등을 심화하고 오히려 학벌문제를 심화시킬 것이라고 본다. 반면 후자의 입장에서는 입시평준화나 공동학위제 등의 정책은 하향 평준화를 초래해 경쟁력을 약화시키는 반면 대학의 민영화·시장화를 통해 경쟁을 유도해 대학의 국제경쟁력을 강화시킬 수 있다고 주장한다.
 다섯째, 정책적 참고 모델에 있어서도 서로 상반된다. 전자의 경우는 주로 프랑스나 독일 등 유럽식 모형이나 미국의 공립대학의 입학정책들을 참조하고 있는 반면 후자는 미국의 사립대학 모형이나 최근 일본에서 추진하고 있는 국공립대 통폐합 및 독립법인화를 참조하고 있다. 전자는 후자에서 참고하고 있는 모형들이 대학의 시장화로 인한 공립대 학비 인상, 공립과 사립 간의 격차 증가 및 교육여건 악화, 교육기회의 불균형 심화 등의 문제를 갖고 있다고 비판하는가 하면, 후자는 전자에서 참고하고 있는 모형들이 대학의 경쟁력을 약화시키고 최근 시장화 추세 속에서 퇴조하고 있는 모형이라고 비판한다.

3. 대학서열체제 담론의 주요 쟁점들과 개념상의 충돌

일반적으로 분석의 대상이 되는 사회적 쟁점은 크게 세 가지 차원, 즉 개념, 가치, 사실의 측면에서 갈등을 내포한다. 똑같은 사안에 대해서도 이를 규정하는 개념에서나, 전제로 하고 있는 가치의 측면에서나, 또 주장이 근거로 하고 있는 사실의 측면에서나 서로 상이점을 보인다는 것이다. 따라서 쟁점을 분석할 때 이 세 가지 측면을 모두 고려하지 않으면 안 되는데, 이 세 가지 측면은 서로가 깊게 연관되어 있다.

대학서열체제와 관련된 여러 쟁점들을 살피다 보면, 역시 이 세 가지 측면에서의 갈등을 쉽게 찾아볼 수 있는데, 그 중에서도 특히 문제가 되는 것은 개념상의 충돌이다. 물론 가치의 측면이나 사실의 측면이 문제가 되지 않는 것은 아니다. 예컨대 대학서열체제에 관련된 가치의 측면을 단순히 교육의 기회균등과 수월성 간의 대립으로 단순화해서 보기 어려운 점이 있다. 현재의 서열화가 과연 수월성을 추구하고 있는 것인지, 또 대학입시의 평준화와 공동학위제가 과연 저소득층의 자녀나 지방의 학생들에게도 똑같은 기회를 부여할 수 있을 것인지에 대해서는 논란의 여지가 다분하다. 사실의 측면도 복잡하기는 마찬가지이다. 최근의 고교평준화와 관련된 연구들에서도 보듯이 평준화의 효과에 대해서 연구자가 견지하는 입장에 따라 다른 결과를 내놓고 있다. 대학입시평준화와 관련한 일부 인용할 만한 사실들이 있지만 진실을 말해주기에는 턱없이 부족하다. 다른 나라의 사례와 관련된 사실들도 아직은 부족하다.

그럼에도 특히 개념상의 충돌이 문제가 되는 것은 대학서열체제에 관한 논의가 전문가와 교육관련 당사자들 간의 진지한 토론에 의해 꾸려지는 것이 아니라 신문지상이나 언론을 활용한 홍보, 비방, 선동에 의해 채워지고 있는 우리의 현실 때문이다. 이 문제와 관련된 논의 당사자들 모두가 그런 것은 아니지만 일부에서는 상대방의 주장을 현실성 없는 것으로, 혹은 하향 평준화식 포퓰리즘으로 규정함으로써 진지한 논의에 들어가기도 전에 김을 빼는 식의 싸움을 전개하고 있기 때문이다. 따라서 개념상의 충돌문제를 정리함으로써 소모적인 논쟁을 피하고 건전한 담론을 형성할 수 있으리라고 기대해보는 것이다.

1) **학력(學歷), 학벌(學閥), 학력(學力), 실력(實力): 현재 질서의 공정성 문제**

교육제도가 발달한 사회라 하더라도 학력(學歷)에 의한 사회적 불균형의 문제는 아직까지 심각하다고 할 수 있다. 특히, 대졸자와 고졸자 간의 차별문제가 주요 이슈가 된다. 대졸자와 고졸자 간의 임금격차가 큰 편인데, 이것이 불공정하다는 것이다. 그 이유는 우선 대학에 입학하는 것이 필수가 아닌 선택의 문제이고, 남들이 대학에서 수학하는 동안 고졸자들은 그 기간만큼 사회적 경험을 하고 직업과 관련된 훈련을 받았는데, 임금상의 차별은 문제가 있다는 것이다. 동시에 대학에 입학하는 기회에 있어서 소수민족이나 저소득층이 불리한데, 이러한 이유 때문에도 역시 학력(學歷)에 의한 차별은 문제가 된다.

그런데 우리 사회의 경우 학력(學歷)에 의한 차별보다는 학벌(學閥)이 훨씬 더 큰 쟁점이 되고 있다. 학력에 의한 차별의 문제가 없어서라기보다는 아직 이 문제에 눈을 돌릴 시간이 없기 때문이라고 할 수 있다. 또 대학진학률이 80%가 넘는 작금의 현실에서 대학교를 가느냐 안 가느냐의 문제가 아니라 어느 대학에 가느냐가 중요한 문제가 될 수밖에 없다.

한편 학벌문제를 제기하는 사람들은 우리 사회에서 특정 학교 출신이 정부나 기업의 요직이나 권력을 독점하기 때문에 능력있는 사람이 성공할 수 있는 기회를 차단하고 있다고 주장한다. 따라서 학벌문제는 능력사회가 아닌 귀속사회 혹은 봉건적 사회질서의 잔재라고 보는 것이다. 공정한 경쟁이나 노력에 의해 그들이 현재의 권력을 누리는 것이 아니라 어느 순간에 자동적으로 부여된 지위 때문에 정당한 보상 이상의 것을 누리기 때문에 문제가 된다고 한다.

그러나 반대로 현재의 학벌 구조를 그다지 문제시하지 않는 입장에서는 특정 학교 출신이 정부나 기업의 요직에 진출하는 것은 공정한 경쟁의 결과라고 생각한다. 즉, 특정 학교에 진학하기 위해서는 높은 학력(學力)이 요구되고 학력은 곧 실력을 의미하므로 실력있는 자들이 요직을 차지하는 것은 자연계의 법칙이라고 생각한다. 따라서 우리 사회의 학벌문제는 사실상 학력(學力)의 차이에 의한 것이므로 문제가 되지 않는다는 것이다.

그런데 사실 학력(學力)을 실력(實力)으로 확장해 보는 것은 문제가 있다. 학력이란 말 그대로 배우는 능력, 즉 수학능력 혹은 학업능력을 말하는데, 이는 능력 혹은 실력의 일부분에 불과한 것이기 때문이다. 또 특정 학교에 진학하기 위한 학력은 진학한 이후에 그 사람이 보여준 학력이 아니라 그 이전에 형성된 능력이기 때문에 이를 통해서 그 사람의 능력을 총체적으로 평가하는 것은 무리가 있다. 그것도 한 사람이 그동안 이루었던 모든 것을 평가하는 것이 아니라 한두 번의 시험을 통해 그 사람을 평가한 것이기 때문에 이를 과대하게 해석하는 것은 많은 무리가 따를 수밖에 없다. 더구나 엄청난 액수의 사교육이 횡행하는 우리나라에서는 부잣집 아이들이 과대평가 받을 수밖에 없는 왜곡된 구조를 가지고 있다. 이 때문에 선진화된 선발제도를 가진 나라에서는 출발선상에서는 기초적인 준비도만 평가하고 직무에 종사한 이후에 자연스럽게 드러난 능력으로 평가를 해가는 시스템을 가지고 있다.

요컨대 우리 사회에서의 학벌은 그것이 가진 명성이나 권력에 비해 실제 학력이나 실력이 뒷받침되지 못하고, 또 이를 유지하기 위한 수단이 실력이나 능력이 아닌 배제와 차별, 독점과 같은 전근대적 수단에 의존하고 있다는 점에서 문제가 된다. 이것이 유독 우리 사회에서 학벌이 문제가 되는 이유가 되기도 한다.

2) 획일적 서열체제와 하향 평준화

현재 진행되고 있는 대학서열체제와 관련된 논쟁은 마치 서열화와 평준화 간의 싸움인 듯 비춰지고 있다. 한쪽은 무조건 줄을 세워야 직성이 풀리는 쪽이고, 다른 한쪽은 무조건 똑같이 만들어야 직성이 풀리는 쪽으로 비춰지고 있다. 서열화라는 말이 순서지운다는 뜻이고 평준화라는 말이 똑같이 만든다는 뜻이다 보니 양자의 주장이 과장되어 들리고 있는 형편이다. 여기에 더하여 획일적 서열화 혹은 하향 평준화와 같은 수식어가 붙어 양자의 입장을 서로 감정적으로 공격하고 있는 형편이다.

그러나 서열화 쪽에 있다고 생각되는 사람들의 주장을 들어보면 모든 학생을 한 줄로 세우기보다는 개인을 특성과 장점에 평가해야 한다고 말하고 있고, 또 평준화 쪽에 서 있는 사람들의 주장도 모든 대학을 똑같이 만들기보다는 전공과 특성에 따라 차별화되기를 원하고 있다. '어느 분야에 있어서는 어느 대학이 좋다'라는 평가를 받아야 한다는 것이다. 결국 개인을 적성과 장점에 따라 평가하고 대학을 전공과 특성에 따라 서열화하는 것에는 별다른 이견이 없어 보인다.

결국 양자가 대립하는 부분은 입시에서의 평준화정책이다. 평준화라는 용어가 특히 문제가 되는 것은 고교입시에서인데, 현재의 고교입학선발제도를 평준화라는 용어로 설명하는 것이 타당한지도 의문이다. 선발정책을 구분할 때는 보통 선별형인지 개방형인지의 용어가 더 많이 쓰이는데 그런 기준에서 우리의 고교입시는 개방형(평준화)보다는 선별형에 가깝다. 연합고사제도가 없어진 이후에도 내신에 의한 학생 선별을 지속하고 있는데다 특수목적고등학교의 경우는 엄청난 입시경쟁을 통해 학생을 선발하고 있다. 현재 논란이 되고 있는 것은 평준화냐 아니냐의 문제라기보다는 과거와 같은 입시를 부활할 것인지의 문제라고 할 수 있다. 그런데 공립고등학교에서 학생을 시험이나 내신과 같은 방법으로 선별하고 있는 나라가 세계적으로 드문 점을 감안하면 왜 이것이 논란거리가 되는지도 모를 지경이다. 차라리 공교육을 유지할 것인지 아니면 그 근간을 무너뜨릴 것인지의 논쟁이 더 적절한데, 최근에 자립형 공립학교라는 용어까지 등장시키는 것을 감안하면 공교육의 근간을 깨는 것마저 염두에 두고 있다는 생각이 든다.

대학입시에 있어서도 평준화라는 용어를 사용해 현재의 구도를 설명하는 것이 그다지 적절치 않아 보인다. 대학입시의 평준화를 주장하는 입장을 살펴보면, 대학입학의 개방화를 주장하는 것이 아니라 오히려 선별적으로 학생을 선발하되 일정 수준 이상의 학생들의 풀을 만들어 여러 대학에 골고루 배치하고 결국 대학간의 공정한 경쟁이 일어나도록 하자는 것이다. 굳이 붙이자면 선별적 평준화정책이라 할 수 있다. 이들이 이러한 선별적 평준화정책을 주장하는 것은 현재의 대학서열체제가 각 대학의 정당한 노력에 의해 형성된 것이 아니라 단순한 입학성적에 따른 것이므로, 입학성적을 비슷하게 배분하면 교육이나 연구 등을 통해 경쟁을 유발해 바람직한 방향에서의 서열화가 이루어질 것이라는 것이다. 즉, 입학성적이 아닌 교육이나 연구능력에 따른 서열화가 이루어져야 한다는 것이다.

반대 입장은 조금 미묘하다. 일단 이들도 겉으로는 입학성적에 의한 서열화를 그다지 바람직하게 보지 않는다. 대학의 연구 및 교육역량에 의한 서열화가 바람직하다는 것이다. 그러면서도 입시평준화 주장에 대해서는 단호히 반대한다. 하향 평준화라는 것이다. 또 엘리트 교육기관이 필요함을 역설한다. 고교입시도 부활해야 한다고 주장한다. 대학입시도 대학에 맡겨서 과거와 같은 본고사 제도의 부활을 열어놓고 있다. 결국 내용상으로는 입시에 의한 서열화를 인정하고 있고, 나아가 더 강화하는 길을 재촉하고 있는 셈이다.

3) 국제경쟁력과 공교육 정상화

학벌·서열화 문제와 함께 우리 교육문제의 또 다른 축을 형성하고 있는 것이 교육의 경쟁력 문제이다. 구체적으로는 대학의 경쟁력 문제와 공교육의 정상화 문제라 할 것이다. 그런데 이들 문제도 사실은 학벌·서열화 문제와 밀접히 관련이 되어 있다. 즉, 학벌·서열화가 대학의 경쟁력을 떨어뜨리고 공교육을 황폐화시킨 주범이라는 것이다. 그런데 엉뚱하게도 반대쪽에서는 섣부른 평준화가 대학의 경쟁력을 떨어뜨리고 공교육을 황폐화시킬 것이라고 주장한다. 양자가 모두 경쟁력과 공교육 정상화를 위해 대학입시의 평준화를 주장하거나 반대하고 있는 셈이다.

그러나 어떤 쪽의 주장이 타당한지, 즉 어떻게 해야 공교육이 정상화되는지를 단순히 평준화정책과 관련해 평가하기에는 무리가 있다. 경쟁력이나 공교육정상화와 관련해 너무도 많은 변수들이 개입되어 있는데다 국제경쟁력이나 공교육 정상화와 같은 개념 자체가 모호할 뿐더러 현재 제시되고 있는 정책대안들이 어떻게 국제경쟁력 강화나 공교육 정상화와 관련이 있는지도 모호하다.

우선 대학의 경쟁력이라는 용어는 현실에서는 전혀 다른 맥락에서 사용되고 있다. 대학의 경쟁력이란 말을 있는 그대로 보자면 대학이 사회적으로 효용가치가 높은 연구성과를 보다 많이 생산해내고, 양질의 인력을 생산해낸다는 의미이다. 그러나 이 주장은 결국 대학은 사회적으로 유용한 기술을 생산해내고 양질의 인력을 생산해내는 기관이어야 한다는 것을 전제하고 있다. 그러나 대학은 또 다른 존재 이유, 즉 학문의 자유를 추구하는데, 우리 대학은 오히려 학문의 자유보다는 철저히 국가적 목적에 따라 운영되고 국가적 목적에 필요한 인력을 양성하는 데 치중해왔다. 그런데 이제는 똑같은 이유 때문에 경쟁력이 없다는 이야기를 듣고 있는 셈이다.

또 경쟁력이라는 용어는 지방대학이나 낮은 서열의 대학에는 적용되지 않는 용어이다. 현재 지방대는 교수들은 나태하고 학생들은 무능해서 정리하지 않으면 안 될 대상으로 여겨지고 있는데, 취업의 기회가 서울로 집중하고 있는 현실에서 지방대에 경쟁력을 가지라는 말 자체가 성립되지 않는다. 취업의 기회를 원천적으로 상실해 의욕이 저하된 학생들을 데리고 교육해야 하는 지방대의 입장에서는 대학의 경쟁력이란 곧 생존 여부를 묻는 위협적인 용어로 다가온다. 최근의 정부정책은 학교를 통폐합하고 학생정원을 줄이는 구조조정이 곧 경쟁력이라고 주장한다. 즉, 지방대학 입장에서는 경쟁력을 묻는 것은 곧 생존을 묻는 것이나 마찬가지인 셈이다. 선택과 집중이라는 방식으로 주어지는 연구비 지원정책은 오히려 지방대학을 황폐화시키는 주범이 되고 있다. 교수들이 이제는 교육보다는 연구 프로젝트에 역량을 집중하는가 하면 산학협력이라는 허울 속에서 전국의 지방대학은 산업대학화되어 가고 있는 실정이다. 결국 대학의 경쟁력 문제는 취업의 기회와 양질의 학생을 독점하고도 사회적으로 유용한 연구성과를 생산해내지 못하고, 인력교육에도 실패한 수도권의 이른바 상위권 대학에 한정되는 이야기라고 할 것이다.

또 공교육의 실패 문제도 현재의 고교학생선발제도와는 거의 관련이 없다. 공교육 황폐화의 주범이 입시 위주의 교육이었다는 데에는 이견의 여지가 있을 수 없다. 평준화정책으로 사교육을 많이 받은 학생들이 서울대에 입학했다는 황당한 주장도 있지만 이는 대학입시제도나 수도권 집중문제를 평준화정책으로 오인한 것에 불과하다. 오히려 학생을 능력별·적성별로 교육할 수 있는 여건을 만드는 데는 투자하지 않고 입시지옥에 몰아넣은 정부정책의 실패가 공교육의 실패와 직접적 관련이 있다. 반대로 대학서열체제의 철폐는 입시 위주의 교육을 해소한다는 측면에서 오히려 공교육의 정상화에 긍정적으로 작용할 수 있을 것이다.

4) 엘리트 교육과 특성화 교육

입학성적에 의한 대학간의 서열을 허용해야 한다거나 고등학교에서도 성적에 따라 학생을 선발해야 한다는 주장의 근거로 많이 제시되는 것 중의 하나가 엘리트 교육론이다. 한 사회를 이끌어갈 사람들을 한데 모아서 교육해야 한다는 것이다. 그런데 이 주장의 근저에는 한 사회의 엘리트는 의도적으로 길러질 수 있다는 생각이 전제되어 있다. 마치 플라톤의 철인군주론을 보는 것처럼 어렸을 때부터 재능있는 학생을 선발해 훈련하면 이들이 사회를 잘 다스릴 수 있다는 생각이다.

그런데 이러한 주장에 문제가 크다는 것은 그다지 많이 생각하지 않아도 알 수 있다. 우선 플라톤의 철인군주론은 그 자체가 전체주의 사회체제를 지향하고 있다는 지적이 있듯이 민주주의의 이상을 부정하는 발상이라고 할 수 있다. 또 플라톤의 교육방식은 사회적 배경이나 경제적 계급에 관계없이 순수한 능력에 의해 학생을 선발해 교육할 것을 전제하고 있다. 그러나 현실에서 학생의 사회경제적 영향을 배제할 길은 없다. 1920년대 미국에서 부모의 영향이 배제된 순수한 내적 능력으로 학생을 선발하기 위해 수능을 개발했지만, 이 역시 계층과 인종의 영향이 반영되어 불공정한 것으로 평가되고 있다. 엘리트 교육의 전형으로 참조되고 있는 미국의 자립형 사립학교나 유명 사립대에도 능력있는 학생들보다는 부유층의 자제들이 진학하고 있고, 이들이 그 과정에서 형성된 인적 네트워크를 이용해 특권적 지위를 유지한다는 것은 순수한 능력에 의한 엘리트 선발이 얼마나 어려운지를 보여주고 있다.

또 엘리트를 선발해 교육한다는 생각 자체가 이미 시대착오적이다. 엘리트 교육의 또 다른 성공사례로 지적되는 프랑스의 그랑 제꼴 역시 평균 수명이 40대에 머물던 시대에 빨리 교육해 빨리 활용하려는 생각으로 고안된 제도라 할 수 있다. 이미 그 효용성에 의문이 제기되고 있지만, 특정 대학 출신이 국가 전체를 지배하지 못한다는 측면에서 어쩔 수 없이 용인되고 있는 형편이라 할 수 있다. 우리나라의 서울대학교도 산업화 시절에 빨리 인재를 선발해 활용해야 하는 시대적 맥락에서 타당성을 어느 정도 인정받을 수 있었으나 오늘날과 같이 시대가 빠르게 변하고 특성화와 개성화가 주목받는 시대에는 그 효용성을 인정하기 어렵다.

오늘날에 요구되는 엘리트는 온실 속의 화초처럼 길러지기보다는 다양한 환경에 적응하는 가운데 생존해가며 스스로를 드러내야 한다. 이러한 엘리트를 길러내기 위해서는 한군데에 모아놓고 화초처럼 길러낼 것이 아니라 다양한 환경에서 생존해온 실력있는 사람들이 인정받고 우대받는 사회제도와 분위기가 필요하다. 또 출발선상에서 평가할 것이 아니라 개인의 특성을 최대한 발현하도록 도와주고 그 과정에서 드러난 능력을 바탕으로 평가하는 시스템이 도입되어야 할 것이다. 엘리트 교육을 굳이 허용한다면 과학이나 수학처럼 사회의 지배권력으로 군림하기 어려운 분야에 한정되어야 할 것이다.

그러나 영재교육의 방식에 있어서도 특출한 사람을 모아놓고 교육하는 방식이 아니라 특정 분야에 재능있는 사람이 집단에 매몰되지 않고 자신의 개성을 발현하도록 도와주는 방식이 더 바람직하다. 즉, 이들이 보통사람들과 어울려가는 방법을 배우면서 스스로의 장점을 드러낼 수 있는 제도가 필요하며, 예컨대 미국과 같은 나라에서도 이러한 시스템을 채택하고 있다는 점에 유의할 필요가 있다. 진정한 엘리트 교육은 선발에 의한 집단식 교육이 아니라 타인과 어울려 살아가는 동안 개인의 특성을 최대한 발현시키도록 도와주는 특성화 교육이라는 것이다.

4. 현실론과 패배론을 넘어서

앞에서 교육문제에 관해서는 다수의 국민들이 급진적인 변화까지도 수용할 준비가 되어 있다는 점을 밝혔다. 이 점만 고려하면 교육문제를 해결하는 것은 그다지 어려워 보이지 않는다. 그러나 다른 한편에서는 교육문제는 누구나가 전문가이기 때문에 답이 없다. 입시제도를 많이 바꾸었지만 한번도 제대로 바뀐 적이 없다, 너도나도 대학 가려고 하는 국민들이 문제다라는 점을 들어 교육은 개혁될 수 없는 것이라는 패배주의를 조장한다. 그러면서 새로운 주장을 내놓으면 현실적으로 불가능할 것이라는 현실론을 내세워 김을 빼놓는다. 그러나 조금 과장해 말하면, 우리 사회에 진정한 교육의 전문가는 존재하지 않았고, 입시제도는 한번도 바뀐 적이 없으며, 너도 나도 대학에 가려는 국민은 아무런 잘못이 없다. 지금까지 교육전문가들은 진지하게 우리의 교육문제에 대해 깊이있게 연구하기보다는 외국의 이론을 수입하고 정부의 교육정책을 홍보하거나 그 하청작업을 수행하는 데 치중해왔다. 우리의 실정에 맞는 대학입시제도에 관한 깊이있고 체계있는 연구를 찾아보기도 쉽지 않다.

입시제도도 형식적으로 7차례나 변화했지만 그 내용은 똑같은 것이었다. 즉, 시험성적에 따라 서열을 매겨서 이를 토대로 대학에 학생을 배분한다는 정책은 한번도 바뀐 적이 없다. 예비고사·본고사가 되었든, 학력고사가 되었든 수학능력시험이 되었든 그 점수로 대학의 서열이 매겨지는 것은 매한가지였다. 그러나 이러한 입시제도는 동아시아의 일부 국가를 제외하고 유래를 찾기 어려운 제도이다. 입시는 말 그대로 대학교육을 받을 수 있는지 여부만 체크하고 실제 경쟁은 대학에 입학해 이루어지는 것이 선진 입시제도의 핵심이라 할 수 있다. 또 대학에서의 수학능력을 점검하는 가장 중요한 지표가 고등학교 성적인데, 우리의 입시제도에서 한번도 고등학교 성적이 제대로 반영된 적은 없었다.

셋째, 누구나 대학에 가고 싶어 하는 국민의 욕망은 잘못된 것이 아닙니다. 대학교육의 기회를 확대하는 것은 세계적인 추세이며, 또 교육의 기회균등이라고 하는 우리의 헌법정신에도 부합한다. 그리고 대학 문의 확대가 곧 대학교육의 질적 저하를 의미하는 것은 아니다. 누구에게나 기회는 제공하되 철저한 학사관리를 통해 검증된 학위를 부여하는 것이 대학교육 확대의 취지라고 할 수 있다. 그러나 우리나라의 경우 대학교육의 확대는 부실 사학의 양산을 의미했고, 이들은 교육보다는 영리에 치중해 학사관리를 제대로 하기보다는 학위를 양산하는 행태를 보여왔다는 점에 문제가 있다. 거기에는 정부당국에게 가장 큰 책임이 있다는 것은 두말할 필요가 없다.

그래서 이제야말로 이러한 패배론과 현실론을 넘어 한번도 시도된 적이 없는 교육개혁에 나설 때가 아닌가라는 생각을 해본다.

제1부
대학서열체제의 현황과 문제들

제1장
대학서열체제의 형성과 현황

이두휴

1. 서론

　한국교육이 안고 있는 문제의 근원을 찾아가다 보면 대학입시라는 선발장치에 부딪히게 된다. 입시경쟁, 과외비문제, 학교붕괴 등과 같은 문제뿐만 아니라 대학교육의 경쟁력이 약화된 점 또한 대학입시와 연관지어 논의되고 있다. 실제로 대학입시경쟁이 과열화되면서 과외비가 증가했고, 과외가 학교교육의 기능을 잠식해 들어가면서 교실붕괴니 학교붕괴니 하는 현상들이 야기되었다고 할 수 있다. 그 동안 이러한 인식을 바탕으로 대학입시제도를 개선하려는 노력들이 계속되었으나 입시경쟁을 오히려 심화하는 결과로 나타났다. 이는 문제의 원인을 잘못 진단한 결과라고 할 수 있다. 즉, 우리나라 입시경쟁의 본질을 대학서열체제와 관련지어 파악하지 않고, 입시제도 자체로만 해결하려 했다는 데 문제의 근원이 있다.
　한국의 입시경쟁은 대학서열체제와 밀접히 관련되어 있다. 서열체제의 상위권에 속하는 대학들은 상대적으로 높은 유인가를 갖고 있으며 입학이 어려운 반면, 하위권 대학들은 별로 매력도 없고 입학하기도 쉽다. 따라서 서열체제의 상부에 속하는 수도권에서의 경쟁은 치열해지는 데 반해, 하부에 속하는 지방대학에서는 상대적으로 약화된다. 그 결과로 입시경쟁이라는 것도 자연스럽게 대학입학을 위한 경쟁이 아니라 상위서열의 대학에 가기 위한 상대적 경쟁이 되는 것이다.

이처럼 입시경쟁을 격화시키는 대학서열체제는 대학의 경쟁력을 약화시키는 요인으로 작용하게 된다. 한국의 대학들이 세계적 경쟁력을 갖지 못하는 것은 대학간 서열체제에 안주해 자기개발과 혁신을 위한 노력을 기울이지 않기 때문이다. 대학간 서열체제의 존재와 수험생들을 전국적인 석차에 의해 한 줄로 세우는 입시제도하에서 대학들은 우수한 학생들을 유인하기 위한 노력을 기울이지 않아도 된다. 물론 대학의 서열이 필요없는 것은 아니다. 대학간 경쟁을 통한 서열의 형성은 필요하다. 그런데 한국 대학의 서열체제가 갖고 있는 문제점은 그것이 대학간 경쟁에 의해서 형성된 서열이 아니라는 데 있다. 즉, 대학의 서열체제가 대학 밖의 구조적인 요인들과 더욱 밀접히 관련되어 있다는 것이다.

대학서열체제로부터 파생되는 문제점은 그것이 입시경쟁을 격화시키고 대학의 경쟁력을 약화시키는 등 정상적인 교육활동을 왜곡시키는 측면 외에도 사회경제적인 측면에서도 많은 부작용을 낳고 있다는 데 있다. 단적인 예로 지역경제와 지역주민의 삶에 부정적인 영향을 미치는 것을 들 수 있다. 즉, 서열체제가 확고해짐으로써 지방 거주자들은 수도권 유학에 따른 주거 및 생활비 등과 같은 사교육비를 추가적으로 부담해야 하기 때문에 수도권 주민들보다 상대적으로 불리한 경쟁을 할 수밖에 없다. 또한 이 과정에서 지역 부의 유출과 경제활동의 위축 현상이 나타나며, 지역주민의 삶의 질에 대한 만족도도 떨어지게 된다.

이러한 점에서 현행과 같은 대학서열체제는 교육뿐만 아니라 범사회적인 병리현상을 초래하는 원인이 되고 있다는 점을 주목할 필요가 있다. 그리고 이는 우리 교육이 격화된 입시경쟁이 아니라 대학간 경쟁을 통해서 발전하지 않으면 안 된다는 것을 시사해준다. 이를 위해서 현재와 같은 대학서열체제에 대한 심층적인 해부작업이 이루어지지 않으면 안 된다. 대학서열체제란 무엇이고, 그것이 어떠한 과정을 통해 형성되었는지, 그리고 그것이 야기하는 문제점이 무엇인지에 대한 체계적인 접근이 필요한 것이다.

2. 대학서열체제의 특성

1) 대학서열과 서열체제의 형성

우리나라에는 180개가 넘는 대학들이 있으며, 이들간에는 일류대니 이류대니 하는 순위가 공공연하게 존재해왔으며, 이들간에는 다시 학과나 전공에 따른 서열이 존재한다. 물론 서열이 무조건 잘못된 것은 아니다. 대학간의 공정한 경쟁을 통한 서열의 형성은 필요하다. 그럼에도 불구하고 서열이 문제시되는 이유는 무엇일까? 이를 먼저 살펴보기로 한다.

대학의 서열이라는 것은 순위의 의미로서 중립적인 용어라고 할 수 있다. 즉, 일정한 기준에 따라 대학들을 평가하고, 이를 객관적인 수치로 환산해 순위를 매기는 것이다. 이러한 순위는 평가하는 기준이 무엇인가에 따라 달라질 수 있다. 즉, 학생수에 따라서 순위가 매겨질 수도 있고, 취업률에 따라서 순위가 매겨질 수도 있으며, 입학성적에 따라 순위가 매겨질 수도 있다. 그리고 이 순위라는 것은 그것이 매겨지는 기준과 관련해서만 의미를 지니게 되는 것이다. 즉, 그것은 고정불변의 것이 아니라 유동적이고 한시적인 의미를 갖는 것이라고 할 수 있다. 이러한 의미에서 서열은 별다른 문제를 갖는 개념은 아닌 것이다.

대학서열화라는 것은 이러한 서열들이 점차 고정화되어가는 과정을 의미한다. 고정화되어가는 과정은 두 가지 측면에서 설명될 수 있다. 그 하나는 종적인 측면에서 동일한 기준에 의한 측정이 반복되면서 한 번 형성된 서열이 시간이 경과함에도 불구하고 변하지 않는 것을 의미하는 경우이다. 또 다른 하나는 횡적인 측면에서, 다양한 기준들에 바탕을 둔 측정의 결과가 유사한 순위로 나타남으로써 서열이 사회적으로 정착되어가는 것을 의미한다. 결국 대학의 서열화라는 것은 일정한 기준에 근거를 둔 측정의 결과가 사회적으로 수용되어가는 과정을 의미하는 것이다. 여기까지만 해도 대학서열은 별다른 문제를 야기시키지는 않는다. 문제가 되는 것은 서열체제라고 할 수 있다.

대학의 서열체제는 서열화가 완성되어 유기적으로 작동하고 있는 상태를 의미한다. 즉, 대학의 서열이 점차 고정화되면서 이들이 교육 및 사회체제에 지속적으로 영향을 미치는 상태를 의미한다. 더 이상 서열은 유동화되거나 붕괴될 수 있는 것이 아니라 교육 및 사회, 경제체제 등에 광범위한 영향력을 미치면서, 기존의 서열을 재생산할 수 있는 힘을 갖게 되는 상태라고 할 수 있다. 이 단계에 이르면 서열은 더 이상 정태적인 개념이 아니다. 대학의 서열체제는 현 상태를 설명하는 개념이 아니라 그것이 현 상태를 유지·온전시키기 위하여 유기적으로 작동하는 기제를 의미하는 것이다. 대학서열체제는 교육체제를 지배하는 거대한 힘으로 변화되어 대학교육뿐만 아니라 대학입학을 위한 과정을 지배하게 되는 것이다.

대학간의 서열체제가 확립된다는 것은 대학간의 낫고 못하다는 구별이 고착되어서 대학들의 교육활동에 실제로 어떤 변화가 일어나든 관계없이 일정한 지위가 요지부동하게 보장됨을 뜻한다. 서열체제의 상위대학은 언제 어떤 상황에서나 '좋은 대학'이고 하위대학은 역시 언제 어떤 상황에서나 '좋지 못한 대학'으로 남는다는 것이다. 일정한 때의 상위대학이 '좋은 대학'의 위치를 계속해서 독점하는 것이다. 그런 독점상태가 지속되면 상위대학으로 하여금 소비자에게 좋은 교육용역을 만들어 비싼 값에 팔아 생존과 번영을 도모하려 노력하게 할 유인이 없어질 뿐만 아니라, 하위대학에게도 상위권 대학과 경쟁하려는 유인을 제공하지 못하게 된다. 따라서 대학들이 내놓는 교육용역이라는 상품의 질이 개선되리라고 기대하기도 어렵게 된다.

오늘날 한국의 대학들 사이에 보이는 문제는 다름 아니라 대학간의 서열화가 오래 전에 끝났고 이미 서열체제로 고정돼 버린 지 오래다는 점이다. 게다가 국가에서 입시를 독점관리하는 과정에서 도입된 선발방식의 표준화는 입시경쟁을 단일화시키게 되며, 전국의 모든 고등학교를 획일화하는 힘으로 작용하게 된다. 따라서 고등학교는 대학입시에서의 중요도를 기준으로 교육활동을 전개하게 된다. 그 결과로 교과목도 서열화되고, 교사도 서열화되는 것이다. 서열경쟁에서 남는 것은 내용이 아니라 형식뿐이다. 즉, 학교에서는 '무엇을 알았느냐'가 아니라 '몇 점이냐', 더 나아가 '몇 등이냐'가 중요한 판단의 잣대가 되는 것이며, 교육과정까지도 표준화된 현실에서 판단의 잣대는 내용이 아닌 형식으로서의 '등수'가 되는 것이다.

2) 대학서열과 서울대학교

우리나라의 대학서열 문제의 뿌리를 찾기 위해서는 경성제국대학의 문제로부터 논의를 시작할 필요가 있다. 일제강점기인 3·1운동 이후 뜻있는 인사들이 힘을 모아 민족의 인재를 길러내기 위한 민립대학 설립운동을 추진한 적이 있는데, 일제는 이를 차단하고자 1924년에 경성제국대학을 설립했다. 즉, 소수의 식민지 엘리트들을 선별·양성함으로써 식민지 지배를 효율화하기 위하여 식민지 지배권력이 설립한 것이 바로 경성제국대학인 것이다.

미군정하에서도 일제치하에서와 유사하게 임시정부 요인들에 의한 민족대학 설립운동이 추진되었으나, 임시정부를 인정치 않았던 미군정은 이를 수용하지 않고 일종의 '교육적 쿠데타'로 간주했다. 오히려 이러한 움직임에 위기의식을 느껴 정치·사회 전반의 통제의 연장선상에서 교육분야에서도 자생적 교육자치운동, 좌익적·민족적 성향을 배제하고 통제하기 위하여 '국립대학설립안'을 추진했다. 그리하여 식민지 교육의 본산이었던 경성제국대학에서 이름만 바뀐 경성대학을 주축으로 하여 각종 전문학교를 통합해 '국립서울대학교의설립에관한법령'(이하 '국대안')을 공포했다. 국대안은 전국민적 반대에 부딪혀 난항을 겪었으나 미군정은 이를 강력하게 추진하면서 결국 1946년 9월 1일에 서울대학교는 문을 열게 되었다. 일제가 민립대학 운동을 탄압하고 경성제대를 설립한 과정과 유사한 형태로 서울대학교는 설립되었다고 할 수 있다. 이처럼 서울대학교가 경성제국대학의 인적·물적 시설, 나아가 그 정신까지 그대로 물려받아 마치 조선시대의 성균관과 같은 위상에 놓이게 됨에 따라 우리의 대학사회에는 경쟁, 다양성, 개성이라는 자유민주주의적 가치 대신에 획일적 서열구조라는 신분문화가 자연스럽게 정착되기 시작했다.[1]

우리나라 대학서열의 정점에는 서울대학교가 존재한다. 그래서 한국사회의 중등교육의 목표는 서울대학교 가기가 된다. 한국의 중등학생들

---

1) 서울대학교의 아래로는 보성전문, 연희전문 등이 종합대학교로 개편되면서 다음 서열을 차지하게 되었고, 해방 후에 급격하게 성장하기 시작한 사립대학들은 다음 서열에서 자리잡은 채 교세를 확장해나가기 시작했다. 또한 지방에서는 대도시를 거점으로 일제시대의 전문학교를 이어받거나 새로운 도립대학 등이 설립되고 이어 국립학교설치령에 의하여 국립대학체제가 갖추어지고 그 지역의 명문대학으로서 독자적인 성장을 거듭해왔다. 이러한 과정을 거치면서 형성된 대학의 서열은 1960년대 초반까지는 대학별 입시와 정부의 대학정원 억제정책에 의해서 표면화되지 않은 채 잠재되어 있었던 것이 사실이다. 그러나 1960년대에 도입된 대학입학 예비고사제도와 1970년대 오일쇼크를 거치면서 시작된 세계경제체제의 위기와 한국경제의 위축은 대졸실업문제를 사회적 이슈로 드러내기 시작했다. 특히, 1980년 본고사의 폐지에 따른 입시의 국가관리와 대학정원확대 정책은 이처럼 잠재되어 있던 대학서열의 문제를 전면으로 부각시키는 동력이 되었으며, 대학서열은 입시학원이 매년 발표하는 배치기준표에 따라 점차 확고한 형태로 자리잡아갔다.

이 세우고 있는 교육목표는 '공부해서 어떤 사람이 되겠다'는 것이 아니라 서울대학교에만 들어가면 되는 것이다. 서울대학교만 합격하면 출세가 보장된다는 일종의 믿음을 갖고 있다. 과연 서울대학교는 그러한가? 그런데 이와 같은 질문에 대한 답은 '그렇다'로 해야 할 것처럼 보인다. 서울대학교가 이와 같이 독점적 지위를 차지하고 있는 이유는 무엇일까?

실제로 서울대학교는 한국사회의 거의 모든 부문에서 독점적 지위를 차지하고 있다. 정치적으로 보면 16대 국회의원의 48%가 서울대학교 출신이며, 1급 고위공직자의 48.2%가 서울대학교 출신이다. 또한 1980년대 이후 김대중 정부까지 국무위원 421명 중 56.5%인 238명이 서울대학교 출신인 것으로 나타났다. 이는 법조계에서는 더욱 심각한 형태로 나타난다. 역대 검사장들의 출신대학을 보면, 1993년 서울대학교 출신은 전체의 84.2%였으며, 이러한 비중은 1997년 90.0%까지 상승했다. 서울대학교 독식 현상은 김대중 정부의 출범과 더불어 약간 감소해 2002년에는 72.5%까지 떨어진 것으로 나타났다.

언론계 역시 마찬가지 현상을 보이고 있다. 우리나라 6대 신문사 편집국장의 학력분포를 보면, 서울대학교가 27명으로 69.2%를 차지하는 것을 알 수 있다. 이런 사정은 학계의 경우에도 마찬가지이다. 대학교수 사회 역시 압도적 다수가 서울대 출신이며 연세대와 고려대 출신이 그 뒤를 잇는다. 2002년 전국대학교수 4만 6,909명 중 서울대학교 출신은 27.2%인 1만 2,756명에 이르고 있다. 재계의 경우도 마찬가지이다. 2002년 현재 국내 상장법인 대표이사의 출신대학을 보면 서울대학교 출신이 22.1%인 것으로 나타났으며, 고려대 11.6%, 연세대 10.5% 등의 순이었다.

서울대학교에는 정부의 지원도 막대하다. 설치령 자체가 다른 국립대학과는 다른 특별법에 근거하고 있을 뿐만 아니라 국고지원에 있어서도 특별한 지원을 받고 있다. 2003학년도의 경우 서울대학교의 총예산은 2,217여 억 원으로 다른 국립대학들의 2배 가까이에 이르고 있다. 또한 서울대학교의 재산은 1조 2,500여 억 원으로서 그 다음으로 규모가 큰 다른 국립대학의 2배에 이르고 있으며, 영세규모 국립대학의 경우에는 서울대학교의 50분의 1에도 미치지 못한 것으로 나타났다.

이런 통계에서 보듯 서울대학교는 한국사회의 거의 모든 영역에서 압도적인 수적 우위를 바탕으로 독점적인 지배력을 행사하고 있다. 이런 의미에서 그것은 우리 사회의 가장 중요한 권력기관이다. 정치적 권력, 경제적 권력, 언론권력 그리고 학문적·문화적 권력에 이르기까지 이 사회를 지배하는 모든 주요 권력은 서울대 출신에 의해 장악되어 있다. 여기서 권력이란 지배하는 힘이다. 그리하여 서울대는 정치를 지배하고, 경제를 지배하고, 언론을 지배하며, 학문과 교육 그리고 문화를 지배하는 지배계급의 모태인 것이다. 우리 사회에서 모든 권력은 학벌에 의해 유지되고 재생산되는데, 서울대는 그 가운데서 최고의 학벌, 곧 최고의 권력인 것이다.

이러한 서울대학교의 독점적 지위로 인해 한국의 입시경쟁은 서울대학교 가기 경쟁이 되고 있으며, 이를 둘러싼 경쟁은 한국교육을 맹목적인 입시교육으로 몰아가고 있다.

3) 대학서열의 구체적 특성

한국의 대학서열체제의 정점에는 서울대학교가 있고, 다음으로 서울을 중심으로 한 수도권의 대학들, 그리고 지방의 대학 순으로 이어진다. 물론 대학의 서열체제가 이처럼 단순하지는 않다. 즉, 지역 내에서도 설립형태와 시기 등에 따라서 달라진다. 이를 구체적으로 살펴보기로 한다.

먼저 지역간 서열의 문제를 살펴보기로 한다.

지역간 대학서열체제의 문제에 대한 접근은 이두휴(1993, 2003), 김안나(2003) 등을 들 수 있다. 이두휴(1993)는 1980년대 중반부터 대학서열화가 구체적으로 나타나고 있으며, 이를 지역간 불균등발전, 고용관리 관행, 지배엘리트 분포 등과 관련지어 설명하고 있다. 특히, 1980년대 초까지 신입생의 입학성적이 유사한 것으로 평가되었던 수도권 및 지방 소재 8개 대학을 대상으로 1990년대 초반까지의 입시성적의 변화를 분석해, 대학의 서열이 수도권으로부터의 거리와 밀접히 관련되어 있다는 것을 밝히고 있다. 다음으로 김안나(2003)는 1994년부터 2001년까지 4년제 대학을 대상으로 대학수학능력 시험성적의 변화를 분석해 대학서열체제의 특성을 보여주고 있는데, 다음 <표 1-1>은 이를 나타낸 것이다.

<표 1-1>에 나타난 바와 같이 1994년부터 2001년까지 입학정원은 점차적으로 증가한 반면, 수능성적의 평균 백분위는 서울지역을 제외하고 상당히 낮아진 것으로 나타났다. 즉, 서울과 기타 지역을 비교해보면, 상대적으로 서울지역의 수능 평균 백분위는 일정 수준으로 유지되고 있는 반면, 그밖의 지역의 경우 크게 저하되고 있어 서울지역으로의 우수학생 집중현상이 뚜렷하게 나타나고 있음을 알 수 있다. 이와 같은 경향은 2000년 이후 대학신입생 미충원율을 분석한 연구(이두휴, 2003)에서도 유사한 형태로 나타나고 있다.

둘째, 대학의 설립유형에 따른 서열의 문제를 살펴보기로 한다.

<표 1-1> 지역별 대학수능시험 평균 백분위의 변화

지역	수능 평균 백분위			지역	수능 평균 백분위		
	1994	1998	2001		1994	1998	2001
서울	84.9	82.1	83.5	전남	69.6	61.0	52.2
경기	77.0	74.2	73.9	전북	68.6	56.2	46.9
강원	76.1	65.9	56.4	충남	71.3	64.7	63.6
경남	79.1	74.0	70.0	충북	75.5	61.8	60.2
경북	74.2	65.2	62.1	제주	74.1	58.4	54.1
				계	77.1	70.8	67.9

자료: 김안나(2003).

학생들의 수능시험 점수를 대학의 설립유형별로 보면, 국공립대학들에 비해 사립대학들의 수능 평균 백분위가 낮게 나타나고 있음을 알 수 있다(김안나, 2003). 지역별로 국공립대학과 사립대학의 수능 점수 백분위 분포를 비교해 보면, 모든 지역에서 국공립대학 학생들의 평균 백분위가 사립대학 학생들보다 높게 나타나고 있다. 1998년과 2001년 평균 백분위를 비교해보면, 특히 호남과 강원지역에서 국립과 사립대학 간의 수학 성적의 격차가 점점 커지고 있는 반면, 서울의 경우는 국립과 사립대학 간의 격차가 비슷한 수준을 유지하고 있음을 알 수 있다.

<표 1-2> 지역별·설립유형별 대학수능시험 평균 백분위

지역	설립유형	수능 평균 백분위			지역	설립유형	수능 평균 백분위		
		1994	1998	2001			1994	1998	2001
서울	국공립	96.5	92.1	94.7	경북	국공립	81.1	78.2	75.2
	사립	85.4	83.0	83.1		사립	72.3	62.2	59.0
경기	국공립	82.1	82.7	80.6	경남	국공립	85.7	84.4	81.2
	사립	76.8	73.9	73.6		사립	76.1	68.8	64.9
강원	국공립	77.0	72.9	68.7	전북	국공립	77.8	71.4	67.6
	사립	75.6	63.6	52.9		사립	64.0	48.6	38.7
충북	국공립	86.9	87.9	86.9	전남	국공립	72.9	70.2	65.8
	사립	70.9	53.0	52.6		사립	66.9	49.5	42.4
충남	국공립	82.2	78.8	76.7	제주	국공립	74.1	64.5	-
	사립	70.0	63.1	61.9		사립	-	52.3	54.1
					계	국공립	80.0	76.4	75.5
						사립	76.5	69.7	66.5

자료: 김안나(2003).

셋째, 대학의 설립년도에 따른 서열의 문제를 살펴보기로 한다.
대학수학능력시험 점수 백분위의 분포를 보면, 대학설립준칙주의가 시행된 1996년 이후에 신설된 대학들의 경우, 그 이전에 설립된 대학의 학생들보다 학생들의 평균적인 수능 성적이 상대적으로 낮은 것으로 나타났다. 1998년과 2001년의 학생수의 증가분을 고려할 때, 상대적으로 학력수준이 낮은 학생들의 진학이 신설된 대학들을 통해서 확대되었다고 추론할 수 있다(김안나, 2003). 지역에 따른 대학들의 설립년도별 수능시험 점수의 백분위를 비교해보면, 1996년 이후 설립된 대학의 경우 서울과 경기, 충북지역을 제외하고는 학생들의 평균 백분위가 낮아지고 있는 것으로 나타났다. 특히, 1996년 이후 전남지역에 설립된 대학의 학생들의 평균 백분위는 전 지역 중 가장 낮았으며, 경북과 강원지역은 1996년 이후에 설립된 대학의 평균 백분위가 상당히 하락한 것으로 나타났다. 즉, 전라남도를 비롯한 강원도와 경상북도 지역에 학력이 낮은 학생들이 1996년 이후 신설된 대학들에 집중되고 있음을 알 수 있다.

<표 1-3> 지역별·설립년도별 대학수능시험 평균 백분위의 변화

지역	설립년도	수능 평균 백분위			지역	설립년도	수능 평균 백분위		
		1994	1998	2001			1994	1998	2001
서울	1995년 이전	84.9	83.1	84.6	경북	1995년 이전	74.2	68.6	65.8
	1996년 이후	-	48.6	49.6		1996년 이후	-	41.7	35.8
경기	1995년 이전	77.0	72.7	72.0	경남	1995년 이전	78.5	73.1	69.1
	1996년 이후	-	86.4	97.4		1996년 이후	-	86.7	82.8
강원	1995년 이전	76.1	69.3	60.5	전북	1995년 이전	68.6	56.2	46.9
	1996년 이후	-	56.0	41.4		1996년 이후	-	-	-
충북	1995년 이전	75.5	64.2	62.9	전남	1995년 이전	69.6	61.0	60.1
	1996년 이후	-	45.1	50.8		1996년 이후	-	-	28.2
충남	1995년 이전	72.9	64.2	63.3	제주	1995년 이전	74.1	64.5	-
	1996년 이후	-	68.5	66.0		1996년 이후	-	52.3	54.1
					계	1995년 이전	77.3	71.6	69.7
						1996년 이후	64.9	63.4	53.4

자료: 김안나(2003).

넷째, 전공계열별 서열의 문제를 살펴보기로 한다.

김안나(2003)는 전공계열별 수능성적의 분석을 통해서 우수 학생들의 이공계 이탈현상과 의학, 법학 등 특정 학과로의 우수학생 집중현상이 심화되고 있는 것을 밝히고 있다. 1994년에는 의약 및 예체능계열을 제외하고는 전 계열의 성적이 유사한 분포를 보이는 것으로 나타났으나, 이러한 계열간의 차이가 점차 확대되고 있는 것으로 나타났다. 특히, 자연계열 학생들의 학력 저하가 두드러지게 나타났다. 즉, 1994년에는 자연계열로 진학한 학생들의 평균 백분위가 81.1이었으나, 1998년에는 73.1로, 그리고 2001년에는 68.2로 평균 백분위가 점차 하락했다. 반면, 사범계열의 경우에는 평균 백분위가 높아지고 있는데, 이는 최근 수년간 사범계열에 대한 증원억제정책의 영향과 사범계열 학생들의 취업률이 상대적으로 높고 전공을 살리는 취업의 가능성과 교직의 안정성 등에 대한 기대가 높기 때문인 것으로 보인다. 이러한 경향은 또한 지역에 따라 각기 다른 특성을 보이고 있다. <표 1-4>에 따르면, 서울지역의 경우, 공학계열 학생들의 평균이 낮아지고 있다. 반면에 의약계열과 사범계열은 1998년에서 2001년 사이에 평균이 높아지거나 비슷한 수준을 유지하고 있는데, 이는 이 분야의 상대적 취업률이 높은 것을 반영하는 것이라 생각된다. 한편, 서울을 제외한 나머지 지역에서는 사범계열을 제외한 모든 계열의 경우 수능 백분위가 현저히 떨어지고 있는 것으로 나타났는데, 특히 인문, 사회계열과 공학계열 학생들이

<표 1-4> 지역별·전공계열별 대학수능시험 평균 백분위의 변화

지역	전공계열	수능 평균 백분위			지역	전공계열	수능 평균 백분위		
		1994	1998	2001			1994	1998	2001
서울	인문	91.8	90.6	89.5	기타지역	인문	78.6	66.8	64.0
	사회	93.6	90.9	91.3		사회	79.7	66.9	63.8
	자연	90.7	89.1	89.3		자연	77.5	68.9	64.5
	공학	95.0	92.5	91.4		공학	82.7	72.2	64.3
	사범	92.8	94.1	93.6		사범	80.8	86.0	86.7
	의약	98.1	97.6	97.6		의약	95.5	91.7	86.3
	예체	71.4	66.2	67.0		예체	50.1	45.1	40.7

자료: 김안나(2003).

상대적으로 많이 하락하는 추세를 보이고 있다.

4) 대학서열의 허구성

그렇다면 과연 이와 같은 대학서열은 사실인가? 수능성적으로 설명되는 이와 같은 대학의 서열은 과연 대학의 교육력에도 적용될 수 있을 것인가? 한국의 대학서열체제는 대학의 교육력과는 별로 관계가 없어 보인다(이두휴, 1993; 고형일 외, 1998; 이두휴, 2001; 고형일, 이두휴, 2002). 물론 대학의 교육력을 객관적으로 평가하는 일은 쉽지가 않다. 그렇지만 양적인 측면에서 교육력을 비교한다면 교수요원의 특성을 통한 접근이 가장 적절하다고 할 수 있다. 대학교육에 투입되는 교수자원의 특성을 교수 1인당 학생수와 전임교수와 시간강사의 비를 중심으로 살펴보기로 한다. 다음 <표 1-5>는 교수 1인당 학생수를 나타낸 것이다.

<표 1-5> 지역별 4년제 대학의 교수 1인당 재학생수(2002)

지 역	교원수(A)	재학생수(B)	B/A
전 국	206,668	5,743,046	27.79
수도권	81,676	2,294,253	28.09
지 방	124,992	3,448,793	27.59
영 남	53,090	1,483,880	27.95
충 청	32,135	930,050	28.94
호 남	26,195	728,484	27.81
강 원	11,379	256,746	22.56
제 주	2,193	49,635	22.63

자료: 교육인적자원부, 『교육통계연보』, 2002.

<표 1-5>에 따르면 한국의 4년제 대학 교수 1인당 재학생수는 27.79명이며, 수도권이 28.09명으로 지방의 27.59명보다 약간 많은 것

으로 나타났다. 즉, 지방대학의 학생들이 수도권 대학의 학생들보다 교수의 지도를 더 많이 받을 가능성이 있다는 것이다. 지방간의 차이를 구체적으로 살펴보면 충청이 28.94명으로 가장 많았고, 영남, 호남의 순으로 나타났으며, 강원지역의 교수 1인당 대학생수가 22.56명으로 가장 적었다.

다음으로 교육을 담당하는 교수의 특성을 그들의 고용형태와 관련해 살펴보기로 한다. <표 1-6>은 대학들의 전임교수 대 시간강사의 비를 나타낸 것이다

<표 1-6> 지역별 4년제 대학의 전임교수 대 시간강사 비율

지역	전국	서울	경기	영남	충청	호남	강원	제주
비(比)	1.1	1.3	1.2	1.0	1.2	0.9	0.7	0.8

자료: 김안나 외 3인(2002).

<표 1-6>에 따르면 우리나라 4년제 대학들의 전임교수 대 시간강사의 비는 평균 1.1로 나타나서 전임교수보다 시간강사의 비중이 높음을 알 수 있다. 특히, 서울과 경기의 경우 시간강사가 전임교수의 1.3배, 1.2배 등으로 나타났다. 반면, 지방은 충청지역 1.2배를 제외하고는 전임교수의 비중이 더 높은 것으로 나타났다.

이는 대학의 서열과 대학의 교육력 간에 논리적인 관계가 성립되지 않는다는 것을 의미한다. ≪중앙일보≫가 실시한 전국대학평가에서도 대학서열체제의 하위권으로 분류된 대학들의 교육력은 서열체제와 무관하다는 것을 보여주고 있다. 2003대학평가에서 인문사회계열의 교육여건 및 재정부분 상위에 랭크된 17개 대학 중 10개 대학이 지방대학이며, 수도권 소재 대학 7개교 중 상위권 서열의 학교는 서울대, 서강대, 이화여대 등 3개교뿐이었다. 지방의 10개 대학 중 7개 대학이 국립대학으로 나타나 지방국립대의 교육여건이 우수한 것을 알 수 있다. 자

연과학분야의 경우에는 상위 17개 대학 중 8개 대학이 지방대학들로 나타났으며, 이 중 4개교가 지방국립대였다. 특히, 상위 4개 대학은 모두 지방대학이었으며, 서울대학교의 경우에는 7위로 나타났다. 공학계열의 경우 15개 상위대학들 중 수도권 대학은 2개교뿐이었으며, 13개교가 지방대학인 것으로 나타났다. 또한 13개 지방대학들 중 9개가 국립대학인 것으로 나타났다. 교수확보 현황도 마찬가지이다. 인문사회계열의 경우 교수확보율 상위 10개 대학 중 7개 대학이 지방대학이었으며, 이들 중 5개 대학이 국립대학이었다. 자연계열의 경우 교수 1인당 학생수가 작은 상위 10개 대학 중 4개 대학이 지방대학이었으며, 공학계열의 경우 10개 대학 중 7개 대학이 지방 소재 대학들인 것으로 나타났다. 이처럼 대학의 서열은 대학의 교육력과는 별 관계가 없이 형성되고 있다는 것을 알 수 있다.

논문의 질에 대한 분석들 역시 새로운 사실을 나타낸다. 일반적으로 논문의 질을 논의할 때 사용하는 IF(Impact Factor, 영향력 지수) 혹은 피인용지수를 보자. 물론 이것이 의미하는 바는 우수한 학술지에 논문이 게재됐다는 사실을 나타내는 것이지 논문자체의 수준을 직접적으로 나타내주는 것은 아니다. 연구(박수용, 2002)에 따르면, 1996년부터 2000년 5년 동안의 대학별 논문발표 실적분석에서 교수 1인당 논문수가 가장 많은 곳은 한국과학기술원이었고, 대학원생의 논문이 가장 많은 곳은 한림대였으며, 연구자(교수수+대학원생수) 1인당 논문수가 가장 많은 대학은 포항공대였다. 서울대는 이 세 분야에서 모두 3위를 차지했다. 연구의 질적 수준을 측정케 하는 연구논문의 평균 IF는 가톨릭대가 1위였고, 울산대, 한림대, 전북대, 성균관대가 뒤를 이었다. 서울대는 10위로 나타났다. 평균 피인용지수 순위 역시 포항공대가 선두에 섰고, 경상대, 한남대, 한림대, 가톨릭대가 뒤를 이었다. 서울대의 순위는 6위다. 연구자 개별의 1인당 연구논문수에서도, 평균 IF와 평균 피인용지수에서도 서울대는 1위가 아니었다.

물론 질적인 평가는 어렵지만 객관적인 지표들에만 비추어 판단할 경우, 수도권보다는 지방대학의 교육여건이 우수하다는 것을 알 수 있다. 단적인 예로 한국대학교육협의회가 1998년에 실시한 학생수 1만~1만 5,000명 규모의 36개 일반대와 17개 신학대에 대한 종합 평가 결과, 최우수대학으로 선정된 대학은 모두 지방대학들인 것으로 나타났다. 따라서 대학의 서열체제는 교육력과 밀접한 관련성을 갖지 못한다고 할 수 있다. 그럼에도 불구하고 대학입학지원자들의 선호도는 지방보다는 수도권 대학에 집중되고 있다.

3. 대학서열체제의 형성과정

이처럼 얼핏 보기에는 대학의 교육력과는 무관해 보이는 대학의 서열체제는 어떠한 과정을 통해 형성되고 있는 것인가를 구체적으로 살펴볼 필요가 있다. 이를 서열체제의 형성과정을 중심으로 살펴보기로 한다.

1) 서열체제의 형성: 교육수요의 서울 집중

획일화된 국가의 입시관리방식에 의해 형성된 대학서열체제는 해를 거듭할수록 강화되고 있으며, 이는 대학입학지원자들의 학교선택과정에도 영향을 미침으로써 더욱 확고해진다. 입시의 국가관리로 인해 수능시험, 학생부성적, 논술 및 면접시험 등의 객관적 수치가 전국적으로 대학진학희망자들의 석차를 결정한다. 대학간 서열체제는 수능시험의 결과가 발표된 이후 사설학원 등에서 발행하는 각 대학 학과의 배치기준표에서 분명하게 드러난다. 그리고 응시자들은 이 배치기준표에 따라 자신들의 수능 점수를 맞추어 대학에 지원하게 된다. 결국 진학희망자들은 전국적인 석차에 따라 역시 전국적인 대학의 서열에 따라 진학하게 된다.
 질적인 평가는 어렵지만 객관적인 지표들에만 비추어 판단할 경우, 수도권보다는 지방대학의 교육여건이 우수하다는 것을 알 수 있다. 따라서 대학의 서열체제는 교육력과 밀접한 관련성을 갖지 못한다고 할 수 있다. 그럼에도 불구하고 대학입학지원자들은 지방보다는 수도권 대학을 선호하고 있다. 다음 <표 1-7>은 대학입학지원자들의 진학희망대학 소재지 분포를 나타낸 것이다.

<표 1-7> 고등교육수요자의 진학희망대학 소재지 분포

구분	고등학생		학부모	
수도권	684명	73.2%	716명	80.8%
지방	226명	24.2%	161명	18.2%
무응답	25명	2.7%	9명	1.0%
계	935명	100%	886명	100%

자료: 정택희, 이만희, 조미영(1999).

 <표 1-7>에 나타난 바와 같이 학생과 학부모의 대학 지원성향을 보면, 수도권에 대한 선호도가 높음을 알 수 있다. 학생들의 경우 수도권 대학 진학희망자가 73.2%였으며, 학부모의 경우는 이보다 더 높은 80.8%로 나타났다. 이러한 학생과 학부모의 기대는 구체적으로 학교선택에 영향을 주고, 이는 다시 대학서열의 형성에 작용하게 된다. 다음 <표 1-8>은 이를 단적으로 보여주는 것이다.
 <표 1-8>을 보면 1999학년도 서울 소재 대학에 입학한 100,886명

<표 1-8> 서울 소재 대학 입학자 중 지방고교 출신 비율(1999학년도)

전체 합격자수	지방고교 출신자수	지방출신 비율
100,886명	49,253명	48.8%

자료: 교육부(2000), 지방대학육성대책.

중 지방의 고등학교를 졸업한 학생이 전체의 48.8%인 49,253명임을 알 수 있다. 이와 같은 교육수요의 집중이 문제시되는 것은 이들이 대부분 지방의 우수한 학생들이라는 점에 있다. 즉, 수도권에 대한 높은 진학수요만큼이나 우수학생들의 서울집중도 계속되고 있다는 점이다. 다음 <표 1-9>는 대학수학능력시험 성적이 전체에서 상위 5% 이내에 속하는 수험생들의 서울 소재 대학 진학현황을 살펴본 것이다.

<표 1-9> 수능 상위 5% 이내 학생들의 서울 소재 대학 진학현황

계열	수능성적 상위 5% 이내 학생수	서울 소재 대학 진학자	비율
인문계	20,567명	14,113명	68.62%
자연계	16,832명	9,639명	57.27%
예체능계	4,614명	2,489명	53.94%
합계	42,013명	26,241명	62.46%

자료: 교육부(2000). 지방대학육성대책.

<표 1-9>에 따르면 1999학년도 입시에서 대학수학능력시험 성적이 상위 5%에 드는 수험생의 62.46%가 서울 소재 대학을 진학한 것으로 나타났다. 대학수학능력시험 응시계열별로 보면, 인문계 응시자의 68.62%가 서울 소재 대학으로 진학해서 가장 높은 비중을 차지했다. 자연계열 응시자의 서울 소재 대학에 대한 진학률이 상대적으로 낮은 것은 이들 자연계열 우수학생들이 지방의 의과대학에 지원하기 때문인 것으로 풀이된다. 수험생의 지원성향을 볼 때 실제로 나머지 학생들의 대다수는 교육대학, 경찰대학 등과 같은 특수목적대학을 지원한 것으로 추정할 수 있어 지방의 일반대학에 대한 우수학생의 선호도는 매우 낮다고 할 수 있다.

이러한 서울지향성은 해를 거듭할수록 계속되고 있다. 일차적으로 지방학생들의 목표는 서울이지만 이것이 실패할 경우 차선으로 수도권, 즉 인천 및 경기도 소재 대학으로라도 진학하고자 한다. 따라서 지방대

학의 공동화현상은 심화될 수밖에 없다.

2) 서열체제의 공고화: 수도권 집중과 지방대학의 위기

대학교육에 대한 수요가 서울에 집중되고, 다시 서울에서 밀려나는 지원자들이 인천·경기 등 수도권의 대학에 집중됨으로써 지방대학은 입학자원의 부족에 따른 학생모집의 위기를 맞고 있다. 다음 <표 1-10>은 4년제 대학의 모집정원 미충원율을 보여주는 것이다.

<표 1-10> 지역별·연도별 4년제 대학 모집정원 미충원율

(단위: %)

지역별	1999년	2000년	2001년	2002년	평균
전국	4.96	2.20	1.59	5.46	3.55
수도권	2.16	0.72	0.57	1.88	1.33
지방	6.90	3.43	2.19	7.80	5.08
영남	3.57	1.68	1.25	4.64	2.78
충청	4.21	1.11	1.09	4.44	2.71
호남	12.47	8.34	4.62	14.70	10.03
강원	4.95	1.93	1.00	7.21	3.77
제주	16.79	5.99	4.05	13.61	10.11

<표 1-10>에 따르면 우리나라 4년제 대학들의 최근 4년간 입학정원 미충원율은 3.55%로 나타났으며 2002학년도가 가장 높은 것을 알 수 있다. 수도권 대학들의 경우는 1.33%인 반면, 지방대학들은 5.08%로 4배나 높은 미충원율을 기록하고 있다. 지방을 구체적으로 살펴보면 제주가 10.11%로 가장 높았고, 다음이 호남 10.03%, 강원 3.77% 등의 순으로 나타났다. 지방에서 미충원율이 가장 낮은 곳은 충청지역으로 2.71%였다. 2002학년도의 경우 호남지역은 14.70%의 미충원율을 보

여 전국에서 가장 높았다.

이와 같은 지방대학들의 높은 미충원율은 지방의 고등교육기회가 수도권보다 더 많이 제공되고 있다는 사실과 부분적으로는 관련되지만 이를 일반화하기는 어렵다. <표 1-11>을 보면 입학정원 미충원율과 대학입학기회 간에는 직접적인 관계가 없음을 알 수 있다.

<표 1-11> 지역별 4년제 대학의 고교졸업자 수용률(2002)

(단위: 명, %)

	고교졸업자수	대학+교대 입학정원	고교졸업자 수용률
전국	736,171	341,257	46.35
수도권	314,956	122,782	38.98
지방	421,215	218,485	51.87
영남	215,913	77,590	35.94
충청	77,484	66,857	86.28
호남	94,243	56,066	59.49
강원	24,819	14,887	59.98
제주	8,756	3,085	35.23

<표 1-11>에 따르면 우리나라 4년제 대학의 고교졸업자 수용률은 46.35%로 전국 고교졸업자의 46.35%가 4년제 일반대학과 교육대학에 진학할 수 있는 것으로 나타났다. 이와 같은 고교졸업자 수용률은 수도권이 38.98%로 지방의 51.87%보다 훨씬 낮은 것으로 나타났다. 이는 수도권 학생들이 지방 소재 대학으로 진학해야 한다는 것을 의미한다. 또 다른 측면에서 보면 지방대학들의 경우 고교졸업자 수용률이 높기 때문에 진학하려는 학생들이 많지 않을 경우 모집정원을 채우는 데 어려움을 겪을 수도 있다는 의미로 해석될 수 있다. 고교졸업자 수용률이 가장 높은 지역은 충청으로 86.28%였는데, 이 지역 대학들의 미충원율은 <표 1-10>에서 보는 바와 같이 2.71%로 지방대학 중에서 가장 낮

다. 반면 미충원율이 10.03%로 가장 높은 호남지방은 고교졸업자 수용률이 59.49%에 이르고 있다. 따라서 지역의 고등교육 기회지수와 지역 대학의 미충원율 간의 설득력 있는 관계를 발견하기는 어렵다.

충청지역 대학의 고교졸업자 수용률이 영남의 그것에 비해서 2배 이상 높음에도 불구하고 대학의 미충원율은 오히려 영남지방이 0.07%가 높다. 반면 대학의 고교졸업자 수용률이 충청보다 26.79%나 낮은 호남에서는 미충원율이 충청의 3.7배나 된다. 이처럼 고교졸업자 수용률이 상대적으로 낮음에도 불구하고 대학입학정원의 미충원율이 높다는 것은 곧 당해 지역 대학입학지원자들의 타지역 유출이 많다는 것을 의미한다. 이와 같은 대학의 위기는 재학생의 유출을 통해서도 계속되고 있다. <표 1-12>는 학생 변동상황을 살펴본 것이다.

<표 1-12> 지역별 대학생 변동현황

(단위: 명, %)

	제적률	편입생 현황		
	2002	1999	2000	2001
전국	4.30	110,813(100)	96,022(100)	93,229(100)
수도권	4.17	77,942(70.34)	67,929(70.74)	67,265(72.15)
지방	4.36	32,871(29.66)	28,093(29.26)	25,964(27.85)
영남	3.88	13,729(12.39)	10,972(11.43)	10,815(11.60)
충청	4.52	10,927(9.86)	9,169(9.55)	8,074(8.66)
호남	5.08	6,017(5.43)	5,486(5.71)	4,761(5.11)
강원	4.78	1,770(1.60)	2,244(2.34)	2,139(2.29)
제주	2.91	428(0.39)	222(0.23)	175(0.19)

<표 1-12>에 따르면 4년제 대학의 제적생 비율은 4.30%이며, 수도권 대학은 4.17%, 지방대학은 4.36%로 지방대학의 제적률이 약간 높은 것으로 나타났다. 지방대학들간에도 편차를 보이고 있는데, 호남지역 대학의 제적률이 5.08%로 가장 높았고, 다음이 강원, 충청 등의 순

으로 나타났다.

　학생들의 유입요인으로 볼 수 있는 편입현황을 살펴보면, 최근 3년간 평균 10만여 명에 이르는 학생들이 국내대학에 편입했음을 알 수 있다. 이는 2002학년도 4년제 대학 입학정원 32만여 명의 30%를 초과하는 숫자로 대학교육의 변화를 단적으로 보여주는 현상이라고 할 수 있다. 이들 중 수도권 소재 대학에 편입학한 학생들의 비중을 보면 1999년 70.34%, 2000년 70.74%, 2001년 72.15%로 절대적인 수도권 집중성향을 보이고 있다. 이는 수도권의 대학입학 정원이 전체의 41.72%를 차지한다는 점에 비추어볼 때 과도한 집중현상을 보이는 것으로 해석할 수 있다. 지역별 편입학생 구성비를 보면 전체적으로 약간씩 감소하는 가운데, 2001학년도의 경우 영남 11.60%, 충청 8.66%, 호남 5.11%의 순으로 나타났다.

　이처럼 제적생의 비율은 지방대학이 수도권 대학보다 높은 반면 편입생의 비중은 수도권이 압도적으로 높은 비중을 차지함으로써 지방학생들의 수도권으로의 유출과 지방대학의 공동화는 계속되고 있다. 특히, 지방대학들의 경우 제적률은 호남지방이 가장 높고, 충청, 영남 등의 순으로 나타난 반면, 편입률은 영남지방이 가장 높고, 충청, 호남 등의 순이었다. 이를 보면 호남지방의 경우 재학생의 유출은 가장 높은 반면, 편입을 통한 유입은 상대적으로 가장 적어 지역에 기반을 둔 서열체제가 확고해져가고 있음을 단적으로 알 수 있다. 다음 <표 1-13>은 수도권 대학 편입생들의 출신대학을 살펴본 것이다.

　<표 1-13>에 따르면 1998년 2학기부터 2001년 1학기까지 4년제 대학 재학 중 혹은 졸업 후 수도권 대학에 편입한 학생들의 출신지역을 보면 지방이 58.8%를 차지하는 것으로 나타났다. 지방대 출신자의 비중은 1998년 2학기에 전체의 64.4%를 차지해 가장 높았으며, 2000년 이후 감소하는 경향을 보이고 있다. 이는 1999년 교육부가 편입학을 3학년으로 제한하는 조치를 시행함에 따라 지방대학 출신의 편입지

<표 1-13> 수도권 대학 일반대학 출신 편입자의 출신대학 소재지

(단위: 명, %)

학년도	일반대학 출신자	지방대학 출신자		수도권 대학 출신자	
		인원	비율	인원	비율
1998.2학기	5,686	3,660	64.4	2,026	35.6
1999.1학기	8,741	5,465	62.5	3,276	37.5
2000.1학기	2,132	1,306	61.3	826	38.7
2001.1학기	3,630	1,440	39.7	2,190	60.3
합계	20,189	11,871	58.8	8,317	41.2

원율이 약간 감소하게 된 것과 관련이 있다. 그러나 이는 지방대학의 위기에 대한 근본적인 해결책이 되지는 못했다.

이상에서 살펴본 바와 같이 수도권에 집중되는 대학진학수요는 우수 학생들의 수도권 집중을 초래하는 반면, 지방대학에서는 상대적으로 낮은 진학수요가 형성되고 학생들의 경쟁력도 낮은 편이다. 따라서 입학 자원이 감소하면서 지방대학들의 학생모집위기는 지속적으로 나타날 수밖에 없으며, 이는 지방대학에 대한 사회적 평가절하를 초래하게 되고 기존의 서열체제를 더욱 공고히 하는 기제가 된다. 또한 이와 같은 지방대학의 낮은 경쟁력이 모든 지방대학들에게서 동일하게 나타나고 있는 것은 아니다.

3) 대학서열체제의 공고화과정에 대한 논의

이상에서 살펴본 바와 같이 지역간 불균등이 심화되는 현실에서 수도권 대학진입은 곧 기회와 자원의 획득을 의미하기 때문에 일차적으로 대학입학지원자들이나 학부모들은 수도권 대학에의 진입을 위한 경쟁을 벌이게 된다. 따라서 수도권 대학을 둘러싼 경쟁은 치열해지고 이 과정에서 수도권 대학의 서열은 자연스럽게 상승하게 된다. 특히, 수도권 집중억제정책에 따라 수도권 대학의 희소성은 더욱 높아지며 당연히 수도권 대학의 서열은 상승하게 된다. 이처럼 수도권 대학의 신·증설을 억제하면서 인구분산을 유도하기 위해 지방대학의 신·증설을 허용하는 정책은 교육시장에서 지방대학의 가치를 떨어뜨림으로써 지방대학의 서열을 하락시키게 된다. 이 과정에서 얻어진 수도권 대학의 서열은 대학의 노력에 의한 서열이 아니라 사회적 재화와 자원의 수도권 집중에 기인한 기생적 서열인 것이다. 반면 지방대학의 서열은 대학의 역량이나 의지와 무관하게 추락하게 된다. 따라서 대학들은 서열을 유지하거나 바꾸기 위한 별도의 노력을 기울일 필요도 없게 되며, 이것이 전반적으로 한국 대학의 경쟁력을 약화시키는 요인이 된다.

수도권 대학에 진입하는 데 실패한 지원자들은 지방 소재 대학으로 밀려나게 된다. 그런데 지방 소재 대학으로 밀려나는 지원자들에게 있어서도 학교선택에 영향을 미치는 것은 지방대학이 제공할 것이라 예상되는 기회와 재화에 대한 평가이다. 물론 이 평가는 현실에 대한 평가와 미래에 대한 기대, 그리고 사회적 인식 등을 반영한 것이다. 이들 지방 소재 대학지원자들의 학교선택과 관련된 요인들을 추론해볼 필요가 있다.

첫째, 수도권 진입에 실패한 지원자들 중 가장 많은 비중을 차지하는 집단이 수도권 소재 고등학교 졸업자들이라는 점을 고려할 필요가 있다. 앞에서 살펴본 바와 같이 수도권 대학에 진학하는 학생들 중 지방 출신 학생들의 비중이 거의 50%에 이르기 때문에 수도권 대학의 고교 졸업자 수용률 38.98%를 고려한다면 수도권 고등학교 졸업자의 80% 정도가 지방대학으로 진학하지 않으면 안 된다. 따라서 이들의 지원성향은 수도권으로부터의 거리와 취업가능성에 대한 판단을 기초로 결정된다. 수도권으로부터의 거리를 중심으로 파악할 경우 충청도, 취업가능성을 고려할 경우 부가가치 구성비가 높고 고용규모가 큰 기업들이 상대적으로 많은 영남지방이 선호 지역이 될 수 있다. 호남지역의 경우 이러한 두 가지 측면에서 유인가를 갖지 못하는 지역이 된다.

둘째, 수도권 진입에 실패한 영남지역 고교졸업자들 역시 타지역의 경우와 마찬가지로 거리와 취업가능성을 바탕으로 대학을 선택하게 된다. 영남의 경우 지방에서는 부가가치 구성비가 가장 높고 고용규모가 큰 기업들이 상대적으로 많기 때문에 수도권 진학에 실패한 학생들로 하여금 타지역으로 진출하기보다는 출신지역의 대학을 지원하게 하는 유인이 강하게 작용한다. 또한 이 지역 대학들의 고교졸업자 수용률이 35.94%로 전국에서 가장 낮기 때문에 원하는 모든 학생들이 진학할 수 없다는 점도 타지방에 비해 지역대학의 가치를 높일 수 있는 이점이 되기도 한다. 따라서 영남지역 대학의 서열은 지방대학들 중에서는 상대적으로 상위에 매겨진다.

셋째, 수도권 진입에 실패한 충청지역 고교졸업자들 역시 타지역의 경우와 마찬가지로 거리와 취업가능성을 바탕으로 대학을 선택하게 된다. 이미 살펴본 바와 같이 지방대학 중에는 영남지역 소재 대학의 유인가가 높고, 또한 접근성이 용이하기 때문에 수도권 진출에 실패할 경우 영남지역 대학으로 진학하거나 다른 지역을 선택할 수밖에 없다. 그러나 호남 소재 대학의 경우는 취업가능성이 매우 낮은 데다가 오랜 지역분할통치의 영향으로 지역에 대한 사회적 평판이 좋지 않기 때문에 선호도가 높지 않다. 반면, 수도권과 인접해 있고, 부가가치나 기업의 규모가 점차 확대되고 있는 충청도의 경우는 영남보다 높지는 않지만 상대적으로 높은 유인가를 갖는다. 따라서 지역대학들의 고교졸업자 수용률이 전국에서 가장 높음에도 불구하고 모집정원 미충원율은 그다지 높지 않다고 할 수 있다. 특히, 수도권과 가까운 충북지역의 경우 고교졸업자 수용률이 137.77%로 4년제 대학정원이 고교졸업자수를 37.77%나 초과하고 있음에도 불구하고 모집정원 미충원율은 호남지역의 대학들보다 낮다는 점은 주목할 필요가 있다.

넷째, 수도권 진입에 실패한 호남지역 고교졸업자들 역시 타지역의 경우와 마찬가지로 거리와 취업가능성을 바탕으로 대학을 선택하게 된다. 그러나 이미 살펴본 바와 같이 호남지역 소재 대학들의 취업가능성과 사회적 평판이 낮기 때문에 타지역 소재 대학들을 선택하게 된다. 그런데 정치적 이해관계의 산물인 영호남 지역감정의 영향으로 인해 영남지역 대학으로 진학하려는 사람은 많지 않다. 따라서 수도권과 가깝고 취업가능성도 높아 보이는 충청도 소재 대학들을 지원하게 된다. 그 결과 고교졸업자 수용률이 충청도보다 낮음에도 불구하고 타지역으로 우수한 인재들이 유출되기 때문에 입학정원을 제대로 채우지 못하는 현상이 나타나게 되는 것이다.

결국, 이러한 지원행태는 매년 반복됨으로써 대학의 서열체제를 공고화하고 있는 것이다. 즉, 수도권과 지방, 다시 지방과 지방 간의 불균등한 발전구조는 대학의 서열체제를 대학 외적인 요소를 통해 공고히 하는 기능을 하고 있는 것이다. 이에 따라 대학의 서열은 지역을 중심으로 형성되며, 수도권→영남권 및 충청권→호남권 및 기타 지역의 순으로 서열화되어 고착되고 있는 것이다. 물론 이러한 서열체제는 지역 내부에서는 다시 국립과 사립, 그리고 오래된 대학과 신설대학 등으로 나누어진다.

4. 대학서열체제의 형성에 영향을 미친 요인

대학서열체제의 형성에 영향을 미친 요인을 교육 내적 요인과 외적 요인으로 나눌 수 있다. 교육 내적 요인은 국가의 교육정책을, 그리고 외적 요인으로는 사회·경제적인 측면의 격차를 중심으로 살펴보기로 한다.

1) 국가의 교육정책과 대학서열체제의 형성

한국사회에서 대학서열체제는 입시경쟁과 밀접히 관련되어 있다. 다시 말해 대학의 서열은 입시경쟁을 통해서 그 체계를 형성해왔다는 것이다. 대학서열체제는 입시경쟁을 치열하게 만드는 원인이지만, 반대로 입시경쟁을 통해서 더욱 확고해져 왔다는 점도 지적할 필요가 있다. 입시경쟁을 자세히 들여다보면, 그것이 자연적으로 발생한 것이 아니라 제도적인 원인, 특히 국가의 개입과 규제에 의해서 야기된 것이라는 점을 찾을 수 있다. 다시 말해서 대학의 교육력이나 취업률 등과 같은 대학 내부적인 요인이 현격하게 차이를 보이기 때문에 이러한 대학들을 지원하는 사람들이 지나치게 많아서 그에 들어가기 위한 경쟁이 치열해진 것이 아니라, 대학 외부에서 국가가 획일적으로 대학입학정원을 통제함으로써 왜곡된 입시경쟁구조를 창출했다는 사실과 관련이 깊다.

우리나라 교육정책의 특성은 과도한 국가개입에 있다. 국가가 교육정책을 결정하는 주체이며, 문제가 발생해도 반드시 국가가 개입해야 해결된다는 믿음을 갖고 있다. 그것은 초·중·고등교육을 구분할 필요도 없이 교육의 전 부문에 적용되는 말이며, 입시에 대한 국가의 관리가 그 대표적인 예에 해당한다. 한국의 입시정책은 항상 국가적인 차원에서 결정되며, 그것은 전 국민적인 관심사가 된다. 입시는 학생의 선발과 관련된 일로 대학들이 주체가 되어야 함에도 불구하고, 공정성을 앞세우다 보니 국가가 획일적인 기준을 내세워 관리하는 방식을 채택할 수밖에 없었다. 따라서 대학들은 학생선발권을 갖고 있지도 못하며, 또한 그러한 선발권을 행사하려는 적극적인 의지도 표명하지 않았다. 이러한 현상들은 풍부한 고등교육수요, 그리고 국가의 대학에 대한 통제방식과 밀접히 관련되어 있다(이두휴, 2001, 2003). 대학들의 입장에서는 서열화되어 있는 체제를 체념적으로 수용하기만 한다면 국가가 알아서

관리해주고 학생들을 선발해주는 체제를 거부하고, 굳이 별도의 비용을 들여서 선발도구를 마련하고 학생들을 가르치기 위한 프로그램을 개발할 필요가 없는 일이었던 것이다.

이처럼 입시경쟁을 격화시키는 장치로 국가의 입시관리방식을 들 수 있다. 즉, 국가에서 국가고시의 일종인 대학수학능력시험(이하 '수능시험')을 출제해 전국의 대학진학희망자들에게 모두 이 시험을 치르도록 강요하고 그 결과를 '성적'이라는 수치로 표시해 교부해준 후 지원하는 대학에 제출하게 하는 것이다. 국가에서는 대학신입생 선발과정에서 대학 자체의 입시를 실시하지 못하게 하고 반드시 수능시험의 성적을 사용하도록 강요한다. 국가에서는 또한 전국의 모든 고등학교에 재학생의 학업, 봉사활동, 특별활동 등의 기록을 작성할 때 일정한 방식을 따르도록 하고, 그 기록에 따라 '학생부등급'이라는 것을 산출하도록 지시하며, 그 기록을 컴퓨터의 네트워크에 등재해 전국의 어느 대학이든지 그것이 필요할 때면 언제든지 참조할 수 있도록 한다. 그러므로 설사 대학에서 수능시험의 성적을 사용하지 않더라도 만약 학생부기록을 신입생전형에 사용한다면 석차에 따른 정원 내 입학허가라는 신입생선발 원리는 그대로 따르고 있는 셈이다.

국가에서는 대학이 부분적으로 입학지원자들을 자체적으로 평가할 수 있도록 허용하면서 이를 규제하는 간접관리의 방식도 쓰고 있는데, 그 방법으로는 논술시험과 면접시험 등이 있다. 논술시험과 면접시험 역시 입시의 일부로 실시하는 것이므로 일반적으로 학교나 직장에서 실시하는 것들과는 그 성격이 판이하게 다르다. 입시의 한 형식으로 채용된 논술시험은 역시 성적을 점수로 내어서 논자들에게 석차를 매기는 것이 목적이므로 '독서를 많이 한 증거가 나타나 있는가', '지원자가 지지하는 도덕적 가치를 수용하는가' 등과 같은 '외적인 평가영역'을 정해 놓고 그 영역별로 점수를 주는 것이 특징이다. 그런 영역들은 논술의 본래 성격과는 무관한 것들이므로 '외적 영역'이라 한 것이다. 면접시험도 마찬가지다. 일반적으로 면접시험을 실시하는 학교나 고용주는 응시자가 자기네 학교의 교육 프로그램 또는 직장에 적합한지 여부를 판정하기 위하여 실시하는 것인데, 국가관리하의 면접시험은 역시 그런 본래의 취지와는 무관한 '외적 영역'을 정해 놓고 그 영역별로 점수를 주는 것이 특징이다.

이처럼 국가관리하에서 취하게 되는 '입시'의 형식들은 그 하나하나가 진학희망자 개개인에게 성적을 매긴다는 것이 특징인데, 이와 같이 진학희망자들에게 성적을 매기는 이유는 대학에서 일일이 지원자들의 석차를 내고 석차에 따라 정원 내에서 신입생을 선발하도록 하기 위한 것이다. 물론 이 과정에서 대학이 하는 일은 없다. 한국에서는 국가가 이와 같은 방식으로 전국의 모든 진학희망자들에게 성적과 석차를 내게 하고 그 석차에 따라 대학의 신입생을 결정하게 하므로 입시경쟁은 석차경쟁이 될 수밖에 없다.

대학의 서열체제는 이와 같은 입시의 국가관리에 의해서 더욱 확고해지는데, 여기에는 사회적 통념이 깊이 자리잡고 있다. 이 통념의 기준은 대체로 지방의 대학보다는 서울의 대학, 사립보다는 국립, 신설대학보다는 전통있는 대학이 낫다는 것이다. 그리고 이와 같은 통념의 형성에는 대학의 교육력이라는 내적 요인보다는 국가의 정책이라는 외적 요인이 크게 자리잡고 있다. 그 예로 중앙집권제라는 통치방식이 자원과 기회를 서울로 집중시킨 점, 수도권 인구집중 억제정책의 일환으로서 수도권에는 이미 전국 인구의 절반이 모여 살고 있음에도 불구하고 수도권 대학의 학생정원을 철저히 억제해온 점, 입시경쟁이 정치적 위기를 조성할 때마다 대학신설 요건을 무리하게 완화해 무더기로 설립허가를 내주게 되어 신설대학의 시설·설비·교수요원 등이 오래된 대학의 수준에 미치지 못하게 한 점 등을 들 수 있을 것이다. 이런 외적 기준에 의해서 대학간의 서열체제가 확립되어온 것을 보면 여기서도 국가가 결정적인 역할을 담당했다는 것을 손쉽게 알 수 있다.

아무튼 국가관리의 입시방식들은 그 규모가 전국적인 데다 전국의 모든 대학진학희망자가 모두 동일한 방식으로 성적이라는 점수를 놓고 벌이는 입시경쟁에 참가하게 하므로 경쟁의 강도가 그만큼 높아지지 않을 수 없다. 게다가 대학간 서열체제는 경쟁의 목표물인 대학의 학생자리에 등급을 매기게 하므로 역시 입시경쟁을 단일화하고 격화시키는 역할을 한다. 국가관리하의 입시방법들을 통해 총체적으로 전국의 대학진학희망자를 동일한 근거에 입각한 성적과 석차로 분류해 놓으면 대학에서는 대학간의 서열에 따라 차례로 석차 높은 지원자들을 데려간다. 여기서 대학간의 서열은 거의 고정되어 있기 때문에 경쟁은 진학희망자의 줄에서만 일어난다. 즉, 전국의 모든 대학진학희망자가 단 하나의 대학에 입학하기 위해 경쟁을 벌이는 것과 동일한 효과가 나타난다. 이러한 경쟁은 일어나는 범위가 넓으면 넓을수록 그리고 경쟁 참가자가 많으면 많을수록 그 강도가 높아지지 않을 수 없다.

2) 사회·경제적 요인

(1) 기회와 자원의 수도권 집중

대학입학지원자들 뿐만 아니라 한국의 모든 사람들이 수도권으로 몰려드는 이유는 수도권이 사회적으로 가치롭다고 여겨지는 것들의 대부분을 독점하고 있기 때문이라는 사실과 관련이 깊다. 따라서 수도권에의 진입에 실패할 경우 사람들은 수도권에 인접한 지역에서의 삶을 꾸려나가고자 한다. 따라서 대학의 서열체제는 이러한 사실들과 관련지어 분석하지 않으면 안 된다.

균형적인 국토발전이 이루어지지 못한 채 수도권중심의 개발정책으로 인해 한국사회의 사회경제적 중심은 대부분 수도권에 놓여지게 되었다. 즉, 수도권은 정치·경제·사회·문화 등 거의 모든 영역에서 중핵적인 위치를 차지하고 있다. 국토면적상으로는 12%에 불과하지만 인구의 46.2%가 살고 있는 수도권에는 인구의 집중과 더불어 부와 경제적 기회, 국가의 주요 시설, 문화적 혜택 등 대부분의 사회적 재화들이 집중되어 있다.

<표 1-14> 수도권 집중도(2000)

요인	집중도	요인	집중도
10대 명문대학	80.0%	금융기관 수신	67.9%
30대 대기업 본사	88.5%	금융기관 여신고	62.2%
외국인 투자기업	72.9%	국가공공기관	84.3%
벤처기업	77.1%	정보통신업체	89.0%
기업부설연구소	72.6%	초대형병원(1,000병상)	66.7%

<표 1-14>에서 알 수 있는 바와 같이 수도권은 정치, 금융, 교육, 문화 등 전 부문을 독점하고 있다. 즉, 국가공공기관의 84.3%가 집중되어 있으며, 30대 그룹 주력기업 본사의 88.5%, 외국기업 및 기업체의 각종 연구소, 벤처기업 등의 70% 이상이 집중되어 있어 수많은 인력에 대한 수요를 창출해내고 있다. 뿐만 아니라 교육, 문화 등 소비관련 분야도 이 지역에 집중되어 있다. 한국의 10대 명문대학 중 8개교, 1,000병상 이상의 초대형병원의 66.7%가 수도권에 집중되어 있다.

연구개발과 관련된 지표의 수도권 집중 역시 두드러진다. 1997년 통계에 따르면 연구개발투자의 약 60%가 수도권에 집중되어 있다. 경기도가 1위, 서울이 2위이며, 대덕연구단지가 있는 대전이 비수도권 지역으로는 유일하게 제법 높은 비중을 차지하고 있다. 경기, 서울, 대전을 합하면 전체 연구개발지출의 약 70%를 차지하고 있으며, 그 나머지가 다른 13개 지역에 분산되었다. 이들 중 전남과 강원은 각각 1% 미만의 전국 대비 연구개발 지출규모를 나타내고 있는 실정이다. 지역별 연구인력 분포 역시 연구개발지출의 분포와 매우 유사하다. 경기도가 연구인력의 집중이 가장 높아 전체 연구인력의 25% 정도를 차지하고 있고,

서울과 합치면 전국의 절반을 차지한다(OECD, 2001).

수도권에 모든 것이 집중되기 때문에 사람들은 몰려들지만 이를 억제하려는 정부의 정책은 수도권에 존재하는 모든 것들의 희소성을 높임으로써 그 가치를 상승시키는 결과로 이어졌다. 특히, 수도권 인구억제책의 하나로 시행된 수도권 대학의 신증설 억제책은 수도권 대학의 서열을 교육외적인 측면에서 높여주는 결과로 나타났다. 그리고 이는 대학입학지원자들의 학교선택요인으로 자리잡게 되었으며, 이러한 인식은 사회 일반에도 통념으로 자리잡아갔다. 이러한 사회적 통념과 더불어 기업활동의 중심이 수도권에 놓이다 보니 대기업의 사원모집에서도 수도권 출신이 선호될 수밖에 없게 된 것이다.

<표 1-15> 국내 대기업 사원의 출신대학 분포

구분	삼성전자 입사자		SK Co. 입사자		대우상사 재직자	
	인 원	비율(%)	인 원	비율(%)	인 원	비율(%)
수도권	640	77.9	2,900	84.1	81	84.4
지방	182	22.1	547	15.9	15	15.6
합계	822	100	3,447	100	96	100

자료: 교육부(2000), 지방대학 육성대책.

<표 1-15>에서 알 수 있는 바와 같이 대졸자들이 선호하는 대기업에서 수도권 소재 대학 출신자의 비율은 80%를 넘고 있다. 이러한 현상은 채용과정에서부터 이루어지는 지방대학에 대한 차별과 밀접한 관련을 맺고 있다. 보도자료(대한매일, 2003.2.24. 25면)에 따르면 기업들은 서류전형과정에서 출신대학을 중시하며, 학벌에 따라 가중치를 부여하고 있는 것으로 나타났다. 차별내용을 보면 대학을 일반적으로 4단계로 나누어 가중치를 부여하는데, 명문대는 1.0, 서울 소재 유명대 0.9, 서울 소재 기타대와 지방 국립대 0.8, 지방 소재 대학 0.7을 부여한다는 것이다. 지원자들의 능력에 대한 평가보다는 그들의 출신대학이 어느

지역인가에 따라 결정된다는 것이다. 따라서 대학지원자들은 수도권 대학을 선호할 수밖에 없는 것이다.

이와 같은 기회와 자원의 수도권 집중은 직접적인 관련이 없는 분야에서까지도 집중을 초래하기도 한다. 다음 <표 1-16>은 이를 나타낸 것이다.

<표 1-16> 국가고시(행정고시, 외무고시, 기술고시) 합격자의 지역별 분포(1996)

구분	출신지역별 비율	출신대학 소재지별 비율	전국인구에 대한 지역인구 비율(1995년)
서울	13.0	86.4	25.0
경기	5.2	0.3	17.9
부산/경남	17.0	3.4	17.2
대구/경북	16.3	3.7	11.7
광주/전남	15.2	2.7	8.4
전북	8.6	0.6	4.8
대전/충남	12.7	1.5	7.0
충북	5.6	0.3	3.2
강원	3.1	0.0	3.6
제주	1.2	0.0	1.2

자료: 교육부(2000), 지방대학 육성대책.

<표 1-16>에 따르면 국가고시 합격자 중 서울·경기 등 수도권 출신자의 비율은 18.2%로 이는 수도권 인구 42.9%에 훨씬 미치지 못한다. 반면, 부산/경남과 강원도를 제외한 지방에서는 국가고시 합격자의 비율이 인구구성비를 훨씬 상회하고 있는 것으로 나타났다. 특히, 호남지역의 경우에는 지역인구 구성비의 2배 가까이에 이를 만큼 출신지역 고시합격자의 비중이 높은 것으로 나타났다. 그렇지만 이들을 출신대학 소재지별로 보면, 서울 소재 대학 출신이 86.4%로 압도적으로 높게 나타났다. 국가고시들이 출신지역이나 출신대학을 고려해서 선발하는 것

이 아님에도 불구하고 수도권 대학으로 몰려들고 있는 것은 기회의 자원의 수도권 집중에 따른 파급효과라는 것을 의미한다. 또한 이는 지방의 우수한 인재들이 모두 서울 소재 대학으로 진학한 결과라는 것을 보여준다. 이처럼 지방의 우수한 인재들이 지방대학에 진학하지 않고 서울로 이동하고 이러한 현상이 해를 거듭할수록 강화됨으로써 대학의 서열체제는 확고해지는 것이다.

(2) 경제적 차이

수도권으로 집중도가 높아지면서 기회만 주어지면 수도권으로 진입하려는 사람들에게 수도권 대학에의 진학은 가장 손쉬운 성공의 수단으로 간주될 수밖에 없다. 그러나 수도권 대학에의 진입이 어려울 경우 그들은 차선으로 지방대학을 선택할 수밖에 없다. 이때 그들의 선택기준은 경제적 측면과 사회문화적 측면에서의 기회에 대한 판단이다. 그렇다면 수도권을 제외한 지방의 기회와 자원은 모두 동일하게 분배되고 있는 것인가?

한국 대학의 서열체제가 확고해지고 지방대학의 위기가 점차 심화되고 있는 이유는 지방간에 균형적인 재화와 자원의 분배가 이루어지지 못하고 있다는 사실과 관련이 깊다. 이는 두 가지로 요약할 수 있다. 첫째는 정부수립 이후 반복되어온 지역차별정책의 결과에 기인한 영호남 격차를 지적할 수 있다. 즉, 역대 정권의 지역분열 통치전략에 의한 불균등 발전으로 영남과 호남 간의 경제적 격차가 확대되어 재화와 자원의 상대적인 불균형이 심화되었다는 점이다. 둘째로는 수도권 인구유입 억제정책으로 수도권 진입이 어려워지자 수도권 인접지역으로 투자가 분산되면서 수도권과 인접한 충청권에 재화와 자원이 투입되면서 지역 간 불균형이 또 다른 양상으로 전개되고 있다는 점이다. 이를 구체적으로 살펴보기로 한다.

대학선택에 중요한 영향을 미치는 요인은 경제적 측면으로서의 취업가능성이다. 이 취업가능성은 경제활동의 규모에 의해서 결정된다. 이의 지역간 불균형 실태를 살펴보기 위해서 먼저 국내총생산의 지역별 구성비를 살펴보기로 한다.

<표 1-17> 권역별 지역총생산 비중 변화

연도	수도권	영남	호남	충청	기타	전국
1970	37.2	30.0	15.3	11.7	5.9	100.0
1975	39.3	30.8	14.1	10.5	5.3	100.0
1980	43.5	30.9	12.0	8.8	4.8	100.0
1985	42.0	31.0	12.3	9.9	4.8	100.0
1990	46.2	29.9	11.0	8.8	4.0	100.0
1995	45.7	29.6	11.3	9.7	3.8	100.0
2000	47.2	27.9	10.7	10.6	3.6	100.0

자료: 내부무, 「주민소득 연보(1970-85)」 및 통계청, 통계 데이터베이스.

<표 1-17>에서 알 수 있는 바와 같이 국내총생산액의 구성비에 있어서 수도권이 차지하는 비중은 2000년 현재 47.2%로, 1995년의 45.7% 보다 증가한 것으로 나타났다. 즉, 수도권의 비중이 점차 증가하고 있음을 알 수 있다. 이는 수도권 인구가 전체 인구에서 차지하는 비중보다 1% 높다. 다시 지방을 구체적으로 살펴보면, 영남권이 27.9%로 가장 높았으며, 호남과 충청이 각각 10.7%, 10.6%로 나타났다. 이를 지역별 인구구성비와 대비해보면, 호남은 인구구성비에 비해 0.6%가 낮고, 영남은 양자가 동일하며, 충청은 0.4%가 높다. 인구구성비를 감안할 경우에도 국내총생산에 있어서 지역간 격차가 존재한다. 그런데 수도권을 제외한 대부분 지역의 국내총생산액의 비중이 감소한 반면, 충청지역의 국내총생산액의 비중은 지난 5년간 1%가 증가했다는 점에 주목할 필요가 있다.

다음으로는 부의 분포를 구체적으로 살펴보기 위해서 부가가치를 살펴보기로 한다. 연도별 부가가치 구성비의 변화를 나타낸 것이 다음

<표 1-18> 연도별 부가가치 구성비의 변화

(단위: %)

지역	인구구성비	1994	1996	1998	2000
전국	100	100.0	100.0	100.0	100.0
수도권	46.2	43.15	44.01	38.87	40.93
지방	53.8	56.70	55.90	61.02	58.87
영남	27.9	35.56	33.73	38.11	36.02
충청	10.2	10.3	10.34	11.23	12.73
호남	11.3	8.97	9.02	9.71	8.43
강원	3.2	1.70	1.91	1.79	1.50
제주	1.1	0.11	0.10	0.12	0.12

<표 1-18>이다.

<표 1-18>에서 알 수 있는 바와 같이 부가가치의 구성비에 있어서 수도권이 차지하는 비중은 2000년 현재 40.93%로 매우 높다. 그러나 다른 경제지표와 달리 1990년대 중반 이후 약간씩 감소하는 경향을 보이고 있다. 그러나 이러한 감소가 서울, 인천에서만 나타나고 있을 뿐 경기지역에서는 꾸준히 상승하고 있다.

지방의 경우, 영남이 36.02%로 가장 높았으며, 충청과 호남이 각각 12.73%, 8.43%로 나타났다. 지역별 인구구성비와 대비해볼 경우, 부가가치 구성비가 영남은 8.12%, 충청은 2.53%가 높다. 반면 부가가치 구성비가 인구구성비에 비해 호남은 2.87%, 강원은 1.7%나 낮다. 특히, 호남을 제외한 지방의 모든 지역이 1994년에 비해 부가가치 구성비가 상승했다는 것을 알 수 있다. 부가가치액은 국내총생산액과 달리 기업의 이윤창출과 밀접한 관련을 맺는다는 점에서 지역의 경제규모 및 고용창출구조를 가늠할 수 있는 중요한 기준이 된다. 따라서 부가가치 구성비가 지역마다 편차를 보이며, 특히 이의 변화 추이가 지역별로 다르게 나타난다는 점은 지역간 불균등 발전의 방향을 가늠할 수 있는 중요한 자료가 된다.

종업원 100인 이상 기업체는 대졸자의 취업기회제공과 관련해 매우 중요한 의미를 갖는다. 다시 말하면 종업원 100인 이상의 기업체들이 곧 대졸자들이 취업할 수 있는 일터이며, 이의 지역별 분포는 당해 지역 대학졸업생들의 취업기회에 중요한 영향을 미치기 때문이다. 물론 이 경우에도 본사가 수도권에 있는 경우에는 모집이 수도권 중심으로 이루어지기 때문에 별 의미가 없다. 우선 종업원 100인 이상 기업체수의 지역별 분포를 살펴보기로 한다.

<표 1-19> 종업원 100인 이상 사업체수의 지역별 분포

(단위: 개, %)

지역	인구구성비	1996	1999	2000
전국	100	3,828	3,297	3,455
수도권	46.2	43.83	41.55	41.59
지방	53.8	50.94	59.81	58.40
영남	27.9	33.98	35.95	35.64
충청	10.2	13.10	13.82	14.29
호남	11.3	7.19	6.99	6.85
강원	3.2	1.69	1.51	1.47
제주	1.1	0.13	0.12	0.11

<표 1-19>에 따르면 종업원 100인 이상 기업체수의 구성비에 있어서 수도권이 차지하는 비중은 2000년 현재 41.59%로 매우 높다. 1990년대 들어 약간씩 감소하는 경향을 보이고 있다. 이는 수도권의 인구구성비 46.2%보다는 낮다. 반면 지방이 차지하는 비중은 58.4%로 지방의 인구구성비 53.8%보다 약간 높다. 변화 추이를 보면, 1996년에 50.94%였던 것이 4년 동안 58.4%로 상승했음을 알 수 있다. 이러한 변화는 주로 충청과 영남의 비중 증가에 기인한 것이다. 즉, 충청의 경우 1996년에 13.1%였던 것이 2000년에는 14.92%, 영남은 33.98%였

던 것이 35.64%로 증가했다. 그러나 호남, 강원, 제주는 1996년 이후 오히려 감소한 것으로 나타났다. 이들 기업체의 지역별 분포를 보면, 영남이 35.64%로 가장 높았으며, 충청 14.92%, 호남 6.85%로 나타났다. 인구구성비와 비교해볼 때 영남은 7.74%, 충청은 4.09%가 높은 반면, 호남은 4.45%가 낮다. 특히, 호남지역 종업원 100인 이상 기업체수의 비중은 인구구성비의 절반 가량에 불과할 만큼 적으며, 이는 충청의 1/2, 영남의 1/5에도 미치지 못하는 것으로 나타났다.

이와 같은 경제적 특성들이 보여주는 것은 수도권과 지방 간의 격차가 2000년을 전후해 약간씩 감소하는 경향을 보이고 있다는 것이다. 반면 지방간의 격차는 점차 심화되고 있다. 영남이나 충청의 경우 부가가치 구성비나 종업원 100인 이상을 고용하는 기업체수의 비율이 1990년대 중반 이후 증가하고 있는 반면, 호남의 경우는 이들 모두 감소하고 있다는 점이다. 특히, 대졸자의 고용창출을 유인할 수 있는 기업체 수의 경우는 지역인구 구성비의 50%를 약간 상회하는 수준에 그치고 있다. 이는 기회와 자원이 수도권에 집중되고, 상대적으로 수도권으로부터 거리가 먼 영남지역이 기업활동을 하기에는 적합한 환경이 되지 못한다는 것을 의미한다.

이처럼 수도권으로 인구가 집중된다는 것은 수도권에 그만한 정도의 생산활동이 집중되어 있다는 것을 의미한다. 한편 총량경제력 측면에서 수도권과 지방을 비교해 보아도 마찬가지로 수도권 집중 정도가 잘 나타나고 있다. 전체적으로 2000년 현재 생산, 소득, 고용, 금융, 수출 등 주요 경제활동의 53%가 수도권에 집중되어 있는 것으로 나타났다. 수도권의 총량경제력이 이처럼 높게 나타나는 것은 국세(직접세 기준)와 지방세수의 70.9%가 수도권에 집중되어 있고 예금은행 예금액과 대출액의 66.8%가 수도권에 집중되어 있는 것과 무관하지 않다.

수도권에는 현재 금융보험업 등 사업서비스업과 정보통신업 등 미래형 신산업이 타제조업보다 훨씬 높은 비중으로 집중하고 있다. 이는 고

<표 1-20> 총량경제력의 수도권과 지방 간 비교(2000)

구분	인구 집중도 (A)	총량 경제력									B/A
		지역내 총생산	제조업 고용	도소매 업고용	금융 거래	경제 활동 인구	수출	조세 수입	합계	평균 (B)	
수도권	46.3	46.3	45.3	47.5	66.8	46.4	45.0	70.9	368.2	52.6	1.14
지방	53.7	53.7	54.7	52.5	33.2	53.6	55.0	29.1	331.8	47.4	0.88

주1) 인구는 주민등록인구 기준, 제조업고용기회는 광공업통계조사보고서 기준, 도소매 고용에는 음식숙박업이 포함되어 있으며, 금융거래규모는 예금은행 예금액과 대출액의 합계 기준이며, 조세수입은 국세(직접세)와 지방세의 합계 기준임.
주2) 지역 내 총생산, 제조업고용, 도소매업고용은 1999년 말 기준임.
자료: 박양호(2001).

소득기회나 고차적 경제활동이 수도권에 편중되어 있음을 의미한다. 혁신의 창조자라고 일컬어지는 벤처기업의 경우에도 수도권 집중이 두드러진다. 또한 증권거래소에 상장된 코스닥 등록기업의 80% 가량이 본사를 수도권에 두고 있다. 이처럼 산업구조상 수도권이 타지역에 비해 우월한 특성 때문에 비록 제조업 전체에서 수도권이 차지하고 있는 양적 비중은 다소 낮아지고 있지만, 질적 비중은 오히려 높아지고 있다고 보아야 할 것이다. 이러한 구조적 성격은 IMF경제위기 이후 2000년 들어 실물경기의 지역별 회복정도에서 잘 나타난다. 수도권의 산업생산은 2000년 상반기 중 평균 24.5% 증가했으나 비수도권은 평균 11.7% 증가에 그치고 있어서, 앞으로 수도권과 비수도권 간의 격차가 더욱 벌어질 것이라는 예측을 가능케 해준다.

또한 오늘날 경제활동에서 가장 중요한 금융의 측면에서도 금융기관의 여신 및 수신의 60-70%가 수도권에 집중되어 있다. 이러한 결과 지방기업은 수도권의 기업에 비해 더 많은 자금난의 어려움을 겪을 수밖에 없다. 더욱이 지방은행의 예수금 중 25% 정도가 연고지를 이탈, 수익률이 높은 수도권을 대출되어 자금의 빈익빈 부익부 현상을 초래하고 있다. 이로 인해 지방의 중소기업은 만성적인 자금난과 기업부도의 위험에 시달린다. 실제로 1992년 이후 지방의 어음 부도율이 서울보다 5배 이상 높게 나타나는 실정이다(박양호, 2001).

(3) 지배엘리트의 분포

지역간에 존재하는 경제적인 차이뿐만 아니라 지역의 엘리트 분포 역시 대학서열체제의 형성 및 공고화 과정에서 중요한 역할을 담당하고 있다. 기회와 자원이 모두 수도권에 집중되어 있기는 하지만, 이들 수도권에 집중된 기회와 자원을 향유하는 집단은 그들의 출신지역에 따라 다르게 분포되고 있으며, 이들은 대학서열체제의 형성 및 공고화 과정에 중요한 변수로 작용하게 된다. 다음 <표 1-21>은 국내언론사에서 수집·운영하고 있는 인물정보시스템에 수록된 27만여 명의 자료를 중심으로 한국사회 각 부문 엘리트의 출신지역 분포를 분석한 것이다.

<표 1-21> 한국사회 각 부문별 주요 인물의 출신지역 분포(2004년 7월 현재)

구분	고위 공무원	정치인	군인	법조인	언론인	기업인	금융인
수도권	1,052(20.3)	431(19.0)	31(22.1)	2,239(23.9)	2,499(28.2)	9,040(35.1)	1,197(28.6)
영남	1,833(35.5)	764(33.7)	67(47.9)	3,394(36.2)	2,569(29.0)	8,087(31.4)	1,496(35.7)
충청	860(16.6)	397(17.5)	19(13.6)	1,200(12.8)	1,334(15.0)	3,464(13.5)	636(15.2)
호남	1,051(20.3)	492(21.7)	13(9.3)	2,099(22.4)	1,771(20.0)	3,058(11.9)	677(16.2)
강원	269(5.2)	146(6.4)	8(5.7)	264(2.8)	456(5.1)	863(3.4)	152(3.6)
제주	105(2.1)	36(1.6)	2(1.4)	171(1.8)	240(2.7)	1,232(4.8)	30(0.7)
전국	5,170	2,266	140	9,367	8,869	25,744	4,188

자료: http://www.joins.or.kr 중앙인물정보.

<표 1-21>에 나타난 바와 같이 우리나라 각 부문별 엘리트는 영남지역 출신이 가장 높은 비중을 차지하는 것으로 나타났다. 특히, 지역간 격차가 가장 큰 부문은 군인으로 전체 140명 중 47.9%가 영남 출신으로

<표 1-22> 지역별 대형 의료시설 분포(2001년)

(단위: 개, %)

구분	종합병원	병원	계
수도권	111(41.4)	221(36.9)	332(38.3)
영남	73(27.2)	210(35.1)	283(32.6)
호남	35(13.1)	94(15.7)	129(14.9)
충청	27(10.1)	54(9.0)	81(9.3)
강원	16(6.0)	19(3.2)	35(4.0)
제주	6(2.2)	1(0.2)	7(0.8)
전국	268(100)	599(100)	867(100)

자료: 통계청(2002).

나타났으며, 법조인의 36.2%, 금융인의 35.7%, 고위공무원의 35.5%를 영남지역 출신이 차지하고 있는 것으로 나타났다. 기업인만 수도권 출신이 가장 높은 비중을 차지하는 것으로 나타났을 뿐 고위공무원, 정치인, 군인, 법조인, 언론인, 금융인 등은 영남 출신의 비중이 가장 높았다. 영남지역 다음으로 높은 비중을 차지하는 지역이 수도권으로 나타났는데, 공무원은 호남지역 출신과 수도권 출신이 같은 비중을 차지했고, 정치인은 호남 출신이 더 높은 것으로 나타났다. 기업인과 군인은 충청 출신이 호남 출신보다 높은 것으로 나타났다.

이와 같은 지배엘리트 분포의 지역별 차이는 이들이 강한 연고주의에 뿌리를 두고 있는 한국사회에서 자원이나 기회의 분배과정에 강한 영향력을 발휘할 수 있는 요인이 된다는 점에서 중요한 의미를 갖는다. 이러한 지배엘리트의 네트워크가 공적 영역과 사적 영역 전 부문에서 강력한 영향력을 발휘하고 있다는 것을 우리 사회는 이미 충분히 경험한 바 있다.

(4) 삶의 질의 차이

삶의 질은 다양한 형태로 측정할 수 있지만 여기에서는 의료서비스의 수준과 문화적 기반시설의 분포를 중심으로 살펴보기로 한다. 먼저, 보건의료영역은 생존, 안전의 욕구와 밀접히 관련된 분야로서, 삶의 질을 평가하는 데 중요한 요소라 할 수 있다.

<표 1-22>는 지역별 종합병원 및 병원 분포를 보여주고 있다. 2001년 현재 전국 종합병원은 268개로 그 중 41.4%가 수도권에 분포하고, 영남지역에 27.2%가 분포하고 있으며, 그 외 호남, 충청 등의 순이었다. 이와 같은 현상은 병원의 경우에도 마찬가지이다. 물론 의료서비스의 질이나 접근 가능성 등을 고려해서 평가해야 할 필요도 있으며, 이러한 관점에서 충청권의 경우는 호남이나 영남과는 다른 의미로 해석될 필요가 있다.

다음으로 지역간 문화기반시설의 차이를 살펴보자. 문화시설의 종류별로 수도권과 비수도권 간 문화격차를 살펴보면 다음과 같다.

<표 1-23>에서 나타나듯이 수도권의 문화인프라를 보면 우리나라 전체 대비 도서관은 34.6%, 박물관은 40.7%, 미술관은 59.6%, 공연장

<표 1-23> 전국 16개 시·도별 문화인프라 현황

(단위: 개, %)

구분 지역	도서관	박물관	미술관	공연장	영화관	
					극장수	스크린수
수도권	3,235(34.6)	88(40.7)	31(59.6)	231(41.5)	166(40.3)	440(53.1)
영남	2,644(28.3)	47(21.8)	7(13.5)	144(26.0)	112(27.2)	185(22.3)
호남	1,623(17.4)	20(9.3)	7(13.5)	76(13.7)	51(12.4)	64(7.7)
충청	1,409(15.1)	38(17.6)	5(9.6)	57(10.3)	51(12.4)	105(12.7)
기타	326(3.5)	23(10.6)	2(3.8)	46(8.3)	32(7.7)	34(4.1)
총계	9,337	216	52	554	412	828

자료: 신현택(2002)에서 재인용.

은 41.5%, 영화관 스크린수는 53.1%로 나타나 분야별로 차이는 있지만 문화인프라의 수도권 집중이 심한 것으로 나타났다. 특히, 미술관, 박물관, 영화관, 공연장 등은 수도권이 40% 이상을 차지하고 있어 수도권 집중이 심각한 것으로 나타났다.

이와 같은 의료 및 문화기반시설의 분포가 삶의 질을 대표한다고 보기에는 어렵지만 이러한 요소들의 분포가 지역주민의 삶의 질에 영향을 미친다는 점은 분명하다. 그리고 이와 같은 요소들의 분포가 보여주는 편중성은 지역민의 삶의 질에 대한 만족감을 떨어뜨리는 요인이 되며, 이들 역시 대학서열체제의 형성에 중요한 변수로 작용한다고 할 수 있다.

(5) 대학에 대한 이미지

대학에 대한 이미지 역시 대학서열체제의 형성과 강화에 중요한 영향을 미치는 변수라고 할 수 있다. 이와 관련해 몇 가지 지표들을 살펴볼 필요가 있다.

먼저 ≪중앙일보≫가 실시한 대학평가에 나타난 대학에 대한 평판도를 살펴볼 필요가 있다. 인문사회계열의 경우 상위권 15개 대학들 중에서 지방대학은 4개 대학들만 포함되고 있으며, 7위까지의 상위권 대학들은 모두 서울 소재 대학들이었으며, 이들 가운데 4개교는 교육여건에서 상위 10위권 내에 들지 못하는 경우로 나타났다. 이와 같은 현상들은 자연계열이나 공학계열의 경우에도 크게 다르지 않은 것으로 나타났다. 이공계열의 경우에는 상위권에 한국과학기술원이나 포항공대가 포함되었을 뿐 서열은 크게 다르지 않은 것으로 나타났다.

구체적인 사례로 기업들이 신입사원 채용과정에서 사용하는 대학별 사정기준을 살펴보면 다음 <표 1-24>와 같다.

실제로 35%를 차지하는 출신대학에 대한 평가기준이 이처럼 미리 결정되어 가중치로 활용되고 있는 셈이다. 이는 학생들이 대학에서 어

<표 1-24> 2003년도 A기업 하반기 입사내부 사정 기준

배점	학교명
100점	서울대, 연세대(본교), 고려대(본교), KAIST, 포항공대
90점	서강대, 한양대(본교), 성균관대, 중앙대(본교), 인하대(공대), 아주대(공대), 외국어대(본교), 경북대, 부산대, 서울시립대
80점	경희대, 광운대, 건국대, 단국대, 아주대, 인하대, 국민대, 동국대, 홍익대, 이화여대
50점	기타 대학

자료: ≪동아일보≫(2003.10.31)에서 재구성.

떠한 방식으로 실력을 배양했는가에 대한 평가와는 무관하며, 입학당시의 성적에 따라서 학생들을 등급화하고 있는 것이다. 이러한 현상이 반복될수록 대학서열체제는 더욱 고착화될 수밖에 없는 것이다.

이와 같은 사회적 평판은 결혼정보업체의 경우에도 예외없이 활용된다. 다음은 국내 유명 결혼정보업체의 특별회원 심사기준표 중에서 학벌과 관련된 점수를 살펴본 것이다.

<표 1-25> A결혼정보업체의 특별회원 내부 심사기준표

배점	학교명
20점	서울대, 연세대, 고려대
15점	포항공대, 카이스트, 한양대, 성균관대, 중앙대
80점	지방 국립대 및 서울 소재 대학
50점	지방 4년제 사립대

자료: 대한매일(2003.3.14)에서 재구성.

20점이 할애된 학벌심사에서의 평가방식은 우리나라 대학의 서열체제에 대한 일반인의 인식을 그대로 드러내는 것이며, 이와 같은 과정을 통해서 대학서열체제는 더욱 확고해져간다고 할 수 있다.

3) 국가의 수도권정책

　중앙집권통치체제를 강화해온 한국에서는 교육의 기회는 물론 취업의 기회, 문화생활을 영위하는 기회, 경제활동을 하는 기회, 기타 여러 면에서의 활동의 기회와 자원이 수도권으로 집중되어 있다. 말은 제주도로 보내고 사람은 서울로 보내라는 속담에서와 같이 기회와 자원의 수도권에의 집중은 오랜 중앙집권통치의 산물이라고 할 수 있다. 물론 이와 같은 기회와 자원의 집중원인은 전통적인 중앙집권제가 아니라 1960년대 이후부터 시행된 국가개발정책과 관련되어 있다. 즉, 1960년대 이후 개발정책이 농촌을 희생해 수출 위주의 공업화정책을 중심으로 한 결과 기회와 자원이 서울로 집중되다 보니 인구는 서울로 몰려들었고, 서울이 넘치다보니 다시 수도권으로 흘러들게 되는 것이다. 그리하여 현재 서울과 수도권에는 전국 인구의 절반이 거주하기에 이르렀다.
　이에 대해 국가는 서울과 수도권의 인구유입을 억제한다는 정책을 1960년대 이후 현재까지 일관되게 시행하고 있다. 이러한 정책의 일환으로 서울과 수도권의 대학신설을 억제하고 학생정원의 증원을 절대로 허용하지 않는 방침을 고수해오고 있다. 입시경쟁이 정치적 위기를 불러올 때는 서울이나 수도권에도 간혹 정원을 증원해주거나 대학의 신설을 제한적으로 허용한 일이 있기는 하지만 증원불허의 전통적인 방침에는 변함이 없다. 그 결과 서울과 수도권 대학의 고교 졸업자 수용률은 38.98%로 전국 최하위 수준에 머물고 있다.
　서울지역의 대학이 국립이든 사립이든 들어가기 어렵게 되자 서울지역의 학생들은 지방의 대학으로 유학하는 현상이 나타나게 되었다. 자원과 기회가 서울이나 수도권에 집중되어 있음에 반해 서울이나 수도권 대학에 들어가기 어렵다는 조건은 수도권 대학들이 지방의 대학보다 낫다는 생각을 불러일으키지 않을 수 없다. 이렇다보니 1980년대 초만 하더라도 지방 국립대학의 비교대상이 되지 못했던 서울의 삼류대학은 자신의 노력과는 별 상관없이 지금은 오히려 지방대학보다 나은 대학으로서의 위치를 차지하게 되었다. 즉, 수도권인구집중 억제정책에 따라 수도권 대학의 학생정원을 철저히 억제시켜온 점은 수도권 대학의 희소성을 높여줌으로써 지방국립대의 서열을 과거 서울의 삼류대학보다 못한 서열로 떨어뜨리는 데 결정적인 역할을 한 것이다. 그런데 이와 같은 서울과 수도권 대학의 서열상승은 그들이 대학특유의 특성을 살려 독특한 교육프로그램을 개발·운영해 성취한 서열이 아니라 국가의 수도권 위주의 개발정책에 기생해 얻은 서열이라는 점을 주목할 필요가 있다.

여기에 1960년대부터 시작된 입시의 국가관리는 대학의 서열체제를 형성하기는 했지만 1970년대까지는 대학정원억제정책에 의해서 상대적으로 높은 대학입학지원자 층이 존재함으로써 표면화한다거나 사회적 문제로 제기되지는 않았다. 그러나 1980년대 들어서면서 대학의 선발권이 대학입학학력고사라는 형태로 국가독점화되면서 서열체제의 문제는 표면화되기 시작했다.

5. 결론: 대학서열을 바라보는 눈

한국의 입시경쟁을 '서울대 가기'라고 표현하기도 한다. 여기에서 말하는 서울대는 국립서울대학교가 아니라 서울에 소재하는 대학들을 의미한다. 이는 서울의 대학들이 상대적으로 높은 유인가를 갖고 있으며, 입학하기가 어렵다는 것을 의미한다. 따라서 이를 둘러싼 경쟁이 치열하게 전개되고, 이 과정에서 학교의 교육활동은 왜곡되고 비정상적인 교육활동이 이루어질 수밖에 없으며, 과외니 학교붕괴니 하는 현상들이 발생하게 된다.

물론 대학의 서열이 필요없는 것은 아니다. 대학간 경쟁을 통한 서열의 형성은 필요하다. 그런데 한국 대학의 서열체제가 갖고 있는 문제점은 그것이 대학간 경쟁에 의해서 형성된 서열이 아니라는 데 있다. 한국의 대학들은 한번도 서열을 매기기 위한 경쟁에 참여해본 적도 없으며, 또 그러한 서열을 매기기 위한 제도가 존재한 적도 없다. 서열은 대학교육의 질에 대한 평가보다는 외부적인 요인들에 의해서 매겨져 왔으며, 이에 대하여 대학 구성원들은 저항도 하지 않았고, 그러려는 의지도 표출한 적이 없다. 어떠한 요인들이 서열화를 초래한 것인지에 대한 인식이 불분명하기 때문에 해결방안을 마련할 수가 없었다. 따라서 그래서 '서울대학교를 없애야 한다'는 식의 논쟁이 벌어지고 있는 것이다. 서열화 문제를 해결할 방안이 없기 때문에 이를 그대로 수용하는 것이 한국의 대학들로서는 편한 방법이었을 수도 있다.

대학의 서열체제가 대학간에 경쟁의식을 조장해 교육프로그램의 질을 향상시키는 요인으로 작용한다면 바람직한 현상으로 볼 수 있겠으나, 실제로 그것이 대학들의 경쟁력을 높이는 요인으로는 작용하지 못하고 있다는 데 문제가 있다. 한국의 대학들을 포함해 전체 구성원들은 이러한 서열체제를 더 이상 깨뜨릴 수 없는 것이라고 믿고 있으며, 이는 사실인 것처럼 보인다. 더 나아가 공고화된 대학서열체제는 대학의 경쟁력을 약화시킨다. 한국의 대학들이 세계적 경쟁력을 갖지 못하는 것은 대학간 서열체제에 안주해 자기개발과 혁신을 위한 노력을 기울이지 않기 때문이다. 대학간 서열체제의 존재와 수험생들을 전국적인 석차에 의해 한 줄로 세우는 입시제도하에서 대학들은 우수한 학생들을 유인하기 위한 노력을 기울이지 않아도 된다.

지난 50여 년 동안 한국에서는 대학만 설립하면 지원자는 넘쳐났으며, 학생들은 등록금만 낸다면 대학졸업장을 받을 수 있었다. 그 동안 고등교육에 대한 수요가 매우 높게 형성되어 있기 때문에 지원자수는 항상 넘치고 있는 것이 사실이었다. 입학정원은 어떠한 방식으로든 높은 경쟁률을 형성하면서 채워졌고, 대학들의 입장에서는 서열체제라는 현실을 받아들이기만 한다면 굳이 별도의 비용을 들여서 선발도구를 마련하고 학생들을 가르치기 위한 프로그램을 개발할 필요가 없었다.

고등교육체제에 요구되는 것이 있었다면 넘쳐나는 교육수요를 조절하는 일이었으며, 이는 국가의 대학입학정원정책과 입시관리라는 형태로 이루어졌다. 즉, 넘쳐나는 교육수요를 조절하고 선발과정을 공정하게 관리한다는 명분은 고등교육에 대한 국가개입을 정당화시켜 주었다. 뿐만 아니라 관리와 통제중심의 교육행정은 교육과정, 수업일수, 입학, 졸업, 전과 등 학사관리까지도 모두 법규에 명문화해 관리해왔다. 국가의 교육에 대한 관여가 교육체제의 경쟁력을 약화시킨 이유는 여기에 있다. 즉, 국가의 개입이유가 고등교육의 질적 향상에 있었던 것이 아니라 교육수요의 조절과 입시의 공정한 관리, 나아가 학사운영방법에 관한 형식적인 측면의 관리에만 있었지, 교육프로그램이나 수업의 질 관리 등에는 별로 관심을 두지 않았기 때문이다. 특히, 국가의 형식적인 규제를 수용하기만 한다면 특별한 경우를 제외하고는 국·사립대학을 막론하고 학교운영에 대한 규제가 거의 이루어지지 않았다. 국가의 규제를 수용한다고 해서 대학에는 별반 달라지는 것이 없고, 오히려 이를 거부할 경우 대학에 가해지는 각종 규제와 불이익을 감수해야 하기 때문에 선발권 포기는 불가항력적인 선택이었다고 할 수 있다.

이런 현실에서 대학간에 경쟁이 일어나는 일은 불가능하고, 이에 기초한 발전도 이루어지지 않는다. 우리나라의 대학들은 주어진 서열화라는 현실은 무덤덤하게 혹은 체념적으로 수용하고 있으며, 이를 개선하려는 어떠한 시도도 기울이지 않고 여전히 '베끼기식 교육'에 열중하고 있다. 따라서 서울대학교에 재정지원을 아무리 강화해도 세계적인 대학으로의 경쟁력이 향상될 것으로는 보이지 않는다. 한마디로 한국 대학교육의 문제를 정리하면 경쟁이 없다는 것이고, 이는 대학이 일터의 준비기관이 아니라 결과를 보여주고 있다는 사실과 관계가 깊다. 때문에 대학에 들어가는 순간 한국의 대학생들은 보상심리에 젖어 사회적으로나 경제적으로 보장된 대학생으로서의 특권을 누리는 데만 집착하게 된다. 그 결과로 대학 입학 전까지 삶이 중요한 자리를 차지하게 된다. 이것을 그들은 당연한 것이라고 믿고 있으며, 이는 또한 부모와 사회의 암묵적인 동의하에 이루어진다. 이러한 사고방식은 교수집단에 의해서도 공유되고 있다. 한국사회에서 학교교육의 질은 입학 당시 학생들이 지니고 있던 서열에 의해서 결정되기 때문에 별다른 경쟁의식이나 자극의 원천이 존재하지 않는다. 졸업 후 취업도 이런 방식으로 결정된다. 따라서 대학생으로서의 특권을 누리려는 학생들을 교수들로서도 특별한 이유 없이 제지해야 할 필요를 느끼지 못한다. 그래서 서로가 편한 길을 선택한 것이다. 학교에는 긴장과 변화에의 압력이 가해지지 않는 것이다. 이와 같은 현상은 거의 모든 대학에서 공통적으로 나타나고 있다. 대학의 서열이 확고하게 정착되어 있기 때문에 이를 받아들이기만 한다면 문제가 없다.

이러한 현실에서 한국사회가 교육을 통해 지식강국으로 나아갈 수 있다고 보는 것은 거의 불가능한 것이다. 대학들이 나름대로의 교육프로그램을 가지고 공정한 경쟁을 통해서 우수한 학생들을 배출하도록 만들어주는 일이 무엇보다도 필요하며, 이는 현재와 같은 대학서열체제가 존속하는 한 불가능한 일이다. 따라서 대학교육의 경쟁력을 악화시키고, 중등교육의 황폐화를 초래하는 대학서열체제를 무너뜨리는 일이 무엇보다도 선행되어야 한다.

<참고문헌>

강준만. 1996, 『서울대의 나라』, 개마고원.
고형일 외. 1998, 『2002학년도 이후의 입학제도개선에 관한 연구』, 교육부 정

책연구보고서.
고형일. 2001,『대학간 서열체제: 원인과 대책. 학벌없는 사회, 어떻게 가능한가?』, (학벌없는 사회를 위한 기획토론회 자료집), 학벌없는 사회만들기.
고형일·이두휴. 2002,「사교육비 경감을 위한 학교교육 재구조화 방안」, ≪교육사회학연구≫ 제12권 제1호, 1-47쪽.
_____. 2002,「지방대학의 경쟁력 강화방안 연구」,『교육위원회 정책연구개발 과제 2002-02』, 국회 교육위원회.
교육부. 2000,『지방대학 육성 대책』.
_____. 2000,『국립대학 발전 계획』.
_____. 2000,『지방대학육성대책 추진 계획』.
_____. 2000,『대학편입현황 및 개선 방안』.
_____. 2001,『2001학년도 1학기 대학편입학 모집 결과발표』.
교육인적자원부. 2002,『교육통계연보』, 교육인적자원부.
국회 교육위원회 국정감사 자료, 2002.10.
김경근. 1999,『대학서열 깨기』, 개마고원.
김부태. 1995,『한국학력사회론』, 내일을 여는책.
김안나. 2003,「대학수능성적분포의 변화 추이를 통해 본 고등교육의 서열화 구조」. ≪교육사회학연구≫ 제13권 제3호, 65-83쪽.
김형기 외. 2001,『지방분권과 지역혁신을 위한 지방대학 육성방안』, 대구사회연구소.
대한매일. 2002,『기업 31% 채용땐 출신대 차별』, 25면.
문화일보. 2003,『지방도시 의료인프라 대전 최고』, 29면.
민경은. 2000,「지방대학이 사는 길-정책과 의식의 전환」, ≪대학교육≫, 2000년 7-8월호.
박찬석. 2002,「지방대학의 위기와 발전 방안」,『대학의 미래와 그 대응전략-지방대의 역할』, 전남대학교 교육문제연구소.
이두휴. 1993a,『학력인플레이션과 입시경쟁양식의 지역간 분화』, 전남대학교 박사학위논문.
_____. 1993b,「입시경쟁의 지역간분화의 구조분석」, ≪교육사회학연구≫ 제3권 제1호, 35-56쪽.
_____. 2001,「글로벌라이제이션에 대응하는 고등교육의 개혁방안」, ≪교육사회학연구≫ 제11권 제3호, 105-125쪽.
이두휴, 고형일(2003),「대학서열체계의 공고화와 지역간 불균등 발전」, ≪교육사회학연구≫ 제13권 제1호, 191-214쪽.
정택희, 이만희, 조미영. 1999, 『고등교육에 대한 사회적 요구 분석』, 한국교육개발원.
지방대학 육성대책위원회. 2000.9, 『지방대학 육성대책(안)』, 교육부.
통계청. 2000, 한국의 사회지표, 통계청.
한국대학교육협의회. 1999, 『대학정원자율화에 따른 고등교육분야별 교육수급 추정』, 한국대학교육협의회.
Currie, J. & Newson, J. 1998, *Universities and Globalization: Critical Perspectives*. London: SAGE Pub.
Ki Su Kim. 1999, "A Statist Political Economy and High Demand for Education in South Korea," *Educational Policy Analysis Archives*, 7(19), http://epaa.asu.edu/epaa/v7n19.html.
Scott, P.(eds.). 1999, *The Globalization of Higher Education*. SRHE & Open University Press.

제 2 장
입시 위주 교육과 중등교육문제

황갑진

1. 서론

 학교는 무엇을 하는 곳인가? 학생들은 학교에서 무엇을 배우고, 미래를 위해 학생들에게 학교는 어떤 의미를 가지는가? 이러한 의문을 사회학적으로 접근하는 학문을 교육사회학이라 할 수 있다. 교육사회학은 사회에 대한 교육의 기능뿐만 아니라 사회계층에 따른 학생들의 차별화 현상에도 큰 관심을 가진다. 교육은 사회적으로 어떤 기능을 가지는가? 교육은 공동체 형성에 기여했는가? 현대 자본주의 사회에서 기술과 지식교육을 강조하는 교육은 개인의 삶의 질의 향상과 국가발전에 기여할 것인가? 이러한 의문들에 대한 대답은 간단하지 않다. 교육에 대한 다양한 사회적 요구와 사회계층의 입장들은 상호 충돌해 동시적으로 충족되기 어려운 것이 현실이다. 사회와 교육과의 관계에서 나타나는 다양한 교육현상을 특정 관점에서 설명하는 거시적인 추상적 이론으로 기능론과 갈등론을 들 수 있다.[1]

---

1) 사회와 교육의 관련성에 대한 각 관점별 자세한 설명은 김병성(2004), 김천기(2003), 한준상(2003) 등 참조.

기능론은 인간의 능력에 있어 차이와 사회지위와 역할의 중요성에 있어 차이가 존재한다고 전제한다. 그리고 사회가 정상적이고 균형적으로 작동하기 위해선 중요한 사회지위에 부여된 역할을 수행하기 위해 능력을 갖춘 사람이 요구되며, 이를 위해 차별적 교육체계와 보수체계가 불가피하다고 본다. 이러한 입장은 현실 사회에서 교육의 다양성과 차별성을 강조하고, 경쟁에 의한 개인능력의 향상과 사회발전을 강조한다. 그러나 역으로 기능론은 개인의 인권문제에 소홀하고 사회 및 교육의 불평등 현상을 정당화하는 측면도 있다. 이에 반해 갈등론은 개인의 능력과 사회지위의 차이를 불평등한 사회체계의 결과로 본다. 즉, 개인능력의 차이는 사회계층을 달리하는 가족 배경의 차이에 기초하며, 사회지위와 역할에 있어 중요성의 차이는 사회마다 다르며 중요성을 검증하기도 어렵다고 본다. 갈등론적 관점은 사회현상을 사회적 희소가치를 둘러싼 갈등으로 간주함으로써 평등에 기초한 민주공동체 사회를 강조하나, 역으로 사회 및 교육에 있어 다양성과 효율성을 소홀히 하는 측면도 있다.

우리나라 중등교육은 1960년대 말 중학교 평준화와 1970년대 초 고등학교 평준화정책의 도입 이후 중등교육에 있어 평준화현상이 오랫동안 유지되었다. 그러나 1990년대 중반 이후 교육개혁에서 신자유주의 정책으로 특수목적고등학교가 증가하고 자립형 사립학교제도가 도입되어 중등교육에 있어 평준화정책은 위기에 봉착하게 되었다. 즉, 중등교육에 있어 평준화정책의 유지와 철폐를 주장하는 상반된 입장이 공존하는 가운데 평준화철폐정책이 시작된 것이다. 중등교육에 있어 평준화정책의 철폐를 주장하는 입장은 오늘날 교육제도를 과거 개발독재사회의 연속으로 보고 많은 현재의 교육문제를 정보사회에 걸맞지 않은 교육제도로 설명하고 있다. 그리고 현행 교육제도는 정보사회의 특성을 반영하고 학부모의 다양한 요구를 수용할 수 있는 다양하고 차별적인 중등교육제도로 바뀌어야 한다고 주장한다. 이에 반해 평준화정책을 강조하는 입장은 사회계층 차이에 따른 교육기회, 교육조건, 교육결과의 차이를 최소화하고 민주공동체를 발전시키기 위해 개발독재시기에 시행된 중등교육 평준화정책은 민주사회와 정보사회에도 지속적으로 유지되어야 한다고 주장한다. 그리고 이들은 중등교육문제가 학교운영의 비민주성과 공교육의 약화 그리고 피라미드식의 대학서열화에 기초한 입시 위주의 교육에서 비롯되었다고 설명한다.

중등교육에 대한 상반된 입장은 교육철학의 차이로 경험적으로 평가하기 어려운 측면이 있으나, 각자의 사람들이 경험한 삶과 사회경제적 환경의 반영이기도 하다. 그리고 세계화에 따른 신자유주의 정책의 도입과 민주화로 지역 및 계층간 교육결과와 교육제도에 대한 견해의 차이가 심화되고 있다. 이러한 현실을 고려하면, 장래 중등교육제도의 올바른 정착을 위해 중등교육에 대한 상반된 입장은 보다 체계적이고 실증적인 연구들에 의해 그 타당성이 검증되어야 할 것이다. 다음에서는 이러한 중등교육문제의 연구 필요성에 기초해 중등교육의 문제점을 현장교육의 실태를 바탕으로 그 원인을 분석하고, 이를 바탕으로 중등교육 문제들의 해결을 위한 상반된 입장을 고찰하고자 한다.

2. 중등교육의 문제점

우리나라 중등교육은 산업사회와 자본주의의 급속한 발달에 따라 <표 2-1>과 같이 비약적인 성장을 이룩했다.

지금은 중등학교에 대부분의 학생들이 진학하고 있으며, 대학진학률도 선진국과 비교할 때 높은 수준에 이르고 있다. 이러한 중등교육의 확대와 더불어 중등교육은 많은 교육문제를 노출시켜 이의 해결을 위한 많은 정책적 노력이 있었다. 1960년대 말과 1970년대 초의 중등학교 무시험제도와 평준화정책, 1980년의 교육정상화와 과열과외 해소를

<표 2-1> 연도별 진학률과 학급 및 교사 1인당 학생수

(단위: %)

연도 \ 내용	졸업생의 진학률		학급당 학생수		교원 1인당 학생수	
	고등학교	대학교	중학교	일반계 고등학교	중학교	고등학교
1970년	84.5	27.2	62.1	59.9	45.1	33.3
1980년	95.7	33.2	50.2	53.6	25.4	24.6
2000년	99.6	68.0	38.0	44.1	20.1	19.9
2003년	99.7	79.7	34.8	34.1	18.6	15.3

자료: 통계청 인터넷 보도자료(2004년 청소년통계), 한국의 사회지표.

위한 교육개혁, 1990년대 중반의 민주화와 정보화 사회에 대비한 교육개혁 등이 교육문제를 해결하기 위한 정책적 노력들이다. 그러나 이러한 비약적인 교육제도의 발달과 정책적 노력에도 불구하고, 우리나라 교육은 적잖은 문제점을 지니고 있다.

1) 학교운영의 문제점

(1) 교육개혁과 교육법

대부분의 제도가 지리적·역사적·사회적 환경의 특성을 반영한 것과 마찬가지로 오늘날 한국의 중등교육은 한국의 역사적·사회적 배경의 산물이다. 과거 개발독재의 사회가 민주사회로 변화하는 것처럼, 학교교육도 과거 급속한 양적 팽창과 관료제적 특성이 지배적인 형태에서 질적 성장과 민주적인 형태로의 변화를 필요로 하며 또한 변화하고 있다. 이러한 사회변동에 따른 교육제도의 변화는 교육개혁과 교육관련법의 개정으로 나타났다.

우리나라 학교조직의 운영이 중앙집중적이고 권위주의적이라는 지적은 많은 연구들에서 공통적으로 지적되었다. 1990년대의 민주화로, 교육계에서도 1994년 교육개혁위원회가 출범해 교육개혁 방안을 마련했는데, 중등교육과 관련된 내용을 보면 민주시민교육을 위한 개혁, 초중등교육의 혁신, 정보사회 적응력 함양을 위한 교육강화, 과외대책을 통한 사교육비 경감 등이 포함되어 있다(교육부, 1998; 윤정일, 2003: 245-249).

학교운영과 가장 밀접히 관련된 민주시민교육을 위한 개혁은 기존 학교교육이 교육체제와 행정, 그리고 교육내용과 방법면에서 권위주의적이고 비민주적인 요소를 내포하고 있다고 규정하고, 학교조직, 행정구조와 풍토는 학생들이 민주시민으로서 품성을 배우고 익히는 데에 적합해야 한다는 점을 강조한다. 이를 위한 구체적인 실천 내용을 보면 첫째는 민주시민교육을 위한 학교교육을 강화하기 위해 관련 교육내용을 보완·강화하되 체험을 통해 민주적 행위규칙을 습관화하도록 하는 것이다. 따라서 학교에서 대화와 타협의 생활문화 형성 및 독선과 폭력문화의 배제가 이루어져야 한다. 둘째는 민주생활규범의 정착을 위한 학교문화의 개혁이며,[2] 셋째는 민주시민교육 역량의 강화를 위해 교원지원을 강화하고, 학교와 지역사회의 협력체제를 구축하며, 통일시대를 대비한 민주시민 교육을 강화하는 것이다.

이러한 교육개혁의 내용은 1997년과 1998년 제정된 교육기본법, 초중등교육법 그리고 초중등교육법시행령에 반영되었다. 교육기본법(2004)

---

[2] 학교문화 개혁의 구체적인 내용은 다음과 같다. ① 학생의 권리와 의무가 존중되는 학교풍토를 정착하고, ② 학생회, 학급회의, 클럽활동, 각종 동아리활동 그리고 소풍, 수학여행, 현장학습 등에 있어 학생의 의견을 존중하고, 이들 모임을 지원하고 활성화하는 것이다. ③ 학교관리자와 학교운영위원회 간의 원활한 상호협력 및 교사, 학생, 학부모 등 학교구성원간에 의사소통매체를 활성화해 학교 내에 의사소통체제의 민주화를 유도하는 것이다. ④ 교내 학생법원, 학생고충처리제도, 모의자치활동 프로그램 등의 예와 같은 학교별로 특성화된 민주시민 프로그램의 운영을 권장한다. ⑤ 학교 내에서 일체의 체벌관행과 폭언의 사용을 금지해 인간존엄성을 존중하는 학생지도방법을 정착한다. ⑥ 학생들을 폭력으로부터 보호하고 폭력학생들을 교육적으로 지도해 폭력없는 학교사회를 구축하는 것이다.

의 교육이념에 의하면 "교육은 홍익인간의 이념 아래 모든 국민으로 하여금 인격을 도야하고 자주적 생활능력과 민주시민으로서 필요한 자질을 갖추게 해 인간다운 삶을 영위하게 하고 민주국가의 발전과 인류공영의 이념을 실현하는 데 이바지함을 목적으로 한다", "학교교육은 학생의 창의력 개발 및 인성의 함양을 포함한 전인적 교육을 중시해 이루어져야 한다"고 명시해 민주시민교육과 전인적 교육을 강조하고 있다. 그리고 교육기본법은 "학생을 포함한 학습자의 기본적 인권은 학교교육 또는 사회교육의 과정에서 존중되고 보호된다", "교육내용, 교육방법, 교재 및 교육시설은 학습자의 인격을 존중하고 개성을 중시해 학습자의 능력이 최대한으로 발휘될 수 있도록 강구되어야 한다"고 명시해 학생의 인권과 인격의 중요성을 강조하고 있다. 뿐만 아니라 교육기본법에는 "학교운영의 자율성은 존중되며, 교직원 학생 학부모 및 지역주민 등은 법령이 정하는 바에 의하여 학교운영에 참여할 수 있다"고 규정해 학교운영위원회의 설립근거를 제시하고 있다. 그리고 학생징계 및 학교운영위원회에 대한 구체적인 내용은 초중등교육법(2004)과 그 시행령(2004)에서 구체적으로 규정하고 있다. 그러면 교육개혁과 교육법의 개정으로 중등교육의 문제점은 크게 개선되었는가?

교육개혁과 교육법의 개정과 같은 교육제도 변화에도 불구하고 학교조직은 운영면에서 큰 문제점을 보이고 있는 것 같다. 학교운영의 문제점은 다양한 형태로 접근될 수 있으나, 본 연구에서는 학교운영에 대한 학생의 학교만족도, 그리고 학교운영에서 가장 중요한 교사와 학생관계를 중심으로 문제점을 고찰하고자 한다.

(2) 학교운영에 대한 만족도

학교운영 만족도에 대한 조사결과는 조사방법에 따라 차이를 보인다. 만족도를 만족과 불만으로 조사한 경우 불만이 높으며, 만족, 보통, 불만으로 조사한 경우 보통에 응답이 높고 불만이 줄어드는 결과를 보인다. 이러한 점을 고려해 중등학생의 학교에 대한 만족도를 보면 아직 학교운영에 대해 학생들은 많은 불만을 가지고 있는 편이다. 학생들의 학교생활 불만과 그 내용을 구체적으로 보면 다음과 같다.

<표 2-2> 중등학생들의 학교생활 만족도

(단위: %)

	청소년 생활통계연보		통계청 사회조사보고서		
	만족	불만족	만족	보통	불만족
중학교	42.1	50.6	44.5	45.9	9.6
고등학교	38.3	57.2	40.3	44.3	15.4

자료: 광주사회조사연구소, 2003

　　청소년생활통계연보(광주사회조사연구소, 2003)에 나타난 학교생활에 대한 전반적인 느낌은 고등학교의 경우 만족이 38.3%이고 불만이 57.2%이며, 중학교의 경우 만족이 42.1%이고 불만이 50.6%이다. 학교에 대한 불만이 만족보다 높으며 중학교보다 고등학교에서 불만이 높다. 학교생활 중 불만이 가장 높은 것은 고등학교의 경우 선생님의 수업방법과 특기적성교육이며 다음이 매를 맞는 일, 학교시설, 자율학습, 선생님과의 관계, 배우는 내용 등에서 불만이 많다. 중학교는 매를 맞는 일, 벌을 받는 일이 가장 높으며, 특기적성 교육, 학교시설, 선생님의 수업방법, 선생님과의 관계 등에서 불만이 많다. 선생님과의 개인적인 대화 경험은 전혀 없는 경우가 절반을 훨씬 넘으며, 30% 정도가 가끔씩 대화를 하는 것으로 나타났다.
　　통계청(2003)의 사회조사보고서에 나타난 결과는 위의 결과와 차이를 보인다. 이는 <표 2-2>에서 나타나는 것처럼 보통을 응답범주에 포함시킴으로써 불만에 응답할 많은 학생들이 보통에 응답했기 때문으로 판단된다. 학교운영에 대한 학생들의 학교 만족도를 보면, 전반적인 학교생활에 대한 만족도는 중학생의 경우 만족 44.5%, 보통 45.9%, 불만족 9.6%이며, 고등학교는 만족 40.3%, 보통 44.3%, 불만족 15.4%이다. 통계청 사회조사보고서에 나타난 만족도의 구체적인 내용을 보면, 학교시설 및 설비에 대한 만족도가 가장 낮으며, 다음이 교육내용 및 교육방법이며, 친구에 대한 만족도가 가장 높다. 그리고 중학생보다 고등학생의 만족도가 낮다. 이러한 결과는 학급당 또는 교사 1인당 학생수, 급식, 교육장비 등 많은 부분의 개선에도 불구하고 학생여가와 복지를 위한 시설이 부족함을 의미한다.

황갑진(2002)의 연구에 의하면, 중학생들은 절반 이상이 학교와 교사는 학생들을 위한 프로그램과, 폭력을 줄이기 위한 노력을 하지 않는다고 인식하고 있다. 고등학생은 중학생에 비해 학교조직 운영에 대한 불만이 훨씬 높다. 절반이 훨씬 넘는 고등학생들은 학교는 학생들의 의견을 존중하지 않고, 학생들의 어려움을 도와줄 수 있는 프로그램이 없으며, 폭력을 줄이기 위한 노력을 하지 않고 있다고 생각한다.

<표 2-3> 학교운영에 대한 학생들의 학교불신

(단위: %)

	학교는 학생들의 어려움을 도와줄 수 있는 프로그램을 운영한다.				학교는 폭력을 줄이기 위한 노력을 많이 한다.				학교는 성적이 우수한 학생을 중심으로 운영된다.			
	정말 그렇다	그런 편이다	그렇지 않은 편이다	전혀 그렇지 않다	정말 그렇다	그런 편이다	그렇지 않은 편이다	전혀 그렇지 않다	정말 그렇다	그런 편이다	그렇지 않은 편이다	전혀 그렇지 않다
중학교	10.0	37.3	33.3	19.4	8.9	39.4	49.9	14.1	13.0	32.4	43.6	11.0
고등학교	0.4	13.8	57.6	28.1	4.9	32.1	45.1	17.9	16.2	38.7	39.6	5.4

자료: 황갑진(2002).

이러한 불만의 가장 큰 원인은 정체된 교육방식 및 환경으로, 구체적 내용은 입시 위주의 암기식 교육, 실생활과 동떨어진 교육내용, 권위주의적 관료제의 교육행정, 과대학교와 과밀학급 등이다. 그 원인을 교사,

학생, 학부모로 나누어 보면, 교사들은 교육현장의 실정을 충분히 파악하지 못하고, 교사를 교육개혁의 대상을 삼는 교육관료를 비판하고, 학부모와 학생들은 정체된 교육환경 및 교육방식, 그리고 성적우수자 중심의 수업 등 학교 요인을 강조한다(황갑진, 2001). 그리고 '한국인의 교육의식 97'조사에 의하면 고등학생들의 학교생활 만족 정도는 만족이 16.6%, 불만이 41.6%로 매우 낮으며, 불만족의 원인으로 입시부담을 들고 있어 입시 위주의 교육이 학교생활 불만족의 가장 큰 원인임을 알 수 있다(임연기 외, 1998). 이돈희(1997)도 여태까지의 교육이 암기 위주의 획일적 교육방식, 대형학교와 과밀학급의 교육여건, 학교운영과 학급운영에 있어 타율적이고 폐쇄적인 풍토의 고질화, 교사와 학생 간의 자유로운 대화와 인격적인 친밀감의 형성을 막는 지식 위주의 교육이었음을 지적한다.

  학교운영에 대한 만족도를 정리하면, 조직연구에서 명시적인 목표가 실질적인 목표와 구분되는 것과 마찬가지로(김진균 외 역, 1987: 317-353), 중등학교 교육에서 민주시민 양성이라는 명시적인 목표와는 달리 입시 위주의 교육이 학교조직의 실질적인 목표가 되어 학교교육을 왜곡시키고 있는 것이다. 그리고 학교설비 및 시설은 지속적으로 개선되고 있으나 학급당 또는 교사당 학생수는 아직 OECD 국가들의 수준에 못 미치고 있으며 학생을 위한 복지시설 역시 미흡한 편이다.

(3) 교사와 학생관계

  학교생활에 대한 불만은 학교에서의 교사와 학생관계에서도 그대로 나타난다. 교사와 학생관계의 개선은 민주사회와 자본주의가 발달한 정보사회에서 자연스럽게 주어지는 것이 아니다. 민주화와 자본주의로 학생, 교사, 학부모의 의식과 생활방식이 크게 변화함에 따라 과거 어느 때보다 교사의 직업의식에 바탕한 교양과 전문성이 요구되고 있다. <표 2-4>는 중등학생들이 교사들과의 관계를 어떻게 인식하고 있는

<표 2-4> 중등학생들과 교사와의 관계

(단위: %)

	선생님들은 우리의 고민에 관심이 많다.				우리는 학교 일을 맡고 계신 선생님들에게 쉽게 우리의 의사를 말할 수 있다.				학교는 학생들의 문제에 별로 관심이 없기 때문에 학교에 해결책을 기대할 수는 없다.			
	정말 그렇다	그런 편이다	그렇지 않은 편이다	전혀 그렇지 않다	정말 그렇다	그런 편이다	그렇지 않은 편이다	전혀 그렇지 않다	정말 그렇다	그런 편이다	그렇지 않은 편이다	전혀 그렇지 않다
중학교	2.7	26.3	46.3	24.7	3.9	25.3	45.6	25.1	18.5	42.5	35.3	3.7
고등학교	2.2	26.3	54.9	16.5	1.3	18.8	56.3	23.7	17.3	35.1	40.4	7.1

자료: 황갑진(2002).

지를 보여주고 있다(황갑진 1998, 2002).

<표 2-4>에 따르면, 중등학생의 30% 이하만이 교사가 자신의 고민을 이해하고, 교사를 고민을 상담할 대상으로 인식하고, 자신들의 의사를 교사들에게 쉽게 전할 수 있다고 생각하고 있다. 그리고 절반의 학생들은 학교가 학생들의 문제에 별 관심이 없으므로 학교에 해결책을 기대할 수 없다고 인식하고 있다. 뿐만 아니라 절반의 학생들이 교사를 문제해결을 위한 동반자가 아닌 학생의 감시자로 인식하고 있어 학생들의 교사에 대한 불신이 매우 심각함을 보여주고 있다. 그리고 고민해결을 위해 의논하고 싶은 사람은 친구가 압도적으로 많으며, 다음이 부모이고, 교사는 5% 미만의 극히 일부에 불과하다.

이러한 결과는 다른 연구들(통계청, 2002; 김성렬, 2001; 이종태, 2001)에서도 유사하게 나타나 학생의 학교 및 교사불신은 보편적인 현상으로 나타나고 있다. 그러면 학생들의 학교 및 교사에 대한 불신의 원인은 무엇인가? 최근의 연구에 의하면 교사와 학생관계의 소원에 영향을 미치는 요인은 가정적 요인보다 학교 및 사회적 요인이다(황갑진, 1998; 2000). 많은 연구들에 의하면 가정환경이 어려운 학생들이 학교환경에

적응하기 어렵고, 성적도 낮으며, 교사와의 관계도 소원한 것으로 설명하고 있다. 그러나 교사와 학생관계의 소원 현상은 가정환경이 열악한 일부 학생에 한정되지 않는다. 가정환경에 관계없이 모든 학생들에게 보편적인 것으로 나타나고 있다. 이는 가정환경에 관계없이 대부분의 학생들이 인격을 완성하고, 실생활에 필요한 지식을 얻고, 고민을 의논하고, 행복하게 생활하기 위해 교사보다 친구집단과 대중매체에 의존하고 있다는 사실에 의해서도 확인된다. 이러한 결과는 민주화에 따라 학교운영위원회나 교무회의의 민주적 운영, 학생자치조직의 활성화, 학생들을 위한 특별프로그램의 운영, 폭력을 퇴치하려는 적극적인 노력 등을 학교가 할 때 학생들로부터 교사들은 높은 평가를 받을 수 있다는 것을 의미한다. 다른 연구에 의하면 학생들은 많은 수업에서 거의 반응을 보이지 않는다. 또한 학생들은 학교 규율의 가치를 인정하지 않으며, 수용할 수 없는 규율은 지키지 않는다. 몇몇 교사를 제외하고 학생들이 교사들에 대해 갖고 있는 불신의 강도는 높다. 학생들은 내용 있는 수업과 교사와의 인격적인 만남을 원하고, 학교 규율에서 자신에게 필요한 것만을 선택적으로 지키려 한다(김호권 외, 2000; 이종태, 2001). 교사와 학생 간의 괴리현상은 민주화에 따른 청소년문화의 급속한 변화와 이를 따라가지 못하는 학교문화간의 괴리에서 비롯된 것이다(전국교직원 노동조합, 1999; 김호권 외, 2000; 한국교육인류학회, 2000). 교사에 대한 학생들의 불신은 1990년대 후반 교실붕괴와 함께 밖으로 표출되기도 했으나, 교육여건의 개선과 입시 위주이고 권위적인 학교문화의 혁신으로 개선될 수 있을 것이다.

  2) **교과교육**

  통계청(2002) 자료에 의하면 중학교는 교육내용 만족이 많으나 교육방법에서는 만족과 불만족이 비슷하며, 고등학교는 교육내용 만족이 조금 많으나 교육방법에서는 불만족이 훨씬 많다(<표 2-5> 참조). 교육내용보다 교육방법에서 그리고 중학교보다 고등학교에서 불만이 많다. 만족도 조사에서 불만족에 비해 만족이 많은 것은 이미 앞에서 지적한 바와 같이 척도에 보통을 포함시키면 많은 응답자가 불만족 대신 보통으로 응답하기 때문으로 판단된다.

<표 2-5> 교육내용과 방법 만족도

(단위: %)

	교육내용 만족도			교육방법 만족도		
	만족	보통	불만족	만족	보통	불만족
중학교	33.6	50.1	16.4	26.4	46.4	27.2
고등학교	26.7	50.5	22.8	20.2	44.3	35.5

광주 사회과학연구소(2003) 조사에 의하면 고등학교의 경우 선생님의 수업방법과 특기적성교육이 가장 큰 불만요인이며, 중학교는 매를 맞는 일, 벌을 받는 것이 가장 큰 불만요인이다. 즉, 수업방법과 체벌에 대해 학생들은 비교적 많은 불만을 가지고 있다. 이러한 불만은 입시 위주의 권위주의적 교육형태와 관련을 가진다. 좋아하는 교과목을 보면, 중학교의 경우 체육이 가장 많으며, 다음이 국어, 수학, 음악, 사회, 과학, 미술로 거의 비슷하며 영어, 가정, 기술은 적은 편이다. 고등학교의 경우 체육이 가장 많으며 그 다음이 음악, 국어, 영어, 수학, 사회로 비슷하며, 과학과 가정, 기술은 적게 나타나고 있다. 그리고 주요 과목의 이해 정도를 보면 국어의 이해도가 가장 높으며, 나머지 교과목은 거의 이해 못하는 경우가 30%에서 40%에 이르고 있다. 이는 암기를 요하는 교과목들을 학생들이 싫어하는 것을 의미한다. 이러한 결과들에서 알 수 있는 것은 교과교육의 문제점이 입시 위주의 암기식 교육에 있다는 사실이다.

입시 위주의 교육의 폐해에 대한 분석에서 정보사회론에 관심을 가진 학자들은 입시 위주의 교육을 정보사회에 대비되는 산업사회 교육모델로 대비해 설명한다. 그러나 입시 위주의 교육은 산업사회의 특성이기보다는 한국고유의 학벌주의와 입시제도의 특성에 기인한 고질적 병폐 현상이다. 입시시험은 필기와 구술이 가능하지만, 필기시험을 주로 하며, 국가에서 시행하는 시험은 고등학교에서 학습한 것을 얼마나 알고 있는지를 묻는 객관식 필기시험이 주다. 그러므로 대학입학시험은 대학에서 전공을 이수하는 데 필요한 능력에 기초해 학생을 선발하는 것이 아니라, 국가에서 시행한 주요 교과목의 성적에 기초해 만들어진 서열에 따라 학생을 선발하는 것이다.[3] 그리고 이러한 절차는 평가시험의 원래의 목적과는 동떨어진 것이나, 공정하고 객관적인 기준으로 경쟁에 의해 학생을 선발한다는 논리에 기초한다. 이러한 논리로 입시 위주의 교육은 대학진학을 위한 필요악의 현상으로 수용되어, 공교육의 황폐화와 입시성적에 의한 대학서열화 현상을 초래했다. 입시 위주 교육과 대학서열화 현상은 명문대학 및 인기대학 진학, 그리고 높은 사회적 평가와 좋은 직장에 의한 행복한 삶의 보장이라는 형태로 중등학생들의 생활과 사고를 매우 단순화시켜 놓았다.[4] 입시 위주의 교육에 관련한 교육문제를 모두 열거하기는 어려우나 몇 가지로 정리하면 다음과 같다.

---

3) 중등교육의 정도를 파악하고 학생들에게 학습의 도움을 주기 위한 중등교육 결과에 대한 평가와 대학생을 선발하기 위한 평가는 구분되어야 한다. 이는 아주 단순하게 말하면 중등교육에서 배우는 내용과 대학에서 학문을 하기 위한 기초내용과 방법이 차이가 나기 때문이다. 그러므로 현재의 수능시험은 중등교육의 기본을 학습했는지를 파악하는 졸업고사에 한정되어야 하며, 대학생의 선발은 대학이나 학과에서 대학과 학과의 전공 특성에 맞게 전공이수에 필요한 기본지식과 소양을 시험하는 것이어야 할 것이다.
4) 현행 대학서열화는 특정 대학 출신자가 국가 및 사회의 주요기관에서 요직을 차지하는 정도나, 대학진학을 위해 학원들에서 제공하고 있는 대학별 전공학과의 점수에서처럼 국가에서 실시하는 수능 점수에 기초하고 있다. 그러므로 대학서열화는 대학의 연구시설, 교수의 연구실적 및 능력, 대학의 정책적 노력들에 의한 서열과는 직접적인 관련성이 없다.

먼저 입시 위주의 교육은 교육기본법의 교육이념에서 강조하는 민주시민교육이나 전인적 교육에 부합하지 못해 중등교육을 왜곡시키는 결과를 초래했다. 국가간 비교를 보면 한국 중등학생의 학업성취도는 비교적 높다. 예로서 OECD회원국가의 만 15세 학생의 학업성취도 비교에 의하면 한국은 읽기, 수학, 과학 영역의 평균 점수가 최상위권 또는 상위권을 차지하고 있다. 이러한 현상은 우리나라 교육이 잘되고 있다는 것을 의미하는 것은 아니다(허경철, 1997: 307-328). 국가간 비교에서 우리나라 학생들이 수학 및 과학 시험성적은 높은데, 독서, 취미, 문제해결능력, 협동정신, 학습에 대한 긍정적 태도 등 학생들에게 중요한 능력을 배양하는 데에 있어서는 매우 낮은 점수를 보여 심각한 수준에 있다는 지적은 교육에서의 공동체 교육, 비판적이고 창의적인 교육 등의 영역에서 문제가 있음을 의미한다.[5]

입시 위주의 교육은 실생활과는 동떨어지고, 직장에서의 업무처리능력과는 거리가 먼 필답고사를 위한 암기력 위주의 교육에만 치중한다. 입시 위주의 교육은 교육과정 밖에서 얻을 수 있는 교육적 경험과 창의성의 기회를 차단하며, 획일적이고 집단적인 적응능력과 단순사고의 기능발달을 초래하며, 단순한 원칙과 가치관에 종속된 과다경쟁, 사회적 책임의식 및 도덕성의 결핍, 자율적 사고의 결여, 집단적 감정몰입 등을 양산한다. 초·중등교육평가에 의하면 기초적인 지적 능력 함양보다 실생활에 필요한 지식, 개성, 특기, 창의력의 발굴과 함양, 공동체의식과 도덕심 함양의 분야에서 평가점수가 매우 낮게 나타났다(김성렬, 2001). 즉, 중등교육은 교육목표에서 강조하는 비판적이고 창의적인 교육에서 멀어져 있는 것이다.

---

[5] 우리나라의 경우 학생들의 수학과 과학 성적은 높으나 상위권 학생의 성적은 낮고, 정부당국에서는 교과서 이외에 별도로 체계적인 독서를 위한 보충교재나 독서자료를 마련해놓지도 않고, 따로 검인정의 도서목록을 마련해놓고 있지도 않다(교육개혁시민교육연대, 2004: 54).

둘째로 입시 위주의 교육은 학교교육을 진학을 위한 도구로 전락시켜 성적 우수자 중심으로 중등교육을 크게 왜곡시키고 있다. 사회조직이론에 의하면 조직에 있어 상층에 있는 조직성원은 조직규범을 내재화해 내적 통제의 형태를 띠며, 하층에 있는 성원은 노동으로부터 소외되었으므로 강압적인 통제를 하는 외적 통제방법을 사용한다(Edwards, 1979: 130-162). 이러한 논리는 입시 위주의 교육을 하는 학교교육에도 적용된다. 한승희는 입시 위주 교육과 관련된 성적 우수자 중심의 교육 예로 학교생활에서의 또래집단을 성적에 따라 분류했다. 한승희(1997: 253-257)는 학교생활에서 학생의 또래집단을 성적과 관련해 '공부 잘하는 집단', '중간집단', '노는 아이들 집단'의 셋으로 구분했다. '공부 잘하는 집단'은 일상생활에서 교사로부터 인정받고 학교 내의 위계질서와 학교규칙에 동조하면서, 학교집단에 자신의 정체감을 짜 맞추는 집단이다. 중간집단은 들러리 집단으로 공부 잘하는 집단과 노는 아이들 집단으로부터 주눅들고, 학교 선생님으로부터 인정을 받지 못하며, 학교에서 공부 이외의 다른 능력으로 자신의 가치를 확인하고자 하나, 현행 우리의 교육현실에서 좌절을 경험하기 쉬운 집단이다. 그리고 노는 아이들 집단은 유행의 첨단을 걸으며, 잦은 결석과 지각, 교사에 대한 강한 반항심을 지니고, 일탈행동이 잦고, 학교 안팎의 비공식활동에 의해서 보상을 받고, 서로간 결속이 강하다.

중등교육에서 진학을 위한 도구적 성격은 특수목적고등학교의 예에서도 찾을 수 있다. 특수목적고등학교의 과거 경험을 보면, 내신성적의 요인에 의해 인기학과와 명문대학의 진입이 곤란한 경우 검정고시로 전향해 학교교육이 너무나 쉽게 붕괴되는 교육현상들도 존재했었다. 이는 대학의 피라미드식 서열구조가 고등학교 교육에서 입시 위주의 교육을 불가피하게 만들고 고등학교 교육을 왜곡시키는 주요 요인임을 의미한다.

셋째로 입시 위주의 교육은 중등학교, 특히 고등학교를 입시지옥으로 만들었다. 이용숙(1998)은 「학교교육과 청소년 문화」에서 중등학교에서의 교육내용이 의도적·비의도적으로 어떻게 청소년 문화에 영향을 미치는가를 분석한다. 이 연구에 의하면 중등학교의 수업은 대부분 주입식으로 운영되며, 이러한 수업은 수학, 영어, 사회, 역사, 도덕 등 실습이나 표현활동을 적게 하는 교과들에서 두드러지게 나타난다. 그리고 인문계 고등학교의 경우 중학교에 비해 개별·조별 학습활동조차도 훨씬 적게 이루어진다. 중학교와 고등학교의 수업 차이를 기술한 내용을 보면, "중학교 수업은 교과서의 낱말 뜻을 풀이하거나, 여러 사실들을 나열하고 설명함으로써, 단편적인 사실들을 외우게 하는 전형적인 주입식인데 반해, 고등학교의 수업은 입학시험에 나올 만한 교과서의 내용을 추출해 논리적으로 연결된 항목화된 지식으로 요약, 판서해주고, 항목들간의 관계를 설명해준다. 이는 학생들이 전체적인 줄거리를 이해하도록 함으로써 쉽게 외울 수 있게 만들어주는 것이다. 이러한 수업은 암죽식 수업이라 불리는데, 이러한 수업은 교장, 학부모, 학생들의 환영을 받고, 이러한 수업을 할 수 있는 교사들은 다른 교사들의 선망의 대상이 된다는 점에서 인문계 고등학교 수업을 대표한다고 할 수 있다."

3) 일상생활과 특별활동

현대사회에서 경제활동을 하는 사회성원들의 평일의 생활은 노동, 여가, 수면시간으로 구분할 수 있다. 조직생활이 보편화되고, 노동이 조직에서 실현되면서, 노동과 여가시간은 명확히 구분되고 노동시간과 수면시간은 역의 상관관계를 보인다. 이러한 논리는 학교생활을 하는 학생들에게도 적용된다.

<표 2-6>에 나타난 학생들의 생활시간에 대한 조사결과(통계청, 2000)를 보면, 평일 평균 학습시간은 고등학생이 10시간 7분으로 가장 길고, 다음이 중학생으로 8시간 53분, 다음이 초등학생으로 7시간 21

<표 2-6> 학생들의 하루 생활시간

평일(전체)

	수면시간	학습시간	교제 및 여가시간
초등학교	8:52(8:58)	7:21(6:11)	4:02(4:59)
중학교	7:57(8:11)	8:53(7:29)	3:15(4:19)
고등학교	6:47(7:07)	10:07(8:51)	2:38(3:31)
대학교	7:13(7:31)	5:20(4:28)	4:16(5:02)

주: 수면, 학습, 교제 및 여가시간 외의 시간은 제외했음.

분, 대학생은 5시간 20분으로 가장 짧다. 그리고 고등학교 내에서도 인문계 학생은 실업계 학생보다 평일에 한 시간 이상씩 더 공부한다. 물론 학교 등급별 여가시간은 학습시간과 비교해 역순이다(한국청소년개발원, 1998: 124). 이러한 현상은 다른 조사에서도 비슷하게 나타난다. 청소년생활통계연보(2003)에 의하면 일반계 고등학교 학생의 평균 수면시간은 5시간 45분이며, 실업계 고등학교는 7시간 6분, 고등학교 학생의 평균 수면시간은 6시간 13분이다. 그리고 중학생은 7시간 26분, 초등학생은 8시간 23분이다. 즉, 수면시간은 고등학생에서 비정상적으로 짧고, 특히 대도시 일반계 고등학생은 5시간 25분으로 가장 짧다. 그리고 같은 조사에서 고등학생들은 시간이 없어 여가활동이 어렵다고 응답한 학생이 많으며(51.3%), 대도시 일반계 고등학생들에서는 훨씬 그 비율(66.3%)이 높다. 이러한 통계에서 눈에 띄는 현상은 대학생의 학업시간이 가장 짧고, 고등학생이 가장 길다는 점이다. 취업을 준비하고 전공공부를 하는 대학과 단순히 대학진학을 준비하는 학생들의 학업시간은 바뀌어야 한다. 그리고 대학에 진학하면 졸업이 보장되는 대학문화도 바뀌어야 한다. 고등학생들의 학업시간이 가장 긴 것은 고등학교 교육이 대학서열화에 기초한 입시 위주의 무한경쟁 교육임을 말한다. 입시 위주의 무한경쟁은 부모의 사회경제적 지위와 명문대학 진학과의 관련성을 고려할 때 학부모간의 경쟁이기도 하다. 그리고 고등학교에서 공부시간이 가장 긴 것은 대학서열에서 최상위에 있는 명문대학이나 인기대학 진학 때문이며, 대학에서의 공부는 차선이다. 즉, 우리나라의 경우 고등학교 교육과 대학교 교육이 학업문화가 바뀐 것이다. 학문이나 취업을 위해 대학에서 공부를 열심히 하는 것이 아니라, 대학서열에서 보다 상위에 있는 명문대학이나 인기대학을 진학하기 위해 고등학교에서 건강과 여가 등 모든 것을 희생하고 입시 위주의 교육으로 과도한 경쟁을 하고 있는 것이다.

입시 위주의 무한경쟁은 학생의 건강과 여가생활을 담보로 한 경쟁에 그치지 않는다. 이러한 폐해는 학교에서의 특별활동에서도 찾을 수 있다. 특별활동이란 학교교육의 목표를 달성하기 위해 마련된 교과 학습 이외의 학교교육활동으로 학생들의 개성신장, 건전한 취미와 특수기능, 그리고 민주생활태도를 육성하기 위한 학생회, 클럽활동, 학교행사 등을 통해 행해지는 교육활동이다. 그리고 7차 교육과정에 의하면 특별활동의 목표는 "다양하고 건전한 집단활동에 자발적으로 참여해 개성과 소질을 개발·신장하고, 공동체의식과 자율적인 태도를 기름으로써 민주시민으로서의 자질을 함양한다"라고 규정한다. 그리고 이러한 목표를 달성하기 위한 특별활동의 영역을 자치활동, 적응활동, 계발활동, 봉사활동, 행사활동으로 구분한다(교육부, 2000). 그러나 최근의 단위지역을 대상으로 한 연구에 의하면 특별활동은 활성화되지 못한 편이다(박소란, 2003). 그리고 봉사활동과 같은 특별활동은 대학진학을 위한 방편으로 형식적으로 운영되고 있다(황광도, 2004). 특히, 2004년에 들어 교육부는 특별활동과 자율학습시간을 과외문제를 해결하기 위한 방편으로 사용하는 정책을 발표했다. 고등학교 교육에서 특기적성교육은 왜곡되어 부족한 주요 교과목을 보충하는 보충수업이었으나, 정부는 무한경쟁으로 증대하는 학교 밖의 과외문제의 대책으로 위성과외, 특기적성교육을 변형시킨 학교과외를 제시하고 있는 실정이다. 즉, 공교육을 왜곡시켜서라도 학부모에게 부담이 되는 과외비를 줄이려는 것이다. 정부에게는 민주시민으로서의 공동체의식이나, 개인의 행복한 삶과 관련된 전인적 교육을 위한 중등교육의 정상화가 아니라 현 대학서열화에 기초한 과열된 입시문제의 해결과 학부모에게 부담이 되는 사교육비가 더 큰 문제인 것이다.

4) 대학입시제도와 과외활동

교육기본법에 의하면 교육이념은 민주시민교육과 전인교육을 지향하고 있다. 그러나 앞에서 살펴본 바와 같이 교육목표와는 달리 현재 우리 중등교육은 명문대학 진학에 의한 사회계층이동의 매개적 수단으로만 인식되고 있다. 중등교육은 명문대학이나 장래가 보장되는 유망학과에 진학하기 위한 입시 위주의 교육을 실질적 목표로 인정하고 있으며, 국가는 대학입시제도6)의 개선과 사교육비 축소를 가장 큰 교육과제로 꼽고 있는 실정이다. 즉, 명문대학 진학 및 대학입시제도와 관련된 왜곡된 가치관은 학부모와 학생뿐만 아니라 학교와 교사들, 그리고 국가에서도 일반적으로 수용되고 있는 가치관인 것이다.

대학입시시험의 변화를 보면, 대학별 단독시험은 해방 이후부터 1968년까지 주로 이루어졌으며, 정부 단독은 1980년대의 전두환 정권 시기에, 그리고 대학과 정부 간 절충은 1969년부터 현재까지로 전두환 정권

---

6) 입시시험은 동북아시아에서 일반적인데, 일본이 19세기 말 근대적인 초등, 중등, 고등교육제도를 일제히 도입하는 과정에서 중등교육이 자리잡기 전에 고등교육학생을 선발하기 위해 시험을 치르는 데서 비롯되어 보편적인 시험제도로 정착되었으며, 일본이 식민지에 이러한 시험제도를 이식한 데서 비롯되었다(한국개혁시민교육연대, 2004: 18-27). 물론 이러한 요인 외에 동양의 과거제도 등의 문화적 전통도 큰 역할을 했을 것이다. 현행 대학입시제도는 고등학교의 내신성적이 기록된 생활기록부, 국가에서 주도하는 대학수학능력시험, 대학에서 실시하는 논술, 면접, 인성 및 적성, 실기 등의 대학별 고사로 구성되어 있으나, 국가에서 실시하는 대학수학능력시험이 비중이 압도적이다. 참고로 유럽의 시험제도로서 아비투어, 바깔로레아, 16+시험 등은 대학입학허가 여부를 결정하는 시험이 아니고 졸업을 위한 자격시험이다.

시기를 제외한 나머지 시기이다.7) 이 중 1994년부터 실시된 대학입학시험은 고등학교 내신, 교육부가 주관하는 대학수학능력시험, 대학에서 실시하는 대학별 선발고사로 이루어지고 있다(한준상, 1994: 141-145). 이러한 입시제도의 개혁은 교육문제를 해결하기 위한 교육개혁과 맥을 같이 하는데, 1960년대의 교육개혁으로 중학교와 고등학교 무시험제도가 실시되었으며, 1980년대 교육개혁으로 대학졸업정원제와 과외금지 등의 정책이 있었으며, 1990년대 교육개혁으로 대학입시에서 내신성적의 반영과 대학별 학생모집의 자율성을 부분적으로 부여하고 있다. 그러나 이러한 정부의 개혁적 노력에도 불구하고 입시 위주의 중등교육, 사교육비의 증대 등 주요 교육문제는 오히려 심화되고 있다.

1980년대 과외금지 이후 사교육비 변화를 보면, 1980년대 중반 이후 과외비는 전 계층에서 증가하기 시작해 현재에 이르기까지 교육개혁과 대학입시제도의 변경에도 불구하고 지속적으로 증가하고 있다. 과외금지에도 불구하고 1980년대 중반 들어 불법과외가 성행했으며, 과외 완화조치가 있었던 다음해인 1989년을 기준으로 사교육비는 급격히 늘었다. 그리고 과외를 막기 위한 방안으로 1993년 대학수학능력시험이 실시되었으나 월평균 교육비는 모든 계층에서 증가했으며, 특히 1/4분위 계층의 증가폭은 나머지 다른 계층에 비해 매우 크게 나타났다(건국대학교 한국문제연구원, 1999: 167-168). 최근의 과외실태를 간략히 살펴보면, 과외를 받는 학생의 비율은 초등학생이 가장 높고, 과외비는 고등학생들에서 가장 많다. 그리고 대도시일수록, 부모의 학력과 소득이 높을수록, 그리고 관리직, 전문직, 사무직에서 과외를 많이 받는다(안성기 외, 1998). 중등학생의 주당 과외시간은 9시간 30분 정도이며(고등학교 5시간 30분, 중학교 11시간), 받고 있는 학과목수는 2.42개이며(중학교 2.18개 고등학교 2.02), 영어와 수학의 비율과 비용이 가장 높으며, 다음이 국어의

---

7) 대학입시에서 대학과 정부 절충은 1954년, 정부 단독은 1962년과 1963년에 일시적으로 존재했다.

순서이다. 그리고 과외 후 자녀의 학업성취에 '효과가 약간 있었다'가 약 75%이며, '효과가 많다'가 약 22%, '효과가 없거나 거의 없다'고 응답한 경우는 5% 미만이었다(한국교육개발원, 2000).[8] 통계청의 교육비에 대한 통계를 보면, 교육비 중 각종 과외비에 드는 비용은 절반을 넘어서고 있으며, 학생을 둔 학부모들은 교육비가 부담스럽다고 느끼고 있으며(통계청, 2000), 본 프로젝트의 인터넷 패널조사(2004년 4월)에서도 일반인, 교사, 교수의 90% 이상이 과외수업비가 생활에 부담이 된다고 응답해 이를 뒷받침하고 있다. 2000년 교육개발원 조사에 의하면 개인 및 그룹과외의 경우 학부모는 31만원 이상, 교사와 여론주도층은 41만원 이상을 고액과외라 생각하며, 학원 수강의 경우 학부모는 13만원 이상, 교사는 15만원 이상, 여론주도층은 16만원 이상을 고액과외라 생각하고 있다. 그리고 고액과외의 단속이유로 '빈부·계층간 위화감 발생을 막기 위해', '입시경쟁에서 계층간 불평등을 막기 위해서'라고 응답한 경우가 압도적으로 많았다. 그리고 공교육을 정상화해도 과외문제를 해소할 수 없다고 응답한 경우가 해결할 수 있다고 응답한 비율과 유사하며, 공교육 정상화로 과외문제를 해결할 수 없는 이유로 학벌 위주의 사회구조 때문이라고 응답한 경우가 68%로 압도적으로 높았고, 다음이 남과 다른 경쟁도구를 갖기 위해서라고 생각하고 있었다. 과외문제를 해소하기 위해 가장 시급한 조치로 학부모는 학교 내에서의 충실한 교육과정 및 수업운영을, 교사는 학급당 학생수 축소 등 교육여건 및 시설개선과 교육재정 투자확대를, 여론주도층은 대학입시제도의 개선 및 대입경쟁 완화를 가장 시급한 요인으로 지적했다.

1990년대 후반 김대중 정권의 교육개혁 내용을 보면, 교육영역에 있어 정부의 핵심정책과제로 대학입시제도의 개선과 사교육비 경감대책

---

[8] 이러한 조사결과는 본 프로젝트의 인터넷 패널조사 결과(60% 이상이 효과 있다고 응답했으며, 효과 없음은 20% 미만임)와 광주사회조사연구소 조사결과(2003)에서도 유사하게 나타난다.

의 적극적인 추진을 들 수 있다. 이 계획에 의하면 제1단계로서 다양한 선발 방법의 활용, 신입생 전형기간의 연장, 수능시험의 적절한 운용 등으로 입시경쟁의 완화를 꾀하고, 제2단계로 대학별 입학전형의 다양화·특성화·자율화를 적극적으로 추진하되, 국·영·수 중심의 본고사는 계속 억제하면서, 대학서열화와 관련된 한 줄 세우기 입시제도의 손질을 꾀하고, 학생들을 입시 위주의 폭 좁은 공부에서 벗어나 폭넓은 독서와 사고력의 증진에 힘쓰도록 고무함으로써 학부모의 사교육비 부담을 경감시키고자 하며, 제3단계는 다양화·자율화의 전형방법을 정착하게 한다는 것이다.

그러나 과거의 대학입시제도의 변화가 중등학교에서 입시 위주의 교육에 별 실효가 없었듯이 현행 계획이 실효를 거둘지는 의문이다. 왜냐하면 현행 계획의 제1단계에서 입시 위주의 교육과 과열과외는 별 변화가 없을 뿐만 아니라 오히려 과외와 재수현상은 과거에 비해 보다 다양화되고 심화되고 있는 실정이다. 그리고 제2단계에서 수능시험의 교과목에서 대학별 적용과목의 선택과 축소도 현재 고등학생의 교육실정을 고려할 때 입시 위주의 교육과 과열과외 현상을 전혀 축소시키고 있지 않는 것 같다. 오히려 과외과목이 국영수와 입시 위주의 특정 과목으로 심화되는 현상마저 보인다. 이러한 현실은 지금까지의 정부의 교육개혁 및 대학입시제도의 개선 노력이 교육문제의 해결에 도움이 되지 못한다는 것을 의미한다. 달리 표현하면, 중등교육의 문제와 사교육비의 해결은 대학서열화 깨기와 이에 기초한 대학입시제도의 근본적인 변화로 가능한 것이다.

3. 중등교육 문제점에 관한 상반된 시각

중등교육문제와 그의 해결방법은 다양한 형태로 접근할 수 있을 것이다. 그러나 본 연구는 중등교육 문제점과 관련해 교육을 보는 관점의 타당성을 논하는 데 목적이 있으므로 기능론과 갈등론적 관점으로 나누어 각 관점들의 적합성을 살펴보고자 한다.

1) 기능론적 관점

기능론적 관점은 산업사회의 발달과 교육제도의 발달 간의 기능적 관계를 강조한다. 기능론적 관점에 의하면 산업사회 발달로 사회구조가 복잡해짐에 따라 교육제도도 분화되고 확충되어야 하며, 교육제도는 사회성원들의 통합뿐만 아니라 노동시장에 필요한 인력을 양성해야 한다. 사회변동에 의한 사회계층에서의 세대간 이동에 대한 설명에 있어 기능론적 관점은 교육제도의 확대에 따른 계층이동으로 신분이나 재산상속과 같은 전통적 요인의 영향이 감소하고, 학력 및 실력의 중요성이 강조되므로 실력사회가 도래할 것이라 전망한다. 즉, 개인의 능력에 기초한 사회계층화 현상과 학교차별화를 인정하고 사회성원들의 능력에 기초한 자유경쟁, 효율성, 경쟁력의 개념을 강조한다. 그리고 학력과 능력에 기초한 사회적 희소가치의 분배와 교육제도의 확대로 사회가 합의와 질서에 기초한 균형사회로 변동한다고 주장한다. 기능론적 관점은 근대화론과 연결되어 있으며(양춘 역, 1990: 15-95; 김병성, 2004: 56-59), 산업사회론, 정보사회론 그리고 신자유주의와도 사회를 보는 관점이 유사하다.

기능론적 관점에서 중등교육의 문제점은 변동하는 사회체제에의 부적응 현상으로 설명된다. 예를 들면 이들 관점에 있는 학자들은 현재의 교육문제를 설명하기 위해 현 사회를 산업사회와 정보사회로 구분하고, 오늘날 중등교육의 문제점을 정보사회에 부응하지 못하는 산업사회형 중등교육제도 그리고 학교 및 교사문화의 지체로 설명하려는 입장이 대표적이다. 기능론자들은 중등교육에서의 평준화정책이 비효율성과 경쟁력 약화로 학생들의 학력을 저하시키므로9) 정보사회에 맞는 다양하고 차별화되고 자율적인 학교형태로 바뀌어야 한다고 주장한다. 그리고 중등교육문제를 해결하기 위한 대안으로 사립학교의 자율권 보장, 중등교육 평준화정책의 해체, 자립형 사립고의 확대 등을 제시한다.10)

---

9) 2004년 2월 한국개발연구원 교육개혁연구소는 비평준화 지역이 평준화 지역에 비해 학업성취도가 높다는 보고서를 발표해 중등교육에서 평준화정책이 비효율적인 제도임을 강조한다. 그러나 중소도시를 대상으로 통제되지 않는 한번의 연구가 평준화정책 논의에 한쪽의 타당성을 충분히 제시했다고 보기 어렵다. 조대훈(2003)은 교육과정 차별화에서 우리나라와는 상반된 미국의 탈교육과정 차별화 흐름을 언급하면서 교육과정 차별화에 관련된 미국의 연구들을 정리하고 있다. 즉, 학업능력이 비슷한 학생들끼리 집단을 구성해 수업하는 경우 학업성취의 효과, 긍정적인 자아관과 같은 정의적 효과, 교수에 있어 불평등문제를 정리했다. 그는 정리에서 학업능력이 유사한 집단은 이질적인 집단보다 개개인의 학업성취의 향상에 가져오는 효과는 상당히 모호하다고 결론지었다. 그의 정리에 의하면 많은 경험적 연구들은 상위집단에 속하는 것이 개인의 학업성취에 커다란 이점이며, 반대로 하위능력 집단에 속하는 것은 개인의 학업성취에 나쁜 영향을 끼친다고 주장하고 있다. 그러나 Slavin의 연구는 중등학교수준에서 능력집단별 수업이 가지는 학업성취효과는 거의 제로에 가깝다고 결론을 내리면서 교실 안의 교수-학습과정, 교사변인과 학교문화의 중요성을 강조한다. 그에 의하면 상위능력집단에 속할수록 학업목표들에 더욱 열의가 있고, 더 나은 면학분위기와 태도를 보이는 경향이 있으며, 교사들로부터 더욱 긍정적인 반응을 얻는다. 하지만 여기서도 교육과정 차별화를 연구하는 많은 학자들은 교육과정 차별화와 학생들의 정의적 태도 간에 관계를 단정짓기는 성급한 판단이라고 주장한다. 교수에서의 불평등에 대한 연구들에서, 능력집단별 수업은 상위능력집단과 하위능력집단에 질적으로 상이한 차별적 경험이 제공되고 있고, 특히 하위능력집단의 학생들은 상대적으로 교수의 질과 학교자원의 배분면에서 불평등을 경험하게 되나 이분법적인 사고는 곤란함을 지적한다. 그가 이들 연구들을 정리하면서 내린 결론은 수준별 교육과정의 실행이 필연적으로 바람직한 교육적 효과를 지역사회에 가져올 것이라는 믿음이 상당히 과장되어 있으며, 소수의 사례들을 제외하고는 대부분의 경우에 있어서 교육과정 차별화의 조직적·교육과정적·교수적 처지는 그렇지 않은 경우보다 뚜렷한 우위를 보여주지 못하며, 오히려 부정적인 교육적 결과들과 깊게 연관되어 있다.
10) 교육민주화와 관련된 평준화 교육제도에 대한 비판에서 신자유주의는 평준화의 교육제도가 학교간 다양성의 무시와 교사의 무능력을 초래하고 다양한 학생들의 요구를 고려할 수 없어, 학생들의 과외심화와 교육의 질을 저하시킨다고 주장한다. 신자유주의 입장에서 강조하는 다양성을 무시한 수업은 특정 교과목에 있어 난이도에 따른 구분과 수준별 수업 등의 형태로 고려할 필

그러나 기능론의 이러한 주장들은 설득력이 없다. 중등교육 문제점에서 살펴본 바와 같이 한국의 중등교육문제는 정보사회에 적응하지 못하는 산업사회형 학교제도 때문에 발생한 것이 아니라 피라미드식으로 서열화된 대학구조에서 명문대학에 들어가기 위한 입시 위주의 교육 때문에 생긴 것이다. 그리고 중등교육의 문제는 학교경영자의 자율권과 교육수요자의 선택권 확대로 개선될 수 없다. 중등교육문제의 가장 큰 원인은 학력과 실력이 아닌 학벌과 위신의 획득을 위해 명문대학 진학을 목적으로 하는 입시 위주의 교육에 있는 것이다. 뿐만 아니라 기능론의 관점은 정보사회를 맞이해 정부 교육개혁의 노력에도 불구하고 학교가 직업상 필요한 지식과 기술을 제공해 주지 못하고, 과잉교육화된 현상을 설명하지 못한다. 그리고 대학서열화에 의한 입시 위주의 교육으로 인한 중등교육문제의 심각성이 심화되고 있는 현상과 입시 위주의 교육으로 인한 중등교육의 왜곡현상을 설명하지도 못한다. 기능론적 관점은 교육제도의 낙후성을 비판하고, 급변하는 사회적 특성에 적합한 교육제도의 특성과 효율성을 강조하는 이점이 있으나, 한국교육의 비민주성을 등한시하는 문제점을 동시에 지닌다(황갑진, 2001). 기능론적 관점은 현행 사회계층차에 따른 교육불평등문제와 왜곡된 교육제도에 대해 문제의식을 가지지 못하는 문제점도 있다. 특히, 세계적으로 유래가 없는 현행 중등교육의 왜곡현상과 비민주적 특성들을 무시하고, 명확한 증거도 없는 학력저하 또는 경쟁력 약화라는 명목으로 중등교육 평준화정책의 철폐를 주장하고 있다.

요가 있으나, 학교 자체의 차별화는 평가가 나은 학교 진학을 위한 또 다른 과외와 학생들의 우열감의 의식 조장으로 민주화에 역행하는 결과를 초래할 것이다. 신자유주의 입장의 구체적인 내용과 이에 대한 비판은 김천기(2003: 285-329)를 참조.

2) 갈등론적 관점

기능론적 관점에 대한 상반된 입장은 갈등론적 관점이다. 갈등론적 관점에 따르면 교육제도는 희소가치를 중심으로 갈등하는 사회관계의 반영이며, 갈등관계에서 우위적인 힘을 가진 상층에 유리한 불평등체계를 형성하고 유지한다는 점을 강조한다.[11] Bowles와 Gintis에 의하면 교육이 사회평등에 장애요소가 되며, 교육기회는 모든 사람에게 평등하게 분배되는 것이 아니라 상층의 자녀들에게 보다 많이 주어져 사회적 불평등이 재생산되는 점을 강조한다. 즉, 학교는 자본주의 기업가들에게 훈련받은 기술인력을 공급하고, 정치적 안정을 위한 사회통제장치로 필요하며, 계급구조를 반영한 교육제도의 불평등으로 불평등구조를 재생산하는 장이다. 한편 Collins(1979: 35-48)에 의하면 학교교육의 팽창은 사회적 희소가치인 지위, 권력, 명예의 획득을 위한 집단간 경쟁의 결과이다. 그에 의하면 학교는 직업을 수행하는 데 필요한 지식과 기술보다는 사회적 지위획득을 위한 경쟁의 공간이다. 즉, 학교는 사회에서 보다 높은 소득, 권력, 명예를 획득하기 위한 자격증을 생산하는 장이고 사회계층이동의 수단인 것이다.

한국의 중등교육제도는 사회계층별 분리가 가능한 미국교육제도와는 차이가 있어 Collins의 이론을 한국에 그대로 적용시키기는 어렵다. 그러나 한국의 중등교육의 왜곡현상은 지위집단의 성격을 띤 명문대학 진학을 위한 교육에서 비롯된 점에서 Collins의 갈등론적 관점으로 설명될 수도 있다. 한국 중등교육문제는 경제적 측면에서 불평등하게 구조화된 노동시장의 특성, 사회적 측면에서 학벌 위주의 사회적 풍토, 교육적 측면에서 대학서열화에 기초한 입시 위주의 교육제도 등에서 원인을 찾을 수 있다. 불평등하게 구조화된 노동시장의 특성은 소득 및

---

[11] 이에 대한 구체적인 설명은 김병성(2004), 김천기(2003: 193-329), 한준상(2003)을 참조.

승진, 그리고 직장 안정성에 있어 차별화가 구조화된 것을 의미한다. 그리고 한국사회에 만연된 학벌도 사회생활을 하는 데 지위집단으로서의 기능을 잠재적으로 수행해 학력사회가 아닌 학벌사회라는 현상을 낳고 있다. 이러한 현상은 명문대학 진학을 위한 입시 위주의 교육이 상위지위집단으로의 진입과 출세라는 문화현상에 의해 유지되고 있음을 의미한다. 이러한 결과는 학교의 서열화, 중등교육, 특히 고등학교 교육의 왜곡, 사교육비의 과다출혈, 인간교육의 상실 등 부정적 현상이며, 명문대학 출신자에게는 자존심을, 그렇지 못한 경우에는 열등의식을 조장하고 구조화한다.12) 그러므로 갈등론적 관점에서 보면, 중등교육의 문제점을 해결하기 위한 방법은 중등교육에서 평준화정책의 지속적인 유지와 서열화된 피라미드식의 대학구조를 개혁하는 것이다.

중등교육의 문제점을 설명함에 있어 기능론과 갈등론의 양 관점은 모두 특정 부분의 일면적 내용과 문제들을 설명하기 위해 각기 다른 장단점을 가질 수 있다. 한국의 급속한 산업화시기에 있어 개발독재의 사회적 특성은 교육제도에도 적용되어 국가중심의 강압적이고 권위주의적이며 획일화된 특성을 그대로 반영하고 있다. 그러나 80년대 후반 이후 민주화·세계화·정보화로 교육제도에 있어서도 변화가 요구되었고, 이는 90년대 교육개혁의 형태로 나타났다. 이 과정에서 유의해야 할 점은 과거 평준화에 기초한 중등교육제도가 점차 평준화 해체의 비민주적인 방향으로 가고 있다는 점이다. 이러한 현상은 중등교육제도의 다양화가 아니라 사회계층에 따른 중등학교의 차별화를 의미하는 것이다.

---

12) 본 프로젝트를 수행하기 위한 인터넷 패널조사에 의하면 학벌이 사회적 성공과 무력감 형성의 주요한 요인임을 알 수 있다. 조사에 의하면 성공을 위해 노력보다 학벌이 중요하다고 응답한 경우가 일반인, 교사, 교수 모두 85% 이상이며, 85% 이상이 집안이 부유하면 명문대학에 입학하기 쉽다고 응답하고 있다. 그리고 학벌에 따른 좌절감과 무력감의 경험에서 일반인의 경우 좌절감과 무력감을 경험한 적이 있다는 설문에 그렇다고 응답한 경우가 77.9%, 대학생은 52.1%, 그리고 교수도 37.5%로 출신학력을 고려하면 매우 높은 편이다.

그리고 중등교육의 문제점에 대한 해석과 대책은 정보화나 신자유주의의 입장보다 민주화 과정과 관련해 설명하는 것이 훨씬 더 타당하다고 판단된다. 이는 중등교육의 문제점이 학벌사회의 반영인 대학서열화에서 높은 위치에 자리한 명문대학 진학을 위한 입시 위주의 교육에 기인하기 때문이다. 따라서 현 중등교육의 문제점은 산업사회에서 정보사회로의 변화에 따른 학교부적응의 측면도 있지만, Collins의 지적처럼 사회적 지위획득을 위한 도구로 학교교육이 이용되는 현실과 보다 밀접한 관련을 가진다고 할 수 있다. 따라서 현재 중등교육의 문제점을 설명함에 있어 기능론적 관점보다는 갈등론적 관점이 보다 높은 설득력을 가진다고 할 수 있을 것이다.

4. 결론

교육은 학생들이 자주적 생활능력과 민주시민으로서의 자질을 갖추게 하는 데 목적이 있다고 한다. 그러나 오늘날 중등교육, 특히 고등학교 교육은 많은 문제점을 가지고 있으며, 이러한 가운데 특수목적고가 확대되고 자립형 사립학교제도도 실시되어 중등교육 평준화정책에 대한 논의가 점차 확대되고 있다. 본 연구는 평준화정책의 존폐와 관련된 주장들의 현실적 타당성을 살펴보기 위해 중등교육문제와 교육을 보는 관점과의 관련성을 문헌연구방법을 통해 분석했다.

연구의 내용과 결과는 다음과 같다. 본 연구에서는 중등교육의 문제를 학교운영, 교과교육, 일상생활과 특별활동, 대학입시제도와 과외활동의 네 가지로 구분해 분석했다. 분석된 내용을 간략히 정리하고 그 원인을 살펴보면 첫째로 학교운영에 대한 학생들의 반응을 보면, 민주사회로의 변천에 따른 교육개혁과 교육법의 개정에도 불구하고 학생들의 학교 만족도는 낮으며, 교사와 학생관계는 소원하다. 학생들의 학교

불만에 대한 원인을 보면, 수업방법, 특기적성교육, 체벌, 학교시설 및 설비 등을 불만의 주요 원인으로 들고 있다. 그리고 교사와 학생관계가 소원한 원인은 가정적 요인이 아닌 학교요인으로, 학교가 학생들의 고충처리나 교사와의 인격적인 만남을 위한 민주적인 조직이 아닌 경직된 조직에서 비롯되었다. 즉, 학교운영에 대한 불만이 권위주의적 교육방법과 미흡한 교육여건, 그리고 입시 위주의 교육과 관련이 있음을 알 수 있었다.

둘째로 교과교육에 대한 만족도를 보면, 만족도는 낮다. 그 원인은 입시 위주의 교육으로 이해도가 낮은 교과교육을 무조건 외우도록 강요받기 때문이다. 그리고 독서, 취미, 문제해결 능력, 협동정신 학습 등과 같은 내용을 등한시해 교육내용이 한쪽으로 편향되어 있으며, 민주시민교육이나 전인적 교육과는 거리가 있었다. 교과교육에 대한 불만과 왜곡도 입시 위주의 교육에서 비롯된 것이다.

셋째로 학생들의 일상생활과 특별활동의 내용을 보면, 학생들의 학습시간이 고등학생이 가장 길고, 대학생이 가장 짧다. 고등학생들의 심야 학원수강이나 자율학습, 그리고 특기적성교육의 왜곡 등은 세계적으로 특이한 현상이며, 이것도 명문대학 진학을 위한 입시 위주의 교육에서 비롯된 것이다. 학업은 대학진학의 수단이 아닌 취업과 전공공부의 형태로 이루어져야 하기 때문에 고등학교의 왜곡된 학교문화는 정상화되어야 한다. 그리고 고등학교와 대학교의 학업문화도 바뀌어야 한다.

넷째로 대학입시제도와 과외활동을 보면, 우리나라 대학입시제도의 변경은 사교육문제를 해결하기 위한 것이다. 그러나 지속적인 대학입시제도 변경과 사교육문제의 대책에도 불구하고 이들 정책들은 모두 실패했으며, 사교육비는 80년대 후반 이후 지속적으로 증가했다. 물론 중등학생들에 있어 과다한 사교육비 지출은 명문대학 입학을 위한 목적에서 비롯된 것이다.

이상에서와 같이 중등교육문제의 원인은 열악한 교육환경, 권위주의적 학교, 입시 위주의 교육 등 많은 요인들을 열거할 수 있으나, 가장 근본적인 요인은 입시 위주의 교육에 있는 것이다. 그리고 중등교육, 특히 고등학교에서 입시 위주의 교육은 명문대학 및 인기학과 진학과 밀접한 관련을 가진다. 명문대학 및 인기학과 진학을 위한 입시 위주의 교육은 중등교육의 공동화현상과 청소년의 인권유린 및 삶의 질 저하에도 불구하고 학부모와 학생, 학교와 정부에 의해 어쩔 수 없이 사회적 위신의 획득과 사회이동의 수단으로 수용되고 있는 것이다.

오늘날 한국교육정책에서 신자유주의 입장을 포함한 기능론적 관점은 교육을 공적 영역보다 사적 영역으로 규정하고 교육의 장에서 시장경제와 같은 자유확대를 강조한다. 이들 입장은 학교 소유자와 경영자의 자율권과 교육수요자인 학부모와 학생의 선택권을 최대한 보장할 때 교육에서의 경쟁력과 교육의 질이 향상된다는 것이다. 그러나 이러한 주장은 개발독재시기의 교육제도에서 나타나는 관료제의 부정적 특성을 설명하는 데 부분적으로 설득력을 가지나, 한국 사립학교 운영의 부폐관행과 중등교육 공동화의 원인을 보면, 한국의 중등교육문제를 설명하고 대안으로 제시하기에는 부적절하다. 본 연구의 결과 중등교육 위기의 가장 큰 원인이 피라미드식으로 서열화된 대학구조에서 명문대학에 진학하기 위한 지나친 입시 위주의 교육이라는 점을 감안하면 그러한 주장은 더욱 부적절하다. 중등교육의 문제점은 자유경쟁보다 민주적 방식으로 개선되어야 하며, 가장 시급한 것은 지나친 입시 위주의 교육에서 벗어나는 것이다. 한국에서 교육문제를 해결하려는 정부의 많은 노력에도 불구하고 정책들은 대부분 실패했다. 중등교육 문제점을 해결하기 위해서는 기능론적 관점보다 중등교육을 장래의 지위획득의 수단으로 간주하는 현실을 비판하고 평준화정책의 유지를 옹호하는 갈등론적 관점이 설득력이 크다고 판단된다. 그러므로 중등교육문제의 해결은 중등교육 평준화정책의 폐기가 아닌 피라미드식으로 서열화된 대학구조의 개혁에서 먼저 대안을 찾아야 할 것이다.

<참고문헌>

강명희·임병로. 2002,『미래를 준비하는 학교』, 학지사.
강무섭 등. 1992,『입시 위주 교육의 실상과 대책』, 연구보고서, 한국교육개발원.
강창동. 1994,「한국학력주의의 형성과정과 성격」,≪교육사회학연구≫ 제4권 1호.
광주사회조사연구소. 2003,『청소년생활통계연보』, 권1 자료.
교육개혁시민운동연대. 2004,『입학제도 개선에 대한 연구보고서』.
교육부. 1998,『세계화·정보화 시대를 주도하는 신교육 체제 수립을 위한 교육개혁 방안(Ⅳ)』, http://210.120.15.118/edu/jun6/c10.html.
_____. 2000,『고등학교 교육과정 해설서』.
김경근. 1999,『대학서열 깨기』, 개마고원.
김기수. 2001,『한국경제의 정치경제학』, (학벌없는 사회만들기 하계세미나).
_____. 1997,『아직 과외를 그만 두지 마라』, 민음사.
김동훈. 2001,『한국의 학벌, 또 하나의 카스트인가』, 책세상.
김병성. 2004,『교육사회학 이론신강』, 학지사.
김부태. 1995,『한국 학력사회론』, 내일을 여는 책.
_____. 1991,「학력사회화 이론의 비판적 고찰」, 한국교육학회,≪교육학연구≫.
김상봉. 2000,「학벌문제의 본질」,≪월간 말≫ 3월호 155쪽.
김성렬. 2001,「학교분쟁, 어떻게 해결할 것인가」,『교육이론과 실천』, 경남대 교육문제연구소.
김영철. 1997,『사교육비 문제와 대응방안』(연구보고서), 한국교육재정학회.
김영화. 1992,「한국인의 교육열: 사회계층간 비교를 중심으로」,≪교육학연구≫ 제30권 4호.
김진균 외 역. 1987,『조직사회학』, 풀빛.
김천기. 2003,『교육의 사회학적 이해』, 학지사.
김호근 외. 2000,『학교가 무너지면 미래는 없다』, 교육과학사.
박남기. 1994,『한국인의 교육열 이해를 위한 대안적 관점』,≪교육학연구≫ 제32권 5호.
박소란. 2003,「특별활동이 교사학생관계에 미치는 영향」, 경상대학교 교육대학원 석사논문.

성태제. 1993, 「입시 위주의 교육과 과열과외」, ≪교육학연구≫ 제31권 2호.
안성기 외. 1998, 『한국교육개혁의 정치학』, 학지사.
양춘 역. 1990, 『사회변동론』, 진성사.
윤정일 외. 2003, 『교육개혁론』, 한국교육행정학회.
원종호. 2000, 『서울대가 한국을 망친다』, 숲속의 꿈.
이돈희. 1997, 「열린교육의 원인과 실태」, 『한국교육평론 97』, 교육과학사.
이영호. 1998, 「한국의 교육열과 학력사회 상관성에 대한 분석」, 『교육사회학연구』, 한국교육사회학회.
이용숙. 1998, 「학교교육과 청소년문화」, 『청소년문화론』, 한국청소년개발원 편, 서원.
이종태. 2001, 「한국교육의 위기와 원인, 그리고 대안적 모색」, 『교육이론과 실천』, 경남대교육문제연구소.
임연기 외. 1998, 「한국인의 교육의식 97」, 『한국교육평론 97』, 교육과학사.
전국교직원 노동조합. 1999, 『학교붕괴』, 푸른나무.
조대훈. 2003, 「수준별 교육과정 담론의 분석」, 『제7차 교육과정과 교과서』, 교육과학사.
통계청. 2000, 『99년 생활시간조사』.
_____. 2002, 『한국의 사회지표』.
_____. 2003, 『2002년 사회통계조사보고서』.
_____. 2004, 「청소년 통계」, 『한국의 사회지표』.
한국교육개발원. 2000, 『한국의 교육지표』, 한국교육개발원.
_____. 1997, 『통계로 본 한국교육의 발자취』, 한국교육개발원.
한국문제연구원. 1999, 『교육과 삶의 질』, 건국대학교.
한국청소년개발원. 1998, 『청소년 문화론』, 서원.
한승희. 1997, 「학생들의 삶: 공부, 여가, 문화」, 『한국교육평론』, 교육과학사.
한준상. 1994, 『한국교육개혁론』, 학지사.
_____. 2003, 『교육사회학이론과 연구방법론』, 한국학술정보.
한국인류학회. 2000, 『교육인류학연구 3-2』, 한국교육인류학회.
허경철. 1998, 「외국과 비교해 본 한국학생의 성취도」, 『한국교육평론 1997』, 한국교육개발원.
황갑진. 1998, 「학교생활과 중학생의 소외」, ≪중등교육연구≫ 제10호, 경상대학교 중등교육연구소.

_____. 2000, 「교사와 학생관계의 소원」, ≪경남사회과교육≫ 제2호, 경남사회과교육연구회.

_____. 2001, 「인터넷에 나타난 교실붕괴담론 유형」, ≪시민교육연구≫ 제33권, 한국사회과교육학회.

_____. 2002, 「학생의 학교불신원인에 관한 연구」, ≪시민교육연구≫ 제34권 2호, 한국사회과교육학회.

황광도. 2004, 「거창지역 고등학생들의 봉사활동 실태분석 및 활성화 방안에 관한 연구」, 경상대학교 교육대학원 석사 논문.

Collins, R. 1979, *The Credential Society*, New York: Academic Press.

Edwards, R. 1979, *Contested Terrain*, New York: Basic Books

제 3 장
대학서열체제와 대학교육: 서열화와 황폐화

이종래

1. 서론: 대학의 위기

　현재 한국의 대학교육은 위기에 빠져 있다는 말을 쉽게 들을 수 있다. 학령(學齡)인구의 83%가 대학에 진학하고 있을 만큼 대학교육은 매우 빨리 양적으로 성장했고 교육의 대중화는 이미 완성되어 있지만, 대학교육의 내용과 질은 국제경쟁력조차 확보하지 못한 현실을 빗대어 이런 말이 나오고 있다. 이런 현실에서 대학교육의 경쟁력 확보를 위한 방안에 대해 백가쟁명 식의 다양한 주장이 난무하고 있을 뿐 대학교육의 실상에 관한 글이나 연구는 대학사회의 울타리를 여전히 벗어나지 못하고 있다. 게다가 대학의 위기에 대해 대학 구성원들 사이에도 메우기 어려운 큰 간극이 존재하고 있다. 대학이 위치하고 있는 지역이나 노동시장의 접근도 그리고 대학설립형태에 따라 대학의 위기에 대한 원인 규명은 판이하게 다를 뿐만 아니라 경우에 따라 매우 이질적인 진단과 처방이 동시에 존재하는 상황에서 대학의 위기라는 개념이 과연 적합한지에 대한 회의마저도 들 수 있다. 바로 이런 현실에서 우선 대학이 수행해야 하는 기본적인 임무와 역할부터 따져볼 필요가 있다.

한 사회가 대학에 부여한 일차적 기능은 사회와 인간의 발전을 위한 연구와 교육일 것이다. 이것은 고등교육의 수행기관으로서의 대학은 인간이 가지고 있는 지적 능력뿐만 아니라 도덕의식을 고양해 사회발전의 원동력으로 삼을 수 있는 원천이라는 의미뿐만 아니라 지식의 공유를 바탕으로 해 새로운 사상이 나올 수 있는 저수지와 같은 역할을 하는 장소라는 의미를 가지고 있다. 대학이 지닌 사회적 기능뿐만 아니라 학문발전과 탐구, 학문지식을 실용적으로 응용할 수 있는 직업 활동을 위한 준비, 학문세계에서의 후진양성과 같은 대학본연의 임무나 역할도 존재한다. 바로 이런 대학의 기능과 역할을 좀더 세분해 살펴보면 다음과 같이 정리할 수 있다.

대학의 기능에서 연구와 교수의 합일은 대학 구성원인 교수를 통해 구현된다. 어떤 국가를 막론하고 대학교수에게는 특별한 능력과 자격을 요구하고 있는 것도 대학이 지닌 바로 이런 성격 때문이다. 그리고 대학사회에서 교수들은 연구와 교수의 자율성을 가지고 있다. 그러나 대학의 자율성은 학문연구 및 토론의 자유를 보장하는 민주적 정치체제와 함께 학문발전에서 상호경쟁이 불가피하다는 시장질서적 경제체제가 맞물려 있을 때 보장될 수 있다. 하지만 학문세계에서 존재하는 시장질서적인 경쟁이란 개인적 능력의 극대화뿐만 아니라 기회균등의 공평성이 보장될 때 가능하다는 사실을 염두에 두어야 한다. 다시 말해 출발선상은 동일해야 제대로 된 경쟁이 가능하다는 점이다. 그러나 한국사회의 경우 매년 입시철이 되면 모든 언론매체에서는 수능고사 점수대별 입학가능 대학과 학과를 앞다투어 발표한다. 이런 사회적 풍조는 대학이나 학과를 서열화하는 현상에 불과하지만 매우 당연하다는 듯이 인정되고 있을 뿐이다.

하지만 현재의 대학서열화를 과연 피할 수 없는 숙명이라고 말하는 것은 사회발전을 가로막는 장애물적인 발상에 불과하다. 왜냐하면 자본주의 체제가 지닌 경쟁기제가 대학사회에 적용된다는 것은 대학진학

이후 개인이 지닌 능력이 얼마나 변화할 수 있는가의 문제이지 결코 진입장벽의 문제로 환원할 수가 없기 때문이다. 즉, 대학의 본래적 기능인 교육과 연구로서가 아니라 과연 누가 얼마나 우수한 학생을 입도선매하는 것과 유사한 방식으로 선점하는가가 아니라는 점이다. 이런 의미에서 현재 한국의 대학에서 나타나는 지역별, 학과별 서열화는 학문세계에서의 경쟁에 따른 자연적 서열화가 아니라 인위적이고 작위적인 서열화라고 밖에 보이지 않는다. 물론 동일대학 내의 인기학과와 비인기학과의 서열화는 노동시장의 수요와 공급이라는 측면을 반영하고는 있고, 이 서열화는 불가피한 측면이 있다고 주장할 수는 있다. 하지만 자연적 서열화는 다른 학문분과의 생존을 위협하지도 않고 오히려 공존의 당위성을 인정하면서 학문세계의 집단적 발전을 담보하는 조건으로 되는 반면, 인위적 서열화는 타학문의 존재기반을 무너뜨린다는 점에서 근본적인 차이를 보인다. 게다가 서울지역과 지방소재라는 지리적 위치 차이에서 발생하는 지역불균등이 대학서열화에 중요한 요소로 작용하는 한국적 현실은 교육문제가 더 이상 교육만의 문제가 아니라 사회체제와 연관된 문제라는 사실도 극명하게 드러내주고 있다.

한국사회에서 교육제도 전반이 위기적 상황에 빠져 있다는 주장이 사회적으로 매우 높은 설득력을 얻고 있다. 이런 상황에서 대학교육도 역시 예외는 아닐 것이다. 그러나 교육 전반이 지닌 문제 중에서도 중등교육이 입시제도의 볼모로 되면서 대학교육이 지닌 문제에 대한 사회적 관심은 오히려 상대적으로 낮은 실정이다. 하지만 고등교육이 실패할 경우 그 국가나 민족의 미래는 말 그대로 암울해질 수밖에 없을 것이다. 대학교육에 대한 낮은 사회적 관심만큼이나 문제로 되는 것은 대학교육의 내용에 따른 서열화가 아닌 입시제도의 부산물인 대학서열체제가 대학교육의 경쟁력 강화에 장애로 작용하고 있다는 점이다. 즉, 입시경쟁이 치열해질수록 대학교육은 더욱 황폐화하고 있는 것이 현실이다. 역설적으로 표현하면 대학교육의 질적 성장에 따른 서열화라기보다 입시경쟁의 부산물인 대학서열체제가 대학 사이의 정당한 경쟁을 가로막고 있다는 사실을 증명하는 작업은 교육개혁을 위한 시금석이 될 것이다. 바로 이것이 본 연구의 근본적인 문제의식이다.

2. 선행연구 검토 및 연구목적

고등교육기관인 대학제도는 자본주의 발전과정과 밀접한 연관을 가지고 있다. 산업화 이전의 초기자본주의 사회에서 대학이란 부와 권력을 가진 소수의 사람들만이 일종의 사치로서 지적 호기심과 탐구심을 향유할 수가 있었을 뿐이다. 이런 전근대적인 대학제도는 자본주의 발전과정에서 서서히 소멸하고 근대적인 대학으로 탈바꿈하는 과정을 거치게 된다. 하지만 이런 변화의 과정은 그리 오래되지 않은 현대자본주의의 발전의 부산물이라는 점이다. 예를 들어 미국사회에서도 은행가, 법률가, 고급정부관료와 같은 소수의 '재능있는 엘리트'(스미스, 1974: 52)를 배출하는 것이 고등교육의 목적으로 인정된 것이 바로 제2차 세계대전 이후의 일에 불과하기 때문이다.

그러나 소수의 지배계급을 배출하는 엘리트주의적인 대학이념은 1960년대 자본주의 황금기를 거치면서 고급 노동력의 대중적인 양성기관으로 그 성격이 전환한다. 당시의 국민경제에서 민간부문이 지속적으로 성장하면서 대학교육은 더 이상 엘리트주의적인 배타성을 고집하기가 곤란해지게 되고, 결국 대학의 양적 성장은 불가피하게 된다. 또 다른 한편으로 사회민주화가 진전되면서 피지배계급인 노동계급의 신분 상승에 대한 욕구를 제도적으로 더 이상 봉쇄하기가 곤란했던 시대상황의 변화도 중요한 요소로서 고려되어야 한다. 즉, 고등교육은 소수자만을 위한 특권이 아니라 대중적 요구에 따른 보편적 권리로 인정되어진 것이다. 하지만 서구사회의 경우에도 고등교육의 이런 변화는 그리 오래되지 않은 1970년대에 일어났고, 바로 이 시기에 한국사회 역시 산업화라는 동력이 사회구조와 가치관의 변화를 일어나게 하는 환경을 조성했다는 점에서 동시대적인 현상으로까지 볼 수 있을 것이다. 바로 이런 맥락에서 서구 대학들에서 볼 수 있는 대학이념의 변화과정은 한국의 대학들에도 그대로 투영되고 있다고 할 수 있다. 그러나 한국 대학의 경우 서구사회의 그것과 전혀 다른 이질적 요소도 배태하고 있다. 바로 현재 한국사회에서 벌어지고 있는 대학서열화 문제는 서구의 그것과 차별성을 보여주는 대표적인 사례이다.

서구사회에서 현상적으로 등장하는 대학서열화 혹은 위계화의 문제는 자본주의적 계급구성이 고착화문제와 연관되곤 한다(Bourdieu, 1984). 그 사회에서 유명세를 누리는 특정 대학에 특정 계급 출신이 과대 대표되는 현상이 존재하고 있을 뿐만 아니라,[1] 이것은 특정 대학의 사회적 평판과 밀접하게 연동되면서 대학의 위계서열화로 나아가고 있는 경우가 발생하고 있기 때문이다. 즉, 서구사회에서 발생하는 대학서열화는 사회구조적인 요인에 의한 산물이라는 점이다. 자본주의적 발전의 부정적인 파생물로서 대학서열화가 존재할 수 있다는 사실은 한국의 대학서열화 연구에 많은 시사점을 줄 수 있다.

하지만 한국사회에서 대학서열화는 흔히 학생들의 대학입학에서 수

---

[1] 프랑스 사회학자인 Pierre Bourdieu는 1980년대 프랑스 대학사회를 대상으로 해 교육이 어떻게 권력기제로 작동하는지를 연구한 바 있다. 그는 프랑스식의 대학서열화에서 정점에 놓인 Collège de France의 교수들은 대기업가의 자식들인 경우가 많으며, 이들은 학문적인 업적이나 명예를 통해 자신의 경력을 돋보이게 하려는 경향성이 많다고 주장한다. 이에 반해 Sorbonne 대학의 교수들은 초·중등교사의 자식들이 과대 대표되어 있으며, 이들은 대학사회에서 권력을 상징하는 보직을 통해 자신의 경력을 내세우려고 하는 경향성이 많다고 보고 있다(Bourdieu, 1984: 142). Bourdieu의 주장에는 대학서열화가 대학 자체의 문제에서 파생된 것이 아니라 사회발전의 산물이고 계급고착화의 방증이라는 함의가 강하게 묻어 있으며, 이것이 사회내부에서 권력기제로 작동하고 있다는 함의 또한 담고 있다. 바로 이 함의를 한국의 대학에 적용해보는 것은 의미를 가질 것이다.

능 점수대로 결정되는 현실에 빗대어 이야기되곤 한다. 다시 말해 대학서열화가 개인적 능력 차이에 의해 불가피하게 발생하는 것으로 호도된다는 데에 문제가 있다. 이런 상식적 인식은 대학교육의 내실화와 경쟁력 강화에 전혀 도움이 되지 않고, 오히려 문제의 본질을 가린다는 점에서 더욱 문제가 있다. 상식적 판단이 지닌 인식론적 오류를 제거하기 위해 우선 대학서열화체제를 가능하게 할 뿐만 아니라 영향을 미치는 구조적 요인을 구분하는 작업이 필요하다.

대학서열화를 가져오는 요인은 우선 수도권과 지방의 발전격차에 따른 지역적 요인, 부모의 학력과 소득수준에 따른 계층적 요인, 졸업 이후 인력시장에 진입할 수 있는 가능성에 대한 기회제공의 차이에서 발생하는 시장유인적 요인, 대학이 학생에게 제공할 수 있는 가능성과 기회의 차이에서 기인하는 대학능력별 요인, 엘리트 중심적 교육과 대중지향적인 고등교육이념에 따라 달라질 수 있는 교육 정책적 요인, 학생 개인이 가진 인지적 능력의 차이로 구분할 수 있다. 이런 요인 중에서 학생 개인의 능력에 따른 자연적 서열화는 자본주의 발전과정에서 지극히 당연한 것으로 인정된다는 의미에서 자연적 서열화로 개념화 할 수 있지만, 나머지의 경우 구조적인 요인으로 볼 수 있다. 그러나 이 구조적인 요인들은 자본주의 체제가 지닌 경쟁기제를 강화하는 측면도 있지만, 경우에 따라 자본주의적 사회발전에 장애요인으로 작용할 수도 있다. 또한 자본주의적 환경에서 작위적으로 파생했다는 의미에서 이 요인을 인위적 서열화의 요인으로 부를 수 있다.

현재 한국의 대학에서 나타나는 서열화를 현상적으로 보면 바로 이런 자연적 서열화와 인위적 서열화가 중첩되어 있으면서, 요인간의 인과관계를 추론하기조차 어려운 지경이다. 즉, 교육영역에서 발생하고 있는 문제들이 사회체제와 밀접히 연관되어 있다 보니, 교육문제의 해결책에 대해서는 매우 판이한 결론이 도출되는 양상이 벌어지는 이유도 바로 이런 모순의 중첩성에 기인하고 있다는 점이다. 다시 말해 현재 한국사회에서 대학서열화가 발생하는 배경에 대한 인식과 주장은 앞에서 본 구조적 요인 중에서 특정 요소를 우선 배치하는 것에 따라 달라지고 있다. 대학서열체제라는 구조를 근본적으로 지탱하는 우선 요인이 무엇인지에 대한 강조가 입장에 따라 달라지면서 현상적으로 이질적으로 보일 만큼 차이가 나는 것도 바로 이 때문이다. 즉, 대학서열화의 형성원인에 대해 질적으로 매우 다른 분석이 실제적으로 존재하고 있다.

가장 먼저 대학서열화를 국가가 주도하고 있는 고등교육정책의 실패에서 찾고자 하는 입장을 들 수 있다(고형일, 2001). 이 입장은 과도한 입시경쟁을 불러오는 획일적인 입시제도, 대학정원 규제정책, 대학실정을 무시한 대학관리정책 등과 같은 국가주의적 교육정책이 대학서열화를 가져온 주요 요인이라고 본다. 이것은 대학서열화가 대학의 능력이나 객관적 지표에 대한 평가라기보다 국가의 정책적 오류에 기인한 서열구조이기 때문에 문제가 있다고 주장한다. 따라서 국가주의적 입시정책의 폐지, 대학의 자율성 보장, 민간으로의 권력이양 등과 같이 국가주의적 고등교육정책의 변화가 대학서열화 해소의 기본 전제조건이라고 주장한다.

두번째는 대학서열화의 구조적 고착화는 지역간 불균등발전에 기인한다고 보는 입장이다(김기수, 2001). 이 입장은 대학의 서열구조가 지역의 발전수준과 맞물려 있다고 본다. 따라서 대학서열화를 해소하기 위해서는 지역간 균형발전전략이 마련되고 실제적으로 시행되어야 한다고 주장한다. 물론 이 입장 역시 입시제도의 개선이라든가 대학에 대한 국가의 권위주의적인 통제가 철폐되어야 한다는 점에 동의하기는 하지만 지역간 불균등발전이 시정되지 않는다면 대학서열화는 해소되기 어렵다는 입장을 취한다는 점에서 첫번째의 입장과는 분명한 차이가 있다.

세번째는 대학서열화라는 구조적 요인의 이면에는 한국사회에 뿌리 깊은 학벌지향적 관습이 지배계급의 이데올로기로 전화한 '학벌주의' (강준만, 1996; 김상봉, 2004)가 교육제도 안에서 또아리를 틀고 있다는 주장이다. 이 주장은 대학서열화란 근본적으로 서울대 문제일 수밖에 없다는 사실을 강조하는데, 서울대를 정점으로 짜여진 이른바 명문대학의 서열화가 대학교육의 황폐화뿐만 아니라 사회발전 그 자체에도 부정적인 영향을 가져온다는 점에 주목한다. 그리고 학벌주의는 대학서열화를 가져오는 요인들의 앞에 놓여 있지만 은폐되어 있으면서 대학교육 정상화를 위한 방안 찾기마저 어렵게 하고 있다고 본다.

앞에서 본 이 세 가지 입장들은 나름대로 타당성과 개연성을 가진다고 볼 수 있다. 그러나 이 주장들을 대학교육 정상화를 위한 방안모색의 수준으로 한정하기보다, 고등교육제도로서 대학의 변화과정은 사회발전과 밀접히 연관된다고 확대해서 보아야 할 것이다. 1987년 이래 한국사회에서 민주화가 진전되고 있는 가운데서 대학교육의 서열화는 더욱 강화되고 있는 현실에 우선 주목할 필요가 있다. 한국사회에서 산업화초기 시절부터 본격적으로 작동되었던 대학교육제도는 사회민주화 시기를 거치면서 소위 사회의 문제아로 전락하게 된 이유가 무엇인지 해명하는 것이 이 연구의 일차적 과제이다. 이런 문제의식에서 출발해 사회적 변동과정에 대학제도가 제대로 대응하지 못하면서 발생하는 지체현상의 결과인지, 아니면 초기적 자본주의 발전을 이미 통과한 한국사회에서 대학서열화는 이미 계급고착화 과정에서 파생된 부산물인지를 해명하는 것이 이 연구의 목적이다. 왜냐하면 대학서열화에 대한 과학적 분석을 생략할 경우 황폐해진 대학교육을 재생시킬 수 있는 기회와 가능성도 그만큼 줄어들 수밖에 없다는 가설에서 이 연구는 출발하기 때문이다.

사회민주화라는 큰 흐름에 이미 합류한 한국사회가 지속적인 발전의 가능성을 확보하기 위해서는 대학서열화에 대한 대중적인 불만을 해소하는 과정이 필수불가결하다. 최근 한국사회에서 대두되는 청년실업의 문제란 본질적으로 고등교육이 대중화하면서 양산된 고급노동력의 실업문제에 대한 사회적 불만과 비판이 농축되어져 있기 때문이다. 말 그대로 교육제도가 사회체제의 발전에 기여하지 못하는 이상현상이 생기고 있는 것이다. 바로 이런 맥락에서 사회발전에 제대로 기여조차 하지 못하는 대학교육의 현황과 문제가 무엇인지부터 차분하게 따져볼 필요가 있다.

3. 대학교육의 현황

1) 대학의 양적 성장

현재 한국의 4년제 일반대학교는 1970년 71개교에서 2003년 기준 169개교로 증가했고, 전문대학은 같은 기간 동안 65개교에서 158개교로 늘어난 것으로 나타나고 있다. 이 기간 동안 4년제와 전문대학을 불문하고 대학이 양적으로 성장하고 있는 사실은 분명하게 확인되지만, 국공립대학의 비중은 점차 감소하고 있다는 사실에 우선 주목할 필요가 있다. 즉, 4년제 일반대학의 경우 1970년 약 80%에 달하던 사립대학의 비중이 2003년에 이르러 85%에 달할 만큼 사립대학의 증가추세는 뚜렷하다. 바로 이 점이 한국 대학제도의 첫번째 특징이다. 그리고 두번째 특징은 전문대학의 학생수는 1990년대 이후 급격하게 증가하고 있는 것으로 나타나고 있지만, 4년제 일반대학의 학생수는 특정 기간 동안에 큰 폭으로 증가하고 있다는 점이다.

이렇게 대학생수가 특정 기간 동안에 증가하는 현상은 고등교육에 대한 사회적 욕구의 증가나 노동시장상황의 변동으로 인한 결과라기보다 고등교육정책의 변화에 따른 파생적 효과로밖에 보이지 않는다는 점이다. 왜냐면 4년제 일반대학의 경우 1980년-1985년과 1995년-2000

년의 기간 동안 대학생수가 급격하게 증가한 것으로 나타나는데, 이 두 시기에 대학을 둘러싼 고등교육정책이 대폭 수정되었다는 점에서 공통적이다. 1980-1985년의 경우는 1980년 군사쿠데타로 정권을 장악한 전두환 신군부는 부족한 권력정당성을 확보하고 민심을 수습하기 위해 과외금지, 대학본고사 폐지, 졸업정원제 실시와 같은 교육개혁을 단행했다. 전두환 정권이 선택한 교육정책의 수정이 바로 7.30 교육개혁조치인데, 이 조치에 따라 대학정원이 대폭 확대되었으며 대학의 양적 성장으로 나타난다. 1995년-2000년의 기간 동안에 벌어진 대학생 수의 증가현상은 1996년부터 대학설립준칙주의가 법제화하면서 최소 법정 설립기준만 갖추면 대학설립이 허용되게 되었던 정책변화와 맞물려 있다. 즉, 대학설립을 엄격히 규제하던 국가의 고등교육정책이 대학설립의 자율화로 방향을 바꾸면서 대학생의 수가 증가하게 된 것이다.

　결론적으로 말해 한국의 대학에서 대학생수의 증가를 바탕으로 하는 고등교육기관의 양적 팽창현상에 큰 영향을 준 원인은 국가의 교육정책으로 도출될 수 있다. 이런 맥락에서 한국 대학의 양적 변동을 결정짓는 요소는 시장이 아니라 대학에 대한 국가적 규제력이라는 주장이 도출된다. 한국 대학의 교육문제는 국가의 통제와 대학의 자율성 사이에서 긴장과 갈등이 핵심이라는 주장이 성립하는 것도 이 때문으로 보인다. 하지만 이 주장은 교육에 관한 국가의 책임문제를 사실상 은폐하고 있다는 점에서 문제가 있다. 왜냐하면 대학교육에 있어서 국공립대학의 비중이 시간이 갈수록 낮아지고 있기 때문이다. 게다가 다른 국가들에서 유례를 찾아보기 어려운 사학비중의 증가라는 현상은 대학교육의 부실화를 가져오는 근본적인 요인 중의 하나라고 볼 수 있다. 다시 말해 교육에 있어서 국가가 책임져야 할 공적 부담을 마치 민간에 떠넘기는 현실을 어떤 식으로든 정당화하기가 곤란할 뿐만 아니라, 대학교육의 시장화는 궁극적으로 대학교육의 질적 저하를 가져오는 요인이라는 점이다.

정부예산에서 교육예산의 비중을 살펴보면 대학교육의 부실화에 대한 국가의 책임문제는 더욱 분명하게 확인할 수 있다. 왜냐하면 1997년 경제위기 이후 3년간 교육부의 예산은 소비자물가지수의 상승에도

<표 3-1> 고등교육기관 통계의 변화 추이

			1970	1975	1980	1985	1990	1995	2000	2003
대학교	학교수	총계	71	72	85	100	107(15)	131(19)	161(18)	169(19)
		국립	14	14	19	21	23(1)	24(1)	24(1)	24(1)
		공립	1	1	1	1	1	2	2	2
		사립	56	57	65	78	83(14)	105(18)	135(17)	143(18)
	학생수	총계	146,414	208,986	402,979	931,884	1,040,166	1,187,735	1,665,398	1,808,539
		국립	35,393	56,270	112,502	238,343	249,026	280,183	352,733	372,605
		공립	645	560	2,184	5,035	5,722	15,758	19,345	20,565
		사립	110,376	152,156	288,293	688,506	785,418	891,794	1,293,320	1,415,369
	교원수	총계	7,799	10,080	14,458	26,047	33,340	45,087	41,943[1]	45,272
		국립	2,581	3,401	4,507	8,070	10,212	12,253	10,887	11,414
		공립	68	71	71	134	161	444	472	510
		사립	5,130	6,608	9,880	17,843	22,967	32,390	30,584	33,348
전문대학	학교수	총계	65	101	128	120	117	145	158	158(1)
		국립	9	16	20	17	16	7	7	7
		공립	17	20	16	-	-	1	9	9
		사립	39	65	92	103	101	137	142	142(1)
	학생수	총계	33,483	62,866	165,051	242,117	323,825	569,820	913,270	925,963
		국립	4,637	13,434	22,886	22,902	26,959	13,046	15,302	14,423
		공립	9,746	5,564	3,995	54	-	8,427	22,029	24,614
		사립	19,100	43,868	138,170	219,161	296,866	548,347	875,942	886,926
	교원수	총계	1,637	2,748	5,488	6,406	7,382	10,384	11,707	11,974
		국립	232	744	1,050	954	958	417	378	373
		공립	538	277	209	5	-	185	362	364
		사립	867	1,727	4,229	5,447	6,424	9,782	10,967	11,237

주: 1) 1970-1995년까지 조교가 교원수에 포함되었으나 2000년부터 포함되지 않음.
2) ( )안의 수치는 분교수이며 총계에 미포함.
자료: 교육인적자원부, 한국교육개발원(각 연도), 『교육통계연보』.

134 제1부 대학서열체제의 현황과 문제들

[그림 3-1] 연도별 대학교육 예산의 비중변화 추이

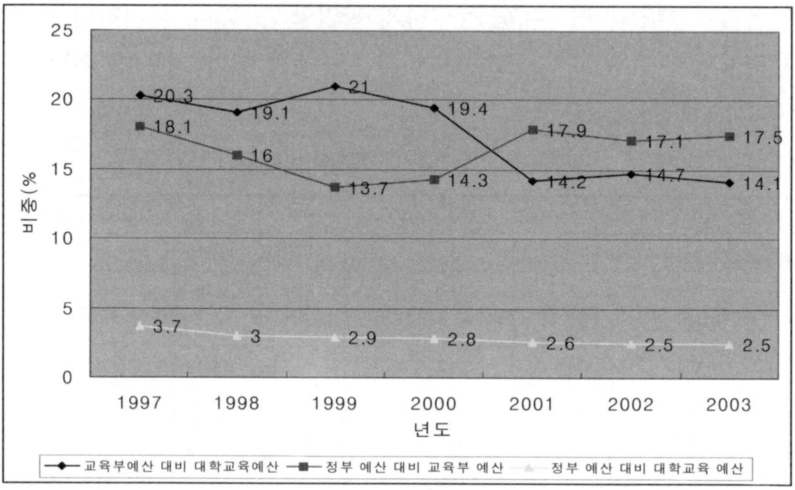

년도	1997	1998	1999	2000	2001	2002	2003
교육부예산 대비 대학교육예산	20.3	19.1	21	19.4	14.2	14.7	14.1
정부 예산 대비 교육부 예산	18.1	16	13.7	14.3	17.9	17.1	17.5
정부 예산 대비 대학교육 예산	3.7	3	2.9	2.8	2.6	2.5	2.5

불구하고 오히려 줄어들고 있기 때문이다. 당시 경제위기라는 특별한 사정을 물론 감안할 수는 있지만, 당시의 기간 동안에도 정부예산이 지속적으로 증가하고 있었던 현실을 감안하면 교육예산의 감소경향은 분명히 문제로 지적될 수 있다. 게다가 2001년 이후 교육부의 예산도 지

<표 3-2> 정부 및 교육부, 대학교육 예산 변동 추이

(단위: 억원)

	1997	1998	1999	2000	2001	2002	2003
대학교육 예산	24,457	23,021	24,048	24,547	25,327	27,569	29,226
교육부 예산	120,658	120,564	114,765	126,513	178,017	187,107	207,091
정부 예산	667,064	755,829	836,851	887,363	991,801	1,096,298	1,181,323
소비자 물가지수	90.2	97.0	97.8	100.0	104.1	106.9	110.7

자료: 교육인적자원부(특별회계 제외).

속적으로 증가하는 추세를 보이긴 하지만 정부예산에서 차지하는 비중을 보면 1997년의 수준에도 여전히 미치지 못하고 있음을 알 수 있다([그림 3-1] 참고).

그러나 여기서 더욱 문제가 되는 것은 교육부 예산에서 대학교육예산이 차지하는 비중은 더욱 저하되고 있다는 점이다. 'BK21'사업이 시행되던 1998년에서 2000년의 기간을 제외하고는 대학에 대한 정부의 재정지원은 축소하고 있는데, 이것을 교육부 예산 대비 대학교육예산으로 환산할 경우 약 6% 가량이 감소하고 있는 것으로 나타난다. 또한 교육예산 절대액이 대폭 증가하는 추세에도 불구하고 대학교육예산은 미세한 증가에 그치고 있어서 사실상 정체되어 있는 것으로 볼 수 있다. 이것은 정부예산에서 대학교육 예산비중이 오히려 감소하는 경향에서 쉽게 확인할 수 있다.

결론적으로 말해 대학교육의 경쟁력 강화라는 거창한 목표를 정부는 내세우고는 있지만, 실제에 있어서 정부의 재정적 지원과 투자가 거의 확대되지 않고 있다는 점이다. 이런 모순적인 현실을 타파하기 위해 교육부가 행사하는 대학에 대한 각종 규제절차나 규정을 대학에 위임하라는 요구가 시민사회 내부에서 나오고 있다. 하지만 이 주장 역시 대학교육이 지닌 공적인 성격을 지나치게 무시하고 있다는 점에서 문제가 있다. 현재와 같이 대학교육재정이 지속적으로 감소하는 상황에서 대학교육의 경쟁력 강화라는 구호는 공염불에 그칠 가능성이 농후할 뿐만 아니라 실제에 있어서도 그러한 것으로 나타나고 있다.[2]

---

[2] 스위스 국제경영개발원(IMD)이 2004년 조사한 세계 60개 국가(지역) 대상 세계경쟁력평가 결과 교육분야 경쟁력은 세계 44위에 그치고 있고, 대학교육 경쟁력은 최하위 수준인 59위라는 사실이 언론을 통해 알려지면서 사회적 충격을 주었다. IMD 조사결과에서 문제가 된 부분은 13개 평가항목에 걸쳐 실시된 교육관련부문의 인프라 투자지수이다. IMD 조사결과에 따르면 △'대학 이상을 졸업한 학력수준'이 조사 대상국 가운데 5위에 위치해 최우수 급에 해당하는 데도 불구하고 기업 입장의 평가인 △'대학교육의 유용성'이 최하위 등급인 59위로 나타났으며, △'대학과 기업 간 고등교육지식 전달체계'

2) 대학교육의 내용

대학재정의 감소는 대학자체에 교육할 수 있는 인적자원의 부재현상으로 이어질 수밖에 없을 것이다. 이것은 대학교육에서 외래강사의 담당비율이 1998년부터 지속적으로 증가하고 있다는 사실로서 확인된다. 게다가 4년제 일반대학교에서 외래강사 의존비율은 1998년의 경우 국립 25.53%, 사립 35.88%이었던 것이 2002년에 들어 국립 37.01%, 사립 37.85%로 거의 차이를 보이지 않을 만큼 증가추세에 있다. 물론 대학설립형태에 따라 전공과목과 교양과목에 대한 외래강사 의존도는 현격한 차이가 존재하고는 있지만, 전체적으로 보면 시간이 갈수록 대학설립형태에 따른 차이가 사라지고 있음을 보여주고 있다. 한국의 대학교육이 사학화되어간다는 비판이 나오는 것도 무리가 아닌 것이다.

그러나 한국의 대학교육에서 학생들에게 제공되는 교육서비스라는 측면에서 보면 대학설립형태는 여전히 문제가 된다. 왜냐하면 2003년 기준 교수 1인당 학생수는 국립이 32.64명이고, 사립은 42.44명이기 때문이다(<표 3-1> 참고). 결론적으로 말해 교수 1인당 학생수가 평균 약 10명이나 많은 사학의 경우 수강학생의 입장을 고려하지 않은 채 진행되는 초대형 강의가 사실상 존재할 수 있는 개연성이 매우 높으며, 이것은 대학교육의 경쟁력 약화를 가져오는 주요 요인으로 볼 수 있다.[3]

역시 최하위인 59위로 나타났다. IMD 조사는 또 기업인들의 의식을 들어 △'자격이 있는 엔지니어를 국내시장에서 찾기 어렵다'는 항목에 대해 조사 대상국 중 52위라는 평가를 내렸으며, 복잡한 경제활동에 대응하는 △'재무관련 교육경쟁력'도 51위로 매우 낮게 평가했다. 결과적으로 IMD는 한국의 △'교육시스템'은 52위에 오를 만큼 경쟁력 확보에 도움이 되지 않는다고 평가했는데, 이런 평가의 가장 근본적인 이유로 '교육재정'이 GDP 대비 3.6%로 세계 평균 5.1%에 크게 미치지 못하는 사실을 들었다.

3) 물론 4년제 대학의 경우 교수 1인당 학생수에 비해 교수 1인당 재학생수는 현저하게 낮다. 전국 평균은 27.79명이지만 수도권 대학과 지방대학을 구분하면 28.09명과 27.59명으로 나타나고 있다(이두휴, 2004: 20). 하지만 여기서 흥미로운 사실은 지방대학에 비해 사립대학이 더욱 집중되어 있는 수도권

<표 3-3> 연도별 대학교 교과과목의 외래강사 담당비율 추이

(단위: %)

연도	교양과목			전공과목			전체과목		
	국립	사립	소계	국립	사립	소계	국립	사립	합계
1998	57.56	55.32	56.02	17.11	28.30	23.79	25.53	35.88	31.95
1999	62.19	55.71	57.47	25.10	30.22	28.46	33.14	37.37	36.00
2000	40.15	56.99	52.04	27.22	30.83	29.97	31.62	38.47	36.73
2001	51.94	54.70	53.84	31.35	33.92	33.13	37.40	40.04	39.22
2002	69.32	52.52	55.51	28.74	31.94	31.13	37.01	37.85	37.66

주: 1) 교양과목 외래강사 담당비율=(외래강사 담당 교양시간수/교양과정 총 강의시간수)×100
2) 전공과목 외래강사 담당비율=(외래강사 담당 전공시간수/전공과정 총 강의시간수)×100
3) 전체과목 외래강사 담당비율=(외래강사 담당 전체시간수/총 강의시간수)×100
자료: 한국대학교육협의회(2003), 『2002 대학교육 발전지표』.

대학교육의 질을 평가할 수 있는 또 다른 지표는 전임교원 1인당 시간강사의 수이다. 1995년까지 전임교원의 수에 조교까지 포함되어 있었던 사정을 고려하면 2000년 이후 전임교원 1인당 시간강사수가 현실을 정확하게 반영하고 있다고 할 수 있다. 2003년 기준 4년제 일반대학의 경우 전임교원 1인당 시간강사의 수가 1.22명에 달하고 있으며, 전문대학은 1.81명인 것으로 나타나고 있다. 전문대학이 일반대학에 비해 불안정한 강의요원에 대한 의존비율이 높고 상대적으로 낮은 교육력을 가지고 있다는 사실은 시간강사의존율로 충분히 확인된다. 하지만 전임교원 1인당 시간강사의 비율이 지역적으로 상당한 편차를 보인다는 사실을 간과해서는 곤란하다. 2002년 기준으로 서울지역 대학의 경우 전임교원 1인당 1.3명, 경기도 소재 대학은 1.2명, 영남지역 대학은 1.0명, 호남지역 0.9명, 강원도지역 대학은 0.7명으로 나타나고 있다(이

대학의 경우 재학생수가 많다는 점이다. 즉, 지방대학의 교육서비스가 수도권 대학에 비해 낮다는 결론이 도출될 수 있는 것이다.

두휴, 2004: 20). 서울이나 경기도에 소재한 대학에 비해 지방대학이 시간강사 강의의존율이 상대적으로 낮다는 사실은 지방대학이 수도권 대학에 비해 교육서비스가 상대적으로 양호하다는 사실을 역설적으로 보여주는 대목이다.

[그림 3-2] 연도별 전임교원 1인당 시간강사수의 변동 추이

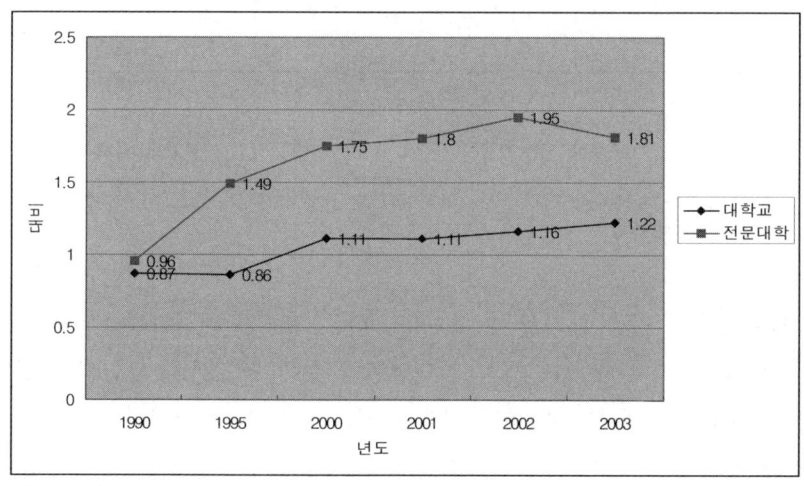

자료: 교육인적자원부, 한국교육개발원(각 연도), 『교육통계연보』.

교육력이란 측면에서 수도권이나 서울 소재 대학에 비해 지방대학의 사정이 나음에도 불구하고, 대학본연의 기능 중에서 하나인 연구부분에서 지방대학은 상대적으로 불리한 위치에 놓여 있는 것으로 나타나고 있다. 바로 서울 소재 대학들이 연구비를 독점하는 현상이 나타나고 있기 때문이다.

2003년 기준으로 정부 및 민간기관 등에서 지원한 대학 학술연구비 가운데 서울대가 10분의 1 이상을 차지하고 있는 것으로 나타났다. 연구비 집중현상이 나타나면서 이른바 서울대 독식현상이 가속화되고 있는 셈이다. 서울대는 전체 연구비 2조 32억 9,900만원 가운데 11.6%인

2,322억 4,700만원을 지원받았으며, 그 뒤를 이어 연세대 1,317억 3,300만원, 한국과학기술원(KAIST) 1,151억 100만원, 성균관대 783억 700만원, 고려대 770억 6,300만원 등의 순서로 집계됐다. 이들 상위 5개 대학이 수주한 연구비는 전체 연구비의 31.7%를 차지하고 있다. 이 가운데 서울대의 연구비 지원은 2001년에 비해 무려 1,058억 2,600만원이 증가했으며, 비율로는 2001년 8.6%에서 2003년 11.6%로 증가하고 있다. 게다가 서울대는 연구비의 대부분인 2,224억 원을 외부기관에서 지원받고 있다는 사실을 감안하면 연구비의 특정 대학 편중현상은 사실로 드러난다. 또한 교수 1인당 외부연구비는 포항공대, KAIST, 서울대의 순서를 보이는데, 이것은 소위 일류명문대의 연구비 집중현상을 단적으로 보여주고 있다.

다음으로 특징적인 점은 상위권 대학으로 연구비가 집중되는 가운데 수도권 대학과 지방대학 사이에도 불균형현상이 발견된다는 점이다.

<표 3-4> 2003년 대학별 연구비 총액 순위

(단위: 천원)

순위	학교	교내연구비 지원실적 (A)	외부연구비 수주실적 (B)	총연구비 (C=A+B)	전임 교원수 (D)	1인당 교내연구비 (A/D)	1인당 외부연구비 (B/D)	1인당 연구비 (C/D)
1	서울대	9,816,379	222,430,949	232,247,328	1,630	6,022	136,461	142,483
2	연세대	13,539,728	118,193,541	131,733,269	1,419	9,542	83,294	92,835
3	KAIST	523,000	114,578,367	115,101,367	393	1,331	291,548	292,879
4	성균관대	10,061,108	68,256,147	78,317,255	978	10,287	69,792	80,079
5	고려대	11,770,194	65,293,592	77,063,786	1,045	11,263	62,482	73,745
6	한양대	5,141,828	64,733,347	69,875,175	1,011	5,086	64,029	69,115
7	포항공대	1,499,995	67,237,960	68,737,955	212	7,075	317,160	324,236
8	경북대	1,690,400	56,520,276	58,210,676	838	2,017	67,447	69,464
9	인하대	2,853,748	41,581,656	44,435,404	641	4,452	64,870	69,322
10	충남대	2,565,660	39,107,218	41,672,878	779	3,294	50,202	53,495

자료: 교육인적자원부(2003).

즉, 전체 연구비 중에서 수도권 대학에 1조 488억 원(52%)이, 지방대학에 9,544억원(48%)이 지원되어 수도권과 지방대학이 연구비를 약 절반 정도씩 나누고 있는 것으로 보이지만, 수도권 대학의 수가 71개교이고 지방대학의 수는 133개교라는 사실을 감안하면 연구비가 수도권 대학에 약 2배 정도 편중되고 있음을 알 수 있다. 이것을 교수 1인당 평균 연구비로 산정해보면 수도권 대학 교수(4,900만원)가 지방대 교수(3,300만원)보다 1,600만원을 더 받고 있는 것으로 나타났다.

수도권 대학의 교육서비스가 지방대학에 비해 상대적으로 열악함에도 불구하고 연구기능이 수도권 대학에 집중되는 현상을 두고 지역발전 불균형에 따른 부산물이라는 주장이 나오게 된다. 즉, 한국사회에서 지역간의 불균등발전이 대학서열화의 주요 요인이라는 주장은 분명히 사회적 설득력을 가지고 있다. 왜냐하면 경제적 기능이 수도권지역에 편중되면서 노동시장으로의 흡인 역시 지역별 격차가 존재하는 것이 현실이고, 지방대학 재학생들의 경우 취업에 대한 심리적 압박을 더욱 받고 있기 때문일 것이다.[4]

그러나 이런 현실을 수도권 편중에 따른 부작용으로만 해석하는 것

---

[4] 대학생들이 취업을 위해 과외를 받는 사태에 이르렀다는 조사결과가 발표되어 사회적인 이목을 끈바 있다. 온라인 취업정보 기업인 잡코리아가 2004년 3월 17일부터 약 한 달여 간 전국 4년제 대학에 재학중인 대학생 2, 3, 4학년 학생 1,200여 명을 대상으로 실시한 '대학생 취업 사교육 현황과 비용' 조사결과(95% 신뢰수준, 표본오차 ±2.9%)가 바로 그것인데, 대학생들은 취업을 위해 연평균 164만원에 이르는 사교육비를 지출하고 있는 것으로 밝혀졌다. 대학 학년별로 보면 △4학년 201만원(전년도 235만원, 15% 감소) △3학년 167만원(전년도 113만원, 48% 증가) △2학년 129만원(전년도 99만원, 30% 증가)으로 나타나고 있는데, 대학 저학년들의 사교육비 부담 증가가 눈길을 끌고 있다. 또한 지방 소재 대학의 전공분야가 인문사회계열, 어문계열 학생들일수록 취업과외비중이 각각 73.3%, 68.4%로 나타나고 있어 눈길을 끈다. 이것은 수도권 대학보다는 지방대학 학생들이 그리고 공학이나 이학계열, 상경계열 등의 계열보다는 인문사회나 어문계열의 재학생들이 취업난으로 인한 불안감과 긴장감에 더 시달리고 있기 때문이라고 볼 수 있다(≪대학신문≫, 2004년 5월 14일자).

은 분명 문제가 있다. 다시 말해 한국사회 발전에 내재한 불균형발전이 대학의 서열화 및 황폐화라는 현상을 가져온 직접적인 원인이라는 주장이 일면 타당성을 가지는 듯이 보이기는 하지만, 지역간 불균형발전과 대학서열화를 매개하고 있는 요인이나 변수에 대한 고려가 생략되어 있다는 점이 문제로 된다. 지역불균형발전이 가져온 부정적 영향으로 공공기관을 비롯한 각종 민간부문의 수도권 편중현상으로서 이해하는 것은 가능할 수 있지만, 대학서열화를 직접 연관시키기에는 오히려 무리가 발생할 가능성이 많다. 왜냐하면 지방 소재의 교육기관 중에 세칭 일류 명문대라는 평판을 누리는 소수의 대학들도 존재할 뿐만 아니라, 해당 지역 출신이 진입하는 데 용이한 특정 대학들이 왜 서열화기제로 인해 어떤 이익을 누리는지에 대한 분석이 빠져있기 때문이다. 즉, 현재 존재하는 대학서열화 구조를 이미 주어진 구조로서 인정하고 있다는 점에서 논리적인 문제가 있다. 바로 이런 문제를 해소하기 위해 대학서열화라는 현상을 구조화하는 매개요인에 대한 분석이 필요하다.

4. 대학서열화의 구조적 요인 분석

1) 학벌주의

다른 국가들에서 찾아보기 어렵지만 한국사회에서 쉽게 발견할 수 있는 독특한 현상으로서 이상스러울 정도로 높은 '교육열'을 흔히 들곤 한다. 그러나 한국사회의 교육열이란 사회 전반에 걸쳐 나타나는 정상수준을 넘어선 교육욕구가 학력 및 학벌 쟁취현상으로 왜곡되면서 더욱 기승을 부리는 현상을 의미할 것이다(오욱환, 2002).[5] 한국사회에서

---

5) 이런 맥락에서 오욱환은 한국사회가 지닌 이상현상 중의 하나인 '교육열' 개념을 다음과 같이 정리한다. 그는 '교육열'이라는 개념을 ① 고유의 용어로

이상 과열된 교육열의 이면에는 학벌주의라는 이데올로기가 놓여져 있다는 사실은 대학서열화의 원인 분석에 단초를 제공해주고 있다. 즉, 대학서열화를 정부의 고등교육정책의 실패나 지역불균등발전의 결과로서 해석하기보다 한국인의 관념 속에서 이미 굳건히 자리잡고 있는 학벌주의를 매개로 해 현상화한 양태라고 볼 수 있다.

대학서열화라는 현상의 이면에 학벌주의가 놓여 있다는 사실은 현재 대학을 다니는 학생들의 의식에서부터 잠재하고 있다는 점이다. 이 사실은 경상대 사회과학연구원이 조사한 대학서열 관련 조사결과를 통해 확인할 수 있다.[6]

먼저 학벌주의로 인해 사회적 차별이 존재하느냐 하는 점이다. 대학생들은 명문대의 판단기준으로 교수진의 학습능력과 학교 규모와 시설을 우선으로 꼽고 있고 입학성적에 대하여는 낮은 긍정을 하고 있다. 하지만 정작 대학입시에서 대학이 지닌 사회적 평판에 따라 진학대학이 결정된다고 보는 경향이 매우 강하다. 즉, 명문대를 가름할 수 있는 판단기준에 따라 진학대학을 결정하는 것이 아니라 학벌주의에 따른 사회적 평판이 대학선택에 결정적으로 영향을 미치고 있다는 점이다.[7] 대학

서 기존의 용어들로는 대체가 불가능하고, ② 학력과 학벌을 높이는 데 집중되므로 학교교육열에 가까우며, ③ 정상을 벗어난 상태를 나타내는 부정적 개념이고, ④ 한국사회의 교육현실을 분석하기 위해 만든 개념이며, ⑤ 한국인의 심리적 속성보다 사회적 풍토에 더욱 비중을 둔다고 본다(오욱환, 2002: 18).

6) 경상대 사회과학연구원은 대학서열화와 관련해 2004년 4월 26일부터 4월 3일까지 인터넷을 통해 온라인 조사를 실시했다. 조사결과 일반인 3,266명(응답률 35.2%), 대학생 1,603명(응답률 17.4%), 대학교수 197명(응답률 5.3%), 중고교 교사 705명(응답률 5.7%)이 응답했다. 여기서 대학생의 속성을 간략히 소개하면 남성과 여성의 비중은 각각 62.6%와 37.4%, 20대와 30대의 비중은 90.5%와 9.4%이다. 응답자의 지역별 분포는 서울 25.8%, 수도권 12.5%, 지방광역시 30.1%, 지방 중소도시 27.9%, 지방 읍면지역 3.7%를 보여 대학의 분포와 그리 큰 차이를 보이지 않았다. 본문에서 언급되는 통계자료들은 경상대 사회과학연구원의 조사결과임을 미리 밝힌다.

7) 서울대 대학신문이 재학생 1,102명을 대상으로 2004년 9월에 실시해 11월에 발표한 '서울대생이 본 서울대와 한국사회' 설문조사 결과에 따르면 학생들

<표 3-5> 대학수준 및 소재지별 수업충실도 평가

		매우 충실	비교적 충실	그저 그렇다	비교적 부실	매우 부실	합계 (빈도)
대학 수준	최상위권	12.0	64.8	14.8	7.7	0.7	142
	중상위권	8.2	50.6	28.1	10.5	2.5	474
	중위권	6.4	49.5	31.4	10.3	2.4	660
	중하위권	7.5	35.9	36.3	14.2	6.1	295
	최하위권	6.3	40.6	18.8	3.1	31.3	32
	소계 (빈도)	7.6 (122)	48.5 (778)	29.6 (474)	10.7 (172)	3.6 (57)	100.0 (1,603)
대학 소재지	서울	9.2	49.9	28.0	10.9	2.0	403
	수도권	7.1	57.6	25.7	6.2	3.3	210
	지방광역시	7.8	45.9	30.7	10.5	5.1	475
	지방 중소도시	7.2	45.0	32.1	12.7	3.1	458
	지방 읍면지역	3.3	55.0	23.3	13.3	5.0	60
	소계 (빈도)	7.7 (124)	48.5 (779)	29.5 (474)	10.8 (173)	3.5 (56)	100.0 (1,606)

자료: 경상대 사회과학연구원(2004).

생들의 이런 응답은 명문대와 비명문대를 가름하는 구분이 대학이 지닌 능력이 아니라 사회적 평판이라는 사실을 인정하고 있는 셈이다. 다시

은 '서울대 졸업이 다른 유명 사립대 졸업에 비해 어느 정도 유리하다고 생각하는가'라는 질문에서 심리적 만족(3.92점), 사회지도층이 될 가능성(3.91점), 경제적 소득(3.68점) 등의 순서에 앞서 '사회적 위신 향상'에 가장 높은 점수인 4.07점을 준 것으로 나타났다. 서울대 학생들은 서울대 졸업의 장점으로 '사회적 위신 향상'을 가장 중요하게 생각한다고 보인다(국민일보 11월 8일자 참고). 서울대 자체의 조사결과와 비교해 경상대 사회과학연구원의 조사결과도 거의 유사하게 나타나고 있다. 대학생들은 명문대의 기준으로 5점 척도의 응답에서 매우 중요하다고 든 것이 교수진의 능력으로 4.15점, 학교의 규모와 시설은 3.89점(참고로 보면 일반인의 경우도 유사한데 각각 4.13점과 3.90점)으로 높이 평가하면서도, 대학입시에서 사회적 평판에 대한 고려에 대하여는 그렇다 52.4%, 매우 그렇다 29.7%(일반인의 경우 각각 52.3%, 27.4%)로 답변하고 있어서 명문대에 대한 판단기준과 선택기준은 서로 다른 것으로 나타나고 있다. 이런 모순적 사고의 바탕에 학벌주의가 놓여 있다고 본다.

말해 대학생들은 사회적 평판으로 구성되는 명문대 졸업생은 비명문대 졸업생에 비해 업무능력, 외국어구사능력, 원활한 인간관계 추구와 같은 개인적 능력이 탁월하지도 않지만 취직이나 승진에 유리하다고 평가를 하고 있다. 대학생들은 5점 척도로 구성된 질문에 대해 명문대 졸업생이 취직과 승진에 매우 유리하다는 평가인 4.40과 4.25의 점수를 주고 있는데, 이런 대학생의 평가가 일반인의 평가(각각 4.47과 4.33)와 사실상 차이가 존재하지 않고 있다는 점에서 대학생들만의 주관적 평가가 아니라 사회적으로 통용되는 공통적인 인식으로 보인다.[8]

대학의 교육능력에 따라 대학의 수준이 나누어지는 것이 아니라 입학당시부터 대학이 지닌 사회적 평판에 따라 대학의 위계가 이미 결정되는 것이 현실이다. 그리고 이런 위계적 서열에 따라 학생들의 대학교육에 대한 의지와 태도도 달라지고 있어서 대학서열화 구조가 학생 개인들의 능력과 수준을 반영한다고 보이기도 한다. 즉, <표 3-5>를 보면 상위권 대학에 재학 중인 학생일수록 수업충실도에 대한 긍정적인 답변 가능성이 많지만, 하위권 대학으로 갈수록 수업충실도에 대한 부정적인 응답경향성이 높아지고 있기 때문이다. 대학서열화에서 하위권으로 취급받을수록 학생들의 교육의지가 낮아지고 있다는 사실은 현재의 대학서열화 구조가 학생들의 인식능력과 수준의 차이를 반영하고 있는 것으로 볼 수도 있다.

이런 지표를 역으로 해석하면 현재의 대학서열화 구조는 인위적 서열화라기보다 자본주의적 사회발전에서 파생되는 자연적 서열화를 의미한다는 논리가 성립할 가능성도 있다. 하지만 대학 소재지별로 학생들의 수업충실도는 사실상 큰 차이를 발견하기가 어렵다는 사실은 시

---

8) 대학생이나 일반인에게서 전혀 차이를 찾기 어려운 공통적인 인식은 지방대학과 서울 소재 대학의 차별문제이다. 즉, 대학생과 일반인들은 지방대학 졸업생들의 경우 비명문대 졸업생들처럼 취업이나 승진에 불리하다고 공통적으로 응답하고 있다.

사하는 바가 매우 크다. 조사결과 대학 소재지별로 학생들의 수업충실도에 대한 평가에서 거의 차이가 없다는 사실은 지방대학의 교육여건과 교육력이 오히려 상대적으로 양호하다는 사실을 반증한다. 왜냐하면 지방대학 학생들의 경우 대학입학 당시 이미 상대적으로 낮은 수능 점수를 받았을 가능성이 많긴 하지만 입학 이후 서울 소재 대학에 재학중인 대학생들만큼 강의에 열중하고 있기 때문이다. 다시 말해 지방대학이나 비명문대에 재학하는 학생들은 개인적인 학습능력이 부족해 수업충실도가 낮아질 것이라는 식의 주장은 사회적인 선입견에 불과하다고 할 수 있다.

대학재학 중인 학생들이 개인적으로는 수업에 충실하게 임하는데도 불구하고 자신들의 능력을 발휘하는 데 어려움을 느끼는 경우가 발생할 수 있다. 바로 학벌주의로 인해 자신들의 능력을 제대로 발휘하지도 못하는 상황에 대한 좌절감과 열등감이 작용할 수 있기 때문이다. 입학당시의 성적과 특정 대학으로의 진학만으로 개인적 능력이 사실상 평가되는 학벌주의의 기제는 소수의 사람들에게 마치 기득권처럼 작용하고 있는 가운데, 나머지 다수에게는 심리적 부담감으로 작용할 수 있다. 또한 마치 개인의 부족함으로 인해 발생한 문제를 사회구조의 책임으로 떠넘길 수 없지 않느냐는 논법처럼 전개되는 학벌주의는 개인들에게 넘기 어려운 장벽처럼 여겨지는 것이 현실이다. 하지만 학벌주의는 개인들의 적극성과 학습의지를 가로막는 효과를 가질 수밖에 없다는 점에서 근본적으로 문제가 있다. 그리고 이런 양태는 대학수준에 따라 극단적인 양태로 나타나고 있다. <표 3-6>을 보면 상위권 대학에 다닐수록 열등감이나 좌절감을 느낄 가능성이 낮은 반면, 하위권 대학으로 갈수록 좌절과 무기력이 지배하는 분위기를 만들어내고 있는 것이 현실로 보인다. 게다가 미래가 전혀 결정되지 않는 대학생 층에서 발견되는 좌절감과 무기력감은 서울지역과 비교해 수도권과 지방 중소도시 및 읍면지역의 대학생들에게서 두드러지게 나타나고 있다.

<표 3-6> 대학수준별 및 소재지별 학생의 열등감과 좌절감에 대한 주관적 평가

		자주 느낌	때때로 느낌	별로 느끼지 못함	전혀 느끼지 못함	합계 (빈도)
대학 수준	최상위권	1.4	21.1	35.2	42.3	142
	중상위권	4.9	51.0	39.3	4.9	473
	중위권	8.5	60.5	26.9	4.1	661
	중하위권	19.9	63.5	13.5	3.0	296
	최하위권	48.4	38.7	12.9	-	31
	소계 (빈도)	9.7 (155)	54.3 (871)	28.6 (458)	7.4 (119)	100.0 (1,603)
대학 소재지	서울	8.4	44.4	32.5	14.6	403
	수도권	12.9	49.3	33.5	4.3	209
	지방광역시	5.9	59.9	29.0	5.3	476
	지방 중소도시	12.5	58.2	23.9	5.5	457
	지방 읍면지역	16.4	62.3	18.0	3.3	61
	소계 (빈도)	9.7 (156)	54.2 (871)	28.6 (459)	7.5 (120)	100.0 (1,606)

자료: 경상대 사회과학연구원(2004).

대학이 위치하고 있는 지역적 환경에 따라 학생들에게서 학력차이가 나타나는 현상은 물론 자연스러운 것으로 보인다. 하지만 지역이 대학서열화를 구성하는 조건으로 될 경우 대학서열화에서 대학교육의 의미성은 반감될 수밖에 없다. 즉, 대학서열화가 대학교육과 관련된 것이 아니라 오히려 다른 요인과 관련되었을 가능성마저 발생하기 때문이다. 지역적 차이가 개인적 능력이라고 일컬어지는 학력차이를 반영하고 있다는 주장이 바로 그것이다. 그러나 이 주장은 현실적으로 존재하는 대학서열화를 자연적 서열로 전제하고 있다는 점에서 문제가 있다. 왜냐하면 한국사회에 뿌리 깊게 자리잡고 있는 대학서열화는 대학교육으로 발생하는 것이 아니라 대학입학 당시에 사실상 결정되어 있으며 대학이 위치한 지역에 따라 서열의 이동가능성도 제한되기 때문에 문제가 있다. 고등교육기관의 역할을 맡고 있는 대학에서 미래의 지배권력을 양성하면서 고급노동력을 재생산한다기보다 소수의 특정 대학출신자들이 권력을 독점하는 현상이 발생하는 것도 이 때문이다. 이런 권력독점현상을 정당화하는 관념이 학벌주의일 것이다. 출발 선상에서부터 아웃사이더의 지위만 부여받은 다수는 배제되면서 소수의 기득권층이 지배권력을 공유하는 현상을 학벌주의가 정당화하고 있는 것이다. 그러나 이런 학벌주의는 개인능력 우선이라는 자본주의적 사회발전의 원칙을 위배하고 있을 뿐만 아니라 다수의 피지배층에게 오히려 정서적 욕구불만을 강화하고 있다. 이런 맥락에서 현재 사회문제의 하나로 나타나는 대학서열화는 학벌주의적 지배권력에 의한 결과물로서 볼 수 있다. 즉, 자본주의 사회의 발전에서 나타나는 계급고착화 과정은 대학서열화구조가 성립할 수 있도록 하는 요인이라고 할 수 있을 것이다.

2) 계급고착화

계급고착화라는 개념은 사회발전에서 계급 구성원의 사회적 이동가능성이 제한되고 계급간의 변동이 일어나지 않을 때 적용된다. 또한 개인들에게 신분상승의 수단으로서 발현되는 교육이 더 이상 계급적 이동가능성을 보장하지 못할 만큼 교육이 지닌 기회균등의 성격이 더 이상 발현되지 못할 때 계급고착화라는 용어는 사용할 수가 있다. 자본주의적 사회발전은 항상 계급적 안정성을 강화하는 방향으로 전개된다는 점에서 보더라도 계급고착화 현상은 물론 특정 사회에 한정되는 것이 아니다. 그리고 어떤 사회에서도 지배계급은 자신들이 누리는 기득권을 유지하기 위해 지배와 피지배의 사회적 관계를 공고화하려고 시도하는데, 이것은 '사회적 폐쇄'의 장치라고 일컬어지는 진입장벽의 설치에서 그대로 드러난다. 그리고 자본주의 사회발전에서 나타나는 진입장벽은 법·제도적 제한뿐만 아니라 개인수준에서 가치관의 내면화로까지 진행된다는 점에서 이데올로기적인 성격을 가지고 있다. 즉, 계급고착화 현상을 자본주의 사회발전과정에서 발생하는 자연스러운 현상으로 이해하는 것 자체가 바로 이데올로기적이라는 점이다.

이런 맥락에서 보면 현재 한국사회에서 나타나고 있는 대학서열화 현상은 개인적인 가치관으로 내면화하고 있을 만큼 심각한 실정이라고 할 수 있다. 즉, 대학서열화에 대해서 대중적인 인식공유뿐만 아니라 실체에 대한 욕구불만 역시 존재하고 있는 데도 불구하고, 이에 대해 문제제기를 하는 것은 불필요하고 어리석은 행동으로까지 여기는 사회적인 분위기가 이를 단적으로 보여주고 있다. 대학서열화라는 진입장벽은 자본주의적 사회발전에서 불가피하다는 숙명론적인 인식이 바로 그것이다. 하지만 대학서열화는 이런 운명론적인 결정과는 전혀 다른 계급고착화의 또 다른 표현물이라는 점에서 보아야 한다. 왜냐하면 대학서열화에서 계급고착화의 징표는 쉽게 발견되기 때문이다.

가족의 사회적 위치에 따라 진학하는 대학의 수준은 확연히 구분이 되고 있다. 먼저 <표 3-7>을 보면 자신이 최상층이나 중상층에 소속되었다고 느낄수록 최상위권이나 중상위권 대학에 진학하는 경향성이 뚜렷이 나타나고 있다. 이와 반대로 학생 스스로 중하층이나 최하위층에 속한다고 평가할 경우 재학 중인 대학에 대한 평가에서도 중하위권이나 최하위권일 가능성이 상대적으로 높아지고 있다. 이런 통계적 결과는 대학서열화가 계급적 요소에 영향을 받고 있다는 사실을 보여준다. 즉, 가족의 소득이나 재산이 대학진학에 영향을 준다는 사실은 과외비용의 지출여부와 관련된다. 게다가 기회균등이 아니라 '부의 세습화'에 교육이 수단으로서 작용하고 있다는 사실은 대학서열화가 사회발전의 결코 우연적 산물이 아니라는 사실도 알 수 있다.

그리고 <표 3-7>에서 우리는 보호자의 학력이 높을수록 자녀의 대학수준도 상승하고 있으며, 역으로 보호자의 학력이 낮을수록 자녀의 대학수준도 떨어지는 경향성을 쉽게 확인할 수 있다. 물론 부모의 학력이 대졸과 대학원수료일 경우 별 차이도 보이지 않고 최상위권이나 중

<표 3-7> 계층별, 보호자 학력 및 직업별 자녀의 대학수준

		최상위권	중상위권	중위권	중하위권	최하위권	합계 (빈도)
가족 사회 위치	최상층	57.1	-	42.9	-	-	7
	중상층	16.9	41.6	32.0	8.4	1.1	178
	중간층	7.5	32.7	45.1	13.9	0.8	743
	중하층	8.0	22.8	40.7	26.1	2.4	589
	최하층	5.8	25.6	30.2	26.7	11.6	86
	소계 (빈도)	8.9 (142)	29.5 (473)	41.2 (661)	18.4 (295)	2.0 (32)	100.0 (1,603)
보호자 학력	초등졸/중퇴	8.0	30.3	36.8	22.9	2.0	201
	중졸/중퇴	6.3	26.8	45.6	19.5	1.7	287
	고졸/중퇴	6.8	28.4	43.3	19.6	1.8	672
	초급대학졸/중퇴	7.3	23.6	41.8	23.6	3.6	55
	4년제대학졸/중퇴	15.1	35.3	36.3	11.9	1.4	278
	대학원 이상	14.3	30.4	36.6	14.3	4.5	112
	소계 (빈도)	8.8 (142)	29.5 (474)	41.2 (661)	18.4 (296)	2.0 (32)	100.0 (1,605)
보호자 직업	관리직	12.8	26.7	38.8	18.2	3.5	258
	전문직	13.9	29.2	43.1	11.1	2.8	72
	준전문직	5.0	36.6	38.6	16.8	3.0	101
	사무직	6.3	35.4	35.4	22.8	-	79
	서비스직	11.9	31.0	40.5	15.9	0.8	126
	판매직	7.3	32.6	41.0	16.9	2.2	178
	농/어/축산/임업	4.7	21.5	47.7	24.8	1.3	149
	기능종사자/운전원	7.6	28.0	47.0	15.6	1.7	353
	단순노무직	6.8	31.1	34.1	25.8	2.3	132
	학생	11.1	33.3	44.4	11.1	-	9
	주부	8.8	28.1	40.4	22.8	-	57
	실업자/퇴직자	14.4	32.2	33.3	18.9	1.1	90
	소계 (빈도)	8.9 (143)	29.4 (472)	41.2 (661)	18.5 (297)	1.9 (31)	100.0 (1,604)

자료: 경상대 사회과학연구원(2004).

상위권 대학 및 최하위권의 대학에 진학할 개연성의 경우 역전되는 현상이 나타나기도 하지만, 이 차이에 대해 그리 큰 의미를 부여하기가 어려워 보인다. 왜냐하면 일반적으로 부모의 교육수준이 높을수록 자녀교육에 대한 관심도 높아지는 현실은 부모와 자식이 같이 대화할 수 있는 여유시간을 가질 가능성이 반영하고 있기 때문이다. 즉, 부모의 교육수준이 높을수록 자녀부양을 위해 물적, 인적 자원이나 여유를 가질 수 있는 가능성이 많다는 사실을 반영하고 있다.

부모의 학력수준과 유사한 결과를 보이는 것이 부모의 직업별 자녀의 대학수준이다. 흔히 사회적으로 인정받는 고급직종으로 알려진 관리직과 전문직의 경우 자녀들은 최상위권과 중상위권 대학에 진학할 개연성이 상대적으로 높다. 하지만 여기서 관심을 끄는 사실은 노동자 직종으로 분류되는 1차 산업 종사자와 기능종사자 및 운전원, 단순노무직의 경우 자녀들의 대학수준이 중위권과 중하위권에 집중되고 있다는 점이다. 그리고 이들과 비교해 화이트칼라 노동자로 표현되는 사무직의 경우도 별 차이를 보이지 않고 있다. 다시 말해 노동자 계급과 자본가 계급의 자녀들에게서 대학수준의 차이가 확연하게 나타나고 있는 것으로 볼 수 있다.

결론적으로 말해 한국사회에서 사회문제로까지 여겨지는 대학서열화는 계급고착화의 과정에서 파생된 부산물적인 성격을 가지고 있다는 점이다. 또한 대학서열화가 지배권력 공고화의 수단으로서 사용될 가능성은 권력의 중앙집중화 현상의 상징인 서울집중현상과 맞물려 작동하고 있다는 점에서도 쉽게 발견된다.

학생들의 대학선택에서 지역이라는 변수는 계급적 의미를 담고 있다는 사실은 결코 새로운 발견이 아니다. 하지만 계급적 차이에 따른 대학 소재지의 차이는 개인적인 수준에서 계급적 이동가능성까지 염두에 둔 선택이라는 점에서 시사하는 바가 많다. 먼저 <표 3-8>을 보면 가족의 사회적 위치에 따라 보면 최상층의 경우 대학 소재지의 선택은

<표 3-8> 계층별, 보호자 학력 및 직업별 자녀의 대학 소재지

		서울	수도권	지방 광역시	지방 중소도시	지방 읍면지역	합계 (빈도)
가족 사회 위치	최상층	71.4	-	28.6	-	-	7
	중상층	37.6	15.7	22.5	21.9	2.2	178
	중간층	24.3	12.7	29.7	30.6	2.7	741
	중하층	21.3	13.6	31.5	28.6	5.1	588
	최하층	28.7	6.9	32.2	26.4	5.7	87
	소계 (빈도)	25.1 (402)	13.0 (208)	29.7 (475)	28.5 (457)	3.7 (59)	100.0 (1,601)
보호자 학력	초등졸/중퇴	20.5	13.5	30.5	29.0	6.5	200
	중졸/중퇴	16.8	11.2	35.7	33.6	2.8	286
	고졸/중퇴	23.7	13.0	29.7	31.1	2.5	671
	초급대학졸/중퇴	35.2	13.0	14.8	27.8	9.3	54
	4년제대학졸/중퇴	34.3	14.1	27.1	20.9	3.6	277
	대학원 이상	35.4	14.2	26.5	18.6	5.3	113
	소계 (빈도)	25.1 (402)	13.0 (208)	29.7 (475)	28.5 (457)	3.7 (59)	100.0 (1,601)
보호자 직업	관리직	26.6	18.1	23.6	27.0	4.6	259
	전문직	37.5	13.9	26.4	18.1	4.2	72
	준전문직	33.0	9.0	33.0	23.0	2.0	100
	사무직	34.2	5.1	30.4	29.1	1.3	79
	서비스직	19.0	11.1	38.1	27.0	4.8	126
	판매직	34.1	18.2	25.0	20.5	2.3	176
	농/어/축산/임업	12.7	4.0	28.7	44.7	10.0	150
	기능종사자/운전원	19.3	12.5	34.9	31.0	2.3	352
	단순노무직	21.2	17.4	31.1	26.5	3.8	132
	학생	55.6	-	11.1	33.3	-	9
	주부	28.1	15.8	17.5	35.1	3.5	57
	실업자/퇴직자	28.9	11.1	30.0	27.8	2.2	90
	소계 (빈도)	25.1 (402)	13.0 (208)	29.6 (474)	28.6 (458)	3.7 (60)	100.0 (1,602)

자료: 경상대 사회과학연구원(2004).

서울과 지방의 대도시로 국한되어 있다. 즉, 다른 계급과 달리 압도적 다수는 서울을 선택하고 있을 뿐만 아니라 약 1/3 이상이 지방광역시를 선택하고 있다는 사실은 교육비용을 감당할 수 있는 계급적 배경뿐만 아니라 서울지역 대학에 대한 선호도가 가장 높다는 사실도 반영하고 있다. 또한 중상층의 경우도 서울지역 대학 선호도가 상대적으로 높게 나타나고 있다. 이에 반해 중간층 이하부터 서울지역 대학이 아니라 지방대학에 집중되는 현상이 공통적으로 나타나고 있고 계급간의 차이도 그리 크지 않은 것으로 보인다.

부모의 학력에 따른 자녀의 대학 소재지는 최상층의 선택방식과 유사하게 서울과 지방광역시가 60% 이상을 차지하고 있다. 고졸 이하의 학력을 지닌 부모는 이와 유사한 비율로 지방광역시와 지방 중소도시에 소재한 대학에 자녀를 보내고 있는 것으로 나타나고 있다. 즉, 계급적 차이의 주요 지표인 부모의 학력이 자녀의 공간이동 가능성에도 영향을 미치고 있다고 보인다. 학력수준이 낮은 부모의 자녀들의 대다수가 선택하는 이런 지역은 부모의 경제적 능력도 고려한 결과이긴 하겠지만, 계급이동의 경로는 한번에 여러 계단을 뛰어넘는 방식보다 세대에 걸쳐 한 계단씩 나아가는 유형이 일반적이라는 사실도 암시하고 있어서 매우 이채롭다.

보호자 직업에 따른 자녀의 대학 소재지는 계급적 차이에 따른 공간 선택의 방식을 더욱 분명하게 보여준다. 전문직의 경우 자녀의 대학 소재지가 서울지역일 가능성이 가장 높은데, 이것은 교육에 의해 신분상승의 기회를 가졌을 가능성이 많은 부모일수록 서울지역 소재의 대학을 선택할 가능성이 가장 많다는 사실을 반영하고 있다. 그러나 노동자 직종인 1차산업 종사자와 기능종사자 및 운전원, 단순노무직의 경우 자녀들의 대학은 지방광역시나 지방 중소도시로 집중되어 있다. 이들의 선택은 낮은 학력을 가진 부모의 경우와 매우 유사하다는 점에서 시사하는 바가 크다. 하지만 화이트칼라 노동자들의 직업인 준전문직, 사무직, 판매직의 경우 서울지역 대학에 대한 선호도가 확실하게 높게 나타나고 있다는 점이다. 즉, 이들의 경우 대졸 이상의 학력을 가진 부모의 선택과 매우 유사하다는 점에서 자녀의 계급이동 가능성을 넓히기 위해 교육에 모든 것을 투자하다시피 하고 있다는 사실을 증명해준다.

결론적으로 말해 부모의 학력이 높은 전문직, 준전문직, 사무직, 판매직 종사자들은 자녀의 대학 소재지로 서울지역을 선호하고 있으며, 이들의 이런 결정은 최상층의 선택방식을 모방하고 있을 뿐만 아니라 교육은 신분상승의 수단이라는 경험을 체화한 세대적 경험이 작용하고 있기 때문으로 보인다.

5. 결론: 한국적 특수성으로서 대학서열화

대학서열화로 인해 대학교육이 황폐해지고 있다는 말은 이류대학이나 지방대학 종사자들의 넋두리로 흔히 비쳐지곤 한다. 이미 학업능력이 우수한 학생을 입도선매하듯이 뽑을 수 있는 대학일수록 대학서열화는 자본주의적 사회발전에서 파생된 자연스러운 결과물로 치부하는 것이 현실이다. 하지만 명문대학의 기준으로 여겨지는 교수진의 능력이나 학교의 시설이나 규모와 같은 외형적 평가기준은 입학 당시 학생들에게서 고려되지 않고 사회적 평판이 결정적인 영향을 끼치는 것이 한국 대학의 현실이다. 게다가 소수의 몇몇 대학을 제외하곤 대학들은 재정부족과 연구수준의 미약함으로 인해 대학 자체의 경쟁력을 확보하기조차 어려운 실정이다. 단기간에 걸쳐 급성장한 대학의 양적 팽창이 교육의 내실화로 이어지기보다 오히려 대학교육의 부실화로 이어져 급기야 대학무용론과 같은 사회적 허무주의가 대학사회를 짓누르고 있다.

대학에 들어오면 공부는 이제 끝이라는 대학생들의 태도는 말 그대로 매우 한국적인 양상이다. 또한 어떤 전공을 공부했느냐가 아니라 어떤 학교를 졸업했는지가 사회적 판단의 기준으로 인식되는 것도 대학교육의 한국적인 특수성이다.

마지막으로 대학교육을 두고 이렇게 많은 대학생을 배출해 도대체 어디에 사람을 고용할 것인가라는 평범한 질문을 두고 한국 학부모들의 치맛바람이 대학생의 수를 늘렸을 뿐이라는 식으로 응수하는 교육당국의 무책임과 안일함도 한국적인 특수성의 하나일 것이다. 만약 고등교육정책을 시장기제에 내맡기면서 국가의 합리적 시장개입마저 포기하는 경우가 있다면, 그 국가는 지구상에서 벌어지는 경쟁에서 도태될 것이다. 이런 단순한 상식을 이제는 현실로서 인정할 때 대학교육의 경쟁력 강화를 위한 방안찾기는 가능할 것이다.

한국의 대학서열화는 다른 국가들에서 유례를 찾아보기 어려울 만큼 극단적인 양태로 전개되고 있다. 즉, 대학서열화는 입학생 개인이 지닌 학업능력이 대학의 능력과 결합해 발현되는 자연적 서열화가 아니라 인위적으로 구성된 서열화라는 점에서 다른 국가와 분명히 구분되기 때문이다. 물론 노동시장의 접근 용이성이라는 측면에서 진행되는 서울 소재 대학과 지방대학의 서열적 차이는 입학생들의 합리적 선택을 반영하고 있다는 주장이 나올 수 있다. 그러나 대학교육의 여건에서 지역적 격차는 이미 존재하지도 않고 오히려 지방대학이 양호한 현실인데도 불구하고 서울 소재 명문대학의 졸업생들이 승진과 취업에 유리할 것이라는 대학생들의 가치판단은 대학서열화를 현실로서 인정한 결과로밖에 보이지 않는다. 즉, 기회균등의 제도로서 대학교육이 위치하기보다 기득권을 지닌 세력이 대학서열화구조를 더욱 공고하게 만들고 있다는 주장이 나올 수 있기 때문이다.

한국사회에서 대학교육은 지배계급의 안정성을 확보하기 위한 제도적 장치가 아니다. 왜냐하면 한국의 대학진학률이 다른 국가와 근본적으로 다르기 때문이다. 산업화과정에서 교육이 신분상승의 수단으로 훌륭하게 복무할 수 있다는 사실을 체득한 부모세대는 자녀세대에게 교육을 과잉공급하면서 발생하는 이상 교육열 현상은 학령인구 83%가 대학에 진학하는 사태로까지 이어지고 있다. 한국사회에서 대학교육은 이미 대중화되어 있을 뿐만 아니라 고급 노동력의 안정적 확보를 위한 제도적 확인으로서 대학 졸업장이라는 개념은 더 이상 어려운 것이 현실이다.[9] 직업안정성을 보장받기 위해 거의 모든 사회구성원들이 자발적으로 확보한 대학졸업장만으로는 개인적 능력을 평가하기가 불가능한 상황이다. 바로 이런 어려운 상황을 해결하기보다 은폐하기 위한 수단으로서 대학서열화는 등장한다. 다시 말해 개인들이 지닌 능력에 대한 평가를 객관화하기 어려운 현실을 회피하는 수단으로 대학서열화가 사회적으로 묵인되고 있다고 보일 뿐이다. 대학서열화가 대학생들을 차별화하고 분단화하는 장치로서 작용하고 있을 뿐만 아니라, 이것은 학벌주의와 계급고착화라는 본질을 은폐하는 외피로 등장하고 있다는 점에서 접근할 필요가 있다.

한국사회에서 광범위하게 인정되는 학벌주의와 연고주의는 멀리는 유교문화에서부터 가까이는 독재정권의 자의적 권력행사로부터 그 연원을 찾을 수 있다. 하지만 학벌주의라는 이데올로기는 부당한 지배권력이 자신의 정당성을 보충하기 위한 수단으로 사용하기 위해 만들어진 지극히 허위적이고 인위적인 결과물에 불과하다. 학벌주의는 근본적으로 자본주의적 사회발전이 지향하는 개인 능력의 극대화를 저지하는 결과만 가져온다는 점에서 시대발전에 전혀 부합하지 않는 전근대적이고 퇴행적인 이념일 뿐이다. 그럼에도 불구하고 대학신입생들에게서 대학의 사회적 평판은 진학대학 결정에 가장 영향을 많이 미치고 있다. 이들의 이런 결정은 철없는 젊은이들의 섣부른 결정이 결코 아니다. 왜

---

[9] 사회구성원들이 깊이 있는 기술이나 장기간 교육경험을 갖는 것보다 대학졸업장을 따는 것이 높은 보수를 받는 데 효과적이라고 볼 때 '대학졸업장 따기 경쟁(Sheepskin Effect)'은 극대화된다. 마치 대학졸업장을 가진 사람은 능력 있는 사람이라는 표현으로서 사회적으로 공유될 때, 이 현상은 극대화되는데 현재의 한국사회는 이를 잘 보여주고 있다.

냐하면 이들은 한국사회의 지배계급이 선호하는 결정을 철저하게 모방하고 있기 때문이다. 그리고 이들은 대학서열화란 사회적 폐쇄의 장치라고 인식하고 있을 뿐이다. 이미 양적인 측면에서 대중화된 대학교육을 인위적으로 장벽을 만들어 구분하는 기능을 하는 것이 대학서열화라는 점이다.

　교육이 신분상승의 도구라는 가치관은 결코 지배계급만의 독점물이 아니라 전 사회적 동의사항이라는 점에서 한국의 대학서열화는 철저하게 계급적이라고 할 수 있다. 학력수준이 높은 중산층들이 자녀교육에 보이는 눈물겨운 분투도 지배계급으로의 편입을 위한 선택이자 행동일 뿐이다. 바로 이런 중산층의 행위양식을 노동자 계급도 그대로 모방하고 있다는 점에서 한국사회의 교육문제는 결코 특정 계급에게 한정된 것이 아니라 전 계급에게 공유되고 있다고 할 수 있다. 이런 경쟁구조에서 교육을 둘러싸고 천문학적인 사회적 비용이 지출되고 있지만, 대학서열화로 인해 정작 대학교육의 경쟁력 강화는 요원한 지경이다. 게다가 대학서열화가 대학간의 경쟁을 격화시키는 것이 아니라 서열관계를 고착화하는 현상으로 전도되고 있기 때문에 문제는 더욱 심각하다. 대학사회에 경쟁의 새바람을 불러오기보다 서열구조의 고착화로 나아가는 한국의 대학서열화는 지배계급이 자신들의 기득권을 공고히 하기 위한 경기의 규칙으로밖에 보이지 않는다. 즉, '명문대학 졸업장 따기'가 계급이동의 가능성을 보장하는 규칙일 뿐이라는 사실을 현재의 대학생들도 인정하는 현실일 따름이다.

<참고문헌>

강준만. 1996,『서울대의 나라』, 개마고원.
강창동. 1994,「한국 학력주의의 형성과정과 성격」,《교육사회학연구》제4

권 1호, 1-19쪽.
고형일. 2001,『대학간 서열체계: 원인과 대책. 학벌없는 사회, 어떻게 가능한 가?』(학벌없는 사회를 위한 기획토론회 자료집).
교육부. 2000,『대학편입현황 및 개선방안』.
_____. 2003,『교육통계연보』.
김경근. 1999,『대학서열 깨기』, 개마고원.
김기수. 2001,『한국교육의 정치경제학』(학벌없는 사회만들기 하계세미나 자료집).
김동훈. 2001,『한국의 학벌 또 하나의 카스트인가』, 책세상.
김상봉. 2003,「학벌문제의 본질은 권력독점」, ≪월간 말≫ 3월호.
_____. 2004,『학벌사회』, 한길사.
김용일. 2000,『위험한 실험 - 교육개혁의 정치학』, 문음사.
_____. 2002,『교육의 미래 - 시장화에서 민주화로』, 문음사.
성태제. 1993,「입시위주의 교육과 과열과외」, ≪교육학연구≫ 제31권 2호, 67-85쪽.
오욱환. 2002,『한국사회의 교육열: 기원과 심화』, 교육과학사.
이두휴. 1993,『학력 인플레이션과 입시경쟁양식의 지역간 분화』(전남대학교 박사학위논문).
_____. 1993a,「입시경쟁의 지역간 분화의 구조분석」, ≪교육사회학연구≫ 제3권 1호, 35-56쪽.
_____. 2004,「대학서열체제의 형성과 현황」,『교육경쟁력 강화를 위한 대학통합네트워크 구축』(학술진흥재단 결과보고서), 12-44쪽.
이두휴·고형일. 2003,「대학서열체계의 공고화와 지역간 불균등 발전」, ≪교육사회학연구≫ 제13권 1호, 191-214쪽.
임용수. 1996,「한국 학력주의의 이데올로기적 성격에 대한 고찰」, ≪교육학연구≫ 제34권 5호, 465-486쪽.
조옥준. 2001,「대학의 서열화·시장화 그리고 중등교육의 정상화」, ≪대학교육≫ 제113호.
Bourdieu, P. 1984, *Homo Academicus*, Übers. von B. Schwibs, Suhrkamp 1988.
Smith, D. N. 1974, *Who rules the Universities?*, Monthly Review Press, 김종철·강순원 역, 1987,『미국의 대학과 노동계급』, 창작사.

제 4 장
대학서열체제의 사회적 함의

최태룡

1. 서론

　우리 사회에서 대학서열체제가 문제가 되는 것은 대학들간의 일정 형태의 서열이 있다는 사실 그 자체 때문이 아니다. 무릇 거의 모든 사회에서의 많은 사회현상들과 마찬가지로 어떠한 기준으로든 비슷한 속성을 지닌 사람이나 사건, 사물, 사상들 간에 특정한 형태로 서열은 만들어지는 경향이 있다. 그러한 서열이 대체로 보아서 서열의 뒤 차례에 있는 존재들의 입장에서는 썩 좋은 것은 아니겠지만, 서열의 원리가 나름대로 사회적 합목적적 성격을 가질 경우에는 서열을 부정하며 폄하하기는 어렵다. 오히려 그 서열의 선상에서 더 나은 위치로 옮기려는 노력을 더 가상하게 여기는 수가 많다. 하지만 우리 사회에서 대학들이 서열화되어 있는 원리는 바람직한 원리라고 말할 수 없다. 그것은 흔히 세상사의 실제 서열원리들이 그러하듯이 기득권의 원리와 부당함의 원리가 그 근본을 이루고 있다.
　대학서열구조가 바람직한 방식으로 구성되어 있다고 하더라도, 그 서열구조는 끊임없이 바꾸어지는 것이 바람직하다. 서열구조가 변하지 않을 경우, 그것은 그 내부에서 서열의 원리가 적절하게 작동되지 않거나, 또는 서열구조가 충분히 강하기 때문에 상위 서열에 있는 대학들이 그 자리를 계속 지키며, 하위 서열에 있는 대학들은 상위로 올라가지 못한다는 것을 보여주며, 그것은 바로 정체상태의 다른 이름이기 때문이다. 그래서 대학의 서열구조는 부단히 뒤바뀌어야 하는 것이다. 그리고 마구 휘젓기는 필연적으로 현 서열구조에서의 기득권층의 반발을 사게 되어 있다. 기득권층의 반발이 나름의 정당성을 얻기 위해서는 대학서열구조의 구성원리가 나름대로 합리적이어야 한다.

하지만 우리 사회의 대학서열체제의 구성원리는 기본적으로 대학의 본래적 존재 의의와는 상당히 거리가 있다. 대학의 본래적 존재 의의라는 표현 자체가 논란의 여지가 있는 것이겠지만, 대체로 받아들여지는 대학의 사회적 의의 또는 이념은 교육, 연구, 사회봉사(이현청, 2000)라는 것이다. 그리고 이러한 이념을 현실적으로 수행하기 위해서는 다음의 사회적 기능을 충실히 수행할 것으로 기대된다. 즉, 문화 전달 및 창조의 기능, 사회화의 기능, 선발 및 분배의 기능, 혁신 및 진보의 기능, 그리고 사회발전에의 직접적 기여 등이 사회가 대학에 기대하는 것이다.[1]

그래서 대학의 서열들이 이러한 기능들의 충실한 수행을 기준으로 해 이루어지는 것이 바람직하다. 그런데 실제 이러한 기능들의 수행 정도를 그대로 측정하기가 힘들기 때문에 보다 측정이 가능한 방법으로 대학을 평가하려는 기준들이 제시되고 있다. 예컨대 현재 우리나라에서 대학평가를 주도하고 있는 한국대학교육협의회(이하 대교협)에서는 대학을 평가할 때 학부의 경우 ① 대학경영 및 재정, ② 발전전략 및 비전, ③ 교육 및 사회봉사, ④ 연구 및 산학연 협동, ⑤ 학생 및 교수 직원, ⑥ 교육여건 및 지원체제 영역의 6개 영역으로 나누어 평가를 하며, 대

---

1) 이런 시각이 다소간 구조기능주의적 관점과 가깝기는 하지만, 크게 문제삼을 것은 아니다.

학원의 경우 논문지도와 연구 영역을 강조해 영역을 구분하고 있다.2) ≪중앙일보≫에서도 1994년 이래 매년 전국의 대학들에 대한 자체 평가를 해왔다. 역시 500점을 만점으로 해 교육여건·재정(200점), 교수연구(180점), 평판도(80점), 개선도(40점) 등 4개 영역, 43개 세부지표로서 평가했다.3) 그러나 여기에서는 평판도에 상당히 많은 배점을 주고 있다.4)

하지만 이렇게 제시되는 평가순위가 실제의 사회적 평판순위, 즉 대학서열과는 다른 수가 많다. 다소 거칠게나마 현실적으로 우리 사회에서의 대학서열이 이루어지는 기준을 찾는다면, 오히려 대학의 소재지, 대학의 설립방식 내지는 주체, 4년제 또는 2년제 여부, 입학생의 입학성적, 대학의 규모, 그리고 가장 중요하지만 가장 모호한 과거의 서열이 중시될 따름이다.5)

---

2) 한국대학교육협의회, 『2003, 2004년도 대학 종합평가인정제 시행을 위한 대학 종합평가 편람』, 한국대학교육협의회.
3) ≪중앙일보≫ 2003.9.24 "종합평가<1>: 이렇게 평가했다." 2003년도의 배점에서는 2002년도에 비해 정보화와 사회배려도 지표를 줄였는데, 많은 대학들에서 이들 부분에서 큰 향상이 있었기 때문이라고 한다.
4) 미국에서는 *U. S. News and World Report*지에서 매년 대학평가를 하는데, 평판도(25%), 보유율(20%), 교수진(20%), 학생 선택도(15%), 재정(10%), 졸업률 성취(5%), 동문기부율(5%) 등의 영역을 중심으로 한다. 이 평가에서는 학생 선택도를 중시하면서, 학생들의 능력이나 야망이 대학의 학문적 분위기에 많은 영향을 미치기 때문이라고 하면서, 입학생의 SAT나 ACT점수가 전체 학생 선택도의 절반을 차지하도록 했다. 이외에도 대학에 대한 평가는 여러 기관들에서 하고 있고, 유럽에서도 마찬가지이다. 가장 최근의 평가는 영국의 *The Times*(2004)에서 행한 세계 상위 200개 대학에 대한 평가이다. 여기에서도 평판도(peer review)가 평가의 절반 정도의 비중을 차지했다. 하지만 이러한 계량적 평가는 항상 문제를 가진다. 그래서 평가에 대한 비판도 많이 제기되고, 또한 평가기관에서는 더욱 적절한 평가기준을 마련하고, 엄밀하게 평가하기 위해서 많은 노력들도 기울인다. 그렇다고 해 계량화의 임의성이란 문제제기로부터 해방되는 것은 아니다.
5) 버리스(2004)는 미국 사회학과들 간의 서열을 검토하면서, 학과들의 서열이 지난 50여 년 간 대단히 안정적이라는 것과 함께 이들 서열이 그 학과의 교수들과 졸업생들이 산출해내는 학문적 업적과는 큰 상관관계가 없다는 것을 밝혀내었다. 버리스는 통념적으로는 학과의 위세는 학과에서 산출되는 학문

이 중에서도 우리 사회의 대학서열체제에서 가장 중요시되는 것은 수학능력시험(이하 수능)의 점수이다. 즉, 수능성적이 높은 학생이 많은 대학이 좋은 대학이라는 것이다. 즉, 입학생이 우수한 대학이 좋은 대학이라는 것이다. 이러한 관점은 일면으로는 정당하고 타당하다. 조직에서 좋은 투입은 조직성과와 관련해 매우 중요하다. 그러나 기본적으로 조직의 가치는 투입에 의해 결정되는 것이 아니라 산출에 의해, 또는 투입 대비 산출의 비에 의해 정해지는 것이다. 우리 사회의 다른 부분에서는 조직평가에 있어서의 이런 효율성의 중요성을 잘 알고 있으면서, 유독 대학에 대한 평가에 있어서는 투입을 압도적으로 중시한다.[6]

그런데 입학성적이 대학서열체제의 가장 중요한 요소이면서도, 실제 기관에서 수행하는 대학평가에서는 이런 항목은 잘 없다. 이것은 일종의 아이러니이다. 대학평가가 강조되고 있는 것이 요즈음의 현실이다. 그런데 대학평가에서 강조되는 것은 대학의 이념과 관련해 연구, 교육, 사회봉사이다. 그런데 실제 대학을 사회에서 평가할 때는 그 모든 것은 거의 무시된다. 좋은 말로 하면 이념과 현실의 괴리라고 하겠지만, 이것은 철저한 위선에 불과하다. 이런 상태에서 실제 대학평가에서 좋은 평가를 받는다는 것이 어떤 의미가 있을 것인가? 그래서 수년간 대학평가에서 좋은 점수를 받았지만, 여전히 사회적 평판도는 낮은 대학이 나오게 되는 것이다.[7]

적 업적과 깊은 관련이 있다고 그러지만, 조사의 결과는 그렇지 못하다는 것이다. 어떤 방식으로 경험적 조작화를 하든지 간에 학과의 위세를 설명하는 데 있어 학문적 성과는 30% 이하의 설명력을 가질 뿐이라고 한다. 버리스는 오히려 학과의 박사 학위 졸업생들의 교환이라는 측면에 착안해서 학과의 사회적 자본개념을 조작화해 측정하고서, 그것이 오히려 학과의 위세의 80% 이상을 설명한다는 것을 보여준다.

6) 하다못해 음식점도 재료만으로 평판이 정해지는 것은 아니다. 음식재료가 좋지 못하면서 좋은 음식점이 될 수는 없지만, 좋은 음식점이란 평판은 좋은 재료만으로 얻어지는 것은 아니다.

2. 대학서열체제와 사회문제

이러한 현행의 대학서열체제는 많은 사회적 문제들을 낳는다. 대학 본래의 기능인 교육과 학문 연구에 치명적인 영향을 미친다는 것은 이미 앞의 글에서 지적하고 있기에 여기에서는 학교 밖의 문제들을 간략하게 지적하는 수준에서 논의한다.

1) 경제적 자원의 낭비

먼저 지적할 것은 대학교육이 제대로 되지 않음에 따라 양질의 인적 자원이 산출되지 않는 것이다. 대학생들이 대학에서 열심히 공부하지 않고, 또 교수들이 열심히 가르치지 않기 때문에 대학을 졸업한 사람들의 능력이 그렇지 않은 사람들과 비교해 별 차이가 없다는 지적은 매우 심각한 지적이다. 이런 지적은 기업에서 필요로 하는 인력을 대학이 배출하지 않기 때문에 기업에서 대학 졸업자들을 대상으로 다시 교육훈련을 시켜야 한다는 문제의 제기와는 다른 것이다. 그나마 최근 대졸자의 취업이 아주 어려워짐에 따라서 대학생들이 토익이나 공무원시험 등에 열심히 공부한다고 하지만, 그것은 대학 본래의 의의와는 다를 뿐 아니라, 양질의 고급인력을 배출해내지 못해 국가경쟁력에도 커다란 부정적 영향을 끼칠 수밖에 없다(정세근, 2003).[8]

이와 아울러 대학에 대한 투입자원배분의 왜곡도 지적될 수 있다. 대

---

7) ≪교수신문≫ 2001년 5월 29일자 보도에 따르면, 영남대 교수협의회에서는 "지난 10년간 평가에서 줄줄이 우수, 최우수 평가를 받았지만 정작 대학의 형편은 그리 나아진 것이 없다"면서 "평가와 대학발전이 따로 놀고 있으며, 평가가 오히려 대학의 정체성을 흔들고, 갈 길을 가로막는 악재로 작용하고 있다"는 지적이 내부에서 나오고 있다고 보도한다.
8) 곽주원(2003)은 대학에 진학하지 못하는 고교 졸업자들도 입시 위주의 교육을 함에 따라서 제대로 취업준비를 못한 상태에서 학교를 떠남에 따라서 실업의 위험에 더욱 직면하게 된다고 지적한다.

학이 정당한 조직이라면 대학에 대한 사회적 자원들도 일정하게 배분되어야 하는데, 그 배분의 원칙에 있어 여러 다름이 있겠지만, 일단 대학의 서열에 따라 자원을 배분하는 것이 되겠다. 그런데 우리는 앞에서 대교협이나 ≪중앙일보≫ 등의 대학평가에서의 서열과 통념적 서열이 다름을 보았다. 대교협이나 ≪중앙일보≫의 대학평가가 충분히 만족스러운 것은 아니지만, 그럼에도 통념적 서열에 비해서는 나름의 객관성을 가진다고 하겠다. 그렇다면 대학에 대한 자원의 배분도 이러한 대학평가에 비슷하게 이루어져야 할 것이다. 하지만 대학평가에서의 순위가 사회로부터 자원을 얻는데 큰 영향을 미치는 것 같지는 않다. 특히, 대학에의 주요한 투입자원인 신입생들과 관련해서 그러하다. 신입생이 대학을 선택할 때 예의 대학평가가 일정하게 영향을 미치는 것이 합리적이라고 여겨지지만, 실제 고교 졸업생들의 대학 선호가 대학평가의 결과에 크게 영향을 받는 것 같지는 않다.

자원배분과 관련해 또 하나 지적할 것은 사교육 시장이 너무 확대되어 있는 것은 아닌가 하는 것이다. 모든 교육을 항상 공교육이 담당한다는 것은 자본주의 사회에서 어려우며, 일정 부분들은 사적 시장이 그 역할을 맡을 수밖에 없다. 하지만 사교육 시장에 너무 많은 자원이 배분된다는 것은 다른 영역에서 필요한 자원을 충분히 확보할 수 없다는 것이다. 소득의 많은 몫이 사교육에 너무 많이 지출된다든지, 또는 사교육에 종사하는 인력이 너무 많다고 하는 것을 지적할 수 있겠다. 물론 여기서 너무 많다든지 하는 기준은 다소간 자의적일 수밖에 없겠지만, 얼핏 보아서도 적정 수준을 넘어섰다고 여겨진다. 한국은행에 따르면 2003년 기준으로 할 때 가계에서 교육비가 차지하는 비중은 5.8%이며, 가계의 교육비 지출액은 총 22조 1,607억 원이다(≪한겨레신문≫, 2004.4. 5).[9] 한편 국내총생산 등을 산출하는 2003년 국민계정 통계작성 과정에서 집계

---

9) 교육비가 소득에서 차지하는 비중은 2001년 현재 일본의 세 배 가량 된다(송태정, 2001).

된 사교육비는 모두 9조 4,000억 원이다(≪한겨레신문≫, 2004.3.24). 사교육비의 비중은 대체로 전체 교육비의 40% 가량 되는 셈이다. 그리고 이러한 사교육비는 가계에 아주 많은 부담으로 다가온다.10)

2) 연고주의의 확산과 부정적 자기관념

현행의 대학서열화는 간판주의, 학벌주의, 연줄주의 사고를 강화한다. 현재의 대학서열화는 학생들에게 중요한 사회적 현실로 각인되며, 그것을 가능하게 하는 가치관을 받아들이게 한다. 또한 현행 대학서열화는 기존 체계의 완고성을 잘 보여주며, 학생들에게 진취적 사고보다는 체념적 사고를 낳을 수 있다. 특히, 학벌주의의 폐해는 이혜영이 잘 말하고 있다.11)

대학서열화는 사회 성원들에게 불필요하고 강한 우월감과 열등감을 낳는다. 이러한 심적 기제는 그 자체로서 바람직하지 못하며, 나아가 구성원들의 행동과 사고에 부정적으로 작용한다. 열등감을 현재 지방대학의 가장 핵심적인 문제로 지적되기도 하며, 우월감은 배타적 모임의 형성으로 나타나면서 강력한 연고주의를 낳는다.

부당하게 저평가되었다고 느끼는 대학의 성원들이 지니는 개인적 열

---

10) 우리의 조사(이 책 제5장 참조)에서는 96.2%가 "과외수업 비용이 생활비에 많은 부담을 준다"라고 응답했으며, 최상근 외(2003)의 조사에 따르더라도 응답자들의 83.5%가 사교육비 지출을 부담스럽게 생각하고 있다.
11) 이혜영(1991: 549)의 학력주의 비판이 따갑다. "일단 특정 학력을 획득하게 되면 그 이후부터 개인의 사회적 지위는 과거에 획득된 학력에 의해 강한 영향을 받게 된다. 학력을 획득할 때까지는 업적주의가 작용하지만, 그 이후부터는 학력이 일종의 사회적 신분이 되어 이것에 의해 개인의 사회적 지위가 결정되어 버리는 것이다. …… 학력을 획득함으로써 얻게 되는 지식, 기술 등의 실질적인 내용이 아니라 획득된 학력 자체를 중시하고 존중하는 사회적 관행과 의식이 지배하는 현상이 나타나게 되었다. 예컨대 대졸 학력은 그 실질적 능력 여부에 관계없이 높이 평가되고 또 명성있는 대학을 졸업했다는 사실만으로 유리한 대우를 받게 되는 것이다."

등감 내지는 위축감은 무척 심각하다.12) 그리고 이러한 열등감이나 위축감은 개인들이 가지고 있는 실제적 재능을 사장시킬 수 있다. 이와 관련한 논의는 기능론적 계층론 토론에서 M. 튜민의 주장에서 잘 발견된다.13) 기존 체제가 재능의 발굴을 저지한다는 입장인데, 학력과 학벌은 짝짓기의 전 단계에서부터 커다란 영향을 미친다.14)

한편 우리 사회와 같이 대학의 서열이 첨예한 경우, 개인들은 생존과 출세를 위해 연고주의에 기댈 가능성이 크다. 그것이 회사나 조직에서는 기존 기득권자들이 일정하게 출신 대학을 우대하는 관행과 연결될 수도 있다.15) 홍영란 외(2002)에 따르면, 약 1/3 가량의 기업들이 신입사원을 채용할 때 1차 서류전형 기준에 '학력'을 포함시켜 출신대학에 따라 가중치를 주는 방법으로 서울대와 연고대 등 이른바 '명문대'를 우대한다고 한다.16)

대학서열체제가 우리 사회에 미치는 영향 가운데서, 특히 사회학적으로 문제가 되는 것은 계층적 질서의 재생산이다. 그것은 사교육 등을 통

---

12) 채용정보업체 잡링크(www.joblink.co.kr)에 따르면 직장인 1,776명을 대상으로 "직장 내에서 어떤 차별대우를 받은 적이 있는가"를 질문한 결과 전체 응답자의 29.4%가 '학력차별'을 받은 적이 있다고 답했다. 또한 채용정보업체 리크루트에 따르면 기업 인사담당자 360명을 대상으로 설문조사한 결과, 57%가 채용시 구직자의 학벌을 중요하게 여긴다고 답변했다(국민일보, 2003.4.20).
13) 기능론적 계층론의 내용 및 토론과 관련해서는 송복(1984) 참조.
14) 한 결혼정보회사에서는 회원 가입의 조건으로, 학력과 학벌에 따른 차이를 두고 있다. 지방대 졸업자가 4년제 대졸 이상만 원할 경우, 초급대학 졸업자가 서울 소재 4년제 대졸자만 원할 경우에는 회원 가입이 불가능하며, 고학력 여성은 지방의 국공립대를 졸업한 남성을 만난다는 것을 허용해야 가입이 허가된다(Marie Claire 2004년 5월호 145쪽).
15) 이런 점에서 이이화(2004: 248)가 우리 사회에서의 파벌들을 역사적으로 당파, 학벌, 문벌, 지연, 신분차별 등의 측면에서 역사적으로 고찰하면서, 이런 파벌들이 제도와 일정하게 관련을 맺기는 하지만, "지배계층의 정치적·경제적 이해관계에서 심화"되었음을 지적한 것은 오늘날의 대학서열구조를 파악하는데 있어서도 커다란 시사를 주는 탁견이라고 하겠다.
16) 결국 국가인권위원회에서 2003년 10월 30일에는 '입사지원서의 차별적 항목 시정을 위한 토론회'를 열게 되었다.

해 계층간 위화감을 불러일으키기도 하지만(이종재, 2003), 무엇보다도 우리 사회의 기득권층이 자신들을 재생산하는 기제이다. 상위권 대학을 졸업하는 것이 상층집단에 진입하는 전제조건이 되는데, 상위권 대학에 들어가기 위해서는 내신과 수능에서 좋은 성적을 받아야 하는데, 그 과정에서 충분한 경제적 지원이 핵심적으로 중요한 역할을 한다는 것이다. 따라서 상층집단은 자식들에게 과외의 교육을 통해 내신과 수능에서 좋은 성적을 받을 수 있도록 하고, 그 성적에 근거해 상위권 대학에 들어가며,[17] 그 상위권 대학의 졸업장을 근거로 해, 능력주의에 기대면서, 자신들의 위치의 재생산에 정당성을 부여하는 것이다.『서울대의 나라』(강준만, 1999)에서 서울대 신입생 절반 가까이가 부모의 직업이 고급 공무원, 기업체 사장이나 간부 등 관리직, 변호사, 의사, 교수, 언론인 등이라는 서울대 학생생활연구소의「2000학년도 신입생 특성조사」보고서는 이러한 연쇄를 경험적으로 보여준다.[18]

3) 지방의 저발전

최근 지역혁신체제에 대한 논의가 본격화되면서, 지역혁신체제의 주체이자 선도자로서의 지역대학의 역할에 대해 더욱 주목하고 있다.[19] 무엇보다도 지역사회에 지속적으로 양질의 인력을 공급하고, 또 대학의

---

17) 만약 연세대가 도입계획하고 있는 지금 기부금을 내면 기여입학제가 도입된 후 소급적용해, 기부자의 자손 등을 대학에 입학시키는 제도인 '기여입학보험금제'가 시행되면 성적이 나빠도 집안에 돈이 많으면 연세대라는 상위권 대학에 들어갈 수 있을 것이다(≪경향신문≫, 2003.10.14일자 기사 참조).
18) 이후의 보고서에서도 이런 경향은 그대로 나타난다. 2001년 신입생의 경우, 아버지의 직업이 전문직, 관리직인 학생들의 비율은 52.8%, 2002년의 경우에는 46.4%이다.
19) 이와 관련해서는 대통령 자문 국가균형발전위원회(http://www.pcpnd.go.kr)의 자료들이 유용하다. 지역혁신체제를 구축함에 있어 지방대학의 선도적 역할을 강조하는 것이 기본적 입장이다. 초기 자료로서는 2003년 4월 24일의 '지역혁신체제 구축을 통한 지방대학 발전방향'이 대표적이다.

인력들은 연구개발을 통해 지역발전에 직접적으로 기여할 수 있다. 그렇게 하기 위해서는 지방대학에 양질의 인력들이 계속 배치되어야 한다. 하지만 지금의 사정은 그렇지 못하다.

지방대학의 교수들은 홀대되며, 또 그래서 유능한 많은 교수들은 수도권으로, 서울로 옮긴다. 언론에서 지방대학 교수들을 홀대하는 것은 이미 오래된 것이지만(황호택, 2002), 정부에서도 예외는 아니다. 오죽하면 지방대학 육성을 위한 모임에서 지방대학 교수는 배제되기도 한다.[20] 정부의 여러 위원회에서 지방대 교수들의 비중이 절반을 넘는 경우는 결코 없다. 지방분권을 강조하는 노무현 정부하에서도 2004년 현재 대통령 자문 정책위원회 산하의 여러 위원회에서 지방대 교수들의 전체 교수들 중에서의 비율은 45.3%로 절반보다 적다. 교수들의 이동이 별로 없었던 예전에 비해 최근에는 대학간 교수의 이동도 활성화되고 있지만, 지역간 이동의 방향은 지방에서 지방으로 가거나, 또는 지방에서 서울로 가는 것이지, 서울지역의 교수들이 지방으로 오는 경우는 거의 없다.[21]

지역발전을 위해서는 지역에서 배출되는 유능한 인력이 배출되어야 한다. 물론 특정 지역의 발전을 위해 특정 지역의 대학 출신들만을 채용할 필요는 없지만, 일단 그러한 인력이 많은 것이 지역발전에의 기여 정도가 클 가능성이 크다. 우수한 인력들이 지방대학에 진학하지 않으며, 지역에서도 격려하지 않는다.

현행 대학서열체제에 따라 지방의 우수한 중고등학교 학생들이 가능

---

[20] 2003년 3월 17일에 대통령 자문 정책기획위원회에서는 '학벌문제와 지방대학 육성'이라는 간담회가 있었는데, 여기 참여자가 한국학술진흥재단 이사장, 서울대 교수 2명, 연세대 교수 1명, 그리고 서울시립대 교수 1명이었다. 지방대학은 서울에서 육성하는 것이기 때문에, 굳이 그 대상이 되는 지방대학의 교수들을 논의에 참여시킬 필요가 없었는지도 모른다.

[21] ≪교수신문≫ 2004년 9월 22일자에 따르면, 2004년 한 해에만 440여명의 교수들이 대학을 옮겼다. 그러나 이 중 수도권에서 지방으로 옮긴 교수는 1.9%에 불과하다.

하면 서울이나 수도권의 대학으로 가려고 한다.22) 지방대학을 졸업하면 취직하기도 어려울 뿐만 아니라,23) 수도권 대학 출신에 비해 더 많이 일하지만, 더 적은 임금만을 받는 현실에서 가능하면 서울이나 수도권에 가는 것이 개별 학생으로서는 합리적 선택일 것이다.24) 우수한 입학생이 반드시 우수한 졸업생이 되는 것은 아니지만, 양질의 투입이 양질의 산출을 낳을 가능성은 높은 것이다. 이런 점에서 지방대학의 위기는 바로 지역발전의 침체와도 밀접한 연관을 갖는다.

이외에도 학벌주의, 대학서열체제의 고착화, 그리고 그로 인한 과외의 만연 등으로 인한 문제점은 이루 헤아릴 수 없을 정도로 많다. 예컨대 과외 단속을 보자. 과외라는 것을 말 그대로 보면 학교에서 배우는 것이 모자라, 또는 부족해 별도로 더 공부하는 것을 말한다. 그런데 과외를 하면 정부의 단속대상이 되기도 한 적이 있다. 어떻게 더 공부를 하겠다는 것을 불법화하고, 범죄시하는 것이 가능한가? 그럼에도 그 타당성에 대한 반대가 적었을 만큼 우리 사회에서는 과외의 정도가 너무 심하고, 또 고액이었다. 그렇다고 하더라도 더 배우겠다는 것을 처벌하는 사회를 어디에서 찾을 수 있을까? 더 배우겠다는 것을 몰래 해야만 하는 사회가 도대체 또 어디에 있을까? 우리 사회에서는 이렇게 상식과 양식이 파괴되곤 했다.25)

---

22) 이만희(2003)는 수능성적 상위 4% 이내의 대부분의 학생들은 한의대와 KAIST, 포항공대를 제외하면 대부분이 수도권으로 진학한다고 한다.
23) 이정주(2003)는 2002년 가을에 대기업 인사담당자들을 대상으로 조사한 결과 59% 정도가 서울의 대학 졸업자와 지방대학 졸업자를 차별적으로 대한다고 응답했다고 한다.
24) 최바울(2003)에 따르면 2003년 현재 4년제 지방대 졸업생의 월평균 임금은 128만 4천 원으로 수도권 대학 졸업생 152만 6,000원의 84.1%에 불과하다.
25) 김상봉(2004)은 어린 학생들의 자살의 주된 원인 중의 하나가 바로 학벌주의라고 하며, 최상근 외(2003)는 기러기아빠가 사교육비의 증가 때문이라고 하는바, 학벌주의는 가족 해체도 유발하는 셈이다.

3. 대학서열체제 개혁안과 그에 대한 반응들

1) 제안된 학벌주의 극복 방안들

한국사회에서의 현행 대학서열체제는 거의 대부분의 사람들이 문제시하고 있으며, 그래서 그것을 어떤 방식으로든지 고쳐야 한다는 것에 대해서는 의문을 제기하는 사람들은 거의 없다. 고치는 방법에 대해서는 논란이 있지만, 일단 지금의 체제를 계속 둘 수는 없다는 것에는 공감하고 있다. 따라서 지금까지 대학서열체제를 타파하거나, 완화시킬 수 있는 많은 방법들이 여러 사람들에 의해 제기되고 논의되었으며, 또 많은 경우 공감을 얻기도 했다.

이런 점에서 교육인적자원부에서 2004년 초에 발표한 『학벌주의 극복을 위한 종합대책 연구』를 위한 조사에서의 결과는 아주 시사적이다. 이 조사에서는 학벌주의 극복을 위해 제기되었던 여러 제안들을 제시하고 있다. 그리고 응답자들은 학벌주의의 극복을 위해 제시되는 대다수의 제안들에 대해서 아주 강력하게 찬성한다. 조사에서는 23개의 제안을 했는데, 이들 제안들 중 반대가 10%를 넘는 제안은 6개에 불과하며, 16개의 제안에 대해서는 응답자의 2/3 이상이 찬성하고 있다.

자세한 내용은 다음의 <표 4-1>을 보면 되겠지만, 기본적으로 학벌주의에 대한 접근이 기술적이며, 적절한 정책수단이 실행되기만 하면 학벌주의를 상당부분 해소할 수 있을 것이라는 낙관성을 그 기조로 깔고 있다. 무릇 낙관적인 생각을 갖는 것은 실천의 효과성을 위해 바람직할 수도 있지만, 그 낙관성도 치열한 현실에 근거해야 할 것인데, 학벌주의를 너무 만만하게 보는 것이 아닌가 하는 느낌이다.

<표 4-1> 학벌주의 극복대책 방안들에 대한 찬반의 정도

(단위: %)

제 안 들	찬성	반대
대학입시와 개인학벌 등에 대한 언론의 보도 자제	70.1	6.5
지역인재할당제 도입	60.5	17.4
공공기관에서 특정 대학 출신자의 채용비율을 제한하는 법령을 제정 후 정부가 이를 적극 감독하는 방안	49.8	21.4
'차별금지법' 제정 후 차별시정위원회를 설치하는 방안	57.5	14.6
기업체의 새로운 인사제도 도입	85.3	2.6
기업체의 입사지원서에 출신 대학란을 폐지하는 방안	64.5	11.2
서류 전형시 명문대학 졸업자에게 주는 가산점 제도 폐지	80.3	4.8
학벌 극복을 시도하는 우수 기업체를 선정해 홍보하는 방안	80.3	3.9
우수한 기능·기술·자격을 우대하는 국가정책 실시	88.6	1.8
기업체 내부의 능력개발제도에 대한 정부의 지원	83.5	2.7
학벌의 활용 여부를 기업체에게 위임하는 방안	39.6	27.9
공무원 고시제도(5급)를 통한 충원비율을 줄이고 민간부문에서 우수한자를 채용하는 방안	59.8	14.3
공공기관의 인사관리제도를 능력·성과 위주로 개선하고 그 결과를 국민에게 공시하는 방안	78.8	4.7
상위직급 공직자의 승진시 사전 검증제도 도입	79.7	3.5
개인의 능력개발 결과를 학점·학력으로 인정하는 능력인정제도 활성화	69.3	9.9
능력개발 결과를 기록·보존하고 이를 취업시 활용하는 방안	69.7	7.1
대입수능시험을 대학입학자격시험으로 전환하는 방안	64.9	9.7
사교육은 최대한 억제하고 공교육은 최대한 정상화하는 교육정책 추진	79.8	5.8
지방대학의 발전을 위한 지원정책 추진	80.8	5.3
대학 특성화 추진	83.4	3.4
대학의 질 관리 강화 및 대학의 구조조정 실시	80.7	4.6
대학 부설 '취업지원센터'의 기능 강화	84.0	2.5
대학생을 위한 직장체험 프로그램 및 인턴십제도 지원·확대	83.5	3.8

자료: 정태화 외, 2004, 『학벌주의 극복을 위한 종합대책 연구』.

2) 국립대 통합네트워크 구상

이런 점에서 '국립대 통합네트워크'안은 획기적인 것이다. 이전의 많은 제안들이 기존의 기득권 구조에 대한 근본적인 침해를 회피하려고 하는 것에 비해서, 이 구상은 문제의 핵심인 서울대 문제를 본격적으로 단상 위에 올리고서 제기한 것이다. 이 구상의 단초는 이전부터 있었다. '학벌없는 사회'나 '전국교직원노조'에서도 유사한 제안들이 제시되었다. 그 구상들은 정진상이 2003년 11월 19일 경상대학교 사회과학연구원 추계정책토론회에서 체계화된 형태로 제시되었다. 이후 이 구상은 정진상(2004) 자신의 제안에 있어서도 약간의 변화가 있으며, 이 구상의 기본틀 내에서 일정한 변화를 준 대안들이 제시되고 있다. 이철호(2003; 2004a; 2004b)가 대학입시안과 연계해 과도적 시기에서의 대안을 제시하는 등이 그 예가 될 것이다.

이 구상의 핵심적 원칙은 단순하지만, 구체적 내용은 복잡하다. 구상이 단순한 아이디어의 수준에서 제시된 것이 아니라, 실행가능한 정책의 방식으로 제시되었기 때문이다. 그래서 필자가 이해하는 바의 핵심적 원칙을 여기에서 다시 정리해보자. 이 구상은 때로는 악의적으로 왜곡된 형태로 비판받기 때문이다.

이 구상에서의 핵심은 시민교육으로서의 중고등학교 교육의 위상을 되찾고, 대학에서의 고등교육은 강화하자는 것이다. 그 과정에서 일정 정도 이상의 자격을 갖춘 사람에게 대학문을 개방해 고등교육을 받을 수 있는 기회는 폭넓게 제공하되, 대학에서는 학문에 정진하게 해, 능력이 모자라는 사람이나 수련의 정도가 낮은 사람은 계속적 수학의 기회를 제한해, 대학교육의 질적 수준을 획기적으로 높이자는 것이다. 그렇게 하기 위해서는 교육에서의 가능한 모든 과정과 결과가 공개되는 것이 필요하다는 입장이다. 여기에서 교육의 공공성은 근원적인 원칙으로서, 교육기관의 설립은 국가나 지방자치단체가 하되, 운영은 교육에 관여하는 당사자들이 함께 책임지고, 가능한 재정은 공공적 자원을 활용하도록 하자는 것이다.

이러한 구상이 현실 속에서는 몇 가지 제안으로 실물화되는데, 그 중 하나가 대학수학능력시험을 폐지하고, 대학입학자격시험을 시행하자고 하든가, 또는 국립대학교들을 전국적으로 네트워크화해, 모든 학생들에게 어느 국립대학에서도 수학할 수 있는 기회를 주자는 것 등이 대중적 관심을 받는 실제적 내용의 일부를 이룬다. 여기서 국립대 중심의 제안을 하는 것은 교육의 공공성이 중요하기도 하지만, 또한 현실적으로 사립대학교에 대한 과도한 통제가 자칫 사유재산권에 대한 침해로도 비쳐질 수 있는 것을 경계했기 때문이다. 이 과정에서 서울대의 현재 위상에 있어 변화가 있을 수밖에 없지만, 이 구상의 애초의 목표는 서울대 위상의 변화는 아니다. 서울대가 우리나라의 교육에서 중요하기는 하지만, 결국 일개 국립대학에 불과한 것이며, 전체 교육의 변화를 꾀하면서 한 대학을 중심에 놓고서 생각한다는 것은 잘못이다. 구상의 결과로 서울대 위상의 변화가 있겠지만, 비단 서울대의 위상만 바뀌는 것이 아니라, 다른 국립대학의 위상에 있어서도 변화가 있기는 마찬가지이다.

3) 국립대 통합네트워크 구상에 대한 반응들

이러한 구상에 대한 반응은 여러 갈래이다. 먼저 긍정적 내지는 적극적 반응들을 보면, 민주노동당이나 전교조, 참교육학부모회, 학벌없는 사회 등 그간에 우리나라 교육의 진보적 변화를 꾀한 많은 단체들은 이 구상에 대해 아주 호의적이다. 이러한 호의적 반응은 일정하게 예측할 수 있는 것이기도 한데, 이 구상의 많은 부분들이 이들 단체의 제안들로부터 참조한 것이기 때문이다. 특히, 민주노동당에서는 이 제안을 자신들의 교육정책안으로 받아서 약간의 수정을 한 후에 2004년 국회의원 선거과정에서 자신들의 강령에 포함시킬 정도이었다.

그간에 대체로 이러한 구상들에 대한 반응은 무관심으로 대응하는 것이다. 특히, 기존 대학서열체제의 상위에 있는 대학들에게 부정적 영향을 줄 수 있는 제안이 제시될 경우에 그러했다. 괜히 공론화시켜서 문제의 중심에 설 필요가 없다는 이유 때문으로 여겨진다. 그런데 민주노동당이 17대 의회에서 10개 의석을 차지한 제3당이 됨에 따라서 이러한 구상은 이전과는 다른 힘을 가지게 되었다. 대학개혁에 관한 제안들 중에서, 특히 서울대의 위상 변경과 관련될 수 있는 제안들은 지금까지는 그냥 묵살되었지만, 이제 이 구상은 원내 제3당의 정책강령이 됨으로써 간단히 무시할 수 있는 그런 수준을 넘어서게 된 것이다.

그럼에도 여전히 가능하면 논의를 무화시키는 것이 일차적 전략인 듯하다. 국립대 통합네트워크 구상이 특히 서울대에 일정한 영향을 주지만, 연세대나 고려대 등의 사립 상위권 대학에 미치는 영향은 상대적으로 적기 때문에, 특히 서울대와 관련되는 사람들의 전략이 그러하다. 예컨대 최근 KBS에서의 한 토론에서 서울대에서 나온 한 토론자는 왜 이런 토론장에서 서울대 문제가 제기되는가 하며 불편한 심경을 토론하면서, 오히려 서울대 발전방향에 대해 논의하자고 했다.[26] 그것은 서울대 총장 정운찬의 언설에서도 나타난다. 정운찬(2004.7)은 ≪동아일보≫에의 기고를 통해 자신들이 서울대 발전방안을 깊이 연구하고 있으니, 서울대 폐지논쟁 중단을 요구하면서, "국가 발전의 차원에서 서울대 미래상에 대해 관심을 보여주시고 각종 지원을 아끼지 말아 주시기 바란다"고 주장한다.

그러나 이전과는 달리 일정한 힘을 가지고 계속 논의가 지속되고 있으니까 여러 가지 방법으로 이 구상을 훼손하려고 한다. 그 첫번째 방안이 바로 주장하는 논의의 초점을 다른 것으로 바꾸는 것이다. 예컨대

---

26) 2004년 5월 2일 KBS 교육대토론 '학벌주의와 대학서열화 문제, 어떻게 풀 것인가?'

이 안을 대학 평준화안으로 이름붙인다든지, 또는 서울대 폐교론으로 분식하는 것이다.27) 이러한 방법은 어떤 제안을 무력화시킬 때 제안에 대한 무반응과 함께 흔히 쓰이는 방법이다. 그러한 다양한 비판들을 다시 비판적으로 검토할 필요가 있다.

4) 부정적 반응 비판

(1) 평준화론

위의 구상은 흔히 대학 평준화론으로 불린다.28) 1970년부터 서울의 중학교부터 시작된 학구별 전형을 중학교 평준화라고 불렀던 것을 상기시키는 방식이다. 하지만 위의 구상은 대학 평준화론이 아니다. 이 구상에서 일정 자격을 가진 학생들은 모든 국립대학에 들어갈 수 있도록 하는 것은 사실이다. 그렇지만 그것이 대학 평준화인 것은 아니다. 현행의 대학 인력들이 그대로 배치된 상태에서 서로 경쟁하면서 교육을 시켜야 하는데, 그것이 평준화라고 할 수는 없다. 입학생의 경우에는 조직의 입장에서 보면 투입 또는 재료인데, 투입이 같다고 해 조직이 평준화되는 것은 아니다. 동일한 투입을 어떻게 가공하는가에 따라서 조직의 성과가 다른 법이다. 병원에 오는 환자들이 비슷하다고 해 병원들이 평준화되었다고 하지는 않는다. 위의 안과 비슷한 미국 캘리포니아 대학 시스템, 프랑스나 독일의 대학체제에 대해 어느 누구도 평준화된 체제라는 표현은 사용하지 않는다. 위의 구상에 대해 평준화라고 이름붙이는 것은 현재 중고교 평준화의 이미지를 붙이려고 하는 것

---

27) 2004년 6월 1일자 ≪동아일보≫의 사설이 그 전형적인 예가 될 것이다.
28) 본 구상을 대학 평준화로 파악하는 것은 본 구상에 대해 호의적인 입장을 가지는 사람들에게서도 나타난다. 김진석(2003), 이안승진(2003), 박영진(2003)이 그 예가 될 것이며, 정진상(2004)도 대학 평준화라는 용어를 사용한다. 그러나 평준화에 호의적이라고 하여, 본 구상을 대학 평준화라고 하는 것은 잘못된 용어의 사용일 따름이라는 것이 필자의 입장이다.

이다.29) 그러한 의도가 좋은 것이든 나쁜 것이든 그것은 사실에 부합되지 않는다. 교육만이 거의 이루어지는 중고교와 교육뿐만 아니라 연구가 중요한 임무인 대학에서 입학생의 자질이 비슷하다고 해 평준화된다고 하는 것은 잘못이다.

하향 평준화라고 주장하는 것은 더욱 잘못된 것이다. 오로지 입학생들만을 두고 보면 각 국립대학에서 공부하는 학생들의 수준이 비슷해지는 것은 사실이지만, 그렇다고 해 각 대학에 들어오는 학생들의 수준이 예전에 비해 더 낮아지는 것은 아니다. 서울대의 입장에서 보면 다소 낮아지는 수도 있지만, 다른 국립대의 입장에서는 반드시 그런 것은 아니다. 서울대의 입장에서 사물을 보는 것을 다른 사람들에게도 강요해서는 안 되며, 그러한 시각이 보편적인 것처럼 치장하는 것은 학자의 노릇은 못된다.

(2) 서울대 폐지론

국립대 통합네트워크 구상은 흔히 서울대 폐지론으로 간주된다. 서울대 총장 정운찬도 일간신문의 칼럼에서 그런 표현을 바로 쓰고 있다. 그러나 이 구상 어디에도 서울대를 없애야 한다는 구절은 없다. 서울대 문제를 정면에서 제기하고는 있지만, 그렇다고 해서 서울대를 폐지하는 것이 좋다는 언급은 전혀 하지 않고 있다. 그럼에도 이러한 구상을 서울대 폐지론이라고 한다. 이렇게 본 구상을 보는 입장이 다른 것은 본 구상에 대한 이해의 차이에서 비롯될 수도 있지만, 다른 한편으로는 서울대 폐지론에 대한 생각이 다르기 때문일 것이다. 서울대 폐지론이라고 하는 것이 무엇인가에 대한 개념 정의가 다르다는 말이다.

국립대 통합네트워크 구상에서는 서울대를 폐지한다는 어느 한 조항도 없다. 서울대에도 학생들이 입학해 수업을 하고, 서울대에서 공부하

---

29) 손지희(2003)는 고교 평준화 논의가 계급적 성격을 지님을 정확하게 지적하고 있다.

고 졸업한다. 단지 서울대 명의의 졸업장을 받지 않을 뿐이다. 대신 서울대에서만 공부한 사람들에게도 국립대 공동의 학위가 수여된다. 그 외에 서울대에서는 지금 이루어지는 모든 내용의 교육들이 이루어지는 것이다. 아마 지금과 비슷한 내용의 강의가 지금의 교수들에 의해서 이루어진다. 단지 교육의 대상이 확대될 뿐이다. 그럼에도 그것을 서울대 폐지론이라고 받아들인다. 그것은 현재의 서울대 체제를 조금도 바꿀 의사가 없으며, 서울대가 가지고 있는 어떠한 기득권도 포기할 의도가 없다는 것으로 읽히기도 한다.

서울대 폐지론에 대해 가장 강력한 반대를 제기하는 단체는 서울대 총동창회이다. 서울대 동창회에서도 지난 2004년 6월의 「서울대동창회보」이래 계속 서울대 폐교론을 쟁점으로 삼고 있다.[30] 서울대동창회에서 그렇게 염려하는 것은 한편으로는 이해할 만하기도 하지만, 뭔가 오해가 있는 것 같다. 부디 그 오해가 고의적인 것이 아니기를 빈다. 서울대에서 학부를 개방하거나 또는 한시적으로 서울대 학부에서 학생을 받지 말자는 등의 논의는 있었어도, 감히 서울대 전체의 폐교를 직접적으로 주장하는 사람은 없었다는 것을 다시 상기할 필요가 있다.[31]

(3) 엘리트 교육 필요론

국립대 통합네트워크 구상이 엘리트 교육을 도외시하고, 엘리트 양성을 저해한다는 주장을 하기도 한다. 서울대 동창회에서는 회보를 통해 국립대 통합네트워크론에 대한 비판을 하면서, 중국, 프랑스, 미국, 일본, 러시아를 비롯한 여러 나라의 교육정책에 대한 좌담 결과를 싣기도

---

30) 서울대 동창회에서는 2004년 9월 10일에는 보직교수들과의 모임에서 "서울대 폐교론에 완벽하게 대응할 수 있는 책을 발간할 계획"이라고 제안하자, 서울대총장 정운찬은 연구자료를 최대한 공급하겠다고 약속했다고 한다(서울대동창회보, 2004.10.15, 319호 2면).
31) 따라서 서울대 폐교와 관련된 오세정(2003)의 걱정은 과도한 것이다. 서울대 학부 폐지론과 관련해서는 유팔무(2001) 참조할 것.

했다. 그런데 처음에는 서울대 폐지론에 대해 반대하는 것처럼 시작하더니, 다섯번째의 러시아 교육에 대한 좌담에서는 '서울대를 세계 속의 초일류 대학으로 키우려면⋯⋯'이라는 제목을 달았다. 서울대에서 엘리트 교육을 해야 한다는 주장이었다. 그러면서 토론의 주된 논점이 세계적으로 엘리트 양성에 힘을 쏟고 있는데, 한국에서는 대학 평준화니 하면서 오히려 엘리트 교육에 대해 부정적이라는 주장이다. 하지만 정진상(2004)이 적절히 지적하듯이 국립대 통합네트워크 속에 현재의 이공계 엘리트 교육의 산실이라고 할 수 있는 KAIST를 포함시키고 있지 않듯이 위의 안이 엘리트 교육를 전혀 부정하고 있는 것은 아니다.[32] 오히려 과연 현재의 서울대학교가 과연 진정으로 엘리트 교육을 하고 있는지, 또는 그것은 고사하고 제대로 된 대학교육을 하고 있는가를 반성해야 할 것이 아닌가 한다.

(4) 해결불가능론

혹자는 국립대 통합네트워크 구상으로써 대학입시의 문제점이나, 사교육의 과잉, 학벌주의 등의 우리 교육과 관련된 문제를 완전히 해결할 수 있는 것은 아니지 않는가 하고 비판한다. ≪조선일보≫는 "대학을 평준화하면, 서울대학을 없애면, 한국의 대학교육 수준이 단번에 세계의 정상급에 이를 수 있을까"라고 사설을 통해 묻는다(2004년 4월). 물론 그것은 불가능하다.

어떤 주장을 생산적으로 비판하는 것이 아니라, 주장 자체를 무화시키는 방법 중의 하나가 '근본적 해결'의 언명이다. 어떤 문제에 대한 해결책을 제시할 경우, 그러한 해결책이 근본적인 해결책이 아니라, 미봉책에 불과하다는 식의 비판이 그것이다. 그러나 무릇 그러한 근원적

---

32) 박정자(2004)는 프랑스의 그랑 제꼴의 예를 들면서, 프랑스 교육에서의 엘리트 교육의 장점을 주장하며, 대학 평준화론을 반대한다. 국립대 통합네트워크안을 좀더 읽어볼 노릇이다.

해결책을 사회세계에서 찾는 일은 무척 어렵거나, 또는 불가능하다. 여기서 우리는 조직사회학에서의 고전적 언명인 최적해와 만족해의 비교를 상기할 필요가 있다. 이상적 합리성으로서는 조직의 문제해결을 위해 최적해를 모색할 수 있지만, 실제로는 만족해를 추구할 뿐이며, 그것이 제한된 합리성이기는 하지만 현실적 합리성이다. 현실적 합리성을 도외시하고 최적해만을 주장한다는 것은, 과연 문제해결의 의지가 있는가를 의심할 여지가 있다.

《동아일보》는 "서울대 폐지론은 입시문제를 해결하기 위한 수단으로 대학시스템을 바꾸자는 것이다"라고 사설에서 주장한다(2004.6.1). 이러한 주장 역시 일종의 오해에 근거한다. 국립대 통합네트워크 구상을 통해서 현행 입시문제가 완화되기를 기대하지만, 그럼에도 어떤 정책의 도입으로 난마와 같이 얽혀 있는 현행 입시문제가 일거에 해결될 수 있다고 생각하지는 않는다. 본 구상을 통해 현행 입시문제를 부분적으로나마 해결하기를 바라지만, 구상의 근본은 제대로 된 교육과 제대로 된 학문을 중고등학교에서, 대학에서 해보자는 것이다. 그래서 우리나라의 교육과 학문을 바로 세우자는 것이다.

(5) 국립대학 사립화론

서울대 중심의 학벌주의를 비판하면서, 대안으로 대학교육을 전적으로 사립화하자는 제안이 있다. 김동훈(2001a, 2001b)의 입장이 대표적인데, 김동훈은 대학서열의 유동화는 받아들여야 한다는 점에서는 필자의 의견과 같지만, 그렇게 하기 위해서는 국립대를 사립화하든지, 서울대학교를 법인화하는 방안을 제시하고 있다. 김동훈은 국가의 지원을 받는 국립대와 사립대가 동일한 시장에서 경쟁하는 것이 잘못이라는 논리를 제시하는데, 어쩌면 그의 말이 타당할 수도 있다. 필자의 입장은 모든 대학을 국립화하는 것이 바람직하다는 입장이기는 하지만, 만약 경영학이나 의학 분야처럼 일정 분야에서 사립이 필요하다면 그것도 가능하다는 입장이다. 하지만 과거의 문리과대학의 영역과 같은 기초학문 분야나 재정적 자원이 많이 필요하지만 민간부문에서 충분한 자원을 동원하기 곤란한 분야에 대해서는 국립대가 절대적으로 필요하다는 입장이다.

그러나 이러한 입장이 김동훈 등이 암묵적으로 전제하고 있는 사립이 국립보다도 더 효율적이라는 주장에 동의하는 것은 결코 아니다. 미국의 예를 들면서 사립대의 우수성을 주장하기도 하지만,33) 경쟁시장에 있기 때문에 더 효율적이라는 주장의 경험적 증거는 의외로 찾기 어려우며, 미국의 사립대학이 우리나라의 사립대학과 같은 위상인지에 대해서는 충분히 의문을 제기할 수 있다. 미국 유수의 사립대학은 물론 국공립은 아니지만, 그렇다고 해 감히 대학 등의 교육기관을 개인의 사적 소유수단으로 보는 사람들에 의해서 소유되고 운영되는 것은 아니

---

33) 대학서열구조의 변화에 대해 미국이나 일본의 예를 들어 비판하기도 한다. 이러한 비판은 적절한 맥락 속에서 이루어진다면 충분히 경청할 노릇이지만, 단지 미국에서도 이러이러한데, 우리나라에서는 어떠어떠하다는 식의 비판이라면, 스스로가 식민지적 심성에 푹 빠져 있는 것은 아닌지 자문해볼 노릇이다. 우리는 흔히 사회제도에 대한 정당성이나 선호를 제시하면서 서구, 특히 미국의 예를 들면서 그것을 정당화시키는 것을 많이 본다. 물론 문제의 파악이나 해결의 단초를 마련하기 위해 외국의 사례들을 폭넓게 고찰하는 것은 필요하다. 그러나 그것이 기든스 등이 지적하듯이 인류학적 상상력을 북돋우기 위해서이지 외국의 예들을 그대로 따르기 위해서는 아니다. 물론 어느 학자들도 외국의 예를 그대로 따르자는 말은 하지 않는다. 그러나 은연중 미국에서는 엘리트 교육을 강화하는데 우리는 대중 교육을 더 중시한다든지 하는 주장은, 그 말의 실제적 사실성 내지는 진실성은 고사하고라도, 그러한 언명의 식민지성에 대해서 엄중하게 비판받아야 마땅하다. 어느 사회적 제도도 시공간을 초월해 완벽한 것은 없으며, 지금 이 순간에 아주 잘된 제도라고 하더라도, 일정 시기가 지나면 수정의 필요성이 나타나는 것이 일반적이다. 따라서 어떠한 좋은 제도라도 그것이 단지 좋기 때문에 도입하는 것은 어불성설이다. 외국의 사회제도에 대한 논의를 하는 것은 단순히 그 제도만을 도입하기 위해서가 아니라, 그것이 어떠한 사회적 맥락 속에서 입안되고 실행되었으며, 그것이 어떠한 사회적 결과를 낳는가를 파악함으로써 우리 사회에서 유사한 사회제도를 도입할 경우 필요한 통찰력을 얻기 위해서이다. 학문의 역사가 오래 되지 않았다고 해 위대한 독자성을 갖지 못하는 것은 아니며, 학문의 역사가 오래 되었다고 해 식민지적 심성과 무관한 것은 아니다.

다.

그리고 이 집단의 주장과 관련해서는 최근 미국에서 사립학교의 성취가 일반 공립학교에 비해서 더 못하다는 연구결과를 중시할 필요가 있다(Schemo, 2004). 사유화가 항상 옳은 것은 물론 아니지만, 특히 교육과 같은 시민의 기본 서비스 분야를 사유화할 경우 나타날 수 있는 여러 부작용은 고사하고, 무엇보다도 바로 지식 습득의 수준조차도 낮아진다는 것에 주목할 필요가 있다.

일부에서는 교육의 공공성 개념 자체에 대해서 부정하는데, 이러한 입장에 대해서는 반론을 제기할 필요도 느끼지 못한다.

(6) 사립대 중심의 새로운 서열구조의 발생 우려

서울대학교를 국립대학 통합네트워크에 묶으면, 현재 서울대가 차지하고 있는 수위의 자리를 연세대나 고려대와 같은 사립대학교가 차지하게 되며, 결국은 다시 대학서열체제가 만들어질 것이 아닌가 하는 주장이 있다. 아마 지방의 사립대학들은 국립대 통합네트워크의 구조 속에 들어오겠지만, 서울의 몇몇 사립대학들은 서울대의 수위성이 사라졌기 때문에 더욱 높은 위상을 차지할 것이라는 염려가 있다. 어쩌면 그럴지도 모른다. 그러나 우리 사회가 자본주의 사회를 지향하는 한에서는 사립학교에 대한 지나친 통제는 바람직하지 못하다. 만약 그들 대학교가 기초 학문에 많은 재원을 할애한다면, 그것은 오히려 바람직하다고 보아야 할 것이며, 만약 그들 학교가 기초 학문을 대체로 포기하고, 응용 분야에 집중 투자를 한다면, 어쩌면 국립대에서는 그들 분야에 대한 계속적 육성을 해야 할 것인가를 고민해야 할 것이다. 그러나 그것은 다음의 문제이다. 이미 지적했지만, 가능한 모든 문제들에 대한 해결책을 가지고 정책 대안을 제안할 수는 없으며, 게다가 우리나라의 대학 체제를 국립으로만 운용할 것인지, 또는 국립과 사립을 병행시킬 것인지는 또 다른, 아주 근원적인 국민적 토론이 필요한 분야이다. 따라서 사립대 중심의 새로운 서열구조의 우려는 정당한 우려임을 인정하면서, 그러나 지금 그것이 긴급한 것이 아니라는 점도 고려하는 것이 좋을 듯하다.

4. 기득권 구조로서의 대학서열체제

혹자는 국립대 통합네트워크안을 체제를 위협하는 제안이라고도 한다. 어쩌면 이 제안은 기존 체제를 뒤흔드는 그런 제안일 수 있다. 하지만 여기서 뒤흔드는 기존 체제는 한국사회의 헌법적 체제는 아니다. 이 제안이 민주공화국의 근간을 흔드는 것은 아니며, 이 제안이 자유민주주의를 부정하는 것은 아니다. 이 제안은 또한 자본주의를 부정하는 것도 아니며, 경쟁체제를 완화시키려는 것도 아니다. 오히려 이 제안은 중고등학교에서의 학력경쟁, 학업경쟁을 완화하는 것을 목표하지만, 대학 내에서의 경쟁은 완전히 새로운 차원에서 격렬하게 이루어지도록 추구하고 있다. 제대로 성장하지 못한 아이들에게 경쟁하라고 부추기는 것이 아니라, 이제 어른이 된 사람들에게 최선의 노력을 기울여서 자신의 잠재 능력을 최대한 발휘하라고 독려하려는 것이다. 중고등학교 때의 성적이 평생을 결정하도록 하는 체제를 없애고, 오히려 성인이 되어서 끊임없는 경쟁을 해야 한다고 주장하는 것이다.[34]

서울 수도론과 현존 대학서열체제 온존론 등은 기득권체제의 핵심적 사안들에 속한다. 국가보안법도 중요한 요소이며, 사학법이나 언론관계법 등을 비롯한 노무현 정권의 개혁법안들도 기득권체제의 핵심을 건드리는 제안들이기는 하지만, 그러나 그것들은 이제 시효가 다했거나(국가보안법, 언론관계법), 또는 기득권층의 일부만을 대상으로 하는 것들

---

34) 그런 의미에서 이 구상의 대강이 경쟁 강화에 대해 다소 부정적으로 바라보는 민주노동당의 강령에 포함되는 것은 아이러니이다.

(사학관계법, 언론관계법)이다. 그러나 서울 수도론과 현존 대학서열체제 온존론은 기득권층 다수들의 핵심을 건드리는 제안이며, 아직 대중적 지지를 크게 받지도 못하는 구상들이다. 따라서 기득권층들은 이들 구상들이 현실적 가능성을 가지거나 대중적 논의의 대상이 되는 것에 대해서 반대한다. 그리고 일단 그러한 구상들이 본격적으로 논의되면 어떻게 해서라도 그런 구상들을 무력화시키려고 한다. 2004년 가을의 헌법재판소에서 '관습헌법'이라는 스스로의 존재를 부정하는 개념의 도입을 통해서 행정수도 이전을 불가능하게 만든 것도 기본적으로는 그것이 기득권층의 핵심적 이해관계와 연결되기 때문이다.

왜 대학서열구조가 기득권층 체제의 핵심인가? 글머리에서 지적한 것처럼 대학서열구조에 대한 논의에서 핵심적인 것은 대학서열 그 자체가 아니라, 그 서열의 구조 내지는 구조화이다. 여기서 구조라는 말의 핵심은 그것이 고착화되어 있다는 것이며, 끊임없이 재생산된다는 의미로 해석되어야 한다. 어떤 서열이 존재한다는 것이 문제가 아니라, 그것이 하나의 구조로 정착되었다는 것이 문제라는 것이다. 그것이 구조화되어 있기 때문에 바로 (교육시장에서의) 경쟁을 구조적으로 막는다는 것이다. 달리 말하면 대학서열구조의 핵심은 경쟁을 제한하고, 경쟁을 무력화시키는 구조라는 것이며, 그 과정은 계층체제에서 상층들이, 기득권층들이 자신들의 기득권체제를 재생산하는 방식이기도 하다. 흔히 고등교육이 상승 이동의 통로라고 말한다. 그러나 고등교육을 받는 수많은 사람들에게 있어 고등교육은 계층적 지위의 변화를 위한 것이기보다는 현재의 지위나 위치를 유지하기 위한 수단의 성격이 훨씬 더 강하다. 우리 사회에서는 그것에 더해 특정 학교 졸업의 여부가 기득권층을 낳는다.[35]

---

[35] 선진 사회에서도 그런 현상이 발견된다고 강변할 노릇은 못된다. C. 라이트 밀즈(1956, 1979)는 1950년대 초에 이미 미국 사회에서도 몇 개의 소수 대학 출신들이 미국 사회에서의 권력 엘리트층을 구성함을 설파했다. 사실 미국

이들에게 있어서 연고 내지 연줄은 아주 중요하다. 지금까지 연고 내지 연줄은 부정적으로 간주되고 논의되었다. 그런데 최근에는 연고주의에 새로운 옷을 입히기 시작했다. 이러한 주장은 네트워크에 대한 관심이 여러 학문분야에서 커져가는 것과 더불어 나타나기 시작했는데, 여러 현상들을 이해함에 있어서 대상들의 개별적 속성과 함께 관계적 측면에 대한 연구가 중요하다는 주장이 나타났는데, 그것이 살짝 연고주의를 긍정적으로 볼 필요가 있다는 주장으로까지 나타났다.[36] 이러한 주장의 전개방식은 다음과 같다.

한국사회는 제2차세계대전 이후 제3세계 중에서 드물게 나름대로 정치·경제적으로 발전한 나라인데, 한국사회에서 어떻게 경제발전이 이루어졌는가를 살펴보니, 국가가 경제발전을 주도할 뿐만 아니라,[37] 국가 관료와 기업인들 사이의 연결망 구조가 잘 이루어졌더라는 것이다. 그러니까 관료와 기업인들 사이의 연고망이 한국사회의 급속한 경제성장에 긍정적 영향을 미쳤다는 것이다. 지금까지는 연고주의가 나쁜

뿐 아니라 많은 사회에서 상층의 권력 엘리트들이 소수의 대학 출신들로 주로 구성되는 경우는 많다. 그 소수의 대학들은 우수한 교수와 학생들로 구성되고 재정이나 시설도 훌륭한 경우가 많다. 하지만 그 소수의 대학들이 계속적으로 최상위권의 위치를 차지한다면, 그것은 잘못된 것이다. 소수의 엘리트들 집단이 일정한 성채를 만들어 그 속을 진지로 사회에 상층 집단을 지속적으로 재생산한다면, 민주주의 사회의 기본적 원리에 어긋나는 것이며, 그것은 잘못이다. 비록 그러한 현상이 선진 사회에서 일반적으로 관찰되는 현상이라고 하더라도, 그것은 잘못이다. 존재하기 때문에 선일 수는 없는 것이다. 이런 의미에서 최근 미국 사회의 유명 대학들은 자신의 대학에 상층 자녀들이 몰리는 현상을 완화하려는 노력을 하고 있다는 ≪뉴욕타임즈≫ 기사는 눈여겨 볼 필요가 있다(Leonhardt(2004) 참조).

[36] 사회학에서의 network의 중요성을 강조하는 것은 꼭 필요하다. 그런 의미에서 최근 바라바시(2002)의 번역이나 김용학(2003b, 2003c)의 노력을 비롯한 사회연결망 연구에 대한 강조는 정당하다. 그러나 그것이 연고주의에 대한 찬사로 이어지는 것은 전혀 별개의 문제이다. 連結과 緣故는 같은 '연'이라는 한글로 시작하지만, 전혀 다른 단어이다.

[37] 발전국가론에서 국가의 역할을 과도하게 강조하는 것도 주의해야 하지만, 개발을 빌미로 독재를 정당화시키려는 어떠한 노력에도 의심의 눈초리를 거두어서는 안 된다. 개발독재론과 관련해서는 이병천(2003) 참조.

것이라 생각했는데, 의외로 그 좋은 점이 있더라는 것이다. 그러면서 연고주의에 대해서도 긍정적으로 보자는 제안들을 하고 있다(김성국, 2003).

그러나 네트워크를 중시하는 것이 연고주의인 것은 아니다. 연결망과 연고망은 다른 것이다. 그것은 재벌이 단순한 대기업집단이 아닌 것과 마찬가지이다. 네트워크를 연결망으로 번역하는 것은 중립적이지만, 그것을 연고망으로 번역하는 것은 정치적이며, 의도적이다. 그리고 우리 사회에서의 연고망이 네트워크적 요소를 가지고 있는 것이 사실이기는 하지만, 연고가 네트워크로 번역될 수는 없다. 우리 사회에서의 재벌이 대기업집단인 것은 사실이지만, 대기업집단을 재벌이라고 부를 수 없는 것과 마찬가지이다.

연고주의의 핵심은 파슨즈의 근대와 전통의 구분에서의 특수주의(particularism)이다. 사람들과의 관계맺음에 있어 보편적 기준이 아닌 특수한 기준, 예컨대 나와 인척관계인가 아닌가 등의 기준에 의해 이루어지는 것이 특수주의적 원칙이다. 이러한 특수주의의 근간은 일정 경계 내에서의 포섭과 그밖에 대한 배제이다. 그리고 그 기준은 노출되어 있는 것이 아니라, 숨겨져 있으며, 은폐되고, 또는 머뭇거림이다. 그것은 잘못된 것이다. 그렇다면 왜 우리 사회에서는 이러한 연고주의에 기초한 학벌주의가 기득권체제, 또는 지배체제에서의 핵심적 위치를 가지는가? 이에 대한 해명은 보족적 지배원리의 개념을 통해 가능할 것이다.

한 사회에서의 지배구조는 하나의 원리에 의해서만 이루어지지 않는다. 자본주의 사회에서의 국가는 자본제 국가이며, 그래서 국가는 자본가계급의 이해에 봉사하고, 또 자본가계급이 자본주의 사회에서의 지배계급이기는 하지만, 자본주의 사회의 지배구조는 이렇게 나누어진 계급적 지배에 의해서만 구성되는 것은 아니다. 구체적으로 존재하는 자본주의 사회에서의 갈등들에서 많은 부분은 자본과 노동 간의 관계를 둘러싼 갈등이 아닌 수가 많다. 대표적인 것이 인종 내지는 민족적 갈등이며, 또는 종교적 갈등의 형식을 가진다. 그런데 이러한 인종적·민족적·종교적 갈등의 근저에 깔려 있는 것이 자본주의 사회에서의 기본적 갈등인 계급적 또는 경제적 갈등이며, 외피로서 나타나는 인종적·민족적·종교적 갈등은 계급적 지배의 보족적 지배원리로 이해할 수 있다. 그리고 이 보족적 지배원리가 중요한 것은 계급적 차이나 경제적 차이에 비해 인종적·민족적·종교적 차이는 눈에 잘 띄며, 또 정서적 성격을 강하게 가지기 때문이다.

그런데 이러한 인종적·민족적·종교적 차이 또는 균열이 뚜렷하지 않는 사회에서는 지역적 차이가 그러한 균열을 대신하도록 형성되는 경향이 있으며, 우리 사회에서의 지역주의적 균열을 이러한 맥락에서 이해할 수 있다. 그러나 지역적 균열이 인종, 민족, 종교 등의 균열과 궤를 같이 하지 않는 경우에는, 그래서 그 균열의 역사적·문화적 바탕이 상대적으로 취약한 경우에는 다른 보족적 지배원리가 활용되며, 우리 사회의 경우에는 학벌주의가 그러한 보족적 지배원리의 중요한 부분이라고 할 수 있겠다. 학벌주의는 우리 사회에서의 전통적인 학문에 대한 숭상과 더불어, 근대적 원리라고 하는 능력주의(meritocracy)의 형식도 갖춘 것으로 보이기 때문에 그 어느 지배원리보다도 더욱 그럴듯함을 가지게 된다.

그러나 학벌주의는 다른 지배의 원리와 마찬가지로 피지배집단을 여러 갈래로 분리시키고(전문대/비전문대, 국립대/사립대, 서울의 대학/수도권의 대학/지방의 대학), 지배집단에 속하는 집단들도 다시 차등화시킨다(서울대를 정점으로 이루어지는 상위권 대학들의 순위). 그것은 지역주의가 경상도와 전라도를 대립시키면서, 서울/수도권/지방으로 이루어지는 지역격차를 유지하고, 그러면서 다시 서울에서도 강남과 강북으로 나누는 것과 유사하다.

대학서열이 구조화되고 고착화되는 것을 타파하려는 것은 이처럼 우리 사회의 지배구조의 중요한 원리에 대한 도전이며, 그렇기 때문에 우리 사회의 기득권층들은 대학서열체제에 대한 효과적 해결책에 대해 그토록 비판하고, 비난하는 것이다. 그렇기에 더욱 대학서열이 구조화되는 것을 해체하는 작업은 중요한 것이다. 그리고 이 작업은 일회적으로 이루어지는 것이 아니다. 현재의 대학서열체제가 해체되고서, 다시 다른 형식의 구조화가 이루어진다면 그 구조를 깨는 작업은 여전히 필요한 것이다. 지속적인 휘젓기가 사회발전의 동력이기 때문이다.

<참고문헌>

강준만. 1999, 『서울대의 나라』, 개마고원.
곽주원. 2003.9, 『청년 실업의 원인과 현황, 그리고 민주노동당의 대응 전략』 (민주노동당 정책위원회 문건).
김경근. 1999, 『대학서열 깨기』, 개마고원.
김부태. 1995, 『한국 학력사회론』, 내일을 여는 책.
김동훈. 2001a, 『한국의 학벌, 또 하나의 카스트인가』, 책세상.
_____. 2001b, 「학벌주의의 극복을 위한 교육 정책적 대안」, 『KEDI 교육정책 포럼』, 2001년 9월, 한국교육개발원.
김상봉. 2001, 『서울대, 한국의 지배계급』, http://antihakbul.org/cgi.bin
_____. 2004, 『학벌사회』, 한길사.
김성국. 2003, 「머리말」, 김성국 외편, 『우리에게 연고란 무엇인가: 한국의 집단주의와 네트워크』, 전통과 현대.
김용학. 2003a, 「한국사회의 학연: 사회적 자본의 창출에서 인적자본의 역할」, 김성국 외편, 『우리에게 연고란 무엇인가』, 전통과 현대.
_____. 2003b, 『사회연결망 이론』, 박영사.
_____. 2003c, 『사회연결망 분석』, 박영사.
김진석. 2003.12.13, 『학교 평준화를 위한 사회적 장치: 외국의 예에서』, (대학평준화학술대회 발제문).
김태수. 2003, 『학벌, 디지털 대한민국의 그 마지막 굴레』, 서원.
진보교육연구소 대학평준화준비팀. 2004, 『대학 평준화, 이제는 당당히 가야 할 길』.
박영진. 2003.9.30, 『대학위기와 대학공공성 실현을 위한 개혁방안』, (대학평준화학술대회 발제문).
박정자. 2003.11.25, 「프랑스 대학 평준화에 대한 오해」, ≪조선일보≫.
서울대 학생생활연구소. 2000, 2001, 2002, 『신입생특성조사』, 서울대.
손지희. 2003.12.30, 『평준화 논의의 지평과 계급적 성격』, (대학평준화학술대회 발제문).
송복 편. 1984, 『사회불평등기능론』, 전예원.
송태정. 2003.1.16, 「서민가계 압박하는 가계비 교육비」, 『LG경제』.
오세정. 2003.10.29, 「서울대 비판에 대한 변명」, ≪중앙일보≫.
유팔무. 2001, 「서울대 문제에 대한 지식인의 대응」, 『사회비평』 봄호.
이만희 외. 2003.10, 「지방대학의 위기진단과 구조조정 방안」, 『KEDI 교육정책 포럼』, 한국교육개발원.
이병천. 2003, 『개발독재와 박정희시대: 우리 시대의 정치경제적 기원』, 창비.
이안승진. 2003.9.30, 『대학평준화, 우리시대 진보운동의 중요한 과제』, (대학평준화학술대회 발제문).
이이화. 2004, 『한국의 파벌』, 솔과 학.
이정규. 2003, 『한국사회의 학력·학벌주의: 근원과 발달』, 집문당.
이종재. 2003.10.16, 「비뚤어진 교육경쟁…계층간 위화감 불러」, ≪동아일보≫.
이주호. 2004.4.28, 「대학의 자율화: 백년대계의 선택」, 『업코리아』.
이정주. 2003.7.24, 『지방대학 졸업자의 진로 활성화를 위하여: 인재지역할당제를 중심으로』, (지방대학의 위기진단과 발전방안 KEDI 포럼 발제문).
이철호. 2003.12.1, 『대학입학제도개혁 기본방안 및 경과조치안』, (사교육비종합대책안과 대학입시개혁안 공청회 발제문).
_____. 2004, 『대학입시와 학벌문제 해결방안』, (교육개혁시민운동연대 주최 노무현 정부 2기 교육정책의 방향과 과제 토론회 발제문).
_____. 2004.9.3, 『교육부 2008 입시안의 문제 및 범국민적 입시안 마련을 위한 제안』, (교육부 입시안 평가 및 대입제도 개혁안 마련을 위한 토론회에서의 발제문).
이현청. 2000, 『21세기와 함께 하는 대학』, 민음사.

이혜영. 1991, 「학력주의와 학력경쟁」, 고영복 외, 『현대사회문제』, 사회문화연구소.
이훈구. 2003, 『연고주의』, 법문사.
정세근. 2003.10.30, 『학벌과 국가경쟁력』, (국가인권위원회 입사지원서의 차별적 항목 시정을 위한 토론회 발제문).
정진상. 2004, 『국립대 통합네트워크: 입시지옥과 학벌 사회를 넘어』, 책세상.
_____. 2004, 『서울대 폐지론의 실제: 국립대 통합네트워크 구축』.
정태화 외. 2004, 『학벌주의 극복을 위한 종합대책 연구』.
최바울. 2003, 『대졸자의 노동시장 이행실태와 성과분석』, KDI 보고서.
최상근 외. 2003, 『사교육비 실태 조사 및 경감 대책 연구』, 교육인적자원부 보고서.
_____. 2003.11.28, 『사교육 문제에 대한 대책: 공교육 교육력 강화를 중심으로』, (교육개발원 제5차 공청회 발표).
홍영란 외. 2002, 『기업의 직원 채용 및 승진 등에 학벌이 미치는 영향 연구』, 한국교육개발원.
황호택. 2001.9, 「우리 사회의 학력·학벌주의 극복을 위한 정책 방향과 과제에 대한 토론」, 『KEDI 교육정책포럼』, 한국교육개발원.
Burris, V. 2004, "The Academic Caste System: Prestige Hierarchies in PhD Exchange Networks," *ASR*, 69(2), pp.238-264.
Eccles, C. 2002, "The Use of University Ranking in the United Kingdom," *Higher Education in Europe*, 27(4), pp.424-433.
Cohen, D. 2004, "New Zealand Releases Controversial University Rankings," *Chronicle of Higher Education*, 50(35).
Leonhardt, D. 2004, As Wealthy Fill Top Colleges, New Efforts to Level the Field, *New York Times* (4.22).
Schemo, D. J. 2004.8.17, Nation's charter schools lag behind, U. S. test scores reveal, *New York Times*.
Barabasi, A. 2002, *Linked: The New Science of Networks*, 강병남·김기훈 역, 『링크』, 동아시아.
Mills, C. W. 1956, *Power Elite*, 진덕규 역, 『파워 엘리트』, 한길사.

제 5 장
대학서열체제에 대한 사회조사

최태룡·이전

1. 조사의 개요

1) 조사설계

(1) 조사방법 채택

우리들은 대학서열체제의 현황과 연구팀의 대안에 대한 반응을 경험적으로 확인하기 위해 사회조사를 계획했다. 처음에 계획한 사회조사는 여러 집단에 대한 표본조사와 함께 소수의 사람들에 대한 심층 면접을 함께 수행하는 것이었다. 하지만 연구비 책정과정에서 계획은 수정될 수밖에 없었다. 대단히 제한된 자료조사비용만이 책정되었고, 따라서 애초의 계획을 수행한다는 것은 엄두도 못내는 일이었다. 주어진 조사비용으로는 제한된 사례에 대한 심층연구가 더 적합한 것이지만, 소수의 사람들에 대한 면접 결과는 사실은 대체로 예측할 수 있는 것이며, 우리의 주장들을 예화적으로 입증할 따름일 가능성이 컸다. 현재 대학서열체제로 인해 중고등학교에서는 어떤 일들이 벌어지고 있으며, 대학교육을 어떻게 망치고 있고, 또 전체 사회적으로도 어떤 해악이 있는가

하는 것은 많은 사람들이 바로 자신들의 사례를 예로 들면서 이야기하고 있다. 이런 상황은 소수의 사례들에 대한 질적 연구가 비교적 다수 사례들을 대상으로 하는 계량적 표본조사에 비해 더 우위에 설 수 있게 하는 그러한 상황은 아니었다. 중요한 것은 오히려 다수 사람들의 의견 내지는 생각이라고 할 수 있었다.

특히, 우리의 최종적 연구결과가 제출되기 이전에 대체적인 대안은 여러 경로를 통해 제출되어 있었고, 또한 지난 2004년 총선을 거치면서 우리들의 안이 민주노동당의 강령에도 일부 반영되어서 여러 자리에서 토론이 되었다. 그러나 이러한 의견들에 대한 경험적 조사는 충분하게 이루어지지 않았다. 따라서 대학서열체제의 문제점에 대한 경험적 논의와 함께 우리들의 대안에 대한 여러 계층 사람들의 생각을 파악할 필요가 있었다. 이를 위해서는 질적 조사연구에 비해 양적 조사가 더 나을 것으로 생각되었다.

그러나 문제는 비용이었다. 우리에게 주어진 비용으로는 도저히 사회과학자들이 선호하는 방식으로 전국적 수준에서의 경험적 조사를 할 수 없었다. 즉, 조사원이 직접 응답자들을 만나서 조사하는 방식의 표본조사를 하기에는 조사비용이 부족했다. 어떻게든 하려고 한다면, 표본의 수를 많이 줄일 수밖에 없었지만, 표본의 수를 줄일 경우에는 무엇보다도 대표성의 문제가 크게 대두된다. 표본의 수가 충분히 크다고 하더라도 조사과정상의 문제점으로 말미암아 표본의 대표성이 문제시될 수 있는 것이 한국사회에서의 조사 실정인데, 표본의 크기마저 적다면 어떤 결과가 나온다고 하더라도 외적 타당성의 문제를 지적할 경우, 대답하기는 곤란할 따름이다.

전화조사가 대안으로 제시될 수 있지만, 전화조사로서 가능한 질문의 수는 너무 제한된다. 대체로 15개 내외의 질문이 적절하다고 말하는데, 그 이상의 질문을 할 경우에도 신뢰성 있는 응답을 얻기는 어렵다. 게다가 최근에는 전문적인 조사기관을 통해서 전화조사를 할 경우에도 상당한 비용이 들기 때문에 쉽게 의뢰하기 어렵다. 또 직접 전화조사를 하기 위해서는 나름의 시설이 학교나 연구기관에 갖추어져야 하는데, 아직 그러한 시설을 갖춘 연구기관이나 학교를 찾기는 쉽지 않다. 자동 응답 전화조사의 경우, 비교적 저렴한 비용으로써 조사를 할 수 있기는 하지만, 이 경우에는 전화조사를 할 수 있는 문항의 수는 더욱더 제한된다.

여기서 대안으로 제시된 것이 이메일을 통한 웹 조사, 즉 인터넷 조사이었다. 인터넷 조사의 경우 대표성의 문제가 무엇보다도 제기된다. 인터넷을 통해 응답할 수 있는 사람들이 제한된다는 것이다. 그러나 흔히 인터넷 강국으로 자칭하는 우리나라에서는 대표성의 문제는 비교적 적을 것으로 생각되었다. 아주 많은 사람들이 고속회선을 통해 인터넷에 접근 가능하며, 거의 대부분의 사람들이 이메일 주소를 가지고 있기 때문에 이메일을 할 수 없거나, 인터넷에 접근 불가능한 사람들이 비율이 아주 낮다. 오히려 대표성의 문제는 과연 이메일에 응한 사람들이 이메일 주소를 가진 사람들 중에서 충분한 대표성을 갖는가 하는 것이다.

사실상 대표성은 고사하고, 적절한 이메일 주소를 확보하는 것 자체가 아주 어렵다. 물론 이메일 주소를 이곳저곳에서 구할 수 있겠지만, 그 이메일 주소가 나름대로의 대표성이 있는가 하는 것은 어렵다. 게다가 스팸메일이 판을 치고, 대부분의 사람들이 이메일을 읽기도 전에 삭제하는 현실에서 초면의 사람들에게 이메일 조사를 요구하는 것은 아주 어렵고, 그렇게 해 조사를 완료한다고 하더라도 대표성의 문제는 심각하다.

우리 팀이 선택한 방법은 인터넷 조사 전문기관의 도움을 받아서 그들이 확보한 패널을 이용하는 것이었다. 어차피 우리들은 이메일 조사를 위해 전문기관의 도움을 받을 수밖에 없는데, 기왕이면 그들이 확보하고 있는 패널을 사용하는 것이 대표성을 확보하는 데 도움이 되지 않겠는가 하는 것이었다.

　인터넷 조사 전문기관들에서는 이미 오래전부터 여러 경로를 거쳐 패널을 구축한 다음에, 그 패널들에게 메일을 보내어서 조사를 하곤 했다. 패널 구축의 유용성은 그 패널들은 일단 이메일 조사에 응하기로 이미 사전 허락한 사람들이라는 것이다. 물론 패널을 구축할 당시에는 승낙을 했다가, 실제 조사가 이루어지면 조사를 거부할 가능성은 있지만, 일단 처음 이메일을 보내서 조사에 대한 응답을 부탁할 경우에 비하면 응답 거부의 가능성은 현격히 감소할 것으로 기대되었다.

　인터넷 조사의 경우에도 조사설문이 너무 길면 곤란하기는 하지만, 그래도 전화조사에 비하면 충분히 긴 내용을 물을 수 있다. 물론 너무 긴 설문은 어렵다고들 하지만, 그래도 리커트 척도의 형식을 취할 경우 비교적 많은 질문을 할 수 있다. 따라서 우리들의 조사내용과 관련해서는 인터넷 조사가 가능할 것으로 생각되었다.

　인터넷 조사는 비용에 많은 유연성을 주면서, 조사대상을 넓게 확장할 수 있었다. 전화조사나 직접면접의 경우에는 조사대상을 일반인으로 한정할 수밖에 없지만, 인터넷 조사에서는 비용문제가 상당 부분 해결되기 때문에 조사대상을 중고교 교사나 대학교수들에게도 확충할 수 있다.

　조사의 내용상 조사대상이 일반인으로 국한되기보다는 대학서열화와 대학입시에 직접적 영향을 받는 부류인 대학교수, 중고교 교사, 대학생, 및 중고등학생 등으로 확충하는 것이 바람직하다. 그러나 면접조사를 통해서 이들 대상을 조사한다는 것은 비용의 문제로 거의 불가능하다. 물론 직접면접 이외의 방법을 사용할 수 있다.

　중고등학생이나 대학생들을 대상으로는 집단면접이 가능하며, 대학교수와 교사들을 대상으로는 우편조사가 쉽게 활용할 수 있지만, 한 조사에서 조사대상을 여러 부류로 나누면서 각 조사대상마다 상이한 방법을 사용하는 것은 비교분석에 있어 결코 바람직하지 못하다. 조사방법의 차이에 따른 응답의 오차라는 것이 추가될 수 있다.

조사전문업체의 패널을 이용하는 것은 조사대상자들의 응답거부율을 낮추는 데는 대단히 유용하지만, 조사대상이 제한된다.[1] 우리는 이메일 조사를 통해 조사를 할 바에는 교사, 교수, 대학생, 중고생 및 일반인의 5개 집단을 나누어서 조사하고 싶었다. 그런데 조사전문업체의 패널에는 대학생은 충분히 확보할 수 있지만, 중고생은 적고, 특히 교사나 교수와 같은 특정 직업집단은 그리 많지 않았다. 따라서 이들에 대한 이메일 조사를 위해서는 이메일 주소를 따로 수집해야 했다. 이 작업은 우리들이 직접 수행하기로 했다.

(2) **표본추출**

목표표본은 크게 다섯 부류로 나누어진다. 중고교 교사, 대학교수, 중고등학생, 대학생, 그리고 이들을 제외한 일반인이다. 대학생과 일반인은 선택한 조사전문업체의 패널을 이용하기로 했다. 해당 조사전문업체에서는 통상의 예에 비추어서 충분한 인원들에게 이메일을 보내기로 했다.

중고교 교사와 대학교수의 경우에는 우리들이 직접 이메일 주소를 수집했다.[2] 대학교수의 경우에는 전국의 대학들을 크게 국공립과 사립으로 나눈 다음에, 모든 대학들에서 교수 이메일을 수집했는데, 각 대학에서 대략 1/10 정도의 이메일 주소를 모았다. 표집방법은 계통적 표집방법을 이용했다. 대학들의 경우에는 쉽게 이메일 주소를 구할 수 있었다. 거의 모든 대학에서 교수들의 이메일 주소는 공개되었기 때문이다.

중고교 교사의 경우에도 마찬가지의 방법을 사용했다. 단, 중고교의

---

[1] 우리가 선택한 조사전문업체는 NI-Korea였다.
[2] 이 과정에 경상대 사회학과 안수진을 비롯한 경상대 사회과학연구소 인턴 학생들의 도움이 컸다.

경우에는 대학과는 달리 학교 목록을 구하기가 어려웠는데, 일단 각시도의 교육청에 들어가서 목록을 구하는 방법을 사용했다. 역시 각 학교에 가서 약 1/10 정도의 인원을 표출했는데, 의외로 이메일 주소가 없는 학교가 많았다. 역시 계통적 표집의 방법을 사용했다. 그런데 이 과정에서는 약간의 문제가 발생했다. 워낙 많은 학교를 대상으로 이메일 주소를 표출해야 하기 때문에, 여러 명의 학생들에게 부탁을 했는데, 여기서 약간의 착오가 생겨서 조사 일자가 임박함에도 어떤 시도(市道)의 경우에는 이메일 주소를 충분히 확보하지 못했다. 그래서 일부 시도의 경우에는 역시 1/10의 규칙을 채용하되, 학교를 선택한 다음에 그 학교에 있는 교사 모두에게 이메일을 보내는 방법을 사용하기로 했다. 이 방법이 다소간 신속하게 이메일 주소를 얻을 수 있기 때문이다. 이렇게 해 구한 교수와 교사의 이메일 주소의 수는 각각 3,694개와 1만 2,324개였다.

중고생의 경우에는 상당히 난점이 있었다. 우리가 계약한 조사전문업체의 패널에는 중고등학생의 수는 적었기 때문에 이들 패널을 이용할 수 없었다. 중고생의 이메일 주소들을 몇몇 포털 사이트에서는 많이 확보되어 있다. 그래서 이들 포털 사이트를 이용해, 그들 사이트에 등록된 학생들에게 메일을 보내는 방법을 활용할 수 있지만, 이렇게 할 경우에는 아주 많은 비용이 드는데, 그 비용은 우리가 책정한 조사비용의 한계를 훨씬 넘는 것이었다. 그렇다고 교사나 교수의 경우와 같이 나름대로 확률표집의 원칙을 지키면서 이메일 주소를 구할 다른 방안이 있는 것도 아니었다. 그래서 중고생의 경우에는 다른 방법을 사용하기로 했다.

하나의 방법은 교사들에게 이메일을 보내면서, 자신이 가르치는 학생들에게 우리의 조사 사이트에 가서 조사에 참여하도록 하는 방법이다. 이 방법을 사용하기는 했지만, 실로 이러한 방법이 쓸모가 있으리라고는 생각하지 않았다. 단지 최선을 다하자는 의도에서 시도된 따름이다.

다른 방법은 연구진들이 연고가 있는 교사들에게 따로 서면이나 전화로 부탁을 해, 학생들에게 조사 사이트에 들어가게 하는 것이었다. 이 방법도 크게 유용할 것으로 기대는 하지 않았지만, 그래도 교사가 부탁할 경우에는 더 나을 것으로 기대했다. 단지 부탁을 할 만한 처지에 있는 교사들을 찾다보니, 주로 경남지방의 교사들에게로 한정되었다. 그러나 이러한 한정성을 염두에 두면서 자료를 해석할 경우 이 문제는 나름대로 해소될 것으로 기대했다. 그러나 극히 소수의 중고생들만 조사 웹사이트에 들어왔으며, 결국 중고생들에 대한 조사는 포기되었다.

(3) 설문지 구성

조사 설문지는 오랜 시간을 거쳐서 작성되었다. 연구가 본격적으로 시작된 2003년 10월부터 관련 설문들을 모았다. 2003년 10월에 대한매일이 한국사회과학데이터센터(KSDC)와 함께 조사한 '학벌에 대한 여론'에 대한 전화조사의 설문이나, 수많은 인터넷 사이트에서의 조사항목들을 수집해서 1차 초안을 만든 다음에 12월에 전 연구팀이 함께 모여 토의를 했다. 이후 두 차례 이상의 모임을 통해 조사표를 확정했는데, 가능하면 척도형의 방식으로 조사표를 구성하기로 했다. 조사표는 조사 직전에 실제 조사기관인 조사전문업체 조사팀의 자문을 받아 확정했다.

조사표는 총 5종이었는데, 5개 모두의 앞부분에는 공통설문을 38개를 두고, 각 조사대상들에 따라 개별설문들을 두는 방식으로 배치했다. 개별설문들의 수는 일반인이 11개, 교사가 12개, 교수가 17개, 대학생이 10개, 그리고 중고생이 16개이었다. 대체로 개별설문들의 내용은 배경변수들과 과외실태와 관련된 설문들이었으며, 대학생과 대학교수들에게는 대학에서의 수업의 충실도에 관련된 것들을 물었다.

공통설문들은 크게 세 부분으로 나뉜다. 첫 부분은 대학서열화나 학벌과 관련된 여러 진술들을 제시하고서, 응답자들이 그 진술에 대해 동의하는지, 또는 그렇지 않은지를 5점 척도로 구성한 것이다. 진술들의 내용은 과외, 학업의 양, 고교 평준화제도, 현 대학서열화의 강화요인들, 대학입시에 영향을 주는 요인들, 학벌의 문제점 인식, 대학서열화의 해소 방안 등등이다. 모두 20개 문항으로 구성된다.

공통설문들의 두번째 부분은 명문대 졸업생과 비명문대 졸업생, 그리고 서울 소재 대학 졸업생과 지방대 졸업생 간의 차이의 인식에 대한 질문들이다. 명문대 졸업생이 비명문대 졸업생에 비해, 서울 소재 대학 졸업생이 지방대 졸업생에 비해 다섯 가지 점에서 차이가 나는지에 대한 진술을 제시하고, 각각의 진술에 대해 동의 또는 반대하는지의 여부를 역시 5점 척도로 구성한 것으로 총 10개 문항으로 구성되어 있다.

공통설문의 마지막 부분은 명문대와 비명문대를 가르는 기준으로 어떤 요인들이 중요하다고 생각하는지의 여부를 물은 것으로 6개 요인을 제시하고, 각각의 요인들에 대해 '아주 중요하다'부터 '전혀 중요하지 않다'의 5점 척도로 구성된 도형에 표시하게 하는 방식으로 짜여 있다. 여기에 더해 대학의 소재지는 서울과 지방 중 어디가 더 나은지를, 대학의 설립형태로서는 국공립과 사립 중 어디가 더 나은지를 응답하게 한 두 문항이 있어 총 8개 문항으로 구성된다.

2) 조사의 진행

조사는 2004년 4월 26일 월요일부터 시작되었다. 이날부터 조사대상자들에게 이메일을 보내었다. 당일 오후 5시 무렵에 이미 일반인의 경우 2천 명이 넘는 사람들이 응답했고, 대학생도 500명 이상이 응답했다. 화요일 오후 5시경에 교수는 172명, 교사는 580명이 응답했고, 일반인이 3,000명, 대학생은 1,300명이 넘었다. 일반인과 대학생은 비교적 충분히 응답에 응했다고 생각해 수요일 저녁에 조사를 마감했고, 응답들 중 오류가 있는 응답들을 제외한 최종 응답자의 수는 일반인이

3,266명, 대학생이 1,603명이었다. 그러나 교수와 교사는 적은 수의 응답밖에 얻지 못했기에 이틀 연장해서 4월 30일에 조사를 마감했다. 반면 중고생의 경우에는 거의 조사에 응한 학생들이 없었다. 약간의 기술적 문제와 함께 직접 이메일을 발송하지 못했기 때문이라고 생각된다. 결국 중고생은 그간의 수고에도 불구하고, 조사를 포기할 수밖에 없었다.

최종적으로 분석에 이용된 사례들의 수는 일반인이 3,266명, 대학생이 1,603명, 대학교수가 197명, 중고교 교사가 705명이었다. 최종적으로 회수된 응답자의 수와 응답률은 <표 5-1>과 같다. 일반인의 응답률은 35.2%나 되지만, 대학생의 응답률은 17.4%로 절반 정도이다. 그러나 이러한 응답률은 대학교수와 교사의 응답률이 5%대인 것과 비교한다면 아주 높은 것이다. 역시 기존 조사기관의 패널을 이용한 방법이 유용했음을 보여준다.[3]

<표 5-1> 응답자의 수와 응답률

(단위: 개, %)

구분	설문 우송	응답 완료	응답률
일반인	9,280	3,266	35.2
대학생	9,204	1,603	17.4
대학교수	3,694	197	5.3
중고교 교사	12,324	705	5.7

그러나 약간의 문제가 있었는데, 표본조사를 하면 항상 나타나는 문제이기는 하지만, 응답자들의 인구학적, 사회·경제적 배경변수에 있어서의 분포가 모집단의 분포와는 다소 차이를 보였다는 것이다. 이러한 차이는 충분히 예상할 수 있는 것이기는 하다. 가장 대표적인 차이는

---

[3] 이 방법과 관련해서는 여러 논의가 필요할 것이다. 영리업체와 학술기관과의 접합점을 적절하게 찾는 방안을 모색하면서 나오는 문제점이 논의될 수 있겠다.

일반인의 경우 연령분포와 학력분포에서 나타났다. 예상할 수 있는 것이었지만, 50대 이상의 응답자와 저학력 응답자들이 아주 적었다. 그래서 조사전문업체 고유의 모형을 도입해 분석하기로 했다. 대학생의 경우에는 커다란 차이는 없었지만, 연령대에 있어 차이가 있어서 역시 가중모형을 도입해 분석했다.

2. 자료의 성격

먼저 표본자료를 살펴보자. 표에서는 4개 집단을 다 합친 전체의 분포는 나열하지 않았다. 네 표본의 합이기는 하지만, 전체라고 말할 수는 없기 때문이다.

1) 인구학적 배경변수들

성별 분포를 보면 일반인의 경우 원표본에서는 남성이 60% 가까이 되었으나, 가중모형에서는 여성이 약간 더 많게 되어 있다. 교사와 대학생의 경우에도 남성이 여성에 비해 훨씬 많지만, 대학교수의 경우 남녀의 비가 9 대 1 정도 된다.

연령별로 보면 일반인 원표본에서는 20대와 30대가 절반 이상이지만, 가중모형에서는 40대와 50대 이상이 더 많다. 교사들의 경우 30대

<표 5-2> 응답자의 성별 분포

구분	남성	여성	전체
일반인	60.8(47.7)	39.2(52.3)	3,266(3,521)
교사	67.8	32.2	705
교수	91.9	8.1	197
대학생	62.6(63.3)	37.4(36.7)	1,603(1,603)

<표 5-3> 응답자의 연령별 분포

구분	20대	30대	40대	50대 이상	전체
일반인	25.0(19.1)	33.3(27.5)	26.4(23.0)	15.3(30.5)	3,266(3,521)
교사	9.8	25.5	39.6	25.1	705
교수	-	15.2	50.8	34.0	197
대학생	90.5(97.1)	9.4(2.9)	-	-	1,603

이하도 35% 정도 되는 데 비해 대학교수들은 아무래도 더 연령대가 높아서 50대 이상만도 34%나 되며, 반면 20대는 아무도 없다. 반면 대학생의 경우에는 압도적으로 20대이다.

지역별 분포에 있어서는 일반인의 원표본분포와 가중모형에서의 분포가 큰 차이를 보이지 않는다. 약 3% 포인트 정도의 차이를 수도권에서 볼 수 있기는 하지만, 아주 큰 차이는 아니다. 대체로 전국적인 인구분포와 비슷하게 원표본이 나왔다는 것은 한국사회에서 인터넷 조사가 최소한 지역적 편차의 문제에서는 벗어나고 있음을 보여준다. 교사의 경우 서울지역과 수도권에서 적은 것은 아무래도 이메일 주소를 수집하는 과정에서 나타난 것으로 생각된다. 반면 교수와 대학생의 경우는 실제 분포와 크게 차이가 없다고 여겨진다.[4]

<표 5-4> 응답자의 지역별 분포

구분	서울	수도권	지방광역시	지방도시	지방읍면	전체
일반인	26.7(24.8)	20.5(23.9)	25.1(23.3)	20.9(20.0)	6.8(8.0)	3,266(3,521)
교사	8.1	14.8	37.3	27.0	12.9	705
교수	24.9	13.2	34.0	24.9	3.0	197
대학생	25.8(25.1)	12.5(13.0)	30.1(29.6)	27.9(28.5)	3.7(3.7)	1,603

---

4) 교사, 교수, 대학생의 경우에는 거주지역을 물은 것이 아니라, 소속 학교의 소재지에 대해 물었었다.

2) 사회·경제적 배경변수들

응답자의 사회·경제적 배경을 살펴보자. 대학교수의 경우 모두가 대학원을 졸업한 것은 충분히 이해할 수 있는 일이지만, 교사의 절반 이상이 대학원을 다녔다는 것은 최근 교사의 자질 향상이 이루어지고 있음을 잘 보여준다. 일반인의 경우 원표본과 가중모형에서 가장 차이가 나는 부분이 바로 학력분포이다. 원표본에서는 고졸 이하가 20%도 되지 않지만, 가중모형에서는 60% 이상이다. 이러한 차이의 대부분은 이 조사가 인터넷 조사인 것 때문이라고 생각된다. 인터넷을 사용하는 사람들이 학력에 있어서 차별적으로 분포한다는 것을 보여주는 것이라고 생각된다. 이 문제는 당분간은 해결하기 어려운 문제일 것으로 여겨진다.

<표 5-5> 응답자의 학력별 분포

구분	고졸 이하	2년제 대학	4년제 대학	대학원	전체
일반인	17.9(62.4)	19.4(10.2)	47.9(21.3)	14.9(6.1)	3,266(3,521)
교사	-	-	48.1	51.9	705
교수	-	-	-	100.0	197

주관적 계층에 있어서는 일반인의 경우 원표본과 가중모형에 있어 큰 차이가 없다. 주관적 계층 귀속에 가장 많은 영향을 미치는 것이 경제적 상태인 것으로 고려한다면, 인터넷 사용자와 보통의 시민들 사이에 경제적 차이는 그리 크지 않을 수 있음을 시사한다. 그러나 차이가 없는 것은 아니어서, 원표본에서는 스스로를 중간층으로 간주하는 사람들이 44.6%로 가장 많은데 비해, 가중모형에서는 중하층으로 인식하는 사람들이 41.6%로 가장 많다. 원표본이 약간 상향 분포되어 있다. 교사의 경우 압도적으로 중간층이 많으며, 상층이나 하층은 없지만 중하층이 중상층에 비해 약 두 배 가량 된다. 반면 교수의 경우에는 역시 중

간층이 가장 많지만, 중하층에 비해 중상층이 두 배 반 이상 더 많아, 아무래도 교수가 교사에 비해서는 경제적으로 풍요로운 듯이 보인다.

<표 5-6> 응답자의 주관적 사회계층별 분포

구분	상층	중상층	중간층	중하층	하층	전체
일반인	0.2(0.2)	11.0(10.5)	44.6(39.8)	38.7(41.6)	5.5(7.9)	3,266(3,521)
교사	-	13.3	62.0	24.7	-	705
교수	0.5	32.0	54.3	12.2	1.0	197
대학생	0.4(0.4)	11.9(11.1)	47.3(46.3)	35.2(36.7)	5.2(5.4)	1,603

일반인의 직업별 분포를 보면 원래 표본에서는 사무직, 준전문직, 관리직, 그리고 주부의 순서로 많다. 그러나 가중모형에서는 주부가 가장 많고, 다음에는 사무직이며, 관리직과 준전문직은 다음의 순서이다. 원 표본의 분포는 인터넷 조사의 특징을 보여준다고 하겠다. 대학생의 보호자의 직업을 물어보았는데, 원래 표본에서는 기능종사자/운전원이 가장 많고, 다음에는 관리직, 판매직의 순서이다. 이러한 순서는 가중모형의 그것과도 크게 차이가 없다. 기능종사자/운전원은 주로 생산직인데, 생산직이 이렇게 많이 나온 것은 다소 의외이기는 하다.

<표 5-7> 일반인과 대학생 보호자의 직업별 분포

직업	일반인	직업	일반인
관리직	14.1(10.2)	농어축산임업	1.2(1.6)
전문직	10.6(5.8)	기능종사자/운전원	5.5(9.2)
준전문직	15.8(10.2)	단순노무직	2.1(3.2)
사무직	19.1(15.6)	학생	2.3(1.2)
서비스직	5.2(6.7)	주부	11.9(23.5)
판매직	5.1(6.2)	실업자/퇴직자	7.1(6.5)

3. 조사결과와 분석

1) 대학서열체제의 실태

(1) 좋은 대학의 기준

　대학서열화의 해소 주장은 현행 대학서열체제의 해소를 주장하는 것이지, 대학서열체제 자체의 해소를 주장하는 것은 아니다. 대학들의 서열체제 자체를 해소하자는 것은 불가능한 것이다. 무릇 여럿이 있으면 어떤 방식으로든 서열은 있게 마련이다. 그 서열이 과연 마땅한가 하는 것이 문제일 따름이다.

　현행의 대학서열체제는 소위 명문대와 비명문대, 서울 소재 대학과 지방대의 그것이다. 명문대와 비명문대의 서열체제는 개념상 정당하다. 명문이라는 의미 자체가 좋은 대학이라는 것을 함의하기 때문이다. 문제는 그러한 명문대가 왜 명문대인가를 따질 필요는 있다고 생각한다. 명문대의 내용이 비명문대에 비해서 별 차이가 없음에도 명문대라고 불린다면, 그것은 비합리적이다.

　반면 서울 소재 대학과 지방대학 사이에 일정한 위계가 있다면 그것에 대해서는 한번 따져볼 만하다. 단지 서울에 소재하기 때문에 다른 지역에 소재한 대학에 비해 더 낫다면 그것은 쉽게 납득하기 어렵다.

　소위 선진사회의 어느 사회에서도 수도에 소재하고 있기 때문에 그 대학이 수도가 아닌 지방에 소재하고 있는 대학보다도 더 나은 경우는 없다. 미국과 같은 경우는 전형적이다. 수도인 워싱턴이나, 또는 경제 수도라고 하는 뉴욕에 있는 일부 대학이 명문대에 속하기는 하지만, 대다수의 명문대는 수도에 있지 않으며, 대체로 작은 대학도시에 소재하고 있다. 미국의 최고 명문이라고 하는 하버드 대학도 보스턴 인근의 케임브리지에 있으며, 프린스턴 대학도 뉴저지의 작은 도시에 소재하고 있다. 물론 좋은 명문대학의 상당수가 미국 동부에 있지만, 미국 동부라고 하는 것이 그 규모로 말하자면 중국의 만주에 있다고 말하는 것과 비슷하니, 우리나라의 수도권 개념과는 아주 다른 차원이라고 말할 수밖에 없다. 게다가 남부나 서부, 중서부에도 미국의 명문대학들이 즐비하게 있다는 것은 지역적 소재지가 명문대의 결정적 기준일 수는 결코 없음을 보여준다.

독일, 프랑스, 영국 등의 어느 선진 사회에서도 지역적 위치가 명문대의 기준이 되지는 않는다. 선진 사회의 수도에는 좋은 명문대들이 있기는 하지만, 수도에 있기 때문에 지방에 있는 대학들에 비해 좋다는 평가를 받는 것은 아니다. 유럽에서 비교적 중앙집권의 정도가 강한 프랑스의 경우 파리에 좋은 대학들이 있지만, 파리에 있는 대학이기 때문에 다른 도시에 있는 대학들에 비해서 더 좋은 대학이라는 식의 이야기는 하지 않는다.

어떤 대학을 좋은 대학, 또는 명문대라고 할 것인가에 대해 전적인 합의를 도출하는 것은 결코 쉬운 일은 아니다. 그래서 대학의 순위를 매기는 일에 대해서는 항상 비판이 많다. 그리고 추상적으로는 어떤 측면을 중시하는데 합의한다고 하더라도 구체적으로 어떤 지표를 사용하는가에 대해서는 또 이견이 있으며, 또 지표나 영역의 가중치를 어떻게 부여하는가에 대해서는 또 많은 논란이 있다. 따라서 쉽게 합의할 수 있는 기준은 결코 존재하지 않겠지만, 대학의 시설이나 교수진의 능력 또는 졸업생의 활동 등은 거의 항상 명문대 또는 좋은 대학의 기준에 포함된다고 하겠다.

하지만 현실적으로 우리 사회에서 좋은 대학과 나쁜 대학, 또는 명문대와 비명문대를 구분하는 기준은 일차적으로 입학생의 성적이며, 부가적으로 대학의 소재지나 설립형태가 더 중요한 기준으로 존재한다. 좋은 대학이기 때문에 우수한 학생들이 입학하려고 하겠지만, 고등학교 성적이 우수한 학생들이 입학한다고 해 그 대학이 바로 좋은 대학일 수는 없다. 만약 그렇다면 대학교육은 실질적으로 쓸모없는 것이 되어

버린다. 그리고 앞에서도 말했지만, 대학이 어디에 소재하는가의 여부가 좋은 대학의 기준이 되며, 그리고 마지막으로 대학이 국공립인가 또는 사립인가 하는 것이 부가적으로 좋은 대학과 그렇지 못한 대학을 나누는 기준이 되기도 한다.

즉, 당위적으로는 명문대와 비명문대를 가르는 기준, 또는 대학의 서열을 매기는 기준이 교수진의 능력, 대학시설, 졸업생의 활동 등이어야 하지만, 현실적으로는 그런 항목에 비해 입학생의 성적, 대학이 서울 내지는 수도권에 소재하는가의 여부, 그리고 국공립인가 또는 사립인가 하는 것이 더 중요하게 여겨진다는 것이다. 그리고 이것이 바로 현실적으로 존재하는 대학서열구조를 비판하는 중요한 근거이기도 하다.

우리는 위의 여섯 가지 항목을 제시하고, 명문대의 기준으로서는 어떠한 항목을 중요시해야 하는가를 5점 척도로 물어보았다. 응답 결과를 보면 제시한 여섯 개의 항목 모두는 중요하다는 평가를 받았지만, 우리 사회에서 현실적으로 중요시하는 기준인 입학생의 성적, 대학 소재지 및 설립형태에 비해 교수의 연구능력, 졸업생의 취업률, 그리고 대학의 규모와 시설이 명문대의 기준으로서 더 중요시되어야 한다는 것이 대체적인 응답이었다.

<표 5-8> 명문대의 기준으로서의 중요성의 정도

구분	대학 소재지	설립 형태	입학생 성적	졸업생 취업률	학교 규모와 시설	교수진 능력	응답자수
일반인	3.57	3.57	3.60	3.90	3.83	4.13	3,521
교사	3.59	3.35	3.75	3.96	3.95	4.21	705
교수	3.41	3.12	3.88	3.88	3.92	3.98	197
대학생	3.74	3.45	3.52	3.97	3.89	4.15	1,603

주: 수치는 응답 범주의 '매우 중요하다'가 5점, '비교적 중요하다'가 4점, '보통이다'가 3점, '중요하지 않다'가 2점, '전혀 중요하지 않다'가 1점으로 계산했을 경우의 평균 점수임.

흥미있는 것은 명문대의 기준으로서 교수진의 중요성에 대한 평가가 교수들에게서 가장 낮게 나온 반면에 입학생의 성적의 중요성에 대한 평가는 교수들에게서 가장 높게 나왔다는 것이다. 명문대의 기준으로서 교수진의 능력이 가장 중요한 요소라는 것은 교사, 대학생, 일반인 및 대학교수의 모든 집단에서 같이 나타나지만, 교수 집단은 다른 집단에 비해 뚜렷이 덜 중요하다고 생각한다. 반면 입학생의 성적이 중요하는 정도는 교수들이 가장 높은데, 특히 대학생과 비교하면 상당한 차이가 난다. 이런 현상을 해석하기는 쉽지 않다. 하나의 해석은 대학교수들이 우리 사회의 기득권층의 주요한 부류를 이루는데, 바로 그들이 대학서열의 핵심은 입학생의 성적이라는 생각을 가지고 있으며 퍼뜨리고 있는 사람들이라는 것이다. 이와 연관되지만, 또 다른 해석은 대학의 서열구조에서 대학 내에서의 교육은 그리 중요하지 않다는 것이다. 이런 해석을 받아들이기가 쉽지 않은데, 그것은 대학의 존립 근거에 대해 의문을 제기하기 때문이다. 어떻든 좋은 대학의 기준으로서 교수진의 능력과 입학생의 성적을 비슷하게 보는 대표적인 집단이 대학교수라는 사실은 곤혹스럽다.

　이제 명문대의 기준에 대해 집단별로 어떤 차이가 있는가를 좀더 자세히 살펴보자. 대학교수들의 경우에는 자신들이 재직하고 있는 대학의 위상에 대한 평가에 따라 명문대의 기준이 차이를 뚜렷하게 보인다. 상위권 대학에 재직하는 교수들일수록 교수진의 능력이 중요하고, 대학 소재지와 설립형태는 덜 중요하다고 본다. 반면 졸업생의 취업률과 대학의 시설, 그리고 입학생의 성적의 중요성에 대해서는 별다른 차이를 보이지 않는다. 관심의 대상은 서울 및 수도권 대학의 교수들과 다른 지방에 있는 대학의 교수들 간에 대학 소재지가 명문대의 기준으로 어느 정도로 중요한가에 있어 차이가 있는가 하는 것이었는데, 지방대학의 교수들일수록 대학 소재지가 명문대의 기준으로 중요하다고 판단한다. 반면 설립형태가 명문대의 기준으로 중요한가에 대해 사립대학 교수들이 국공립 대학교수들에 비해 더 중요하다고 보기는 하지만, 그 차이는 크지 않다. 어떻든 이 두 경우가 시사하는 것은 현실적으로 낮은 평가를 받는 대학의 교수들이 그 차이를 더 중시한다는 것이다. 달리 말하면 부당한 차별을 받고 있기 때문에 더 민감하게 느낀다고도 할 수 있다.

흥미있는 것은 대학생의 경우에는 이러한 평가가 반대로 나타난다는 것이다. 국공립대 재학생들이 사립대 재학생들에 비해 설립형태가 명문대 기준으로 더 중요하다고 여기며, 수도권 소재 대학생들이 지방 소재 대학생들에 비해 대학 소재지가 명문대의 기준으로 더 중요하다고 여기고 있다. 지방대 교수들과 수도권 학생들이 지방대 학생들과 수도권 교수들에 비해 더 현실을 적극적으로 받아들이고 있는 셈이다. 교수들과 비슷하게 대학생들의 경우에도 상위권 대학 재학생일수록 교수진의 능력, 대학의 시설과 규모 및 입학생의 성적이 명문대의 기준으로 중요하다고 응답하는 경향을 보인다. 다른 변수들은 뚜렷한 차이를 보이지 않는다.

교사들의 경우에는 충분히 특기할 만한 경향을 보이지는 않는다. 일반인들의 경우에도 대체로 집단별 차이가 적지만, 중고생 자녀를 둔 사람들 중에서 사교육을 시키는 사람들과 그렇지 않은 사람들 간에 약간의 차이를 보였는데, 사교육을 시키는 사람들이 명문대의 기준으로 교수진의 능력, 대학의 시설, 졸업생의 취업률 및 입학생의 성적 등을 더 중시했지만, 대학 설립형태나 소재지의 중요성과 관련해서는 차이가 거의 없었다.

우리는 대학의 소재지나 설립형태가 명문대의 기준으로 일정하게 작용함을 보았다. 그리고 대체로 서울이나 수도권이 다른 지방에 비해, 국공립 대학이 사립대학에 비해 더 우위에 서 있다고 보았다. 그러나 상당히 많은 사람들이 다른 견해를 가지고 있었다. 즉, 대학의 소재지가 서울이 아닌 지방에 있는 것이 더 낫다는 사람들도 있고, 또 국공립대학보다는 사립대학인 것이 더 낫다는 사람들도 있었다. 예측할 수 있는 것이지만, 대학교수들의 경우 서울 및 수도권대 교수들에 비해 지방대 교수들에서 지방이 더 낫다는 비율이 높게 나오고, 사립이 더 낫다는 응답은 국립대 교수들에 비해 사립대 교수들에서 더 높게 나온다. 대학생들의 경우에도 같은 경향을 보이지만, 지방대 대학생들이 지방이 낫다는 비율이 상대적으로 높은 반면에 사립대 학생과 국공립대 학생들 간에 사립이 더 낫다는 비율의 차이는 미세하다.

이상과 같은 응답 경향을 요약해 말하기는 어렵지만, 대학생과 대학교수들의 응답만을 통해서 보자면 자신의 처지를 합리화하는 방향으로 응답이 나온다는 것이다. 일반인들의 경우 과외 여부가 일정한 영향을 미치는 것도 유사하게 해석할 수 있겠다.

(2) 명문대 졸업생과 비명문대 졸업생의 차이

그러면 명문대와 비명문대의 졸업생들의 능력에는 어떤 차이가 있을까? 그리고 서울 소재 대학과 지방대 졸업생들의 능력에는 어떤 차이가 있을까? 위에서 말한 바와 같이 명문대와 비명문대를 구분하는 합리적 기준의 하나로 졸업생의 취업률을 든다면, 명문대 졸업생이 비명문대 졸업생에 비해 우수한 인적 자원이며, 서울 소재 대학의 졸업생이 지방대 졸업생에 비해 더 우수한 자원일 것으로 기대할 수 있다. 그리고 그들이 더 우수하기에 직장을 구하기가 더 쉽고, 또한 일단 취직을 한 다음에는 승진을 더 잘 할 수 있을 것으로 기대할 수 있다. 과연 그러한가를 살펴보았다.

명문대 졸업생과 비명문대 졸업생과의 비교를 위해 우리는 다섯 가지 항목을 제시하고 일정한 차이가 있다고 생각하는가에 대해 5점 척도로 물어보았다. 명문대 졸업생들이 비명문대 졸업생에 비해 1) 취직에 유리하다, 2) 승진에 유리하다, 3) 인간관계가 더 넓다, 4) 업무능력이 더 우수하다, 5) 외국어 능력이 더 우수하다는 등의 진술을 제시하

<표 5-9> 명문대 졸업생과 비명문대 졸업생의 차이

구분	명문대 졸업생이 비명문대 졸업생에 비해					전체
	취직에 유리	승진에 유리	인간관계 넓어	업무능력 우수	외국어 우수	
일반인	4.47	4.33	2.70	2.53	2.77	3,521
교사	4.43	4.33	2.59	2.65	3.10	705
교수	4.49	4.28	2.92	3.04	3.40	197
대학생	4.40	4.25	2.76	2.65	3.02	1,603

주: 수치는 응답 범주의 '매우 그렇다'가 5점, '그런 편이다'가 4점, '보통이다'가 3점, '그렇지 않다'가 2점, '전혀 그렇지 않다'가 1점으로 계산했을 경우의 평균 점수임.

고서 '매우 그렇다'는 응답에서 '전혀 그렇지 않다'는 응답까지의 5점 척도를 제시하고 대답하기를 요구했다. 우리의 기대로는 명문대 졸업생이 '인간관계가 더 넓다'는 진술을 제외하고는 나머지 네 개 항목에서는 그렇다는 진술이 더 많이 나올 것으로 기대했다. 실제 결과를 보면 명문대 졸업생이 취직과 승진에 유리하다는 진술에 대해서는 거의 전적으로 그렇다는 응답이 많은 데 비해서 나머지 항목에 대해서는 그렇지 않았다. 일단 인간관계의 면에서는 명문대생들이 비명문대 졸업생에 비해 더 낫다는 진술에 대한 동의의 정도는 모든 집단에서 낮게 나타나며, 기대한 바이다. 대학은 기본적으로 지식과 관련되는 기관이며, 반면 인간관계는 보다 정서적인 측면과 더 관련된다고 한다면, 좋은 대학의 졸업생이라고 해 정서적인 면에서 다른 사람들에 비해 더 나으리라고 기대하기는 어렵다. 특히, 그것이 지식과 비교적 결부된 것이라고 할 수 있는 자부심이나 열등감이 아닌, 인간관계와 관계된 경우에는 더욱 그러하다.

조사결과에서 놀라운 것은 교수집단을 제외한 모든 집단에서 명문대 졸업생이 비명문대 졸업생에 비해 업무능력이 우수하다는 진술에 대해 부정적 응답이 더 많았다는 것이다. 교수집단의 경우에도 중간을 약간

넘을 따름이었다. 반면 외국어 능력의 우수함에 대해서는 일반인 집단을 제외한 교수, 교사 및 대학생 집단에서는 약간이나마 명문대 졸업생의 우수함에 긍정적인 응답이 더 많았다.

이러한 결과는 대학에 접근이 가까운 집단은 비교적 명문대 졸업생에 대해 호의적인 반면, 일반인들은 명문대의 위상에 대해 대단히 냉소적이라고 생각된다. 대학교수들은 그나마 명문대 졸업생이 더 낫다고 여기지만, 일반인들은 명문대라고 하는 것이 허울뿐이라고 생각하고 있는 것이다.

집단별로 살펴보면, 교사집단의 경우 젊고, 교단 경력이 적을수록 명문대생의 업무능력 및 외국어 능력의 우수성에 대해 부정적이다. 대학생 집단의 경우 집단간 차이가 뚜렷하게 나타나지 않는다. 대학교수들 집단에서도 최상위권 대학 재직교수가 명문대 졸업생이 업무 및 외국어 능력이 우수하다는 데 대해 상당히 긍정적이지만, 지방대 교수들이 명문대생들의 외국어 능력에 대해 긍정적인 점 이외에는 그리 뚜렷한 집단간 차이가 없다.

일반인 집단의 경우 일차적 관심은 과외를 하는 집단과 그렇지 않은 집단 간의 차이인데, 자식들에게 사교육을 시키는 사람들이 그렇지 않은 사람들에 비해 명문대 졸업생이 취직과 승진에 유리하다는 응답에 더 강하게 동의하는 반면, 나머지 항목들에 있어서는 전혀 차이가 없다. 그리고 사교육을 시키는 사람들 가운데서도 월 20만 원 이상의 비용이 드는 사람들이 명문대 졸업생이 취직과 승진에 더 유리하다고 생각하고 있지만, 업무능력이나 외국어 능력 등에 있어서는 뚜렷한 경향성을 보이지 않는다. 결국 사교육에의 투자를 통해 자식들이 내재적인 능력이 향상되기를 기대하기보다는 외면적인 자격증을 따는 데 더 관심이 있음을 시사한다. 한편 4년제 대학교육을 받은 사람들이 그렇지 않은 사람들에 비해 명문대 졸업생이 업무능력과 외국어 능력이 우수할 뿐 아니라, 인간관계도 넓을 것이라고 보고 있다. 그리고 연령별로는 35세에서 50세 사이의 집단이 명문대 졸업생의 업무능력과 외국어 능력에 대해 긍정적이며, 주관적 계층 귀속의 정도가 높을수록 명문대 졸업생의 업무 및 외국어 능력에 대해 긍정적이다.

(3) 서울 소재 대학 졸업생과 지방대 졸업생의 차이

서울 소재 대학 졸업생과 지방대 졸업생들에 대한 평가에 있어서도 비슷한 경향을 보인다. 서울 소재 대학 졸업생들이 지방대 졸업생에 비해 취직과 승진에 유리하지만, 그 외의 다른 측면에 있어서 더 낫다고 볼 수 없다는 것이 조사의 결과이다. 단지 서울 소재 대학 졸업생이 지방대 졸업생에 비해 취직과 승진에 유리하다는 정도는 명문대 졸업생이 비명문대 졸업생에 비해 유리하다는 정도보다도 낮으며, 업무능력, 외국어 능력 및 인간관계에 있어서 더 낫다는 것에 대한 부정적 강도는 더 강하게 나타나는 점이 차이이다. 즉, 명문대 졸업생과 비명문대 졸업생 간의 차이에 비해 서울 소재 대학 졸업생과 지방대 졸업생 간의 차이가 더 적다고 보는 것이 대체적 평가라고 하겠으며, 그러한 평가는 충분히 납득할 만하다. 또한 교수집단이 서울 소재 대학 졸업생이 지방대 졸업생의 차이를 인정하는 정도가 강하지만, 이들마저도 서울

<표 5-10> 서울 소재 대학 졸업생과 지방대 졸업생의 차이

구분	서울 소재 대학 졸업생이 지방대 졸업생에 비해					전체
	취직에 유리	승진에 유리	인간관계 넓어	업무능력 우수	외국어 우수	
일반인	4.21	3.93	2.61	2.41	2.63	3,521
교사	4.27	4.01	2.65	2.46	2.90	705
교수	4.17	3.79	2.87	2.72	3.08	197
대학생	4.23	4.00	2.71	2.60	2.82	1,603

주: 수치는 응답 범주의 '매우 그렇다'가 5점, '그런 편이다'가 4점, '보통이다'가 3점, '그렇지 않다'가 2점, '전혀 그렇지 않다'가 1점으로 계산했을 경우의 평균 점수임.

소재 대학 졸업생이 지방대 졸업생에 비해 외국어 능력이 나을 수는 있지만, 업무능력이 더 낫다는 진술에 대해서는 충분히 부정적이다.

집단별로 보면 역시 교수, 대학생, 그리고 교사집단이 서울 소재 대학 졸업생의 능력에 대해 그래도 긍정적이라면, 일반인들은 서울 소재 대학 졸업생이 지방대 졸업생에 비해 외국어 능력이나 업무능력이 우수하다는 진술에 대해 가장 부정적이다. 보다 자세히 살펴보자.

교사집단의 경우 35세 이상 50세 사이의 연령집단이 서울 소재 대학 졸업생의 유리함이나 우수함에 대한 진술에 대해 더 긍정적인데, 이런 경향은 명문대 졸업생에 대한 평가에서와 비슷하다. 대학생들의 경우 독특한 것은 최상위권 대학의 재학생들이 서울 소재 대학의 졸업생이 취직과 승진에 유리하다는 진술에 대한 동의의 정도가 가장 낮은데 비해, 인간관계의 넓음, 우수한 업무능력, 및 우수한 외국어 능력에 대해서는 다른 대학생들에 비해 뚜렷이 더 동의의 정도가 높게 나타난다. 이와 비슷한 경향이 서울 소재 대학의 대학생들에게서도 나타나고 있다. 한편 대학교수들 집단의 경우에 특이한 것은 수도권 이외의 대학 재직 교수들이 서울 소재 대학 졸업생이 지방대 졸업생에 비해 외국어 능력이 우수할 것이라는 진술에 대한 동의의 정도가 높다는 것이다. 일반인들 집단에서는 어떤 뚜렷한 경향을 찾기가 힘들다.

(4) 대학입시와 대학의 평판

위의 조사결과가 보여주는 것은 대학에 가는 것은 대학 공부를 해 우수한 자질을 갖추기 위해서라기보다는 오히려 특정 형태의 졸업장을 얻기 위해서라는, 널리 퍼져 있기는 하지만, 약간은 서글픈 상식을 확인하는 것이다. 그래서 대학입시에 있어서 여전히 대학의 평판은 아주 중요시되어, 일반인의 80% 이상이 중요하다고 한다. 반면 평판이 중요하지 않다는 사람은 8%에도 미치지 못한다. 대학 평판이 입학 대학을 선정하는 데 있어 나름의 기준이 될 수는 있겠지만, 이 정도로 높다는

<표 5-11> 대학입시에 있어서의 대학 평판의 중요성

구분	전혀 아니다	아니다	보통이다	그렇다	매우 그렇다	전체
일반인	1.1	6.5	12.6	52.3	27.4	3,521
교사	1.3	7.5	10.9	54.5	25.8	705
교수	2.5	2.0	8.6	51.8	35.0	197
대학생	1.5	5.4	11.0	52.4	29.7	1,603

것은 다소 문제가 아닐 수 없다.

응답집단별로 보면 큰 차이는 없지만, 대학교수집단이 대학 평판의 중요성을 다른 집단에 비해 더 강조하는 편이다. 응답집단 내부별로 보면 일반인의 경우에는 최하층이 대학 평판을 덜 중시하고, 과외비를 많이 지출할수록 평판을 중시한다. 교수들의 경우에는 사립대 교수들이 상대적으로 평판을 더 중시하고 있으며, 교사들과 대학생집단에서는 내부적으로는 뚜렷한 차이를 찾기 힘들다.

2) 대학서열체제 문제점의 인식

(1) 학벌주의와 연고주의

현행 대학서열체제 내지 학벌주의가 어떤 문제점을 가지고 있는가 하는 것에 대해서는 대체로 합의되어 있는 것 같지만, 의외로 그것의 문제점을 실증적으로 관찰하거나 증명하기는 쉽지 않다. 사실 어떤 사회적 제도를 문제삼을 경우, 가장 설득력 있는 문제점은 그것이 경제적으로 문제가 있다는 것이다. 그러나 어떤 사회적 제도의 경제적 효과를 직접적으로 측정하기는 무척 어렵다. 그러나 사회적 문제점은 비단 경제적인 것에만 국한되는 것이 아니며, 개인의 의식구조에 미치는 영향도 간접적 매개를 통해 충분히 경제적 효과를 가질 수 있다. 일단 여기에서는 개인들의 의식구조에 미치는 영향부터 보기로 하자.

학벌주의 내지는 현행 대학서열체제의 가장 큰 문제점은 심리적인 것이다. 대학서열체제가 존재한다는 것과 그 서열체제로 말미암아서 많은 사람들이 심리적 위축감 내지 좌절감, 나아가 열등감을 느낀다는 것은 아주 심각한 문제이다. 이러한 심리적 위축감의 상태는 그것이 다른 어떤 효과가 있는가 하는 것과는 관계없이 그 자체로서 개인에게 좋지 않다. 그래서 우리는 바로 학벌에 따른 좌절감이나 무력감을 느낀 적이 있는지를 물었다. 이에 대해 부정적으로 응답한 비율은 일반인의 경우 8.1% 정도에 불과했으며, 3/4 이상이 그렇거나 또는 매우 그렇다고 응답했다. 이러한 비율은 아주 심각한 것이라고 여겨진다. 한 사회의 3/4 이상이 그러한 좌절감이나 무력감을 느낀다는 것은 그 자체로서 해소되어야 할 사항이다. 응답 유형별로 보면 교사들이 그래도 좌절감이나 무력감을 느낀 경우가 상대적으로 적으며, 대학생들도 아직 일반인 정도의 좌절감을 느끼지는 않고 있다. 특히, 주목할 것은 대학교수들인데, 이들 집단에서는 좌절감이나 무력감을 경험했다는 비율(37.5%)과 그렇지 않다는 비율(38.1%)이 거의 비슷하다. 이렇게 학벌주의의 문제점을 개인적으로 경험한 비율이 상대적으로 낮다는 사실은 대학교수들이 학벌주의나 대학서열체제의 개혁에 대해 그리 적극적이지 않을 수도 있음을 시사한다.

<표 5-12> 학벌에 따른 좌절감이나 무력감 경험

구분	전혀 아니다	아니다	보통이다	그렇다	매우 그렇다	전체
일반인	1.4	6.7	14.1	47.1	30.8	3,521
교사	5.7	21.6	30.4	34.6	7.8	705
교수	10.2	27.9	24.4	29.4	8.1	197
대학생	3.7	15.7	28.5	38.6	13.5	1,603

누가 특히 좌절감이나 무력감을 많이 느끼는가를 살펴보면, 일반인의 경우 사교육비를 많이 지출할수록(30만 미만/30만 이상), 사교육비의 비

율이 가계에서 차지하는 비율이 높을수록(20% 미만/40% 미만/40% 이상), 나이가 많을수록(20대/30대/40대 이상), 학력이 낮을수록(고졸/2년제 대학/4년제 대학 이상), 계층적 지위를 낮게 평가할수록(중간층 이상/중하층/최하층) 더 많이 느끼는 것을 알 수 있다. 유념할 것은 사교육비를 많이 지출하고, 사교육비의 비율이 높을수록 좌절감을 더 느낀다는 것이다. 이는 역으로 좌절감을 많이 느끼기에 사교육에 더욱 매달린다고 해석하는 것이 나을 것이다. 만약 이들이 현실 생활에서 좌절감이나 무력감을 덜 느낄수록 사교육을 덜 중시할 것이다. 나이가 많을수록 좌절감을 많이 느끼는 것도 충분히 이해할 수 있다. 그만큼 현실에서 많은 경험을 했다는 것이다. 학벌주의는 주로 대학에서의 사태이기는 하지만, 학력과도 무관하지 않다는 것이 고졸출신들이 학벌로 인한 좌절감을 강하게 느낀다는 것에서 알 수 있다.

교사들의 경우 서울 소재 학교에 근무하는 사람들이 특히 무력감이나 좌절감을 느낀 비율이 높으며, 교수들의 경우에는 사립에 근무하는 교수들이, 소속 대학의 위상을 낮게 평가하는 사람들이, 그리고 지방에 위치할수록(수도권/지방) 좌절감이나 무력감을 강하게 느꼈다고 응답한다. 특히, 관심을 끄는 것은 사립에 근무하는 사람들이 더 좌절감을 강하게 느낀다는 것으로 아마도 고용의 불안정과 연관되는 것이 아닐까 생각된다. 대학생의 경우에는 소속 대학에 대한 평가가 높을수록(최상위권/중위권 이상/중하위권 이하), 나이가 많을수록(24세 이하/29세 이하/30세 이상), 서울 소재지가 아닐 경우(서울/기타), 사립에서, 가족의 계층적 지위가 낮을수록(중하층 이상/최하층) 좌절감을 많이 느꼈다고 한다.

대학생들에게는 일반적인 학벌주의로 인한 좌절감 외에 "현재 재학하는 학교와 관련해 열등감이나 좌절감을 느끼는가?"를 물었다. 이러한 더욱 구체적인 질문에 대해 학생들은 보다 심각하게 응답한다. 거의 2/3에 해당되는 학생들이 자주 느끼거나 때로 느낀다고 응답한다. 당연한 것이겠지만, 자신이 소속된 대학이 하위권이라고 생각하는 학생들일수록, 지방에 소재할수록, 사립대학에 다닐수록, 가족의 계층적 위치가 낮다고 평가할수록 뚜렷하게 열등감이나 좌절감을 자주 느낀다. 우리나라의 대학서열체제가 어떻게 편성되어 있는가를 간접적으로 알 수 있게 하는 응답내용이다.

<표 5-13> 대학생의 소속 대학 위상 평가별 열등감이나 좌절감을 느끼는 정도

구분	자주 느낀다	때로 느낀다	별로 느낀 적 없다	전혀 느낀 적 없다	전체
최상위권	1.5	21.4	35.1	42.1	142
중상위권	4.8	50.9	39.4	4.9	474
중위권	8.4	60.5	27.0	4.1	661
중하위권	20.0	63.5	13.4	3.1	296
최하위권	47.0	38.1	13.5	1.3	31
전체	9.6	54.3	28.6	7.4	1,603

학벌주의의 핵심은 연고주의이다. 대학서열체제 그 자체는 학벌체제가 아니다. 그러나 우리 사회에서의 대학서열체제는 그 내적 구성원리 못지않게 실질적 발현형태가 학벌주의로 나타난다. 학벌주의가 나쁜 것은 많은 사람을 배제하고, 사회의 자원낭비 가능성을 드높인다는 점이다. 그것은 파슨즈가 근대적 지향이라고 하는 업적주의보다 귀속주의를 부추긴다. 그러면 실제 시민들은 어떻게 생각할까? 이러한 측면을 알아보기 위해 우리는 "개인의 능력이 비슷할 경우에 학벌이 개인의 노력에 비해 성공하는 데 더 중요하다"는 진술에 대한 동의의 정도를 물었다. 불행하게도 일반인의 압도적 다수인 86.1%를 비롯해, 교사의 86.0%, 교수의 87.3%, 그리고 대학생의 84.3%가 노력에 비해 학벌이 더 중요하다는 진술에 동의하고 있다. 하위 범주별로도 큰 차이가 없으며, 단지 일반인의 경우에 사교육비가 많을수록(20만원 미만/50만원 미만/50만원 이상) 동의하는 정도가 높다는 것이 눈에 띄는 정도이다.

<표 5-14> 성공에의 노력에 비한 학벌 기여의 중요성

구분	전혀 아니다	아니다	보통이다	그렇다	매우 그렇다	전체
일반인	0.8	6.4	6.7	47.4	38.7	3,521
교사	1.6	5.1	7.4	48.1	37.9	705
교수	2.5	6.1	4.1	57.9	29.4	197
대학생	1.2	5.5	9.0	48.5	35.8	1,603

(2) 대학서열체제와 사회이동

현재의 대학서열체제가 낳는 또 다른 문제점은 그것이 현재의 사회적 불평등 양상을 고착시킬 가능성이 크다는 것이다. 자본주의 사회에서 사회적 불평등을 완전히 해소한다는 것은 거의 불가능하지만, 그것이 용인할 만한 수준으로 유지되고, 사회이동이 활발할 경우에는 불평등 자체가 커다란 사회문제로 대두되지는 않는다. 사실 심각한 사회적 불평등은 그 자체로서도 바람직하지 못하지만, 사회의 자원활용을 왜곡시키며, 또한 사회적 소요나 불안의 원인이 될 수 있다는 점에서도 해소되어야 한다. 그런데 자본주의 사회에서 흔히 사회이동을 가능하게 하는 중요한 통로가 교육을 통해서라고 간주된다. 즉, 비록 출신이 가난하거나 하층이라고 하더라도 교육을 통해서 충분한 능력과 성취가 확인되면 상층으로 이동할 수 있다는 것이다. 이러한 논리는 상층 출신의 자식이 일정한 능력을 보여준다면 상층에 계속 머무르는 것은 충분히 합당하다는 것으로 이해되기도 한다. 기득권층 또는 상층의 사람들은 자신들이 자신들의 위치를 차지할 만한 충분한 자질을 갖추었음을 보여주려고 하는데, 오늘날에는 그 주된 방법의 하나가 바로 자신들이 좋은 교육적 성취를 이루었다는 것이다. 한때는 대학교육을 받았음을, 외국에서 대학을 다녔음을, 그리고 국내의 명문대학을 다녔음을 보여줌으로써 자신들이 지배층으로서, 기득권층으로서, 상층으로서 존립할 만한 충분한 자격을 갖추었다고 과시한다. 그리고 그들은 피지배층에 비해, 보통 사람들에 비해, 중간층 이하에 비해 대학교육을 더 많이 받고, 외국의 대학을 더 다니고, 국내 명문대학에 더 많이 들어간다.

명문대의 졸업장이 자신들의 능력을 과시하는 증서이기는 하지만, 그 졸업장을 따기는 다른 계층에 비해서 더 쉬운 것이다. 그것은 그들의 지적 능력에 의존하기보다는 여러 가지의 자원을 동원할 수 있는 능력에 의존하는 것이며, 가장 중요한 것은 재산 또는 부이다. 그래서 "집안이 부유하면 명문대에 입학하기가 쉽다." 이런 진술에 대해 응답자의 85% 이상이 '그렇다' 또는 '매우 그렇다'는 응답에 표시했다. 이런 수치는 당연하면서도 놀라운 것으로, 명문대의 입학이 개인의 학업능력에만 의존하는 것은 아니라는 인식이 아주 널리 퍼져 있음을 잘 보여준다. 집단별로 보면 역시 교수집단이 이 진술에 대한 강한 동의의 정도가 다른 집단에 비해 다소 낮게 나타난다.

<표 5-15> 집안이 부유하면 명문대에 입학하기 쉽다

구분	전혀 아니다	아니다	보통이다	그렇다	매우 그렇다	전체
일반인	0.4	5.4	7.4	51.7	35.0	3,521
교사	0.6	4.1	7.8	57.4	30.1	705
교수	0.3	4.7	9.0	50.8	35.1	197
대학생	-	3.6	11.2	66.0	19.3	1,603

응답집단 내부의 차이를 보면 일반인 집단에서는 사교육비를 많이 지출하는 집단일수록 집안의 부유함이 명문대 입학에 유리함과 직접적으로 관계된다는 데 더 강하게 동의한다. 또한 중하위권 대학의 교수들과 대학생들이 이런 진술에 강하게 동의하며, 교사집단에서는 교단 경력이 15년 이하, 서울이나 수도권에 재직하는 교사, 그리고 사교육비를 많이 쓰는 교사들이 집안의 부와 명문대 입학 간의 상관관계에 강하게 동의한다.

(3) 대학서열체제와 지방의 문제

현행 한국사회에서의 대학서열구조의 중요한 측면 중의 하나는 서울 소재 대학과 지방대 사이의 구분임을 앞에서 지적했다. 대학이 어디에 위치하는가 하는 것이 그 대학의 서열 위치를 정하는 데 강하게 영향을 미친다는 것이다. 이런 현상은 지방에 위치한 대학의 내재적 문제이기보다는 우리 사회에서의 서울 집중, 지방 침체의 일반적 경향이 교육부문에 반영되어 나타난다. 그리고 그것은 단지 대학부문만 그런 것이 아니라, 중등교육부문에서도 그대로 나타난다. 그렇다면 지방의 고등학교 출신들이 명문대학에 입학하기도 어려울 가능성이 있다. 물론 그 가능성이 현실화되는 것은 또 다른 여러 매개변수의 개입이 있어야 한다.

<표 5-16> 지방고교 출신은 명문대에 입학하기 어렵다

구분	전혀 아니다	아니다	보통이다	그렇다	매우 그렇다	전체
일반인	1.3	12.4	14.9	55.5	15.8	3,521
교사	0.6	18.2	16.7	53.6	10.9	705
교수	2.0	16.2	18.8	54.3	8.6	197
대학생	3.7	18.2	22.0	44.5	11.6	1,603

이와 관련해 우리들은 "지방의 고등학교 출신들은 명문대에 입학하기가 어렵다"는 진술에 대한 동의 여부를 물었다. 이에 대해 일반인의 70%가 넘는 사람들이 동의하며, 이보다 낮기는 하지만 대학생(56.1%), 대학교수(62.9%), 그리고 교사(64.5%)들도 이에 동의하고 있다. 이 진술과 관련해서는 거주지 내지는 근무지별로 일정한 차이가 있는가 하는 것인데, 모든 응답집단에서 지방에 사는 사람들이 서울 또는 수도권에 거주하거나 근무하는 사람들에 비해서 더 강하게 동의하고 있다. 즉, 지방에 살거나 지방의 대학이나 학교에 다니는 사람들은 지방의 고등학교 출신들이 명문대에 들어가기가 어렵다는 것에 강하게 긍정한다. 그리고 대학생들과 대학교수들 중에서 중위권과 하위권의 대학에 다니

는 사람들이 최상위권, 상위권 교수나 학생들에 비해 이 진술에 강하게 동의하고 있는데, 이러한 결과는 자신들의 익숙한 경험에 근거한 것이 아닌가 생각된다.

3) 대학서열체제와 사교육

어떤 대학에 들어가는가 하는 것이 그렇게 중요한 것이다. 그래서 많이 채택하는 전략이 사교육, 즉 과외이다. 자녀를 가지고 있는 사람들 중에서 80% 이상이 자녀에게 사교육을 시키고 있으며, 그것은 응답집단별로 거의 차이가 없다. 일반인들 중에서는 읍면부에 사는 사람들과 농어민들에게서 과외를 시키는 비율이 50%를 약간 상회하는 수준에서 비교적 낮게 나오는 것이 특이할 뿐 다른 집단 내의 차이는 거의 없다. 교수들과 교사집단 내부에서는 거의 차이가 없다. 한편 대학생들에게 물어보아도 절반 이상이 과외를 한 적이 있다고 한다.

이렇게 많은 사람들이 과외를 하고, 또 자녀들에게 과외를 시키는 것

<표 5-17> 중고생 자녀 여부

구분	없다	1명	2명	3명 이상	전체
일반인	73.2(69.4)	16.8(17.0)	9.1(12.7)	0.9(0.9)	3,266(3,521)
교사	64.4	22.4	12.3	0.9	705
교수	57.9	29.9	11.2	1.0	197

주: ( )안은 가중치를 주었을 때의 수치임.

<표 5-18> 사교육 여부

구분	한다	하지 않는다	전체
일반인	80.2(79.5)	19.8(20.5)	875(1,079)
교사	85.3	14.7	705
교수	85.5	14.5	83
대학생	54.3(54.1)	45.7(45.9)	1,603

은 아무래도 사교육을 시키는 것, 즉 "과외가 대학입시에 유리하다"고 생각하기 때문이다. 지금으로서는 아무리 공교육을 강조한다고 하더라도, 일반인의 60% 이상이 과외를 하는 것이 대학입시에 유리하다고 생각한다. 대학생도 60% 정도가 그렇게 생각하며, 놀라운 것은 중고교 교사 다수(64.3%)는 물론, 대학교수들의 78.2%도 그렇게 생각한다는 것이다. 공교육을 직접 담당하고 있는 사람들이 바로 사교육에의 의존이 필요하다고 생각하는 것이다.

<표 5-19> 과외가 대학입시에 유리하다

구분	전혀 아니다	아니다	보통이다	그렇다	매우 그렇다	전체
일반인	3.6	15.1	16.0	48.8	16.4	3,521
교사	2.8	14.2	18.7	51.5	12.8	705
교수	1.5	9.1	11.2	58.9	19.3	197
대학생	4.0	16.3	19.0	47.1	13.7	1,603

사교육이 대학입시에 유리하다는 생각은 특히 직접 사교육을 받았거나(대학생), 또는 현재 사교육을 시키고 있는 사람들(일반인, 대학교수, 교사집단 모두)에게서 더 많은데, 무엇이 원인이고 무엇이 결과인지를 명확하게 말하기는 어렵지만, 충분히 그럴 수 있는 상관관계로 보인다. 즉, 사교육이 효과가 있다고 생각하기에 사교육을 받거나, 또는 사교육을 받았기에 과외가 효과가 있다고 본다는 것이다. 이와 비슷하게 사교육에 많은 돈을 들인 사람들이 그렇지 않은 사람들에 비해서 과외가 대학입시에 유리하다는 진술에 동의하는 비율이 높은 것은 일반인, 교사, 교수집단 모두에서 일관되게 나오는 경향이다.

그러나 과외수업비용은 생활비에 많은 부담을 준다. 거의 모든 조사에서 나오는 것이기는 하지만, 우리의 조사에서도 "과외수업비용이 생활비에서 큰 부담이 된다"는 진술에 대해 동의하는 비율은 놀랍게도 일반인의 96.2%, 즉 거의 전부이다. 상대적으로 상층집단에 속하는 대학교수들 중에 이 진술에 동의하는 비율은 일반인에 비해 약간 낮기는 하지만 그래도 90%가 넘으며, 우리 사회에서의 전형적인 중산층에 속한다고 할 수 있는 교사의 경우에도 94.8%가 과외수업비용을 큰 부담으로 느끼고 있다. 대학생집단에서 이 진술에 대한 동의의 정도가 다른 집단에 비해 낮은 것은 아무래도, 대학생집단이 가계의 직접적 부담을 지지 않기 때문이겠지만, 이들 집단에서 역시 동의비율은 85%가 훌쩍 넘는다.

<표 5-20> 과외수업비용이 생활비에 많은 부담을 준다

구분	전혀 아니다	아니다	보통이다	그렇다	매우 그렇다	전체
일반인	0.2	1.2	2.5	30.0	66.2	3,521
교사	0.4	1.4	3.4	37.2	57.6	705
교수	-	1.5	8.1	41.1	49.2	197
대학생	1.6	2.7	10.7	42.7	42.3	1,603

논리적으로 당연한 것이겠지만, 사교육비가 가계에서 차지하는 비율이 높은 사람들일수록 이들 진술에 더욱 강하게 동의하며, 이는 일반인, 교수, 교사집단 모두에서 공통으로 나타난다. 그리고 최하층이나 중하층에 위치한다고 생각하는 사람들이 약간이나마 다른 집단에 비해 이 진술에의 동의비율이 높은 것도 마찬가지이다.

그럼 실제 어느 정도의 사교육비를 지출할까? 일반인집단을 보면 자녀에게 사교육을 시키지 않는다는 사람들을 제외한, 즉 과외를 시킨다는 사람들 중에서 과외비가 월 20만원 미만이라는 사람들의 비율은 1/6 정도 이하에 불과하며, 약 2/3 가량이 30만원 이상이라고 한다. 50만원 이상이라고 응답한 사람들만 해도 약 30% 가까이 된다. 조사기법상 평균비용을 추정하기는 어렵지만, 대체로 중앙값을 추정한다면, 아마 40

만원 정도가 되리라 본다. 최빈 범주가 30만원 이상, 50만원 미만이며, 이 범주의 중간값이 40만원이기 때문이다. 그러나 과외를 시키지 않는 가구들도 있으며, 한편 100만원 이상의 고액과외의 경우, 그 정도가 충분히 높기 때문에 40만원이 평균적인 비용으로 추정하는 것은 다소 조심해야 할 것이다.

<표 5-21> 사교육비 수준

구분	20만원 미만	30만원 미만	50만원 미만	100만원 미만	100만원 이상	전체
일반인	15.1(16.3)	22.3(16.7)	29.3(27.7)	26.5(23.5)	6.8(5.8)	875(1,079)
교사	14.0	21.5	28.5	30.9	5.1	214
교수	11.3	15.5	26.8	32.4	14.1	71

일반인집단 내에서는 아무래도 주관적 계층의 위치가 높을수록, 학력이 높을수록 과외비를 많이 지출하며, 또한 서울이나 수도권 등에 거주하는 사람들이 지방에 거주하는 사람들에 비해서 과외비를 더 많이 지출한다. 이런 맥락에서 상대적으로 경제적 지위가 좋고 학력이 높은 집단들로 구성된 대학교수 집단에서 자녀에게 사교육을 시키는 사람들의 14.1%가 사교육비로 100만 원 이상을 지출한다는 것을 이해할 수 있다.

사교육비의 액수가 많은 만큼 사교육비가 가계에서 차지하는 비율도 높아서 일반인집단의 60% 이상의 응답자들이 사교육비가 가계의 20% 이상 소요된다고 응답한다. 상대적으로 안정된 직업인 교수와 교사의 경우에 가계의 20% 미만이라는 비율이 50%를 넘지만, 일반인들의 경

<표 5-22> 사교육비 비율

구분	10% 미만	20% 미만	30% 미만	40% 미만	40% 이상	전체
일반인	12.1(8.0)	31.7(34.0)	29.2(28.0)	18.1(19.2)	9.0(10.7)	875(1,079)
교사	13.1	41.1	27.6	15.0	3.3	214
교수	21.1	39.4	19.7	19.7	-	71

우 40% 이상이 된다는 비율만도 10%가 넘고, 30% 이상이라는 응답자는 30%에 이른다. 과외는 가계에 많은 부담을 주고 있는 것이다.

그러나 과외가 대학입시에는 다소간의 도움을 줄지는 몰라도, 그것이 학생들의 내재적 능력을 크게 향상시켜주는 것은 아닌 것 같다. "중고등학교 때 과외수업을 받는 것이 대학에 들어가서 좋은 성적을 올리는 데 더 유리하다"는 진술에 대해 동의하는 비율은 높지 않다. 일반인의 경우에 이 진술에 동의하는 비율은 30.9% 정도 되지만, 동의하지 않는 비율 45.4%에 비해 훨씬 낮으며, 교수의 60.4%, 교사의 60.3%, 그리고 대학생의 54.9%가 오히려 이 진술에 동의하지 않는다.

<표 5-23> 과외가 대학에서의 좋은 성적에 유리하다

구분	전혀 아니다	아니다	보통이다	그렇다	매우 그렇다	전체
일반인	9.2	36.2	23.8	23.9	7.0	3,521
교사	13.5	46.8	22.1	15.5	2.1	705
교수	15.7	44.7	21.8	15.7	2.0	197
대학생	15.0	39.9	23.6	17.4	4.1	1,603

일반인들 중에서 사교육을 시키는 사람들이 그렇지 않은 사람들에 비해서 이 진술에 동의하는 비율이 약간 높기는 하지만, 사교육비를 어느 정도 지출하는가에 따른 차이는 거의 없다. 나이가 든 사람들이 이 진술에 그래도 약간 더 공명하기는 하나, 4년제 대학에 다녀본 사람들은 고등학교 졸업 이하의 학력자들에 비해서 과외와 대학 성적 사이의 상관관계에 대해 더 부정적이다.

사실 많은 사람들은 과외로 대표되는 고등학교에서의 과도한 교육열에 문제가 있다고 생각한다. 그래서 "학생들이 공부하는 양을 중고교에서는 지금보다 줄이고 대신 대학교에서 더 늘려야 한다"는 진술에 대해 일반인의 80% 이상이 동의하고 있으며, 이러한 높은 동의율은 모든 집단에서 뚜렷이 나타난다. 그 가운데서 이 주장에 대해 자녀에게 과외를 시키고, 또 과외비를 많이 지출하는 사람들에서 더 강하게 동의하는데, 교육비로 더 고통받는 사람들이 더욱 중고등학교에서의 공부량을 줄이기를 강하게 요구한다는 것은 충분히 납득할 수 있는 일이다.

<표 5-24> 중고교 공부량을 줄이고, 대학 공부량을 늘려야 한다

구분	전혀 아니다	아니다	보통이다	그렇다	매우 그렇다	전체
일반인	0.5	8.3	10.2	33.7	47.3	3,521
교사	1.7	8.8	9.1	31.2	49.2	705
교수	1.5	9.1	3.6	33.5	52.3	197
대학생	2.4	10.0	18.0	38.7	31.0	1,603

4) 대학서열화와 대학교육

대학에서 공부하는 양을 늘려야 한다는 것은 달리 말하면, 지금은 대학에서 충분히 교육이 이루어지지 않는다는 것을 암시한다. 그러나 실제 대학에 있는 사람들은 그렇게 생각하지 않는 것 같다. 대학생들은 대학에서의 수업이 충실하게 이루어진다고 생각하고 있다. 특히, 상위권 대학의 재학생일수록 그렇게 평가하고 있다.

<표 5-25> 대학생의 소속 대학 위상 평가별 대학수업 충실도 평가

구분	매우 충실	비교적 충실	그저 그렇다	비교적 부실	매우 부실	전체
최상위권	11.7	64.9	15.0	7.5	0.9	142
중상위권	8.3	50.6	28.1	10.6	2.4	474
중위권	6.4	49.5	31.3	10.4	2.3	661
중하위권	7.5	36.0	36.2	14.2	6.1	296
최하위권	6.4	41.3	18.0	3.4	30.9	31
전체	7.7	48.5	29.5	10.7	3.5	1,603

한편 대학생 응답자의 49.7%인 거의 절반에 가까운 학생들이 대학에서 전공수업을 통해 전공에 대한 지식도 비교적 충분히 얻고 있다고 평가하고 있다. 불충분하다는 학생의 비율은 21.9%에 불과하다. 그리고 자신이 속한 대학이 상위권이라고 생각하는 학생들일수록 전공수업의 충실도에 대해 긍정적으로 평가하고 있다.

<표 5-26> 대학생의 소속 대학 위상 평가별 전공수업 습득 충분도 평가

구분	매우 충분	비교적 충분	그저 그렇다	비교적 불충분	매우 불충분	전체
최상위권	20.9	52.7	20.1	3.2	3.1	142
중상위권	6.7	44.0	32.3	14.7	2.4	474
중위권	5.4	43.8	26.8	19.9	4.0	661
중하위권	3.9	36.0	30.2	24.4	5.5	296
최하위권	-	30.5	22.9	20.0	26.6	31
전체	6.8	42.9	28.4	17.7	4.2	1,603

한편 "현재 소속하고 있는 학과나 전공은 귀하의 적성이나 흥미와 잘 맞는다고 생각하십니까?"하는 질문에 대해 잘 맞는다고 응답한 대학생들의 비율은 39.3%로 잘 안 맞는다고 응답한 비율 14.4%에 비해 월등히 많다. 하지만 그저 그렇다는 응답이 45.8%나 되는 것은 전공학과에 대해 충분히 만족하는 것은 아님을 드러낸다. 역시 상위권 대학

<표 5-27> 대학생의 소속 대학 위상 평가별 전공의 적성이나 흥미 부합도 평가

구분	잘 맞음	그저 그렇다	잘 안 맞음	학과, 전공 미결정	전체
최상위권	58.0	33.2	7.6	1.2	142
중상위권	41.1	48.2	10.5	0.3	474
중위권	35.9	47.2	16.2	0.7	661
중하위권	35.1	46.4	18.5	-	296
최하위권	38.9	29.0	26.9	5.3	31
전체	39.3	45.8	14.4	0.6	1,603

재학생일수록 전공이나 학과가 적성이나 흥미에 잘 맞는다고 평가하고 있다.

반면 대학교수들은 대학교육의 충실도에 대해 좀더 부정적으로 평가한다. 응답지 구성이 대학생의 경우와 다소 달라서 바로 비교할 수는 없지만, 대학교수들은 대체로 부실하다는 응답(55.9%)이 충실하다는 응답(44.1%)에 비해 훨씬 더 많다.5) 매우 부실하다는 응답도 10.7%나 된다. 부정적 응답은 아무래도 소속 대학이 하위권 대학이라고 생각하는 교수들에서 더 많이 나오는 경향을 보인다.

<표 5-28> 교수들의 소속 대학 위상 평가별 대학수업 충실도 평가

구분	매우 충실	비교적 충실	비교적 부실	매우 부실	전체
최상위권	-	45.5	54.5	-	11
상위권	4.4	40.0	48.9	6.7	45
중위권	2.1	46.9	40.6	10.4	96
하위권	-	33.3	48.9	17.8	45
전체	2.0	42.1	45.2	10.7	197

그러나 수업에 대한 학생들의 태도에 대해서는 긍정적인 평가를 내린다. 약 60%의 교수들이 학생들이 자신의 수업에 참가하는 정도나 태도를 적극적이라고 평가하며, 역시 소속 대학이 상위권 대학이라고 생각하는 교수들이 더 긍정적으로 평가한다.

그래서 "대학에서 학업능력이 떨어지는 학생들은 졸업시켜서는 안 된다"는 진술에 대해 찬성하는 비율은 일반인의 80%를 훌쩍 넘으며,

---

5) 대학생들에게는 자신이 직접 경험하고 있는 바를 물었다면, 교수들에게는 우리나라 대학교육 전반에 대한 질문을 한 셈이다. 또한 대학생들에게는 3점 척도로 물었지만, 교수들에게는 4점 척도로 물었다. 척도의 측정방식에 따라 응답 경향은 다소 차이가 나는 것이 일반적이다.

<표 5-29> 교수들의 소속 대학 위상 평가별 대학수업 충실도 평가

구분	매우 적극적	대체로 적극적	보통	대체로 소극적	매우 소극적	전체
최상위권	18.2	54.5	27.3	-	-	11
상위권	17.8	46.7	26.7	8.9	-	45
중위권	5.2	63.5	18.8	10.4	2.1	96
하위권	2.2	33.3	44.4	13.3	6.7	45
전체	8.1	52.3	26.9	10.2	2.5	197

교사들의 경우 90% 이상이 찬성한다. 반면 대학교수와 대학생의 경우에는 찬성률이 높기는 하지만, 상대적으로 낮은 편이다(교수 66.0%, 대학생 68.4%). 대학에 대해 대학 밖에서는 대학이 더욱 엄정하게 자신의 역할을 다하기를 바라는 데 비해 대학 내에서는 다소 온정주의적 시각을 가지는 것이 아닌가 한다. 집단별로는 큰 차이는 없지만, 대학교수 집단 내에서 국공립학교 교수들에 비해 사립학교의 교수들에게서 이 진술에 대한 동의율이 낮게 나오는 것은 학생들의 등록금에 주로 재정을 의존하는 사립학교의 실태와도 관련되는 것으로 생각된다.

<표 5-30> 대학에서 학업능력이 떨어지는 학생을 졸업시켜서는 안 된다

구분	전혀 아니다	아니다	보통이다	그렇다	매우 그렇다	전체
일반인	0.2	7.3	8.4	34.9	49.2	3,521
교사	0.4	2.8	5.8	39.0	51.9	705
교수	3.6	13.7	16.8	37.6	28.4	197
대학생	1.2	7.3	23.2	42.0	26.4	1,603

이와 관련해 "고교평준화제도는 더욱 확대되어야 한다"는 진술에 대해 일반인의 60.3%는 찬성하고 있지만, 대학교수들의 경우에는 찬성하는 비율(32.0%)에 비해 반대하는 비율(50.7%)이 훨씬 더 높아 뚜렷한 차이를 보인다. 한편 교사들의 경우에는 찬성비율(45.3%)이 반대비율

(38.9%)에 비해 약간 더 높고, 대학생의 경우에는 찬성비율(49.1%)이 반대비율(26.3%)에 비해 압도적으로 더 높다. 계속 반복되는 것이지만, 대학교수 집단이 일반인 집단에 비해 엘리트주의적 성향이 강하다는 것을 보여주는 것이라고 하겠다. 응답집단들 내부적 차이는 별로 없지만, 평준화 확대에 대한 동의는 일반인들 중에서는 중간층 이하에서 더욱 강하게 나타나며, 학력이 상대적으로 낮은 사람들이 고교평준화 확대에 호의적이다.

<표 5-31> 고교평준화를 확대해야 한다

구분	전혀 아니다	아니다	보통이다	그렇다	매우 그렇다	전체
일반인	7.6	14.6	17.6	32.0	28.3	3,521
교사	12.8	26.1	15.9	24.0	21.3	705
교수	21.3	29.4	17.3	18.3	13.7	197
대학생	7.9	18.4	24.7	29.8	19.3	1,603

5) 현행 대학서열체제의 강화 요인

이렇듯 현행의 대학서열구조가 이런저런 문제를 가지고 있지만, 현행의 대학서열구조가 쉽게 해소될 것으로 보이지는 않는다. 기존의 제도가 가지는 일반적 관성에 더해, 현행 대학서열구조의 변화에 강하게 저항하는 세력들이 아주 강고하게 포진해 있기 때문이며, 이들이 또한 강한 영향력을 발휘하는 존재라는 것이 중요한 이유이다.

우리는 현행의 대학서열구조를 계속 유지되는 것은 일정한 사회적 제도 내지는 사회적 관행과 관련되었다고 생각한다. 특히, 중요한 것이 명문대나 수도권 대학의 졸업생을 우대하는 "기업들의 신입사원 채용 및 승진정책", 서울대를 특별 우대하는 법률체계를 비롯해 대학입시정책과 같은 "정부의 교육정책", 그리고 서울대를 중심으로 한 소수

대학의 동정만을 중시여기는 "언론의 대학입시 보도" 관행과 같은 것들이 현행의 대학서열구조를 강화시키는 주요한 요인으로 보았으며, 이에 대한 동의 여부를 알아보았는데, 모든 응답집단들의 3/4 이상이 이들 세 정책 내지 관행이 "지금의 대학서열화를 강화시킨다"고 보고 있다.

이 세 요인들 중에서 가장 중요하게 보는 것이 기업의 인사정책이며, 다음으로는 언론의 대학입시 보도, 그리고 마지막으로 정부의 교육정책

<표 5-32> 언론의 대학입시 보도가 대학서열화를 강화시킨다

구분	전혀 아니다	아니다	보통이다	그렇다	매우 그렇다	전체
일반인	1.3	4.2	13.6	49.1	31.9	3,521
교사	0.1	3.4	8.5	49.5	38.4	705
교수	-	3.6	10.2	41.6	44.7	197
대학생	0.7	2.6	10.2	45.9	40.6	1,603

<표 5-33> 정부의 교육정책이 대학서열화를 강화시킨다

구분	전혀 아니다	아니다	보통이다	그렇다	매우 그렇다	전체
일반인	1.3	4.1	17.1	49.1	28.4	3,521
교사	0.3	5.4	16.3	50.6	27.4	705
교수	2.0	4.6	15.2	42.1	36.0	197
대학생	0.7	4.3	18.6	46.4	30.1	1,603

<표 5-34> 기업의 인사정책이 대학서열화를 강화시킨다

구분	전혀 아니다	아니다	보통이다	그렇다	매우 그렇다	전체
일반인	1.2	1.6	6.0	35.6	55.7	3,521
교사	-	1.6	3.7	41.4	53.3	705
교수	1.5	4.1	7.6	45.7	41.1	197
대학생	0.2	1.8	7.3	33.9	56.8	1,603

을 들고 있다. 일반인의 경우 기업의 정책이 중요하다는 비율은 91.3%, 언론의 책임은 81.0%, 그리고 정부의 책임은 의외로 낮아 77.5%이다. 이런 순위는 다른 응답집단들에서도 그대로 나타나지만, 교사들은 기업(94.7%)과 언론(86.3%)의 책임을 더욱 강조하며, 대학생들은 언론의 보도 관행(86.5%)을 더욱 문제삼고 있다. 대학교수들은 기업의 정책의 중요성에 대해서는 다른 집단에 비해서는 다소 덜 강조하며(86.8%), 언론(86.3%)을 더 문제삼고 있다.

응답집단 내부별로는 뚜렷한 차이를 얻기 힘들지만, 최상위권 대학의 교수와 대학생들은 다른 대학의 교수와 대학생들에 비해 이들 세 요인의 영향력에 대해서 유보적인 태도를 취하는 것이 특이하다. 최상위권 대학 성원들의 이러한 태도는 현행의 대학서열구조가 자연적인 것이며, 합리적인 것으로 간주하기 때문으로 이해된다.

6) 대학서열체제의 개혁방안

(1) 지방대학 육성

그러나 어느 집단도 현행의 대학서열체제가 합리적이고 자연스런 것이라고 공공연하게 주장하지는 않는다. 국립대 통합네트워크 방안에 대해서도 그것을 서울대 폐지론이라든지, 엘리트 교육을 망칠 수 있다든지, 하향 평준화의 가능성이 있다고 주장하지만, 현행의 구조에 뭔가 문제가 있다는 것에는 대체로 동의한다. 그리고 대체로 현행 대학서열구조를 고치는 방법들 중의 하나가 지방대 육성이라는 입장이다.

사실 지방대 육성의 문제는 단순하게 대학서열구조의 개혁을 위해서만 필요한 것은 아니다. 그것보다는 국가의 균형발전이라는 측면에서 제시되는 것이다. 서울과 수도권에 비해서 다른 지역의 발전의 정도가 낮은 것은 명백하며, 그것이 우리 사회가 해소해야 할 문제점이라는 데는 대체적인 합의가 있다. 그래서 정부에서는 일찍부터 국토발전계획을 세워서 시행하려고 하고 있다. 단지 그것이 계획만 무성했을 뿐, 실제 시행에 있어서는 수많은 장애가 있었던 것이다.

최근 정부에서는 지방대학을 지역발전의 중요 주체로 간주하고서 여러 정책을 세우고 있는데, 이러한 정책이 결과적으로는 현행 대학서열구조를 변화시키는 결과를 낳게 되기를 기대하고 있다. 그래서 본 연구팀에서는 "국가의 균형발전을 위해서는 지방대학을 집중적으로 지원할 필요가 있다"는 주장에 대한 동의 여부를 알아보았다.

이 진술에 대해 응답자들의 절대 다수, 즉 일반인의 87.0%, 교사의 89.9%, 교수의 77.7%, 그리고 대학생들의 78.6%가 동의하고 있다. 기대할 수 있는 것이지만, 모든 응답집단에서 비수도권에 사는 사람들과 서울 및 수도권에 사는 사람들 사이에는 동의의 정도에 있어 차이가 난다. 즉, 비수도권에 사는 일반인들은 물론이고, 비수도권에 재직하는 교사, 교수, 그리고 비수도권 대학의 대학생들 모두는 국가의 균형발전을 위해서 지방대를 집중 지원해야 한다는 주장에 전폭적으로 찬성하고 있다. 한편 국공립대의 교수들과 대학생들이 사립대의 교수, 대학생들에 비해 이 주장에 대한 동의의 정도가 강한 것은 대다수의 국공립대들이 비수도권에 위치하고 있는 것과 밀접한 관련이 있다고 생각된다.

그러면 구체적으로 어떻게 하면 지방대를 육성할 수 있을까? "지방대학을 육성하기 위해서는 지방에 있는 공기업이나 공공기관에서는 지

<표 5-35> 국가 균형발전을 위해서는 지방대를 집중 지원해야 한다

구분	전혀 아니다	아니다	보통이다	그렇다	매우 그렇다	전체
일반인	0.3	3.5	9.2	38.2	48.8	3,521
교사	0.1	2.3	7.7	39.0	50.9	705
교수	2.5	8.1	11.7	31.5	46.2	197
대학생	1.6	4.8	15.0	35.5	43.1	1,603

방대학 졸업생을 우대해 취업시키는 제도를 도입하는 것이 좋다"는 주장이 있다. 이 주장에 대해서도 일반인의 82.7%, 교사의 83.3%, 교수의 75.6%, 그리고 대학생의 71.7%라는 압도적 다수가 동의하고 있다. 그리고 이 역시 모든 응답집단에서 서울과 수도권에 있는 응답자들이 다소가 부정적 반응을 많이 보인다.

<표 5-36> 지방 공기업이나 공공기관에 지방대생 우대제도를 도입해야 한다

구분	전혀 아니다	아니다	보통이다	그렇다	매우 그렇다	전체
일반인	1.7	4.8	10.7	38.9	43.8	3,521
교사	1.1	5.1	10.5	41.0	42.3	705
교수	3.0	11.7	9.6	42.1	33.5	197
대학생	4.1	7.7	16.1	41.5	30.6	1,603

(2) 대학입학 방식의 변화

지방대 육성은 바람직하지만, 지방대 우대와 같은 방식의 대학서열체제의 해소는 임시방편적이라는 것이 우리들의 생각이다. 우리들은 보다 근본적인 변화가 필요하다고 생각하며, 우리는 그 중 하나로 수능시험을 폐지하고 대학입학자격시험제도를 도입하자는 것이다. 현행 수능체제를 개편하려고 하는 여러 시도들이 있으며, 2003학년도부터 수능 총점을 공표하지 않지만, 그럼에도 현재의 수능제도는 그것의 가장 기본적인 타당성이 의심되고 있다. 수능시험이란 바로 대학수학능력시험의 약어인데, 수능시험에서 높은 점수를 받은 학생은 대학에서 높은 수학능력을 보여주어야 하겠지만, 실제로는 그렇지 못하다. 그 용어는 어떠하든지 간에 현행의 수능시험은 전국의 고등학생들을 일렬로 세우는 기능을 하고 있을 따름이다. 진정한 수능시험이라면 차라리 대학에서의 수학능력이 있음과 없음을 구분하면 될 것이다. 그래서 본 연구팀은 "수능시험을 폐지하는 대신 대학입학자격시험을 치르는 것이 좋다"는 진술에 대해 물어보았다.

대학입학자격시험이라는 것이 1973학년도까지 시행되었던 대학예비고사와 비슷한 것일 수 있으며, 그 시험의 수준이 그리 높지 않았기에 찬반이 팽팽할 것으로 기대했지만, 의외로 다수의 응답자들이 수능 폐지, 대입자격시험 실시에 찬성했다. 일반인의 75.7%, 교사의 77.5%가 찬성하며, 대학교수의 경우에는 그보다는 다소 낮지만, 2/3에 가까운 66.0%가 찬성하고, 대학생의 경우에도 55.6%나 되는 학생들이 수능 폐지에 찬성했다. 대학생의 경우에는 그러나 이 주장에 대해 반대하는 사람이 많은 것은 아니며, 단지 유보적인 태도를 취하는 학생들이 많을 따름이다. 이 주장에 대해 비교적 유보적이거나 부정적인 입장을 취하는 하위집단은 일반인과 교사집단에서 20대 연령집단이며, 대학교수들 중에서는 사립대 교수들이 국공립대 교수들에 비해 더 유보적이다.

<표 5-37> 수능시험을 폐지하고, 대학입학자격시험을 치르자

구분	전혀 아니다	아니다	보통이다	그렇다	매우 그렇다	전체
일반인	1.4	8.9	14.0	41.2	34.5	3,521
교사	1.6	7.7	13.3	36.2	41.3	705
교수	3.6	13.7	16.8	37.6	28.4	197
대학생	3.2	11.1	30.1	37.0	18.6	1,603

(3) 국립대 통합네트워크 운영

그러나 대학서열체제의 개혁은 지방대 우대나 입시제도의 변화만으로는 부족하다. 우리는 보다 근본적인 대안으로 전국의 국립대학교들을 하나의 네트워크로 묶어서 운영할 것을 제안한다. 이 제안에 대해 일부 언론에서는 서울대 폐지론이라고 말하지만, 우리의 안에서 서울대 폐지안은 없다. 오히려 우리의 안에서 핵심적인 것은 국립대학들이 입학생을 함께 선발하고, 엄격한 학사관리를 통해 제한적으로 졸업을 시키며, 졸업생에게는 특정의 대학 학위를 줄 것이 아니라, 국립대 학사 학위라는 것을 주자는 것이다.

이 제안은 아직 충분히 알려진 것은 아니지만, 그럼에도 불구하고 많은 지지를 받았다. 우리의 조사에서는 "경찰대나 해양대와 같은 특수목적대학을 제외한 전국의 국립대학교들을 하나의 네트워크로 묶어서 운영하는 것이 좋다"는 진술을 제시하고, 이 진술에 대한 의견을 물었다. 이 제안에 대해 일반인의 2/3가 넘는 67.5%가 찬성했으며, 교사의 65.3%, 교수의 55.8%, 그리고 대학생의 55.1%나 되는 응답자들이 동의했다. 특히, 대학생을 제외한 다른 집단들에서는 "매우 그렇다"는 응답을 한 비율이 1/4 이상이 되는 것에 유의할 필요가 있다. 또한 교수집단에서만 비교적 강한 반대의견이 10%가 넘지만, 교수집단에서의 전체 반대비율은 28.0%로 1/4을 약간 상회할 따름이다.

<표 5-38> 국립대 통합네트워크 운영제도를 도입하자

구분	전혀 아니다	아니다	보통이다	그렇다	매우 그렇다	전체
일반인	2.6	8.9	21.0	41.9	25.6	3,521
교사	3.5	13.0	18.2	37.9	27.4	705
교수	10.7	17.3	16.2	27.9	27.9	197
대학생	4.4	12.8	27.7	37.6	17.5	1,603

이 제안은 비교적 골고루 지지를 받았지만, 일반인 중에는 중소도시나 읍면부에 거주하는 사람들, 4년제 대학을 다니지 않은 사람들, 그리고 35세 집단에서 비교적 강한 지지를 받았다. 대학교수들과 대학생집단에서는 서울 및 수도권 대학, 사립대학, 그리고 최상위권 대학에 다니는 응답자들로부터 비교적 낮은 지지를 받았으며, 교사집단에서는 내부적으로 큰 차이를 찾기가 어려웠다.

우리의 방안은 대학교육의 정상화를 기대하며, 이러한 정상화를 통해 소위 우리나라의 진정한 교육 경쟁력도 높이자는 것이지만, "서울대를 정점으로 하는 대학서열체제는 어떻게든 해소되어야 한다"는 의도를 강하게 담고 있다. 결국 우리의 안이 당장 지향하는 것은 바로 현실적으로 존재하는 대학서열구조를 바꾸자는 것이다. 이 주장에 대해서는 물론 대다수가 찬성하고 있어, 일반인의 82.1%, 교사의 84.7%, 교수의 74.6%, 그리고 대학생의 77.8%가 동의하고 있다. 역시 대학교수들의 찬성률이 낮으며, 역으로 반대하는 대학교수들의 비율도 15.7%에 이른다. 그러나 다른 집단에서는 이 주장에 대해 반대하는 사람들의 비율은 결코 10%를 넘지 못한다.

<표 5-39> 서울대를 정점으로 하는 대학서열체제는 해소되어야 한다

구분	전혀 아니다	아니다	보통이다	그렇다	매우 그렇다	전체
일반인	1.0	7.4	9.5	34.1	48.0	3,521
교사	1.8	6.2	7.2	24.8	59.9	705
교수	3.0	12.7	9.6	26.4	48.2	197
대학생	1.4	5.6	15.2	30.8	47.0	1,603

이 주장에 대해서도 역시 일반인의 경우에는 4년제 대학을 다닌 사람들과 서울을 비롯한 수도권에 사는 사람들이 다른 집단에 비해 약간 더 부정적이었으며, 사립대, 최상위권, 그리고 서울과 수도권의 대학에 다니는 교수와 학생들에게서 찬성하는 비율이 다른 집단에 비해 낮게 나온다. 대체로 대립구도는 국공립과 사립, 서울 및 수도권과 그 외의 지방, 그리고 최상위권 대학과 그 외의 대학으로 나뉘는 것이 아닌가 한다.

우리의 안은 서울대를 대학원 대학으로 만들자는 것은 아니다. "서울대의 대학원은 그대로 두고, 학부의 신입생을 받지 않는 것이 좋다"는 일부의 의견에 대해서는 일반인의 27.4%만이 찬성할 뿐이며, 반대하는 비율이 31.0%나 된다. 교사들과 교수들 중에서는 찬성하는 비율(42.3%, 48.2%)이 반대하는 비율(32.3%, 34.0%)에 비해 더 많지만, 대학생들 중에서는 반대(38.6%)가 찬성(21.1%)에 비해 더 많다. 거의 모든 제안에 대해 교수들이 일반인들에 비해 더 보수적이었는데, 이 주장에 대해서만은 교수들이 더 강한 변화를 지향한다. 국공립대와 비수도권에 있는 대학의 교수와 대학생들이 서울대 학부의 신입생 선발 금지에 대해 약간 더 찬성하는 비율이 더 높기는 하지만, 그 차이는 충분히 크지는 않다.

<표 5-40> 서울대 학부 신입생 뽑지 말자

구분	전혀 아니다	아니다	보통이다	그렇다	매우 그렇다	전체
일반인	5.6	25.4	41.7	19.3	8.1	3,521
교사	7.1	25.2	25.4	21.0	21.3	705
교수	13.7	20.3	17.8	15.7	32.5	197
대학생	8.5	30.1	40.4	14.1	7.0	1,603

우리가 주장하는 것은 서울대학교의 이름으로 학부학생을 선발하지는 말자는 것이다. 그러면서 오히려 서울대 교수의 강의를 더욱 많은 학생들이 들을 수 있게 하자는 것이다. 우리가 바라는 것은 학생들 간의 수월성을 향한 치열한 경쟁이 대학에 들어오기 전에 이루어질 것이 아니라, 대학에 들어와서 이루어지도록 하자는 것이다. 이미 순서가 정해져서 들어와, 그 순서대로 나가는 그런 대학이 아니라, 일정 수준 이상의 학생들이 들어와서는 치열한 경쟁을 거친 다음에 졸업하게 되는 그런 대학을 지향하는 것이다. 그 과정에서 대학교육은 지금보다는 훨씬 더 긴장된 상태에서 이루어질 것이며, 교수들의 강의와 연구도 지금보다 더 긴장된 상태에서 이루어질 것으로 기대한다.

4. 결론과 토의

조사결과를 요약하면 대체로 다음과 같다. 응답자들은 중고등학교 때의 과외가 대학입학에는 유리할 수 있지만, 대학에서의 수학에는 크게 도움이 되지 않는다고 한다. 그리고 과외수업비용이 생활비에서 많은 부담이 된다고 하면서, 중고등학교에서는 공부하는 양을 줄이고, 오히려 대학에서 공부를 많이 하도록 해야 한다고 한다. 그래서 대학에서 수학이수체제를 강화해 학업능력이 떨어지는 학생은 졸업시키지 말아야 한다고 생각한다.

　응답자들의 다수는 현재의 대학서열구조는 기업의 인사정책, 언론의 대학입시 보도방식, 그리고 정부의 교육정책으로 인해 더욱 강화되고 있음에 주목한다. 그런데 이렇게 구성된 대학서열체제에서 대학 평판은 진학할 대학과 학과를 선택하는 데 있어 아주 중시되고 있다. 대학의 평판은 교수들의 능력, 대학의 물리적 시설, 그리고 졸업생들의 취업률과 같은 것들이 중시되어야 하겠지만, 실제로는 입학생들의 수능시험성적, 대학의 소재지, 그리고 국공립인가 또는 사립인가의 여부가 더 중시되고 있다. 그래서 서울에 있는 대학들, 그리고 소위 명문대라고 하는 대학들의 평판이 높다. 이들 대학을 선택하는 이유는 무엇보다도 졸업 후의 취직과 승진 때문이다. 서울에 있는 대학이나 명문대를 졸업한 사람들이 지방대나 비명문대를 졸업한 사람들에 비해 인간관계는 물론이고, 업무능력이나 외국어 능력이 뛰어나다고는 생각하지는 않지만, 취직과 승진에는 유리하다는 것이 보통 사람들의 인식이다.

　이런 명문대에의 입학은 집안이 부유할수록 더 쉬우며, 지방 학생들은 어렵다. 그래서 개인의 능력이 비슷하면 학벌이 개인의 노력보다 성공하는 데 더 중요하다고 지적한다. 그렇기 때문에 살아오면서 학력 때문에 좌절감이나 무력감을 느끼곤 하는 것이다.

　그래서 응답자들의 압도적 다수는 서울대를 정점으로 하는 현재의 대학서열체제는 해소되어야 한다고 본다. 이런 맥락에서 우리의 제안인 국립대 통합네트워크 제안에도 적극 찬성하고 있다. 예컨대 고교평준화 제도는 더욱 확대하면서, 수능시험제도를 폐지하고, 대학입학자격시험을 치르는 안에도 찬성한다. 그러나 서울대의 학부를 폐지하는 정도의 급격한 변화에 대해서는 유보적 반응을 보이고 있다.

　이와 함께 응답자들은 지방발전을 위한 현 정부정책에 대해서는 찬성 입장을 보인다. 그래서 국가의 균형발전을 위해서 지방대를 집중 육성할 필요가 있다고 하며, 또한 지방의 공기업이나 공공기관에서 지방대생 우대제도를 채택하는 것에 대해서도 호의적이다.

　조사결과는 우리의 현행 대학서열구조에 대한 인식과 처방이 대체로 많은 사람들의 것과 일치하며, 또한 호의적 반응을 보이고 있음을 보인다. 그러나 응답자들 사이에 나름대로 일정한 차이가 있는데, 그것은 응답집단(교수와 그밖의 집단), 거주지 또는 소재지, 소속 대학의 평판, 개인의 사회·경제적 위상에서의 차이와 관련을 맺고 있는 수가 많다. 한마디로 하자면 현재의 대학서열체제에서 나름대로 이익을 보거나 특혜를 보는 집단이 현실을 다소 긍정적으로 보든지, 또는 제시되는 대안에 대해서는 부정적 반응을 보인다는 것이다.

　그래서 현행 대학서열구조를 바꾸려는 노력은 쉽게 성공할 것 같지는 않다. 어떤 제도의 변화도 그 변화에 따라 이익을 보는 집단과 불이익을 보는 집단이 있으며, 대체로 힘 있는 집단들이 불이익을 보는 제도의 변화는 성공하기 어렵다. 우리의 대학서열구조 개편도 우리 사회에서의 힘 있는 집단들의 구미에는 잘 맞지 않는 것 같다.

　사회제도의 변화를 위해서는 그래서 서로서로의 양보도 필요하고, 서로가 용인할 수 있는 정도의 변화수준을 맞추려는 노력이 필요하겠지만, 결국은 힘 관계로 귀착될 수도 있다. 그러나 힘 관계에 의해서 사회제도가 변화할 때는 그에 따른 대가도 크게 마련이지만, 우리 사회는 그런 대가를 치를 수 있는 한가한 처지에 놓인 것 같지는 않다. 세계화의 시대에 온 세계가 뜀박질하는데, 현재와 같은 대학서열체제를 그대로 가져가면서, 기득권층도 충분히 배려할 만큼 우리 사회가 느긋할 수는 없을 것 같다.

제2부
외국대학의 사례들과 대학서열체제 혁파방안

제 6 장
대학교육의 새로운 패러다임: 프랑스의 대학 문호개방

김경근

1. 서론

근래에 들어 프랑스 대학체제에 대한 관심이 높아지고 있다. 한국의 교육이 획일화된 대학서열로 인해 제 기능을 발휘하지 못하는 상황에서 프랑스의 대학체제, 특히 무시험입학제가 일종의 대안으로 제시되고 있기 때문이다. 원칙적으로 대학입학자격시험인 바깔로레아에 합격하면 별도의 선발절차를 거치지 않고 대학에 입학하는 프랑스에서는 바깔로레아 점수에 관계없이 합격선인 전체 응시생의 70%선 안에만 들면 원하는 — 약간의 예외는 있지만 — 대학과 학과를 골라서 갈 수 있다. 이는 한 단계라도 높은 서열의 대학 및 학과에 입학하기 위해 무한경쟁을 해야 하는 한국의 입시체제 및 그로 말미암은 폐단을 치유할 수 있는 가장 직접적인 처방의 하나가 될 것은 분명하다.

하지만 이에 대한 반론도 만만치 않다. 가장 중요한 것은 프랑스식 무시험입학제가 일종의 '극약처방'으로서 심각한 부작용을 초래할 것, 다시 말해 대학의 수준을 하향 평준화시킬 것이라는 주장이다. 특히, 이 주장의 중요한 논거로서, 프랑스의 고등교육체제가 단일구조가 아닌 이원적 구조, 즉 엘리트적 그랑 제꼴과 일반 대학으로 이루어져 있다는 사실이 제시되고 있다. 그랑 제꼴이라는 최고 엘리트 양성기관을 존속시키고 있다는 것은 프랑스 자체가 무시험입학제라는 처방의 효력을 확신하지 못하고 있는 반증이 아니냐는 것이다.

어쨌든 프랑스식 입학제도가 논의의 대상으로 떠오르고 있다는 것은 그 자체만으로도 큰 변화가 아닐 수 없다. 최소한 대학 무시험입학제가 고려 대상으로 간주되고 있다는 증거이기 때문이다. 그렇지만 프랑스식 체제의 장단점만을 따져 그 수용 여부를 결정하는 것은 바람직하지 못하다. 설혹 그것이 프랑스에서는 이상적인 처방이라 하더라도 교육 여건이 다른 한국에서 효력을 발휘한다는 보장이 없기 때문이다. 또는 거꾸로, 비록 무시험입학제가 프랑스에서 문제점을 드러내었다 할지라도 한국에서는 더 나은 효력을 기대할 수도 있다는 논리도 성립한다.

따라서 우리는 프랑스의 무시험입학제가 프랑스 교육과 대학 체제에서 내포한 의미를 폭넓게 따져볼 필요가 있을 것이다. 특히, 제도 자체뿐 아니라 그 시행과 지속의 당위성을 제공한 담론들도 살펴봄으로써 그 의미를 충분히 음미하고, 나아가 그 처방이 한국의 교육에 대해 가질 수 있는 효능의 가능성과 한계를 가늠해볼 수 있을 것이다.

2. 대학 문호개방과 교육 민주화

프랑스의 고등교육체제는 다른 나라들에 비해 다양하고 복잡하다. 우선 학생의 70%를 수용하는 90여 개의 일반 종합대학을 필두로 2년제 전문대학(IUT 및 STS) 그리고 고급 엘리트 양성기관인 각종 그랑 제꼴 등 3,600여 개의 공·사립교육기관들로 이루어져 있다.

이들 다양한 교육기관들 사이의 차이점을 든다면 무엇보다 입학에 있어서 개방성 여부이다. 우선 일반 대학의 경우 별도의 선발절차를 거치지 않고 바깔로레아에 합격하면 거의 자동으로 입학이 보장된다. 인기가 높은 파리지역의 의학부나 법학부 등에서는 음성적인 선발절차가 행해지기도 하지만 전체적으로는 무시험 선발이 보통이다. 반면 전문대학과 그랑 제꼴은 시험 혹은 서류상의 선발절차를 거친다. 따라서 대학은 종종 그랑 제꼴이나 전문대학에 낙방한 학생들이 입학하는 기관으로 간주되기도 한다.

특히, 그랑 제꼴은 고급관리, 경영자, 최고 엔지니어 등 엘리트를 양성하는 기관으로서 거기에 들어가려면 바깔로레아 합격자 중 최우수 학생들이 2-3년간 준비반을 다니면서 시험준비를 한 다음 시험에 통과할 만큼 입학이 어렵다. 반면 전문대학은 선발절차가 있긴 하지만 그랑 제꼴과는 비교가 안 될 정도이며 오히려 대학의 개방성에 더 가깝다고 할 수 있다.

이렇듯 프랑스의 고등교육체제는 세계에서 보기 드문 이원체제로 구성되어 있다. 프랑스의 대학은 12세기부터, 그랑 제꼴은 18세기부터 존재했다는 점에서 이원화의 역사 또한 오래된 것이라 할 수 있다. 하지만 그랑 제꼴은 그 성격과 위상이 거의 변하지 않은 데 반해 대학은 적지 않은 변화를 겪어왔으며, 특히 우리가 관심을 두는 대학 문호의 개방이란 점에서 전환점이 된 것은 1968년 5월 혁명의 후속 조치로 행해진 '고등교육기본법'이었다. 당시 교육부장관의 이름을 따 일명 에드가 포르(Edgar Faure) 법안이라고도 불리는 1968년 11월의 이 법안의 기본정신은 자율, 참여 그리고 다학문성(pluridisciplinarité)으로 말해진다.[1]

---

1) 자율이란 교육, 연구, 행정 및 경영의 면에서 스스로 결정권과 실행권을 가지는 대학을 세운다는 의미이다. 특히, 대학이 예산의 집행과 관련해 사전심의가 아니라 사후승인을 받으면 될 수 있도록 대학의 법적 위상을 바꾸기도 했다. 참여는 대학의 모든 구성원들, 즉 교수, 학생, 직원 및 외부 인사들이 대학협의회에 참여해 대학의 운용과 미래에 관한 안건을 심의·의결한다는 의미이다. 다학문성이란 종래의 학문별 고립을 탈피해 인접 혹은 유사학문을 한데 묶는 것으로서 고립된 단과대학을 교육연구부(UER)로 해체한 다음 더욱 큰 단위로 통합한 것이다. 그 과정에서는 종합대학이라는 새로운 체제에

대학의 개방성과 관련해, 포르 법안이 채택되기 전에는 대체로 두 가지 안이 대두되었다. 하나는 선발제도를 전면 폐지해 원하는 사람은 누구나 대학에 들어갈 수 있도록 하는 것이며, 다른 하나는 사회가 필요로 하는 경제인력의 수요 한도 내에서 엄격한 선발제도를 거쳐야 한다는 것이다. 그런가 하면 학생선발을 전적으로 대학의 자율에 맡기자는 제3의 방안이 제시되기도 했다. 결국 최종 확정된 안은 대학입학에 있어서 선발과정을 없애고 문호를 개방하는 것이었다. 하지만 그 결과 입학 후의 선별과정, 즉 진급 및 졸업을 위한 선별과정은 상대적으로 강화될 수밖에 없었다. 따라서 프랑스의 대학에서는 선발과정 전체를 없앤 것이 아니라, 다만 그 시기를 대학입학 전에서 입학 후로 연기한 것이라고 볼 수 있다. 그럼으로써 일단 원하는 학생들에게 대학 문을 개방하지만 열의와 능력을 갖춘 학생들만이 계속 공부를 수행하게끔 한 것이다.

이상에서 우리가 알 수 있는 것은 우선 1968년 11월의 '고등교육기본법'이 학생들이 그저 힘으로 관철시킨 혁명적 조치가 아니라 프랑스 사회 구성원들의 다양한 의사를 반영한 비교적 중도적인 성격의 법안이었다는 사실이다.[2] 나아가 선별과정 전체를 포기하지 않고 다만 입

병합되기를 원치 않던 교수들의 저항을 뛰어넘기 위해 단과대학을 미리 분할·해체한 교육부의 조치가 결정적이었다. 법안이 발효된 지 몇 달 만에 632개의 교육연구부가 만들어졌고, 이러한 소규모 기본단위들이 이합집산함으로써 1969-70년 프랑스 전역에 종합대학의 원형인 전-대학(pré-univesrsité) 이 설립되었다. 결국 1972년 프랑스에는 57개의 종합대학과 훗날 종합대학으로 승격할 8개의 대학분교들이 설립되었으며, 그 후로도 새로운 대학들이 설립되어 1990년에는 71개의 대학 그리고 대학과 동일한 위상을 부여받은 3개의 국립기술연구소가 프랑스 고등교육의 대학부문을 구성하게 된다. 또한 실험대학도 생겨났는데, 그것은 바깔로레아에 합격하지 못했다 하더라도 실무경험을 쌓아 수학능력을 갖춘 사람들에게 대학의 문호를 개방하는 취지에서 시도한 것으로 정원의 3분의 1을 이들로 충원했다(원윤수 외 2002: 46-54).

2) 물론 개혁법안에 대한 반대세력도 있었다. 특히, 1968년 8월 그랑 제꼴의 교장들은 대학입학 무시험 법안이 그랑 제꼴에 적용되는 것을 거부한다는 입장을 공식적으로 밝혔다. 그리하여 개혁법안은 대학과 대학부설기관들만을 대

학 후로 연기한 것에서 볼 수 있듯이, 그것은 대학교육체제의 근간을 뒤흔드는 법안도 아니었다는 사실이다. 그렇지 않았다면 그 법안이 지금까지 존속하기 어려웠을 것이다.

사실 1968년 프랑스 대학 문호의 개방은 고립된 혹은 우발적인 조치가 아니라 지속적인 교육민주화 추세의 일환이었던 것으로 보인다. 그것이 비록 5월 혁명이라는 사건에 의해 가속화되긴 했지만 이미 프랑스에서는 1960년대 이전부터 '교육 수요의 폭발적인 증가'가 나타남에 따라 교육의 민주화를 지향하는 움직임이 있었으며, 1968년의 개혁은 그러한 추세가 가장 극적으로 표출된 형태일 뿐이라고 할 수 있다.

제2차세계대전 이후 행해진 교육민주화에 관한 개혁 중 중요한 것만 들더라도 우선 1959년에 의무교육을 16세까지로 연장함으로써 소외계층에게 교육기회를 보장했으며, 사립학교에도 국가가 재정보조를 하는 대가로 교육과정, 학급조직 등에 관한 교육부의 요구를 받아들이도록 함으로써 실질적으로 공교육을 확충했다. 또한 1989년에는 '바깔로레아 2000'이라는 프로젝트를 추진함으로써 적령기 인구 100%를 최소한 실업계 고교 졸업, 80%를 바깔로레아, 즉 대학입학자격고사 합격자로 만들겠다는 목표를 세우고 그를 위해 고등학교의 추가 설립, 직업바깔로레아 신설, 전문대학의 설립에 박차를 가했으며 일정한 성과를 거두었다(적령인구 중 바깔로레아 취득자의 비율은 1981년 33.5%에서 1996년 63.6%로 상승).3) 이렇듯 1960년대 이전과 이후 프랑스에서 교육의

상으로 하게 되었다(원윤수 외 2002: 46-47).
3) 1990년대부터 '대학 2000년'과 직업전문대학제도라는 두 개의 원대한 계획이 수립 및 시행되었는데, 우선 전자는 파리 주변 신도시들에 9개의 대학을 신설하며, 특히 직업교육을 위해 직업전문대학을 집중적으로 활성화시키는 데 중점을 두고 있다. 직업전문대학(IUP)은 대학과는 별도로 존재하는 기술전문대학(IUT)과 달리 대학 내에서 직업교육을 강화하려는 목적으로 신설된 제도로서(1991년) 대학 1학년을 마친 지원자에게 입학이 허용되며 수업 연한은 3년으로서 고급 엔지니어를 양성한다. 교육기간의 3분의 1은 현장실습이고 2개 국어 습득이 필수적이다. 직업전문대학에서 1년 과정을 마치면 직업

민주화, 즉 학교의 문호개방은 일관되게 추진된 사업이었다. 따라서 1968년 프랑스의 교육개혁, 즉 대학의 문호개방은 대학개혁의 시발점도, 종착점도 아니었으며 장기간에 걸친 교육민주화의 중요한 한 단계였을 따름이다.

3. 개방된 대학과 폐쇄적인 그랑 제꼴

프랑스의 대학은 문호를 개방함으로써 교육 민주화 과정의 선봉에 섰다. 하지만 그 과정에서 대학이 지불한 대가는 만만치 않았다. 우선 교육여건의 악화를 들지 않을 수 없다. 1960년대부터 1990년대 사이에 대학생수는 5배로 증가했지만 건물과 설비는 큰 변함이 없었다. 따라서 강의실이 부족해 학생들이 대형 강의실의 층계에 앉아 강의를 듣는 광경은 일상적인 것이 되어버렸다. 그런가 하면 대학에는 학생들의 학회실이나 모임의 공간도 거의 없으며 진로지도를 담당해주는 프로그램과 전문가도 턱없이 부족하다. 도서관 시설 역시 선진국의 대학이라고 믿기 어려울 정도로 빈약하다.[4] 한마디로 대학이 학생들을 맞을 준비가 되어 있지 않은 것이다.

전문대학 학위(DEUP), 2년을 마치면 학사학위, 3년을 마치고 졸업하면 석사학위와 엔지니어 교사자격을 얻게 된다. 현재 엔지니어링, 커뮤니케이션, 행정, 무역, 재정관리 등의 프로그램이 시행되고 있다. 또한 교과과정의 전문성을 보장하기 위해 교수진의 절반 이상은 전문 직업인 출신이어야 한다는 규정이 있다. 이로 인해 학생들은 전통적인 대학의 학과에서보다 훨씬 더 생생한 현장수업을 받게 된다. 나아가 지방자치단체는 지역 선정 및 학과 선택에 대한 발언권을 갖는 조건으로 대학설립자금의 절반을 책임진다. 이렇듯 대학이 지역과 결합함으로써 종래 42개에 달하던 지역기술거점도시(테크노폴)는 더욱 탄력을 받게 되었다(김성룡, 2000: 162-165).

4) 파리 대학의 알랭 르노 교수는 프랑스 대학원생이 논문 자료를 수집하는데 파리에서 1년간 이 대학 저 대학 도서관을 전전하기보다는 캐나다 몬트리올 대학에서 열흘을 보내는 것이 더 효율적이라고 말한다(Renault, 2002: 30-31).

그런가 하면 선발시험을 거치지 않고 대량으로 입학한 학생들이라는 인식 때문에 대학생 및 대학의 학위에 대한 사회의 인식도 낮은 편이다. 사실 대학에 입학하는 학생들 중에는 대학 공부에 부적합한 학생들도 다수 포함되어 있다. 우선 그랑 제꼴 준비반에 들어가지 못한 학생들이 대부분이며, 때로는 직업 바깔로레아에 합격했지만 2년제 기술전문대학에 선발되지 못한 학생들이 최후로 기댈 곳이 대학인 것이다. 따라서 프랑스의 대학교육은 어떻게 보면 대학교육에 준비가 덜 된 학생들이 가장 열악한 조건에서 혼자 해결해나가는 식이다.

이러한 대학 위상의 하락은 재원배분에 있어서 불리한 결과로 이어진다. 2000년 프랑스에서 일반 대학생 1인당 교육비로서 6,470유로가 배정되었다면, 그랑 제꼴 준비반 학생에게는 그 2배인 12,620유로, 기술전문대학(IUT) 학생은 8,620유로, 고등기술전문과정(STS) 학생에게는 10,220유로가 각각 배정되었다. 그랑 제꼴 학생과 일반 대학생이 얼마나 현격한 차별대우를 받고 있는가를 알 수 있다.5) 일반 대학생 1인당 교육비는 고교생 1명의 교육비에도 못 미치는 것으로서 프랑스에서 대학이 처한 위상과 그에 대한 인식을 엿볼 수 있게 한다.6)

물론 대학의 문제는 프랑스에만 국한된 현상은 아니다. 대학 문호를

---

5) 그랑 제꼴 준비반 학생은 전체 대학생 170만 명 중 약 7만 명으로 4%에 불과하지만 고등교육예산의 30%를 독식하고 있다. 프랑스의 경우 고등교육에 대한 예산배정 자체도 미약한 편이지만(국내총생산의 1.1%를 고등교육에 배정함에 반해 OECD 평균은 1.7%) 그 안에서도 대학과 비대학기관 사이의 불균형이 극심한 실정이다. 더군다나 그랑 제꼴에 대한 특혜는 이미 출신에서 혜택을 입은 소수에게 부여된다는 점에서 더욱 불공정한 것으로 인식된다. 뽈리테크닉과 고등사범학교 학생의 80% 이상, 국립행정대학 학생의 90% 이상이 중역 이상 회사간부 및 자유전문직 집안 출신인 것으로 나타났다(ARESER, 1997: 15). 하지만 대부분이 그랑 제꼴 출신인 정치가들은 대학에 대한 투자의 효용을 인정하지 않으며 이러한 편중성을 시정해야 한다는 운동이나 여론도 그다지 눈에 띄지 않는다.
6) 대학 교수에 대한 처우도 열악하다. 프랑스 대학의 정교수는 미국, 독일, 스위스 혹은 캐나다의 교수들에 비해 봉급이 절반 수준이며, 독일 대학에서 교수에게 배정되는 조교도 프랑스에서는 전혀 없다.

개방하지 않은 나라의 대학들에서도 대학교육의 문제점이 거론되는 것을 보면, 오늘날 프랑스 대학의 어려움이 문호개방에 기인한다고 단정할 수만은 없는 노릇이다. 그럼에도 다수의 논자들은 프랑스 대학의 문제점의 근원으로 무시험입학, 즉 의욕과 소양이 없는 학생들이 입학함으로써 중도 탈락률이 높아지며, 그것이 차례로 대학에 대한 사회적 인식의 저하 및 투자 우선순위로부터의 배제라는 현상을 낳는다고 지적하고 있다.

반대로 그랑 제꼴에서는 공개선발이 행해지며 그때 기준이 되는 것은 시험성적으로서 학업성적이 가장 우수한 엘리트를 선발하고자 하는 것이다. 이렇듯 프랑스의 그랑 제꼴은 학생선발 면에서 다른 나라들의 명문대학과 비슷한 점이 있다.

하지만 그랑 제꼴은 엄밀한 의미의 대학이라고 하기 어렵다. 그랑 제꼴은 예로부터 중앙집권적 체제였던 프랑스에서 국가행정을 이끌어갈 간부를 육성하려는 취지에서 세워진 것으로서 행정부, 교육기관, 군대 등 각 분야의 엘리트들을 육성하는 일종의 전문교육기관, 혹은 연수기관의 구실을 하고 있다. 따라서 그랑 제꼴의 교육은 주로 해당 분야에서 요구되는 실무를 중심으로 행해지며 대학의 본연인 진리탐구, 즉 연구활동은 상대적으로 미흡한 편이다. 따라서 대학을 중심으로 하는 연구기능과 그랑 제꼴을 중심으로 하는 엘리트 양성기능이 서로 엇갈리는 이러한 상황은 프랑스 내에서도 비판의 대상이 되고 있으며 그 개선방안의 하나로 그랑 제꼴이 대학과 관계를 맺으면서 연구활동을 강화해야 한다는 제안이 나오기도 한다.

그런가 하면 그랑 제꼴 입시제도가 국가 엘리트를 육성하는 데 적합한 시스템인지에 대한 의문도 제기되고 있다. 갈수록 복잡해져가는 세상에서 중요한 것은 예기치 못한 상황에 유연하게 또 창의적으로 대응하는 능력이지만, 프랑스에서는 그랑 제꼴 지망생들이 2년간 준비반이라는 일종의 입시기관에서 유일한 답을 찾는 연습을 반복하고 있는 상황인 것이다. 이러한 학습방식, 즉 복잡한 문제를 깊이 생각하는 것보다는 단순한 문제를 신속히 처리하는 사람을 우선시하는 단시간의 시험방식이 과연 사회의 필요와 어떤 관계를 가질 수 있는가라는 문제가 제기되는 것은 당연하다.

사실 그랑 제꼴이란 제도는 평균 수명이 40세를 크게 넘지 못했던 18세기 말과 19세기 초의 상황에서 만들어진 것이다. 당시에는 국가의 장래를 보장하기 위해 엘리트를 20세에서 25세 사이에 공급해야만 했다. 하지만 이제는 상황이 많이 바뀌었다. 이제는 평균 수명이 75에서 80세에 달하며 지식도 믿을 수 없을 만큼 복잡해졌고 그를 습득하는 데 들이는 시간도 많아지고 있다. 하지만 프랑스에서는 일찍 시험, 그것도 사실상 당락을 좌우하는 수학시험을 통해 엘리트를 골라낸 다음 22세가 되면 그들에게 열쇠를 쥐어준다.[7] 이토록 간단하고 빠르게 엘리트를 식별해내는 체제를 계속 유지하는 프랑스와 같은 나라는 세계에서 드물고 이에 대한 프랑스 자체 내의 비판도 무성하다.

4. 대학의 자구 노력

이렇듯 그랑 제꼴이 대학의 그늘에서 교육 민주화의 요구를 비켜가고 있는 동안 프랑스 대학의 교수와 학생들은 외형적으로 대학답지 않은 대학에서 생활하고 있다. 프랑스 대학의 수준과 관련해 위기 운운하지만 프랑스가 대학생 1인당 선진 산업국가 어느 곳보다 적은 예산을 쓰며, 심지어는 고등학생 1인의 교육비보다 더 적은 예산을 쓰고 있다

---

[7] 프랑스에서 기업 최고경영자들의 출신을 조사한 보고서에 다르면 대학 출신은 전체의 4%임에 반해 17%가 미졸업자 — 말하자면 2세들 — 이며 나머지는 전부 폴리테크닉이나 국립행정학교, 상업학교 등 그랑 제꼴 출신이다(Tobelem, 1999: 29).

는 사실을 고려할 필요가 있다. 이는 프랑스가 대학 예산이 오직 국가로부터만 나오는 거의 유일한 국가인 반면, 다른 나라들에서는 국가 외에 지방자치단체, 대학생 자신 그리고 사적인 부문들로부터 나온다는 사실에 기인하는 것으로서 만약 같은 예산을 썼다면 다른 나라 대학들의 수준을 능가했으리라는 추측을 가능케 해준다. 그도 그럴 것이 현재 프랑스의 대학의 수준은 비슷한 소득수준의 다른 유럽 국가들에 비해 뒤지지 않기 때문이다. 여러 첨단분야에서 세계적 수준을 자랑하는 프랑스 과학기술연구의 상당 부분이 대학에서 이루어지고 있다는 사실을 간과할 수 없다. 또한 순수학문분야, 예컨대 역사학, 철학, 문학 등 인문학분야를 보더라도 제2차세계대전 후 프랑스의 학자들이 미국 학자들과 함께 세계에서 선도적 역할을 해왔던 사실을 부인하기 어렵다.

교육에 있어서도 대학의 노력은 그랑 제꼴의 그것에 비해 더욱 돋보인다. 프랑스 대학생들의 입학 당시 수준이 높지 않을 것은 짐작할 수 있다. 하지만 프랑스의 대학은 그랑 제꼴 등 다른 고등교육기관들은 따라올 수 없을 정도의 엄격한 학사관리를 통해 대학생의 학력수준을 유지하고자 애쓰고 있다. 그랑 제꼴 학생들의 졸업률은 입학 대비 90%에 달함에 반해 대학의 졸업률은 30-40% 수준에 머물러 있다는 것은 대학이 교육수준의 유지를 위해 기울이고 있는 노력을 그대로 보여주는 것이다. 우선 대학 제1기 과정, 즉 2년간의 교양 및 전공기초과정 이후 재학생 중 30-40%는 대학을 떠나게 된다. 또한 원래 2년 만에 진급하는 제2기, 즉 전공과정에 학생들은 평균 2.7년 만에 진급한다. 사실 대학의 이러한 엄격함이 없이는 대학 학위의 질에 대한 사회적 의심, 특히 고용주들의 불안을 해소시키기 어려울 것이다.

이렇듯 대학입학은 바깔로레아 합격자 모두에게 개방되어 있지만 전공과정(deuxième cycle)으로의 진입은 그 중 3분의 1 정도만 주어진 기간 내에 할 수 있다는 점을 감안할 때 프랑스의 대학에는 선발절차가 없는 것이 아니라, 다만 그것이 입학시에서 재학 중으로 미루어진 것뿐이라고 말할 수 있을 것이다.

물론 이 경우 대규모의 중도탈락으로 인해 직업시장에서 경쟁력을 갖추지 못한 다수의 젊은이들이 양산된다는 문제점이 야기되기도 한다. 따라서 대학은 유급과 탈락을 통한 학사관리에 주력하는 한편, 대학생활에 대한 부적응을 줄이기 위해 1984년부터 다양한 대비책을 마련 및 시행했다. 그것은 주로 대학의 교양과정에 직업교육 과정을 도입하고 복수전공, 언어교육 등을 시행하며, 초급과정 내에 전문대학과 유사한 과학기술교육과정(DEUST)을 신설함으로써 바깔로레아 취득 후 2년 동안 20명에서 40명 사이의 제한된 학생들만을 받아들여 일반과정보다 더 많은 교수들의 지도를 받게 하는 것이다. 그럼으로써 직업 및 기술 바깔로레아 출신들의 대학 부적응 사례를 줄이고 취업시장의 구체적인 필요에 부합하고자 한 것이다. 그 결과 1987년에 45%에 달하던 2-4년 이내 초급과정 이수율이 1993년에는 53%에 이르는 등 상당한 효과를 거두었다.8)

5. 量의 도전과 대학의 응전

그랑 제꼴이 소수 정예의 전통을 유지함으로써 고등교육 수요의 양적 팽창이 가져온 부담은 대학이 고스란히 떠맡게 되었다. 그에 따라

---

8) 또한 구체적인 목표를 지향하는 학사 및 석사과정이 대학 내에 개설되었다. 가령 경제사회관리 석사(AES)나 응용외국어 석사(IEA), 사회과학응용수학 석사(MASS) 등이 그 예이다. 아울러 과학기술 석사(MST), 경영학 석사(MSG), 경영전산학 석사(MIAGE) 등도 '양질의 독창적인 교육과정'으로 인정받고 있다. 이 과정의 학생들은 이론과 응용의 공부를 함께 하고 필수화된 실습, 강화된 교수진, 긴밀해진 기업과의 관계 등의 혜택을 입을 수 있다. 직업교육 과정은 석사 이후에도 꾸준히 진행되어 1975년에는 석사 취득 후 1년간 취업과 연결된 연구를 하는 고등전문연구학위(DESS)가 생겼다(김성룡, 2000: 168).

프랑스 고등교육의 여러 문제들은 대학으로 집중되었고 대학은 어려움에 처해 있는 것이 사실이다. 하지만 프랑스의 대학에서 다시 1968년 이전, 즉 선발체제로 환원할 조짐은 보이지 않는다. 1986년에 무시험입학이 대학 위상 저하의 근원이라고 본 교육당국에 의해 선발절차를 부활시키려는 시도가 있었으나(드바께 법안), 대학 구성원들과 일반 여론의 완강한 반대에 직면해 실패한 것을 보면 대학 문호의 개방은 프랑스인들 사이에서 흔들릴 수 없는 원칙으로 자리잡은 것으로 보인다.

그렇다면 결국 프랑스인들은 대학교육의 질적 하락에 대한 우려보다는 문호개방을 더 우선시한다는 말인데, 이러한 인식에 대해서는 어떻게 보아야 할 것인가? 프랑스 교육관계자들이 쏟아내는 담론들을 살펴보면 거기에는 대학교육에 대한 새로운 시각, 혹은 패러다임이 자리잡고 있음을 알 수 있다. 한마디로 말해 그것은 대학교육이 더 이상 엘리트 교육이 아니라 대중교육이 되어야 한다고 보는 것이다.

실제로 대학 진학자수는 갈수록 늘어가고 있다. 예전에는 대학이 연령대 인구의 3-5%를 위해 고안되었다면, 이제는 40-50% 혹은 절반 이상을 겨냥해야 할 시점이 된 것이다. 프랑스에서는 1997년에 425,000명, 즉 바깔로레아 합격자의 3분의 2가 대학에 입학했으며, 그것은 해당 연령대 젊은이들 중 약 절반에 해당하는 높은 수치이다. 이러한 개방된 대학체제는 흔히 프랑스 대학의 재난으로 간주되어 왔지만, 사실 프랑스에만 고유한 현상은 아니며 일본, 미국, 독일 등 선진국들에서는 그 비율이 더욱 높다.[9] 결국 대학은 더 이상 선택이 아니라 중등교육 이후에 다수의 학생들이 자연스럽게 진학하는 하나의 교육과정이 된 것이다.

---

9) 일본과 미국은 인구 대비 대학진학률이 60%를 넘어섬으로써 영국은 말할 것도 없고 프랑스나 독일에 비해서도 그 비율이 훨씬 더 높다. 물론 미국에서는 모든 직업교육이 대학으로 집중되는 반면 유럽에서는 직업교육이 중등교육단계부터 다양한 방식으로 시행되고 있다는 점도 작용했을 것이다.

이렇듯 고등교육의 대중화 및 민주화가 거스를 수 없는 추세가 되어가면서 대학의 기능에 대한 인식에도 중대한 변화가 일고 있다. 즉, 대학은 더 이상 엘리트가 아니라 국가의 평균적인 인력, 즉 다수 대중의 필요를 충족시키는 역할을 수행해야 한다는 것이다.

사실 이러한 인식은 논자들이 인위적으로 만들어낸 것이 아니라 시대의 필요와 변화를 반영한 것이다. 이제는 갈수록 거의 모든 분야에서 고등교육을 받은 인력이 필요한 시대가 되어가고 있다. 선진국으로 갈수록 사람들에게 요구되어지는 경제활동은 복합적인 지식과 소양을 필요로 하는 것들이다. 단순 생산분야는 이미 제3세계로 이전을 완료한 상태이며, 사람들은 세상의 빠른 변화에 적응할 수 있는 전문적인 지식과 소양을 확보하고자 한다. 이러한 사회와 대중의 요구에 대해 선진국들은 그 대답을 대학교육의 대중화에서 찾았다. 무시험입학, 즉 대학 문호개방정책은 그러한 상황, 즉 교육수요 폭발에 따른 것이며, 이러한 '量의 도전'에 대해 프랑스의 대학은 비교적 잘 대처해온 것으로 보인다. 그리고 비록 대학의 학위가 양산되어 평가절하를 받고 있다 하더라도 어쨌든 그것은 여전히 실업에 대한 최상의 보호수단이 되고 있다. 사실 직업세계로의 편입이 가장 어려운 것은 비학위자 계층이며 학위가 높을수록 실업률이 낮은 것도 사실이다.[10]

국가 전체적으로 보더라도 더 이상 전통적 생산이 아니라 새로운 재

---

10) 프랑스에서 바깔로레아 이상의 학위증을 가진 젊은이들이 중학교 졸업장 혹은 실업계 고교 졸업장만 가진 젊은이에 비해 일자리를 발견할 수 있는 가능성은 훨씬 높다. 후자의 실업률은 전자에 비해 여자는 18%, 남자는 15%가 더 높으며 지난 20년 동안 그 격차는 갈수록 벌어지는 추세이다. 또한 임금 수준도 학위의 수준과 밀접히 연결되어 있다. 1994년에 학위증이 없는 25-29세의 봉급생활자와 실업학교 졸업자 그리고 바깔로레아 취득자 사이에는 각각 10%의 임금 차이가 나며, 대학교양과정 이수자는 30%를 더 받으며, 석사학위 이상은 50%를 더 받는다. 또한 바깔로레아 학위 소지 이상자는 여타 계층에 비해 30세 이전에 간부직에 도달하는 비율이 무려 6배나 더 높다 (Mermet, 1997).

화와 용역의 창출이 미래를 결정짓는 상황에서 국민의 일부, 즉 소수 엘리트만 창조적인 국가보다는 국민 다수가 창조적인 국가가 훨씬 더 높은 전체 경쟁력을 갖추게 되리라는 것은 자명하다. 그러한 국가만이 도전을 극복하고 경제·사회적 발전을 지속할 수 있을 것이다. 물론 일각에서는 '사회는 소수의 창의적인 엘리트가 이끌어간다'는 주장을 펴면서 대학의 개방이 내포한 비효율성을 지적하기도 한다. 하지만 이는 소수 엘리트의 지식과 창의성으로 이끌어가던 과거 사회의 논리를 전체 국민의 창의성과 노력을 요구하는 현대 사회에 대입하려는 것으로서 시대의 흐름을 거슬러 낡은 특권을 고수하려는 집착이라 하지 않을 수 없다.

뿐만 아니라 다수의 대중에게 대학교육을 받을 수 있도록 함으로써 사회적 통합을 기할 수 있는 효과도 있다. 교육받은 자와 교육에서 소외된 계층 사이의 단절은 곧 사회적 분열로 이어지기 때문이다.

결국 현대 사회에서 대학은 더 이상 소수의 엘리트 양성소가 아니라 사회 전체에 대한 교육의 임무를 부여받고 있다. 대학의 새로운 기능은 미래의 시민을 교육해 그들에게 장래에 적응할 수 있는 도구를 제공하는 것이다. 따라서 어제의 대학과 오늘의 대학은 같을 수가 없는 것이다.

6. 대학교육의 새로운 패러다임

이렇듯 대학 문호개방은 교육 민주화 및 대중교육시대를 열기 위한 필요조건의 하나이다. 하지만 그것으로는 충분치 못하며 대학 내부, 즉 교육내용의 혁신도 요구한다. 그것은 지식이 변화하고 직업화에 대한 요구가 급박해지는 이때에 대학교육을 어떻게 정립할 것인가 하는 문제이다.

그에 대해 좌파나 우파 할 것 없이 흔히 대학교육의 지향점으로서 직업세계를 준비하는 교육, 즉 대학교육의 직업화라는 처방을 내린다. 사실 현재의 대학에서 개별학문 내용에 대한 교습이 주를 이룬 나머지 직업세계에 적응할 수 있는 도구를 제공하지 못하는 상황에서는 이 처방이 유효한 것으로 비쳐질 수 있다.

하지만 직업교육이 과연 만병통치약인가? 또는 직업세계에서 필요로 하는 바를 대학에서 그대로 전수받는 것은 가능한 일일까? 우선 개방성과 변화를 특징으로 하는 시장경제사회에서 각 부문의 인력수요를 중장기적으로 예측하기란 대단히 어렵다. 또한 요즘은 10년 이상 같은 직종에 종사하는 사람도 많은 않은 실정이다. 직업생활은 대부분의 사람들에게 있어서 직선이 아니라 단절된 선인 것이다. 따라서 교육을 직업에 맞춘다는 것, 그것은 대학교육을 직업의 현재 상태에 적합하도록 맞춘다는 것인데, 그 학생들이 직업을 가지게 될 때쯤이면 그 직업은 필시 새로운 지식을 필요로 하게 될 가능성이 크다. 그만큼 직업이 요구하는 지식의 변화속도가 빠른 것이다.

이러한 직업 지식의 변화 및 단절성에 대처할 수 있는 최상의 보증은 아마 탄력성과 유연성일 것이다. 즉, 고등교육의 중심은 특정 분야의 지식이 아니라 지적 능력의 배양 및 탐구정신의 함양에 두어져야 한다는 것이다. 그래야만 훗날 상황이 변하더라도 거기에 잘 대처할 수 있을 것이다.

이렇듯 대학교육을 지적 능력 및 탐구정신의 함양이라는 관점에서 본다면 소위 탈직업적 학문인 인문학 혹은 일부 사회과학에 대한 시각도 달라질 수 있다. 프랑스의 경우 전체 대학생의 약 3분의 1(약 50만 명)이 문학 및 인문사회학 과정에 등록해 있다. 법학과 경제학에는 35만 명, 자연과학에는 20만 명 그리고 의학 및 약학 계열에는 14만 명이 등록한 반면, 가장 많은 수가 직접적인 직업 판로와 연결되지 않는 부문에 등록해 있다는 점에서 불균형을 드러내고 있는 것이다. 더구나 이러한 인문사회계 선호현상은 갈수록 두드러지는 반면 직업분야에 대한 선호는 감소하고 있는 추세이다. 반세기 전인 1945년에는 법학과 약학 및 의학이 전체 대학생의 57.8%를 점했으나 그 비율은 1962-1963년에는 35%로 떨어졌으며, 그 후에도 감소는 계속되어 1994-1995년에는 전체의 30%에도 미치지 못했다(Renault, 2002: 27).

이 현상을 두고 대학을 '실업자 양성소'라고 비아냥거리는 측도 있지만, 오히려 그것을 계기로 인문사회과학분야, 나아가 대학에 대한 인식을 달리해야 한다는 의견도 있다. 1970년에 앙투안 프로스트는 적절한 질문을 제기했는데 그것은 "대중화된 고등교육은 대체로 넓은 의미의 문학교육이 될 수밖에 없지 않을까"라는 것이었다. 실로 넓은 의미의 문학교육, 즉 인문학은 다른 분야에 비해 대학생수의 증가로 가장 큰 '혜택'을 입은 분야였다. 프랑스처럼 대학 입학과 학과 선택이 자유로운 곳에서 대학생수의 증가가 인문사회학분야에 집중되고 있다는 것은 대학교육에 대한 대중들의 요구에 있어서 근본적인 변화가 일어나고 있음을 의미하는 것이다. 다시 말해 고등교육의 수요자들은 이제 고등교육의 의미를 더 이상 직업과 직결되는 것이 아닌 일반교양 혹은 지적 능력을 함양시켜주는 것으로 인식하고 있다는 의미인 것이다.

사실 새로운 시대가 요구하는 직업—인간형에 맞추는 데 있어 특정 전공교육보다 일반교양과 연결된 교육이 더 불리할 것이라고 생각할 근거는 없다. 기업 역시 갈수록 선호하는 인재의 타입에 있어서 변화를 나타내고 있다. 기업들, 적어도 미래를 내다보는 기업들은 점점 대학에 대해 넓은 시야를 갖추고 개방된 교육을 받은 사람, 즉 새롭고 예측 불가능한 상황에 적응할 수 있는 탄력성과 유연성을 갖춘 인재를 공급해 달라는 요구를 하고 있다. 특정 분야의 전공지식만으로는 갈수록 연관성이 커져가는 직업세계의 요구를 감당하기 어려울 것으로 생각하기 때문이다. 따라서 교양교육의 중요성이 새롭게 부각되고 있는 것이다.

물론 교양교육을 그 자체로서 존재시키기보다는 전공과 결부시키는 것이 바람직하다. 예컨대 역사학 전공이라면 역사 과목들 외에도 문학, 컴퓨터 혹은 언어 그리고 여러 비역사학 분야의 교양(사회학, 인구학, 지리학, 경제, 수학 등)을 쌓도록 하는 것이다. 만약 신문기자를 선발하는 경우 이런 폭넓은 교양을 쌓은 사람과 신문방송학만을 공부한 사람 중에서 어느 쪽이 유리할 것인가? 이렇듯 대학에서 처음부터 직업화 교육을 하는 대신 더 큰 '일반화' 교육을 하면 전공과정에서 직업과 연결된 분야의 내용을 흡수하는 것이 용이해진다는 점에서도 일반교육은 전공 혹은 직업교육의 성공을 돕는 것이 될 수 있다.

이러한 변혁은 대학의 기능에 대한 관점도 근본적으로 바꾸게 될 것이다. 그것은 다수의 학생들이 너무 일반적이고 직업과 동떨어진 분야에 등록함으로써 대학의 위기가 초래된다는 시각이 아니라 오히려 전문화된 지식을 일반교양 안에 자리잡게 함으로써 지식을 사회 속으로 편입시킬 수 있다는 것이다. 이러한 지식의 교양화는 대학만이 할 수 있는 것으로서 갈수록 대학의 중요한 기능이 될 것이다.

7. 맺음말

프랑스의 대학은 20세기 교육의 도전, 다시 말해 교육 수요의 폭발이라는 量의 도전을 이겨냈다고 말할 수 있다. 이러한 프랑스의 성공은 특히 그것이 교육 민주화의 틀 속에서 이루어진 것이기 때문에 더욱 주목할 필요가 있다. 젊은이들이 대거 유입하는 상황 속에서도 프랑스의 대학은 지난 30년 동안 엘리트주의의 유혹에 빠지지 않은 것이다.

국가적 측면에서 보더라도 세계 경쟁의 무대에서 국가의 운명이 젊은이들을 전체적으로 얼마나 교육시키는가에 달려 있다는 점을 감안한다면 대학교육을 대중교육화한 프랑스는 국가 장래를 위해 상당한 무기를 확보하고 있는 셈이다.

프랑스인들의 대학에 대한 개방적 인식은 대학교육을 여전히 폐쇄체제, 즉 소수 엘리트들의 특권 정도로 생각하는 우리들에게 새로운 시사점을 제공한다. 한국에서는 교육의 민주화를 주장하는 인사들까지 포함해 다수의 여론이 대학의 문호개방에 대해 소극적 혹은 부정적 자세를 견지한다. 한 인간이 사회생활을 영위하는 데 필요한 지식이 갈수록 복잡해지는 상황에서 다수의 젊은이들에게 세상을 제어할 수 있도록 도움을 주는 대신 고등교육에 대한 접근을 어렵게 하거나 금지시키는 것이 과연 옳은 길인가라는 질문은 애초부터 그들의 뇌리에 존재하지 않는 것이다.

물론 프랑스식 대학 문호개방과 관련해 가장 큰 폐단으로서 양적 팽창에 따른 질적 수준의 저하 가능성이 지적되고 있다. 하지만 프랑스의 대학은 여타 기관에 비해 열악한 여건 하에서도 엄격한 학사관리 등 대학의 자체 노력을 통해 우려를 상당 부분 씻어낼 수 있었다. 그렇지 않았다면 개방체제가 유지되기 어려웠을 것이다.

프랑스식 체제를 한국에 도입한다고 가정해 볼 때 한국의 경우는 그 여건이 프랑스보다 유리하다고 볼 수 있다. 한국에는 대학 외에 그랑제꼴 등 특수교육기관이 존재하지 않으며, 따라서 대학이 차별받을 가능성도 없기 때문이다. 그러므로 한국의 대학은 프랑스의 경우보다 더 좋은 조건에서 문호개방을 할 수 있는 위치에 서 있다. 다만 문제는 한국의 대학들이 프랑스의 대학들처럼 엄격한 학사관리 등 자구노력을 할 수 있을 것인가라는 점이다. 이는 과거 졸업정원제의 실패에서 보다시피 선발은 곧 졸업이라는 등식에 젖어 있는 한국의 대학과 대학생들에게 결코 만만한 일이 아니다. 하지만 입학시 선발체제는 당연시되고 있는 만큼 그것을 단지 입학 후 선발이라는 것으로 전환하고 이를 강력하게 시행한다면 대학 문호의 개방과 교육의 질의 확보라는 두 마리 토끼를 잡는 일이 불가능하다고 할 수는 없을 것이다.

<참고문헌>

김성룡. 2000, 「대중화 시대의 프랑스 고등교육변화와 교육정책(개혁)」, ≪대학교육≫ 103호.
원윤수·류진현. 2002, 『프랑스의 고등교육』, 서울대 출판부.
ARESER. 1997, *Quelques diagnostics et remèdes urgents pour une université en péril*, Paris: Raison d'agir.
Mermet, G. 1997, *Francoscopie*, Paris: Larousse.
Renault, A. 2002, *Que faire des universités?*, Paris: Bayard.
Tobelem, G.(ed). 1999, *Demain, l'université*, Paris: John Libbey Eurotext.

제 7 장
독일 대학제도의 형성과 변화: 공교육 중심의 사례

이종래

1. 독일 대학제도의 역사적 형성과정

　전근대사회에서 교육은 시간이나 재산의 여유가 있는 소수의 특권층만이 누릴 수 있었다고 한다면, 근대사회에는 국가에 의한 무상교육이 핵심적 내용을 이루는 대중의무교육제도의 도입으로 교육의 대중화가 진전된다. 독일의 사회발전에서도 교육제도는 사적인 기득권의 유지를 위한 특권적 수단이라는 성격에서 시민이라면 누구나 누릴 수 있는 기본권이자 공공의 재화로 성격이 변화하는 과정을 거친다. 즉, 독일의 사회발전은 근대적 교육제도가 새로이 형성되는 역사적 변천과정을 전형적으로 보여주고 있다. 이런 맥락에서 오늘과 같은 독일 대학제도는 근대화의 산물이라고 할 수 있다.
　이 글에서는 우선 독일 대학이 근대화하는 과정을 크게 네 단계로 구분해 살펴볼 것이다. 먼저 첫번째 단계로서 근대적인 독일 대학의 출발시기를 들 수 있는데, 독일 대학체계의 이념형적 특징은 이 시기에 형성되었다고 볼 수 있다. 두번째 단계는 독일 대학이 현재와 같은 체제로 자리잡는 기간이며, 대학 문호개방이 실질적으로 진행되면서 대학이 성장한 시기이다.1) 즉, 제2차세계대전 이후부터 학생운동의 거센 도전을 받기 이전의 기간 동안 독일 대학은 개방입학제를 정착하면서 양적으로 팽창한 시기라고 볼 수 있다. 세번째 단계로는 1968년 학생운동 이후부터 독일 통일 이전까지의 기간을 들 수 있다. 이 시기 독일 대학은 전통적 운영방식에서 벗어나 근대적인 법제화과정을 거치면서 대학운영의 합리적 절차화라는 특징을 가지고 있다. 마지막으로 네번째 단계인 독일 통일 이후 현재까지 독일 대학은 해결해야 할 많은 과제와 부딪치고 있으며 대학개혁에 대한 사회적 여론이 비등해지는 시기이다. 왜냐하면 독일 통일 이후 대학제도 역시 전 독일적으로 다시 평준화했지만, 늘어난 학생수에 비해 시설 및 재정부족으로 인해 대학교육의 위기라고 일컬어질 만큼 대학사회에 대해 많은 문제제기가 되고 있기 때문이다. 특히, 현재의 독일 대학이 가지고 있는 위기는 교육경쟁력 강화를 목표로 두고 있는 한국 대학에도 타산지석의 사례로 이해가 될 수 있다는 점에서 우리의 관심을 끌고 있다.

결론적으로 보면 대학의 위기가 가중되는 상황에서도 독일의 대학제도는 공교육 중심주의라는 원칙에서 전혀 벗어나지 않으면서 국가주의와 평등주의적 교육이념을 그대로 지켜나가고 있는 점이 매우 특징적이다. 물론 사회적인 변화의 과정마다 독일 대학의 체계와 제도도 조응하면서 발전해 왔지만, 공교육 중심이라는 원칙의 동요는 그리 쉽게 찾아보기 어렵다는 점이다. 또한 사적인 시장기제의 개입으로 교육경쟁력을 강화하는 것이 지름길이라는 믿는 신자유주의적인 교육철학이 전

---

1) 제2차세계대전 이후 독일 동·서독으로 분단되었다. 따라서 동·서독의 대학 체계를 구분해 분석하는 것이 옳을 수도 있지만, 1989년 베를린 장벽의 붕괴 이후 구 동독은 서독체제로 흡수·병합되면서 서독의 대학체계로 통일되는 과정을 거친다. 바로 이런 역사적 변화과정을 염두에 두면 통일 이전까지의 독일 대학체계란 구 서독의 대학체계로 일반화할 수도 있을 것이고, 독일 대학제도를 구 서독의 대학체계로 일원화하는 것에 큰 문제가 생기지 않을 수 있다. 이에 대한 자세한 내용은 김진업(1997)의 논문을 볼 것.

지구적으로 반드시 통용되지 않는다는 사실을 독일의 대학교육제도의 변화과정에서 쉽게 발견할 수 있다는 점이다. 이런 연구의 목적을 더욱 분명히 하기 위해 우선 독일 대학제도의 역사적 형성과 변화과정을 먼저 개략적으로 살펴본다.

1) 독일 대학설립과 운영원칙의 형성

18세기 말과 19세기 초 독일 사회는 국내외적인 정치환경과 사회구조의 급격한 변화에 따라 격동기를 맞이하는데, 바로 이 시기에 근대적인 독일 대학제도는 태동한다. 독일 대학의 출발기라고 일컬어지는 시기의 독일은 외적으로 발생한 프랑스 혁명으로 봉건정치체제의 위기가 한편으로 심화되었고, 또 다른 한편으로 나폴레옹 전쟁의 패배를 통해 엄청난 정신적 충격[2]을 받은 프로이센 사회는 내적인 변화를 강요당하는 처지에 놓였다. 다시 말해 당시 프로이센 왕국은 근대화를 선택할 수밖에 없는 처지에 놓였다는 점이다. 하지만 프로이센의 근대화는 구체제 귀족계급의 특권해체를 시작으로 신흥 부르주아지의 사회적 진출이 활발해지면서 봉건적인 사회구조와 질서가 몰락과 해체의 길로 접어들게 만드는 계기로 된다. 이렇게 시대상황이 급변하는 시기에 프로이센 왕국은 빌헬름 폰 훔볼트(Wilhelm von Humboldt)를 문화행정의 책임자로 임명했고, 그는 중세시대로부터 내려온 대학제도를 새로이 개혁하는 정책을 실시했다.[3] 당시 프로이센 정부는 국가행정의 고급기간요

---

2) 당시 프로이센 국왕인 프리드리히 빌헬름 3세는 나폴레옹 전쟁의 패배로 인해 영토의 절반을 잃어버린 열등감에서 벗어나기 위해 베를린에 대학을 설립하려는 시민사회의 움직임에 대해 "국가가 물리적으로 이미 잃어버린 것을 정신적으로 복구하려는 그 행동이 얼마나 용감한가"(Lübbe, 1972: 109) 라고 찬사를 보냈다고 한다.
3) 18세기 말 독일어 사용지역에서는 중세로부터 내려온 42개의 대학이 이미 존재했다. 하지만 이 대학들은 당시 셀 수 없으리 만큼 많은 소국으로 나누어져 있던 독일의 사정을 그대로 반영하고 있었는데, 재정적으로 궁핍할 뿐

원을 양성하고 배출하는 기관으로 대학을 제도화하려는 정책적 의도를 가졌고, 바로 이런 정부정책의 기조에 따라 훔볼트는 1810년 베를린 대학을 설립했다. 훔볼트는 먼저 기존의 전통적인 대학과 단절하는 정책을 펼친다. 국가와 교회에 복속되어 부속기관의 성격을 벗어나지 못하고 있던 당시의 대학을 국가와 교회로부터 독립한 자유로운 공간으로 위치지운 훔볼트의 교육정책은 대학을 봉건체제에서 강조되는 혈통이나 신분과 무관하게 모든 사람들에게 개방하는 정책으로 구현된다. 즉, 훔볼트의 이러한 대학정책은 이후 독일 대학이 현재까지 지니고 있는 시민에게 항상 열려 있다는 개방성의 원칙, 국가의 필요에 따른 인력수급을 위한 조절기구로서 대학이 기능해야 한다는 운영원칙, 대학은 교수와 연구의 통일체여야 한다는 원칙으로 발전하게 된다. 그리고 대학운영과 구성의 이런 원칙들은 이후 대학교육체계의 보편적 원칙으로까지 나아가게 된다(Teichler, 1990: 11). 독일의 대학제도 형성에서 훔볼트가 끼친 역사적 공헌을 높이 평가하는 것도 바로 이런 이유 때문이다.

독일 대학은 설립 이후 학생수가 꾸준히 증가하는 추세를 보이면서 양적으로 성장해간다. 하지만 제2차세계대전 이전까지 대학의 양적인 성장속도는 매우 더디게 진행되었다. 대학생의 수는 19세기 말 약 5만 명의 대학생에서 제1차세계대전이 개시할 때 약 8만 명으로 증가했음에도 불구하고, 대학생수의 이러한 증가추세는 사회 전체적으로 그리 큰 파급효과를 가지지 못한 것으로 볼 수 있다. 왜냐하면 당시 19세부터 23세까지의 학령인구에서 1%도 미치지 못하는 소수의 사람들만이 대학교육을 받았기 때문이다. 1930년 바이마르 공화국 시기에 이르러

만 아니라 규모와 학문적인 업적도 극히 미미한 수준이었다. 이런 실정에서 훔볼트는 비효율적이고 전통적인 대학을 개혁하려고 시도한 것이 아니라 베를린 대학이라는 완전히 새로운 대학을 설립하는 방식으로 대학교육의 근대화를 시도했다. 즉, 훔볼트의 대학모델은 전통적인 대학과는 전혀 다른 성격과 제도를 갖추고 있다고 평가되는 것도 바로 이 때문이다.

학령인구의 약 2%가 대학생으로 등록되었지만, 이렇게 적은 대학생수를 고려하면 초기 독일 대학은 프랑스의 그랑 제꼴(grandes écoles)과 별 차이가 없이 국가행정을 위한 고급인력 배출기관의 기능만을 수행한 것으로 보여진다. 국가적 인력관리수급정책에서 주요한 기능을 담당하던 초기의 대학은 이후 학문의 분화와 전문화가 진행되면서 대학제도의 성격 역시 변화하는 과정을 거친다. 이런 변화의 과정에서도 독일 대학은 대중교육을 통합적으로 구성하는 기본제도라는 설립이념과 대학운영의 자율성 및 개방성 원칙과 같은 역사적 전통을 훼손하지 않고 유지, 발전시켜나갔다는 사실에 주목할 필요가 있다.

2) 개방입학제와 대학의 양적 팽창

제2차세계대전 이후 독일의 대학제도 및 대학교육의 내용은 근본적으로 개혁된다. 왜냐하면 전체주의에서 민주주의로 정치체제가 변화하면서 교육내용의 탈 나치화가 시급한 과제로 되었을 뿐만 아니라 급속한 산업구조변동에 따라 고급인력을 양산할 필요가 있었기 때문이다. 이런 사회적 요구에 따라 독일 대학에서 개방입학제도가 내용적으로 완전히 정착하게 된다. 특정 개인이 속한 계급, 계층, 신분, 재산, 직업에 관계없이 학문적 능력과 소양에 따라 대학 구성원이 될 수 있는 대학의 개방입학제는 독일사회의 경제적 변화와 정치적 조건에 의해 파생된 성격이 강하다.

먼저 세계대전 이후 독일경제의 재산업화가 급속하게 진행되면서 고급노동인력에 대한 노동시장의 수요는 높아졌고, 대학은 개방입학제의 도입을 통해 이런 경제적 요구에 부응할 필요가 있었다는 점이다. 즉, 세계대전 이후 산업구조가 과학기술의 발달과 함께 급속히 고도화하면서 양질의 노동인력 확보는 경제성장의 기본전제가 되었고, 이런 경제성장은 대학이 양적으로 팽창하는 계기가 된다. 이런 경제적 조건에서 전통적인 대학과는 질적으로 전혀 다른 교육대학과 같은 특수목적대학의 설립은 독일사회의 내적 분화과정과 맞물려 진행될 수밖에 없었던 것으로 보인다. 1937년 나치 시대 오스트리아를 병합하기 이전의 독일제국에서 종합대학 24개, 공과대학 14개에 불과했지만, 1960년에 이르러 구 서독지역에 한정된 대학의 수는 종합대학 19개, 신학대학 19개, 공과대학 8개, 전문대학 6개, 교육대학 41개, 예술학교 25개로 증가하게 된다.

또 다른 한편으로 세계대전의 종결과 이후 진행된 동·서독 국가로의 분단은 대학제도에도 중대한 영향을 끼친 것으로 보인다. 동독대학의 경우 '사회주의통일교육'이라는 이념에 따라 과거 대학교육에서 소외받았던 농민 및 노동자계급의 자녀들에게 몫을 할당하는 제도까지 도입해 대학의 문호를 개방했을 뿐만 아니라 사회주의 정권은 대학교육을 무상으로 실시하는 정책을 펼쳤다는 점이다(Max-Planck-Institut, 1994: 76). 체제간의 경쟁압력에 놓인 서독의 경우 동독대학의 이러한 변화에 조응할 수밖에 없는 처지에 놓이게 된다. 즉, 서독대학들에서 개방입학제와 함께 대학교육의 비용인 대학운영비, 등록금, 학생들의 학업이수를 위해 필요한 생활비까지도 국가나 공공부문이 부담하는 방식을 시민사회가 지극히 당연한 것으로 받아들이는 배경에는 이런 체제경쟁의 압력이 작용한 결과일 것이다. 하지만 독일사회에서도 개방입학제는 계급과 계층에 따라 대학교육혜택이 불공정한 현실을 지양하기 위해 도입된 본래의 취지보다 대학의 양적 팽창을 가져오는 주요 요인으로만 여겨지는 실정이다. 독일 통일 이후 부딪치고 있는 독일 대학의 위기담론도 대학의 양적팽창으로 인해 교육경쟁력이 저하되는 현실에서 출발하고 있는데, 이런 주장이 나오는 것도 결코 우연이 아니라는 점이다.

하지만 제2차세계대전 이후 대학이 문호를 개방하면서 대학은 양적으로 팽창하는 과정에서도 연구와 교수의 통합 및 대학자율의 원칙과 같은 독일 대학체계의 특징은 전혀 훼손되지 않았다는 사실은 주목할 필요가 있다. 다시 말해 신규 특수목적대학이 증가하는 추세는 사회발전과정에서 대학의 기능적 전문화가 반영된 결과로 보이면서도 대학종류의 다양화가 훔볼트 이래 독일의 대학들이 견지해온 자율성과 통합이라는 대학운영의 원칙을 훼손하지는 않았다는 점이다. 1970년대에 교육대학이 기존의 종합대학으로 통합된 사실에서도 알 수 있듯이 시간이 경과할수록 대학교육은 통합의 원칙을 오히려 더욱 강화하고 있다. 시대의 필요와 요구에 따라 대학 내부의 학제분화가 더욱 가속적으로 일어나더라도 대학의 통합성은 전혀 훼손되지 않는 독일적인 현상은 바로 독일 대학제도의 역사성에 기인하는 것으로 볼 수 있다.

3) 대학제도의 근대화

독일 대학의 역사적 변화과정에서 이전 시대와 또 다른 획을 그은 시기가 1968년 이후이다. 이 시기는 대학제도의 근대화가 진행되었다는 점에서 매우 특징적이다. 대학제도의 시대적 변화를 가져오게 한 주요한 요인은 당시 독일사회를 회오리쳤던 학생운동이었다(Hennis, 1982: 37). 학생운동의 도전으로 인해 독일 대학에서 권위적인 교수의 지도아래에서만 수학이 가능했던 전근대적인 도제제도의 유습4)이 서서히 사라지는 계기가 형성되었고 대학의 운영 역시 정교수 중심적이었던 전통적 방식에서 벗어나 민주적인 의사결정과정이 제도화하게 된다. 다시 말해 대학행정 및 학사운영에 주도적 권한을 행사했던 정교수의 관습

---

4) 이것은 독일 대학의 전통적 운영방식이 완전히 단절되었다고 의미하지는 않는다. 왜냐하면 독일 대학에서 교수의 학생지도방식은 여전히 도제적인 전통을 가지고 있기 때문이다. 박사과정(Promotion)의 경우 지도교수와 학생의 관계는 문서화된 관계라기보다 여전히 구두에 의해 성립할 뿐만 아니라 지도교수의 호칭 역시 박사과정 학생의 학문적 아버지라는 의미에서 Doktorvater라고 부른다. 다시 말해 독일 대학은 한편으로 자신들의 전통을 유지하면서, 또 다른 한편에서 대학운영의 민주화와 근대화를 동시에 진행한 것으로 평가할 수 있다.

적 권한이 대폭 축소되면서 대학운영이나 학사과정에 대학 구성원들이 참여할 수 있는 길이 법제화되는 시기가 바로 이때이다.

1968년 이후 독일 대학은 개별 학과마다 대학운영의 기본업무인 재정운용 및 행정업무에서 전권을 정교수만이 행사했던 과거의 관행인 정교수 중심의 대학(Ordinarienuniversität: Max-Planck-Institut, 1994: 638)은 더 이상 통용되지 못하게 된다.5) 왜냐하면 정교수 중심의 전통적 대학운영이 행정의 전문화와 학과 교수회의 권한강화로 바뀌었기 때문이다. 게다가 제2차세계대전 이후 대학이 개방입학제를 시행하면서 대학교육은 대중화하는 추세를 보일 수밖에 없는 가운데 양적으로 이미 비대해질 대로 비대해진 대학의 현실에서 정교수 1인 중심의 대학운영방식이 더 이상 시대적 변화에 걸맞지 않는다는 구조적 이유도 크게 작용한다. 하지만 이런 구조적 요인 이외에도 대학 구성원들의 의식과 주체적 조건의 변화도 중요한 요인으로 작용한다. 당시까지 실질적으로 전권을 행사하던 교수들의 권한이 대폭 축소된 이유는 대학조직의 구성원인 교수, 직원, 학생들이 공동으로 참여하여 의사결정을 하는 공동결정제6)

---

5) 독일 대학의 정교수 직제(Ordinariat)는 우리의 교원제도와는 질적으로 전혀 다르다. 우리의 교원직급은 연공적인 성격이 지배적이지만, 독일의 직제는 부임 당시에 이미 결정된다는 점에서 큰 차이가 있다. 독일의 경우 교수의 직제는 C4, C3, C2로 구분이 되고 정교수는 C4로 분류된다. 1960년 후반 이전까지 정교수는 자동적으로 학과장의 지위를 부여받으며 학과운영의 재정 및 인력을 총괄하는 권한을 가지고 있었다. 1970년대 이후 이런 정교수의 권한 중에서 행정업무와 학사관리업무를 분리해 학과장이 권한을 행사하게 되고, 학과장이라는 직책도 교수들 사이의 순번제로 맡고 있는 것이 일반적이다.

6) 독일에서 공동결정제도의 원래적 의미는 기업경영이 사용자의 고유권한이 아니라 노사가 동등하게 참여해 결정해야 한다는 것을 제도화한 것이다. 하지만 독일사회에서도 이런 미시적 의미보다 공동결정제가 지니는 역사적 의미에 더욱 주목한다. 독일에서 19세기 중반부터 진행된 산업화는 노동자들의 사회적 지위를 자동적으로 상승시키지 못하고, 오히려 마치 봉건적인 신분제에서처럼 사용자에게 복속된 존재로 전락하는 결과를 가져왔다. 이런 사회적 관계를 개선하기 위하여 노동운동진영은 공동결정제도를 끊임없이 요구해왔고, 이 요구는 1919년부터 효력이 발생한 바이마르 공화국 헌법 제165조에

적 의사결정구조가 대학사회에도 적용되기 시작했기 때문이다. 대학도 사회민주화의 영향을 받게 되었다는 점이다. 바로 이런 영향을 준 계기가 바로 학생운동의 등장이다. 학생회조직이 대학재정의 운영문제에 대해 참여하는 것뿐만 아니라 대학의 교육과정개편에 대한 학생들의 요구는 이후 1970년대에 학사과정 개편논의로까지 이어진다.

학생운동의 등장으로 인한 대학사회의 또 다른 변화는 대학교육에 대한 전통적 가치인 엘리트 교육의 퇴조로 나타난다. 다시 말해 1960년대 말까지 독일사회에서 강고하게 자리잡고 있었던 고급인력 양성기관으로서 대학이라는 전통적인 엘리트교육 중심의 가치관이 기회균등을 요구하는 민주적 가치관에 의해 대학교육의 대중화가 진행된다는 점이다. 대학입학기회의 확대 없이 기회균등을 달성하기가 불가능하다는 인식이 사회에서 지배적 인식으로 바뀌게 되면서 고용과 재정문제로 인해 교육이 제한되어서는 되지 않고, 오히려 국가재정 집행에서 교육이 가장 최우선이라는 사회적 합의를 만들어낸다. 독일의 교육개방은 모든 사람들이 학교에 다닐 수 있도록 모든 학비를 국고에서 충당하고 심지어 학업 중의 생활비도 국가가 지원해 교육기회가 실질적으로 확대하는 제도를 도입하면서 공공재화로서 교육이라는 성격은 더욱 강화된다.[7] 이런 제도개혁으로 인해 대학의 문호개방은 실질적으로 진행되었고, 이 시기는 독일교육 역사상 최대의 교육팽창으로까지 이어진다. 1965년에

노동자와 직원은 기업에서 임금이나 노동조건뿐만 아니라 생산성 향상을 위하여 공동으로 영향을 끼칠 권리가 있다는 조항이 삽입되면서 현실화한다 (Bundesminsterium für Arbeit und Sozialordnung, 1995: 16). 이런 역사적 배경에 따라 공동결정제는 현재 독일사회에서 조직운용의 기본원칙으로 인정되고 있는데, 기업단위뿐만 아니라 공적인 조직이나 사회단체에까지 통용되는 사실에서도 쉽게 알 수 있다. 독일 대학의 경우 바로 이런 공동결정제적인 조직운영방식은 학생운동의 성장과 노동운동의 요구에 의해 도입된 결과물이라는 사실에 주목할 필요가 있다.

7) 1960년대까지 독일 대학에도 매우 무의미할 만큼의 액수이긴 하지만 등록금제도가 있었다. 하지만 1970년대 초의 교육개혁으로 등록금제도는 완전히 폐지되었고, 학생들의 생활비 지급을 위한 BAföG제도가 도입된다.

서 1975년 사이 대학입학자격을 얻기 위해 필수적인 인문계 학교인 김나지움(Gymnasium) 학생수는 95만 8,000명에서 186만 3,000명으로 증가한 점이나 대학생수가 30만 8,000명에서 69만 6,000명으로 증가한 사실에서도 알 수 있듯이 대학교육의 대중화는 급속하게 진행된다.

1960년대 말 이후 독일 대학제도의 근대화는 법제화의 과정을 거쳐 대학의 자율성과 국가적 통일성이 동시에 강화하는 양상으로 발전한다 (Anweiler u.a., 1992: 23). 제2차세계대전 이후 바이마르 공화국시절의 연방제로 독일의 정치체제가 재편되면서 독일 대학의 운영원칙도 '문화 및 교육의 지방정부 우선원칙(Kulturhohheit der Länder)'이라는 독일의 전통에 따라 지방정부가 전권을 행사하게 된다. 이것은 방송, 도서관, 예술회관, 학교와 같은 문화와 교육관련 정책의 결정은 중앙정부가 아니라 지방정부가 맡아온 독일의 역사적 특수성에 기인한다. 하지만 교육정책을 지방정부에게만 위임할 경우 국가적인 통일성 보장에 문제가 생길 수 있는데, 이런 구조적인 문제를 해결하기 위해 '문화 및 교육의 지방정부 우선원칙'에 대한 예외조항을 헌법에 부칙으로 달아서 지방정부의 권한을 사실상 제한하고 있다. 중앙정부는 헌법 부칙조항의 삽입을 통해 교육체계나 제도를 조절하는 방식을 통해 국가적 통일성을 꾀한다. 즉, 중앙정부는 대학구조법(Hochschulrahmensgesetz)과 직업교육과 연구지원을 위한 법률의 제정권을 가지고 있으며, 연방과 주 사이에 상호대립하는 법률이나 규정이 있을 경우 연방의 그것을 우선적으로 적용하는 것을 원칙으로 하는 것도 바로 이 헌법 부칙조항 때문이다. 독일의 대학체계는 1969년 구 서독의 헌법인 기본법 개정과 같은 사례에서처럼 연방정부의 권한이 강화되는 방향으로 진행되긴 하지만, 독일의 교육제도는 지방정부와 중앙정부의 상호견제와 협력을 이미 전제로 하고 있다. 지방정부 사이의 정치적 협력관계가 성립되지 않고는 교육의 국가적 통일성을 담보할 수 없도록 교육체계가 구성된다는 의미에서 독일의 교육체계의 특징을 '조합주의적 문화연방주의(Kooperativer

Kulturföderalismus)'라고도 한다.

독일의 대학체계는 한편으로 조합주의적 연방주의를 실현하기 위한 제도적 장치들을 전제한다.8) 하지만 또 다른 한편으로 이런 제도적 장치 이전에 먼저 주정부들이 헌법인 기본법에 저촉되지 않으면서도 전국적으로 통용될 수 있는 대학의 기본이념을 공유하고 있어야 하는 것도 전제로 한다. 다시 말해 중앙정부와 지방정부는 대학운영의 통일성을 보장하기 위해 대학에 관한 훔볼트적인 기본원칙에 동의해야 한다는 점이다. 그리고 중앙정부와 지방정부의 조정과 타협으로 대학제도가 운용된다면 대학의 실질적 운영을 둘러싸고 지방정부와 대학 간의 역할과 책임 역시 엄격히 구분되어질 수 있다. 즉, 주정부가 학과설치나 교수임용에 대해 감독권을 행사하지만 대학운영은 전적으로 대학의 자율에 맡기는 독일 대학의 독특한 운용체계가 성립하는 것도 바로 이런 조합주의적 문화연방주의의 전통에 기인하는 것으로 볼 수 있다.

결론적으로 말해 1960년대 말 이후 진행된 독일 대학의 근대화는 독일 대학이 전통적으로 지녀온 자율성과 다원주의 가치관을 전혀 훼손하지 않으면서도 교육의 국가적 통일성을 이끌어내었다는 점에서 인상적이다. 바로 이런 성과는 교육에 대한 국가의 재정투입을 가장 최우선의 과제로 설정하면서 기회균등의 원칙을 실현하려고 한 정치적 합의의 산물일 것이다. 교육은 무조건적으로 공교육이어야 한다는 원칙이 바로 이 시기에 현실로 되었다고 볼 수 있다.

---

8) 조합주의적 연방주의를 가능하게 하는 제도적 장치들로 우선 공식적인 국가로서 주정부 문교장관협의회(Die ständige Konferenz der Kulturminister der Länder in der BRD)와 연방정부와 주정부의 협력과 정책조정을 위한 교육계획과 연구지원을 위한 협력위원회(Bund-Länder-Kommission für Bildungsplanung und Forschungsförderung)를 들 수 있다. 이외에 독일교육자문위원회(Der deutsche Bildungskommission), 학술자문위원회(Der Wissenschaftsrat)는 자문위원회의 성격을 가지고 있으며, 독일 대학총장회의(Hochschulrektorenkonferenz)는 이익집단의 성격을 가지고 있다(Max-Planck-Institut, 1994: 81ff.).

2. 독일 대학의 현황

1) 독일 대학의 종류

독일 대학은 우선 크게 두 가지의 범주로 구분할 수 있는데, 먼저 종합대학(Universität)과 전문대학(Fachhochschule)으로 나눌 수 있다. 독일의 기준으로 보면 교육대학(Pädagogische Hochschule), 신학대학(Theologische Hochschule), 예술대학(Kunsthochschule)이 종합대학에 포함되는 반면, 행정전문대학(Verwaltungsfachhochschule)은 전문대학에 포함된다. 이런 구분은 대학운영방식을 기준으로 해 이루어진다. 하지만 독일 대학의 유형에 따른 비중의 분포 추이는 사실상 큰 변화가 없다는 점이 특징적이다. 즉, 2000년 겨울학기에서 2003년 겨울학기까지 전문대학의 비중이 43.8%에서 44%로 미세하게 증가한 사실에서도 알 수 있듯이 대학수의 증가가 특정 대학수의 증가로 이어지지는 않고 있다. 다시 말해 독일의 대학유형은 매우 안정적이라는 사실이다. 독일 대학의 유형별 비교와 마찬가지로 설립형태와 교육내용에 따른 구분도 대학교육의 안정성을 잘 반영하고 있다.

독일의 대학제도에서 종합대학과 전문대학은 대학운영이나 학생선발에서 먼저 현격한 차이를 보인다. 이런 차이는 학생입학의 자격조건, 학과운영방식, 교육자율권에서 두드러지게 나타난다. 종합대학의 경우 대학입학자격고사에 해당하는 아비투어(Abitur)에 합격한 학생에 한해 입학이 허용되지만, 전문대학은 반드시 그렇지는 않다. 종합대학의 경우 정교수 중심의 대학운영이라는 전통이 1960년대에 진행된 대학조직의 민주화에 의해 행정기능이 전문화되고 대학의 의사결정은 참여집단 모두에게 개방되었다고 하지만, 종합대학에서 연구와 교수를 통합하는 주체인 대학교수의 자율성은 전문대학에 비해 매우 높은 실정이다. 대학조직의 인적 구성에서 전문대학은 조교의 수가 극히 적을 뿐만 아니라, 종합대학 교수들이 연구를 위해 채용하는 공동연구원(Wissenschaftliche Assistenten)을 전문대학에서는 전혀 채용할 수도 없고, 후진 양성에 필수적인 박사과정의 설치가 제한되어 있기 때문이다. 게다가 전문대학 교수의 의무수업시간이 주당 16시간이라는 점을 고려하면 종합대학 교수의 교육 환경과는 큰 차이를 보이고 있다. 바로 이런 대학운영의 차이를 감안해 종합대학, 연합대학, 교육대학, 신학대학, 예술대학을 하나의 범주로 묶고 또 다른 범주에는 전문대학과 행정전문대학이 포함된다.

2003년 겨울학기를 기준으로 보면 독일에는 종합대학 103개, 교육대학 6개, 신학대학 17개, 예술대학 52개, 전문대학 164개, 행정전문대학 31개로 총 373개교의 대학이 존재하고 있다. 1992년 겨울학기 총 318개교가 있던 것과 비교해보면 대학의 수가 꾸준히 증가하고 있는 것을 알 수 있다. 하지만 이 기간 동안 종합대학의 증가는 8%에 미치지 못하는데 반해 전문대학은 약 28%가 증가했다는 사실을 고려하면 대학 수의 증가를 가져온 주요 요인은 전문대학의 증가에 따른 결과로 볼

<표 7-1> 독일 대학의 종류와 수

(단위: 개, %)

연도 대학의 종류	2000/01	2001/02	2002/03	2003/04
종합대학	90(25.8)	91(25.6)	99(27.6)	103(27.6)
연합대학*	7(2.0)	7(2.0)	-	-
교육대학	6(1.7)	6(1.7)	6(1.7)	6(1.6)
신학대학	16(4.6)	16(4.5)	16(4.5)	17(4.6)
예술대학	49(14.1)	50(14.1)	50(14.0)	52(13.9)
전문대학	153(43.8)	156(43.9)	158(44.1)	164(44.0)
행정전문대학	28(8.0)	29(8.2)	29(8.1)	31(8.3)
합계	349(100.0)	355(100.0)	359(100.0)	373(100.0)

*주: 2002/03년의 겨울학기부터 연합대학(GH)은 종합대학으로 편재됨.
자료: Statistisches Bundesamt(2003).

수 있다.

1992년 겨울학기에 독일의 사립대학은 19개에 불과했지만 2003년 겨울학기에 이르러 51개로 늘어나는 추세를 보인다. 사립대학의 수는 독일 통계청의 공식집계에는 비록 포함되지도 않고 있지만, 사립대학의 증가는 공교육 중심주의가 전통적으로 뿌리 깊은 독일에서도 대학교육의 시장화가 진행된다는 주장이 나오는 이유로 볼 수 있다. 하지만 사립대학은 수에 비해 학생의 수가 지나치게 적을 뿐만 아니라 사립대학 1개교당 평균 학생수가 652명밖에 되지 않는 사실을 잊지 말아야 한다. 독일의 사립대학은 특수목적 지향적이며 소규모이기 때문에 대학교육 전체적인 측면에서 미치는 영향은 미미하다는 사실을 간과해서는 곤란하다는 점이다. 이것은 사립대학의 학생비중에서 그대로 나타나고 있다. 국립대학 대비 사립대학의 학생비중이 1992년 이래 꾸준히 증가하고 있다고는 하지만, 2002년 기준 사립대학의 학생비중은 여전히 1.7%에 불과하다. 이런 현실을 고려하면 독일 대학제도는 현재까지도 공교

<표 7-2> 사립대학의 비중 변화 추이

겨울학기	국립대학		사립대학		사립대학의 비중	
	대학수	학생수	대학수	학생수	대학 대비	학생 대비
1992	318	1,834,341	19	11,670	6.0	0.6
1993	317	1,867,264	20	13,109	6.3	0.7
1994	329	1,872,490	24	14,938	7.3	0.8
1995	327	1,857,906	27	17,332	8.3	0.9
1996	334	1,838,099	28	17,614	8.4	1.0
1997	337	1,824,107	28	17,789	8.3	1.0
1998	343	1,801,233	34	20,121	9.9	1.1
1999	345	1,773,956	35	21,120	10.1	1.2
2000	349	1,799,338	41	24,540	11.7	1.4
2001	355	1,868,666	49	29,379	13.8	1.6
2002	358	1,938,811	51	33,287	14.2	1.7

자료: Statistisches Bundesamt(2003).

육 중심으로 운영된다고 볼 수 있으며, 독일의 사립대학들이 지닌 사회적 의미는 거의 무시해도 좋을 것으로 판단된다.

2) 독일 대학의 인적 구성

2002년 기준 독일 대학에는 약 50만 명의 인원이 종사하고 있으며, 이 중에서 46%인 23만 명은 학문이나 예술활동을 하는 교수 및 연구인력이고 54%인 27만 명은 행정, 기술, 서비스 인력이다. 학문이나 예술활동을 하는 인력 중에서 16만 4,000명은 제1직업으로서 교수 및 연구관련 종사자이고, 6만 7,000명은 부업으로 종사하고 있다.[9] 우리의 대학현실에서 문제가 되는 시간강사 의존율과 비교가 가능한 시간강사 강의부담률은 독일 대학들에서 매우 다양한 형태로 나타난다. 시간강사 강의부담률이 가장 높은 대학은 예술대학으로 거의 63%에 달하고 있다. 그리고 전문대학은 53% 이상, 교육대학 47%, 신학대학 44%, 종합대학은 21%의 순서로 시간강사 강의부담률을 보인다. 하지만 독일 대학에서 나타나는 시간강사 강의부담률은 대학의 특성과 깊은 연관이 있다는 점에서 우리의 대학현실과는 상당한 거리가 존재하고 있음을 알 수 있다.

그리고 2002년 기준 독일의 전체 대학에서 교수와 학생 대비가 1:38.5명이며, 교수와 직원 대비는 1:5.4명, 학생과 직원 대비는 1:7.2이다.[10]

---

[9] 제1직업 종사자란 교수, 공동연구원, 전임강사, 조교와 같이 대학에 완전히 고용되어 직업으로서 활동하는 사람들을 의미하고, 부업종사자란 시간강사와 초빙교수를 통칭한다.

[10] 독일의 경우 동서독 통일이라는 과정을 거치면서 교수 학생비율이 큰 변화를 보이고 있다. 1975년 교수 학생비율이 1:33.7, 1980년 1:37.0, 1990년 1:51.8으로 지속적으로 증가하는 추세를 보이고 있지만, 1990년의 경우 독일통일의 직접적 영향으로 교수 학생비율이 지나치게 증가한 것으로 보인다. 그러나 대학교육의 위기가 거론되는 2002년의 교수 학생비율 수치는 1980년대의 독일 대학 수준으로 개선된 것으로 볼 수 있다(Meyer, 1993: 32ff.).

하지만 교수 1인당 학생수의 통계는 매우 논란의 소지가 있다. 왜냐하면 <표 7-3>에서 볼 수 있듯이 독일 교수제도를 어떻게 평가하는가에 따라 교수와 학생 대비는 판이하게 달라질 소지가 있기 때문이다. 즉, 전통적인 독일 대학의 교수인 정교수만으로 교수를 제한할 경우와 일반교수를 포함하는 경우, 공동연구원까지 포함하는 경우에 따라 교수 1인당 학생수는 완전히 달라지기 때문이다.[11] 하지만 독일 대학에서도 제1직업으로 종사하는 학문연구자가 1992년 이후 2002년까지 약 16%가 증가

<표 7-3> 대학의 인적구성

겨울학기	전체 종사자	교수 및 연구인력			행정, 기술, 서비스직원	학생	교수 및 연구인력 대비 학생수
		교수	비교수 연구인력	부업 종사자			
1992	464,717	34,702	108,288	56,058	265,669	1,834,341	14.3
1993	471,283	36,374	109,101	58,675	267,133	1,867,264	14.5
1994	473,289	36,995	110,743	60,469	265,082	1,872,490	14.6
1995	482,850	37,672	114,729	60,440	270,009	1,857,906	14.6
1996	482,388	37,589	116,859	60,220	267,720	1,838,099	14.5
1997	481,073	37,668	116,231	60,155	267,019	1,824,107	14.5
1998	483,846	37,626	118,134	60,665	267,421	1,801,233	14.4
1999	488,890	37,974	118,789	62,459	269,668	1,773,466	14.1
2000	488,660	37,794	119,422	62,080	269,364	1,799,338	14.3
2001	494,065	37,661	122,728	64,570	269,106	1,868,666	14.7
2002	501,482	37,861	126,482	67,199	269,940	1,939,233	15.0

자료: Statistisches Bundesamt(2003).

11) 독일 대학에서 전통적인 의미의 교수란 C4급인 정교수만으로 제한한다. 하지만 정교수만을 교수로 할 때에 교수와 학생 대비를 통한 국제비교는 의미가 없어진다. 왜냐하면 정교수의 수가 2000년 1만 2,638명, 2001년 1만 2,579명, 2002년 1만 2,549명에 불과해 교수와 학생 대비의 수가 천문학적으로 높게 나올 수밖에 없는 실정이다. 하지만 C2와 C3급의 교수를 포함하면 2002년과 같이 38.5명이 나오게 된다. 그리고 교수 이외의 연구인력을 포함할 경우 독일 대학은 1992년에서 2002년까지 교수와 학생 대비는 14-15명의 수로 축소되고 있다.

하고 있다는 사실에서 확인할 수 있는 것은 교수인력은 끊임없이 증가하는데 반해 교수의 수는 1994년 이후부터 3만 7,000명 선에서 정체되어 있음을 보여준다. 바로 고급인력의 적체현상이 독일 대학에서도 심각하게 발생하고 있음을 알 수 있다.

흥미로운 점은 여성교수의 비율이 2000년 10.5%, 2001년 11.2%, 2002년 12%로 증가추세를 보이긴 하지만 남성에 비해 여전히 낮다는 점인데, 석좌교수의 경우 2000년 7.1%, 2001년 7.9%, 2002년 8%를 차지해 학자세계에서도 여성의 사회적 인정이 현저히 저조함을 알 수 있다. 대학조직을 운영하는 데 핵심적인 역할인 교수와 연구부문의 낮은 여성 참여율과 반대로 보조적인 행정기능에서 여성의 참여율이 높은 점이 시사하는 바가 많다고 할 수 있다. 이런 여성차별현상은 신임 교수요원을 선발하는 제도인 교수자격과정(Habilitation)을 통과한 수에서도 그대로 드러난다. 하지만 대학생의 수에서 남녀간 별다른 차이를 발견하기 어렵다는 현실을 고려하면 전문직에서 여성연구자의 비중이 얼마나 낮은지 쉽게 알 수 있다. 즉, 사회적인 기대와 현실의 큰 격차를 어렵지 않게 알 수 있을 것이다.

신임 연구인력이 지속적으로 배출되고 있는 독일의 대학들은 한국의 대학에 타산지석의 사례로 볼 수 있다. 인문학의 위기라고 일컬어지는 한국적인 현상을 독일의 대학에서 찾아보기 어렵다는 점이다. 이것은 독일 대학생의 수에서도 그대로 나타나고 있는데, 이른바 의학이나 수의학 그리고 법학과 같은 인기학과 뿐만 아니라 언어학, 문화과학과 같은 비인기학과들도 학생수는 변동 없이 그대로 유지되고 있다. 게다가 <표 7-3>에서 볼 수 있듯이 학문이나 예술활동을 자신의 주업으로 하는 교수와 연구인력을 합할 경우 2002년 현재 약 16만 명 이상이나 된다는 사실에서도 분명히 드러난다. 비록 이들의 신분이 주정부가 공무원으로 채용한 정규교수와는 달리 대학이나 연구소 소속의 계약직·임시직의 신분이라고 하더라도 교수자격과정이나 박사과정을 준비하거나

<표 7-4> 독일 대학생의 수

(2003년 10월 23일 기준)

		2001/02	2002/03
대학종류	종합대학	1,191,314	1,370,436
	연합대학*	141,655	-
	교육대학	16,432	18,366
	신학대학	2,416	2,561
	예술대학	30,444	31,325
	전문대학	453,297	479,720
	행정전문대학	33,108	36,825
전공분야	언어학·문화과학	417,965	433,104
	체육학	26,980	27,404
	법학·경제학·사회과학	593,516	618,467
	수학·자연과학	319,260	338,460
	의학	93,230	93,376
	수의학	7,752	7,734
	농업학·임업학·영양학	36,156	37,281
	기술과학	292,163	299,267
	예술학	80,550	83,173
	기타	657	545
성·국적·연령	여성	873,230	918,624
	외국인	206,141	227,026
	평균연령	26.3	26.2
합계		1,868,666	1,939,233

*주: 2002/03년의 겨울학기부터 연합대학(GH)은 종합대학으로 편재됨.
자료: Statistisches Bundesamt(2003).

마친 연구자라는 점에서 주의 깊게 볼 필요가 있다. 게다가 교수적체현 상이 심각한 독일의 대학들에서도 매년 2,000명 이상의 교수요원이 배출된다는 사실을 고려하면 독일과 같은 대학체계와 운영이 어떻게 가능한지라는 의문은 충분히 성립할 수 있다.

<표 7-5> 교수자격과정 통과자수

(2003년 7월 7일 기준)

	2000	2001	2002
여성	392	379	498
외국인	111	108	95
평균 연령	40.0	40.1	40.0
전체	2,128	2,199	2,302

자료: Statistisches Bundesamt(2003).

3) 신입생 선발제도

1992년에서 2002년의 기간 동안에 18세에서 21세까지의 학령인구 중에서 독일 대학에 입학할 수 있는 자격을 획득한 학생의 수는 지속적으로 증가하는 추세를 보이고 있다[그림 7-1] 참고). 물론 대학입학자격자의 총수는 1992년 945,096명에서 2002년 947,084명으로 미세한 증가세를 보이고 있다는 사실만을 놓고 보면 대학입학 자격자의 비중 변화는 그리 큰 의미를 두기 어렵다는 반론이 나올 수도 있다. 하지만 인구학적 구성을 고려한 학령인구 대비 대학입학 자격자의 비중 변화는 대학에 진학할 수 있는 자격요건을 갖춘 고교 졸업생의 증가를 의미한다. 다시 말해 대학입학자격을 취득한 학생이 1992년 290,635명에서 2002년 361,498명으로 약 24%가 증가한 것으로 나타나고 있다. 이런 변화 추이에서 전문대학 입학자격을 취득한 학생의 비중은 더욱 뚜렷한 증가세를 보이고 있으며, 종합대학 입학자격 취득률과 학령인구 대비 대학입학자격 총 취득률의 변화는 매우 유사한 추이를 보이고 있다. 이것은 독일의 고등학교 졸업생들 역시 대학진학에 대한 강한 열망을 가지고 있음을 보여준다. 바로 독일사회에서 대학교육에 대한 시민적 욕구가 여전히 존재하기 때문에 독일 대학의 재정과 시설문제를 이유로 개방입학제를 포기하기란 결코 용이하지 않음을 역설적으로 보여준다.

[그림 7-1] 학령인구 대비 종합대학 및 전문대학 입학자격 취득률의 변화 추이

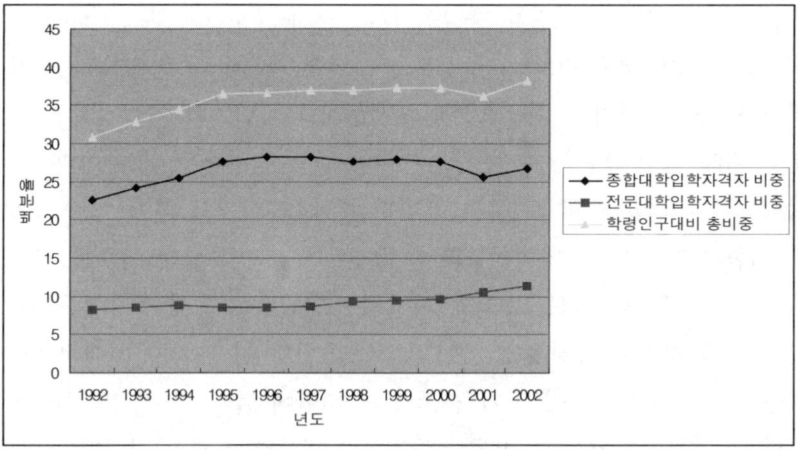

자료: Statistisches Bundesamt(2003)에서 수치를 인용해 도표화 함.

독일의 대학입학자격은 크게 두 종류로 구분된다. 먼저 종합대학 입학자격을 취득하기 위해서는 아비투어가 필수적이다. 아비투어는 우리의 인문계 고교에 해당하는 김나지움(Gymnasium)의 졸업시험을 통해 획득하는 자격이지만, 종합대학 입학을 위해서는 김나지움과정의 이수가 필수적이라는 사실을 의미한다. 다음으로 이런 아비투어 없이도 입학할 수 있는 대학이 전문대학이다. 전문대학의 경우 우리의 실업계 고등학교에 해당하는 졸업생들에게 개방되어 있으면서도 종합대학 입학자격인 아비투어를 획득한 학생들에게도 개방된다. 하지만 독일 대학이 개방입학제를 채택한다고 해서 학생 스스로 원하는 학과나 학교를 자유스럽게 선택하는 것을 의미하지는 않는다. 왜냐하면 몇몇 인기학과나 학교로 학생들이 집중되는 문제가 발생되기 때문이다. 이미 1960년대에 몇몇 학과와 학교에서는 입학허가가 제한된 사례가 나타났는데, 이러한 입학제한조치(Numerus clausus)는 대학이나 학과가 수용할 수 있는 자리가 한정적이라는 점에서 불가피한 것으로 받아들여진다.

대학이 처한 이런 현실로 인해 학생선발의 효율성을 강화하는 방안으로 1973년부터 대학입학 중앙심사처(Zentrale Vergabestelle für Studienplätze: 약칭 ZVS)라는 기구가 주정부들 사이에 체결된 협약에 따라 설치되었다. 중앙심사처는 종합대학이나 전문대학의 인기학과의 신입생 배분을 위해 학생심사절차를 집중적으로 수행하는 역할을 맡고 있다. 중앙심사처의 신입생 심사기준은 아비투어 평점, 학생의 대기시간, 직업에 대한 자기소견 및 병역의무의 수행여부와 같은 복합적 기준을 적용하고 있다. 중앙심사처는 대학의 적정 수용인원을 고려해 입학제한조치를 필요에 따라 발동하는데 1991년 겨울학기에 이 조치가 대대적으로 발동된 경우가 있다. 이 시기 전 독일의 대학에 걸쳐 의학, 건축학, 생물학, 심리학, 경제학과는 입학제한조치가 내려졌을 뿐만 아니라, 당시 10만 명의 학생이 대학에 지원했지만 4만 명의 학생에게만 입학이 허용되었으며 대학입학은 최악의 상황으로 치달은 적도 있다. 게다가 1990년대 들어 대학입학자격 취득학생의 비중이 증가하면서 대학은 자체적으로 입학제한조치를 발동하는 경우가 다반사로 발생하게 된다. 여기서 흥미로운 사실은 독일 대학제도에서 신입생 선발은 중앙 집중적인 기관인 중앙심사처를 통한 학생배분방식이 주를 이루고 있지만, 경우에 따라 대학이 자율적으로 학생의 수를 제한할 수도 있다는 점이다. 즉, 공교육체계의 원활한 관리를 위해 중앙집중적인 기관을 인정하면서도 교육기관의 자율성도 보장하는 독일 대학의 운영원칙이 학생선발제도에서도 그대로 관철되고 있는 것이다.

개방입학을 제도화한 독일 대학들이 신입생의 수를 제한하는 조치를 발동하는 이유는 대학이 수용할 수 있는 인원을 초과할 만큼 학생의 수가 많은 현실에 기인하고 있다. 그러나 학생수의 증가는 학령인구 대비 대학입학자격을 취득한 학생의 증가 때문이 아니라, 신입생에 비해 오히려 등록된 전공학생의 수가 많은 현실에서 비롯된 것으로 보인다. 전공학생으로 등록하는 학생이 신입생보다 많은 현상은 학업이수기간의 장기화가 빚은 부산물이다. 즉, 2001년과 2002년 겨울학기에 입학한 신입생이 34만 4,830명과 35만 8,946명이었지만, 전공학생으로 등록한 학생은 각각 47만 9,939명과 50만 6,227명에 이르고 있는 실정이다. 이런 현상을 이해하려면 우선 독일 대학제도는 우리의 대학제도처

<표 7-6> 신입생과 전공(1학기)학생의 수

(2003년 10월 23일 기준)

		신입생		전공(1학기) 학생	
		2001/02	2002/03	2001/02	2002/03
대학종류	종합대학	207,145	229,657	298,714	338,984
	연합대학*	20,863	5,114	38,100	12,258
	교육대학	3,949	4,260	5,868	6,382
	신학대학	381	462	675	786
	예술대학	4,508	4,376	6,449	6,690
	전문대학	96,428	100,996	118,306	126,587
	행정전문대학	11,556	14,081	11,827	14,540
전공분야	언어학·문화과학	71,241	74,904	115,827	119,812
	체육학	3,740	3,702	5,542	5,605
	법학·경제학·사회과학	116,114	123,472	154,309	166,777
	수학·자연과학	64,243	63,522	91,150	92,317
	의학	12,101	12,144	15,084	15,508
	수의학	946	957	1,576	1,661
	농업학·임업학·영양학	6,488	7,064	8,466	9,600
	기술과학	57,370	60,388	69,973	75,791
	예술학	11,683	12,051	17,261	18,537
	기타	733	588	751	619
성·국적·연령	여성	170,307	181,794	237,585	252,908
	외국인	63,507	68,566	71,600	80,093
	평균연령	22.2	22.2	23.5	23.6
	합계	344,830	358,946	479,939	506,227

*주: 2002/03년의 겨울학기부터 연합대학(GH)은 종합대학으로 편재됨.
자료: Statistisches Bundesamt(2003).

럼 일정기간이 지나면 자동적으로 전공으로 진입하는 제도가 결코 아니라는 사실을 고려해야 한다.

4) 학사운영

독일 대학의 학사운영은 '학문의 자유(Akademische Freiheit)'라는 원칙에 따라 구성된다. 종합대학의 경우 전공분야마다 차이가 있긴 하지만,[12] 일반적으로 학생들은 이수과목과 시험관을 자율적으로 선택할 수 있도록 되어 있다. 그리고 미국이나 영국의 대학제도에서 나온 대학원과 학부의 구분은 독일 대학에서 존재하지 않고 전공학과마다 기초과정(Grundstudium)과 본과정(Hauptstudium)을 설치하고 있다. 기초과정에서 전공수업인 본과정으로 진급하기 위해 학생들은 진급시험을 통과해야 한다. 진급시험을 통과한 본과정 학생들은 자신들의 학업목표를 자율적으로 선택한다. 즉, 최종학업목표에 따라 세 가지 종류의 학위과정을 학생들이 선택할 수 있다. 첫째, 전공과 2개의 부전공을 최소 8학기 이상 수료한 학생들은 졸업논문이나 국가고시의 성격을 가지고 있는 졸업시험을 통과해 디플롬(Diplom)학위를 취득한다. 이 디플롬 과정은 영미식의 교육제도에서 찾아보기 어려워 직접비교는 불가능하지만, 학제간 연계가 강한 인문학이나 사회과학에서 일반적으로 디플롬 과정이 설치된다. 둘째, 부전공 이수없이 전공만을 최소 8학기 이상 이수한 학생들이 논문을 제출해 획득하는 마기스터(Magister) 과정이 있다. 마기스터 과정은 일반적으로 이공계 전공분야에서 설치되는 수가 많긴 하지만, 인문사회과학분야에서도 설치되는 경우도 있다. 디플롬과 마기스

---

12) 의학이나 기술과학(공학)의 경우 미국식의 대학처럼 course work에 따라 진행되는 것이 일반적이지만, 언어학, 문화과학, 사회과학의 경우 필수과목 이외에 학생들 스스로 이수과목을 선택하는 권한을 가지고 있다. 즉, 학생들도 학습 자율권이라는 권리를 가진다는 점에서 특이하게 보이기도 한다.

<표 7-7> 학업이수 추이

(2004년 2월 19일 기준)

		2000	2001	2002
디플롬(Diplom)·졸업시험*		94,999	91,317	92,201
	여성	42,599	42,581	44,483
	외국인	7,318	7,622	7,958
	평균연령	28.5	28.5	28.4
박사과정		25,780	24,796	23,838
	여성	8,852	8,752	8,672
	외국인	1,926	2,017	2,082
	평균연령	32.7	32.8	33.0
교사자격시험		26,938	24,959	23,503
	여성	19,157	17,987	16,884
	외국인	251	295	339
	평균연령	28.0	28.3	28.4
전문대학졸업		66,260	65,954	65,929
	여성	25,321	25,977	26,788
	외국인	3,130	3,336	3,476
	평균연령	28.5	28.4	28.3
학사(Bachelor)		126	197	985
	여성	56	96	524
	외국인	7	20	98
	평균연령	30.5	27.8	26.2
석사(Master)		370	900	2,150
	여성	92	268	704
	외국인	159	513	1,153
	평균연령	30.9	30.3	30.3
	여성	96,077	95,661	98,055
	외국인	12,791	13,803	15,109
	평균연령	29.0	29.0	28.9
	합계	214,473	208,123	208,606

*주: 졸업시험에는 예술시험과 그 외의 시험이 포함됨.
자료: Statistisches Bundesamt(2003).

터 과정을 영미식의 대학교육제도와 굳이 비교하면 석사과정에 해당된다는 평가가 일반적인 정설이다. 디플롬과 마기스터 과정을 통과한 학생들은 자발적 의지에 따라 박사과정을 이수할 수 있다. 박사과정의 경우에도 전공분야에 따라 학업이수기간과 이수과목은 규정된다.

학업목표에 따라 학위과정이 달라지는 독일 대학의 학사운영방식의 특징은 자격이 있는 학생의 입학은 사실상 거의 무제한적으로 허용되지만 졸업은 상대적으로 매우 힘들게 만든 제도라는 점이다. 또한 기초과정 학생의 수보다 본과정 학생의 수가 훨씬 많은 이유는 진급시험을 통해 전공분야로 진입한 학생들이 대학졸업시험을 통과하기가 어려운 현실을 반영하고 있다. 게다가 독일 대학을 졸업하는 학생들의 평균 연령이 2002년 28.9세로 매우 높은 이유는 독일교육제도에서 비롯된 구조적 요인과 학생들의 잦은 이동 때문이다. 먼저 구조적 요인으로는 70년대 이후 취학연령이 6세에서 7세로 높아졌다는 점과 고등학교 졸업까지의 수업연한이 다른 국가들의 12년제 방식이 아니라 13년제라는 사실과 함께 병역의무기간 및 학위과정이수를 위해 요구되는 직업실습제도 때문이다. 바로 이런 제도적인 요인에 더해 종합대학 신입생의 약 20%가 전공이나 학위과정을 변경하고 있는 현실로 인해 대학생들의 수업연한이 늘어나고 있다. 그리고 경우에 따라 학생들은 입학허가를 제한하는 인기학과로 전과하기 위해 우선 아무 학과나 입학하는 사례가 다수 발생하기도 한다.

전문대학의 학사운영방식은 종합대학과는 상당한 차이를 보인다. 먼저 전문대학의 전공분야는 기능인력 및 중간관리자 양성이라는 대학설립 취지에 따라 취업시장과 밀접히 연관되어 구성되는데, 예를 들면 기계공학, 교통공학, 경영정보학 등과 같은 전공분야가 전문대학에 설치되어 있다. 전문대학의 수업연한은 종합대학에 비해 매우 짧은데, 그 이유는 영미식의 종합대학과 같은 course work 방식으로 수업이 진행되기 때문이다. 학생들의 선택권은 거의 존재하지 않고 필수과목을 반드시 이수해야 졸업을 할 수 있는 제도를 전문대학은 채택하고 있다. 그리고 전문대학의 석사과정을 통과한 학생들의 경우 종합대학에 입학할 수 있는 자격이 주어지고 전문대학에서 취득한 학점은 종합대학에서 인정된다. 그럼에도 불구하고 전문대학에서 종합대학으로 옮기는 학생보다 종합대학에서 전문대학으로 옮기는 학생이 더 많은 실정이다. 왜냐하면 전문대학 졸업이 종합대학의 졸업보다 용이하다는 점과 더불어 전문대학 졸업생들이 취업시장에서 더욱 유리하기 때문이다.

3. 독일 대학의 위기 논쟁

1960년대 말 이후 독일 대학제도의 근대화가 진행되었지만 대학개혁이 완성되었다고 보기는 어렵다. 왜냐하면 대학은 사회적 변화를 능동적으로 주도하기보다 변화 그 자체에 수동적으로 대응하는 양상을 지속적으로 보였기 때문이다. 그리고 1989년 동독체제 붕괴에 연이은 독일 통일은 대학사회에도 충격을 던져주었다. 독일 통일이라는 역사적 사건은 교육재정을 최우선으로 한다는 사회적 합의를 더 이상 유지하기 어려운 지경으로까지 만드는 계기로 작용했다. 즉, 동독체제의 붕괴로 인해 낙후한 동독지역을 재개발하는 데 드는 비용과 함께 통일로 인해 직장을 잃은 동독지역의 신 빈곤층에 대한 사회복지비용의 증가는 교육재정을 압박하는 요인으로 되었다. 이런 시대적 상황에서 1990년대부터 독일 대학제도를 둘러싼 개혁논쟁이 벌어지게 된다.

독일 대학교육을 둘러싼 개혁논쟁은 ① 통일과 함께 증가한 학령인구로 인한 학생수의 증가문제, ② 이런 학생수의 증가추세에 따라가지 못하면서 발생하는 대학교육 시설 및 학생지원의 부실화와 연관된 대학재정의 결핍문제, ③ 대학교육의 사회적 기여로 표현되는 대학교육의 효율성문제로 개괄할 수 있다. 간단히 말해 국제사회에서 상대적으로 높은 평판을 누려온 독일 대학교육의 우월성이 약화되었을 뿐만 아니라 교육의 질적 저하문제를 어떻게 해결할 것인가 하는 것이 개혁 논쟁의 핵심이라고 볼 수 있다. 즉, 늘어나는 학생수에 비해 대학운영의 재정 확보도 제대로 되지 못하면서 교육이 위기상황으로 내몰리는 현실을 더 이상 수수방관할 수 없다는 지적인 셈이다. 독일사회에서 지금도 진행되는 논쟁을 조금이라도 이해할 수 있도록 먼저 문제점부터 하나씩 정리해 볼 필요가 있다.

1) 학생수의 증가와 학업이수기간의 장기화 문제

독일 대학은 2003년 기준 359개이고 학생수는 193만 9,000명이다(<표 7-8> 참고). 1960년대 중반 이래로 대학의 학생수가 증가하게 된 이유로 개방입학제도에 크게 기인했다고 볼 수 있다. 대학의 문턱이 낮아지면서[13] 학생수의 증가는 필연적으로 이어졌다고 볼 수 있을 것이다. 하지만 학생수가 끊임없이 증가하는 추세에도 불구하고 1977년 당시 독일의 연방정부와 주정부는 개방입학제도를 계속 유지하는 방향으로 정책을 결정했다는 사실이 이채롭다. 당시 정부의 결정은 1990년대

<표 7-8> 독일 대학 학생수의 변화 추이

(단위: 명)

	1960	1970	1980	1990	2000*	2002**
신입생	79,400	125,700	195,000	278,200	314,539	358,946
재학생	291,100	510,500	1,044,200	1,585,200	1,798,863	1,939,233

주: * 2000년 수치는 『Hochschulstandort Deutschland 2003』, 15쪽.
 ** 2002년 겨울학기에 등록한 학생의 수임.
자료: Statistisches Bundesamt(2003), Hödl·Zegelin(1999: 24).

13) 독일 대학의 문호개방으로 인한 교육팽창은 약 30년의 기간 동안에 급격하게 진행된다. 즉, 1960년 구 서독의 학령인구 중에서 8%가 대학입학자격을 가졌지만, 1993년에 이르러 37%에 이르게 된다(Hödl·Zegelin, 1999: 23).

이후 인구학적으로 학령인구가 감소할 것이라는 예상에서 비롯되었지만, 정부의 이런 교육정책은 통일이라는 역사적 사건과 더불어 학업이수기간의 장기화라는 경향성으로 인해 어긋나게 된다.

<표 7-8>에서 보면 독일 대학의 학생수는 1960년 29만 1,100명에서 2000년 179만 8,863명으로 증가했다. 신입생의 경우 1960년 7만 9,400명에서 2000년 31만 4,539명으로 증가했는데, 1977년에서 1990년 사이 신입생 증가비율은 64%에 이르고 있다(Hödl·Zegelin, 1999: 24). 신입생의 이런 증가 추세는 1990년에 이르러 인구학적인 영향으로 인해 약간 감소하는 경향을 보이긴 하지만, 1995년 이후 다시 가파르게 상승하고 있는 중이다. 즉, 독일 통일로 인해 학령인구가 증가했을 뿐만 아니라 대학교육에 대한 대중적 요구가 줄어들지 않고 오히려 늘어나고 있기 때문이다.

[그림 7-2]의 재학생과 신입생의 증가비율을 보면 흥미로운 사실을 알 수 있다. 즉, 1970-80년대의 기간 동안에 재학생의 수가 양적으로 급격히 팽창하고 있다는 점이다. 재학생수의 증가비율은 신입생의 증가

[그림 7-2] 독일 대학 재학생과 신입생의 변화 추이

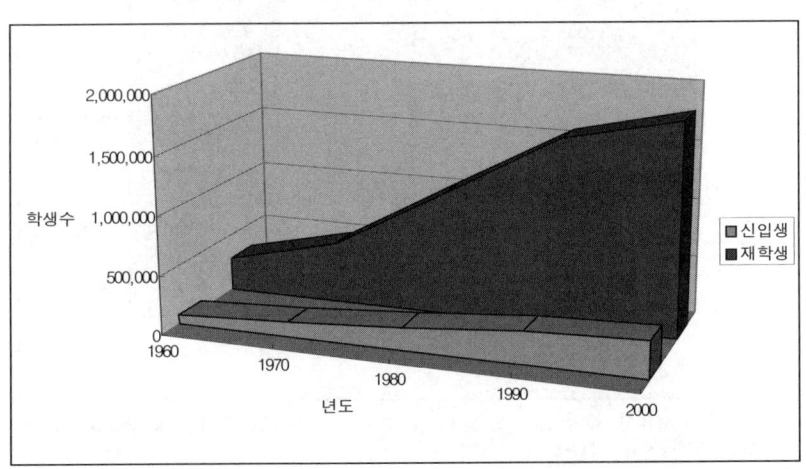

경향에 비해 더욱 뚜렷하게 나타나고 있다는 점이다. 바로 이 기간 동안에 대학생의 학업이수기간이 늘어나는 현상이 발생하고 있다. 이것은 신입생 대비 졸업생의 비율이 급격히 낮아지는 데서도 알 수가 있다. [그림 7-3]에서 보면 이런 경향성은 더욱 뚜렷하게 나타난다. 즉, 전문대학을 제외한 구 서독지역 대학에서 신입생 대비 졸업생비율은 1960년 71.6%, 1980년 70.3%, 1990년 61.5%로 계속 저하되는 것으로 나타난다.

학생수가 줄어들지 않고 누적적으로 증가하는 현상을 두고 대학개혁 논의는 본격적으로 시작된다. 가장 먼저 1991년 11월 독일 대학총장회의는 적어도 3만 명의 신임 교수 및 연구인력을 충원하지도 못하고, 연간 대략 90억 DM정도의 교육재정이 추가로 확보되지 않는 상황에서는 1977년에 결정된 개방입학제도를 더 이상 지켜내기가 어렵다는 발표를 하게 된다(Hödl·Zegelin, 1999: 25). 대학총장회의의 이런 발표는 인력과

[그림 7-3] 신입생과 졸업생의 대비*

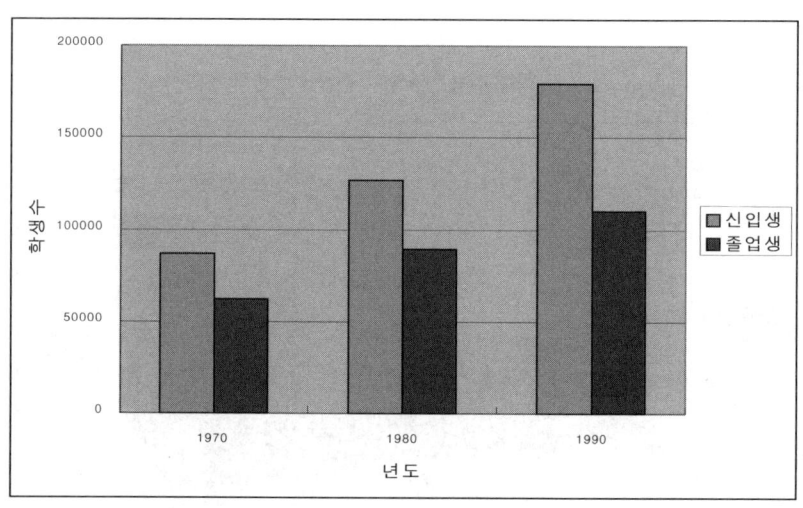

*주: 구 서독 소재의 대학이고, 전문대학의 학생수를 제외한 수치임(Max-Planck-Institut, 1994: 636쪽<표 14.1>).

재정지원 없이 대학교육의 효율성을 강화할 수 없다는 대학 구성원들의 선언적 의미를 가지고 있지만, 이후 대학교육 개혁논의에 불을 지피는 계기로 된다.

2) 대학교육재정의 압박과 대학교육의 시장화 논쟁

독일 대학의 재정은 수입과 지출구조에서 상당한 차이를 보이고 있다. 대학운영의 수입원은 크게 연방정부와 주정부에서 출연하는 정부지원금(Grundmittel), 독일연구기관(Deutsche Forschungsgemeinschaft)에서 연구촉진을 위해 보조하는 연구지원금(Drittmittel)과 대학의 운영수입(Verwaltungseinnahmen)으로 구성된다. 먼저 1992년부터 2001년까지 이 세 가지의 수입원의 구성비가 차이를 보이고 있다. 즉, 정부지원금의 비중이 점점 낮아지고 있는 가운데, 연구지원금과 운영수입금의 비중이 상대적으로 증가하고 있다는 점이다. 대학운영을 위해 기본적인 정부지원금의 액수가 줄어드는 현상은 국가재정 상황의 악화에 따른 필연적인 결과로 볼 수 있다. 하지만 연구지원금과 운영수입금이 상대적으로 증가하는 현상은 대학사회에 경쟁기제가 작동하고 있음을 보여주는 지표로 볼 수 있다. 왜냐하면 연구지원금의 증가추세는 대학교수들간의 업적경쟁이 강화되는 현상으로 이해될 수 있기 때문이다. 게다가 대학운영을 통한 수입의 경우 대부분이 대학부설의 병원에서 보험환자를 치료하고 받은 보험보상금이 주를 이룬다는 사실을 고려하면, 대학운영의 원칙에 시장경제적인 경쟁과 수익성 논리가 개입되어 공교육체계로서 대학교육이 지닌 사회적 의미를 퇴색시킬 수 있는 여지가 형성될 수 있다. 바로 여기서 대학교육을 둘러싸고 시장화 논쟁이 일어난다.

독일 대학의 재정난은 독일 통일과 같은 특수한 사건에 영향을 받은 측면도 있지만 지속적으로 누적된 효과가 90년대 이후 극대화한 성격이 강하다. 1975년부터 1990년까지 독일의 국가재정에서 교육, 학문,

[그림 7-4] 독일 대학재정 수입구조 추이

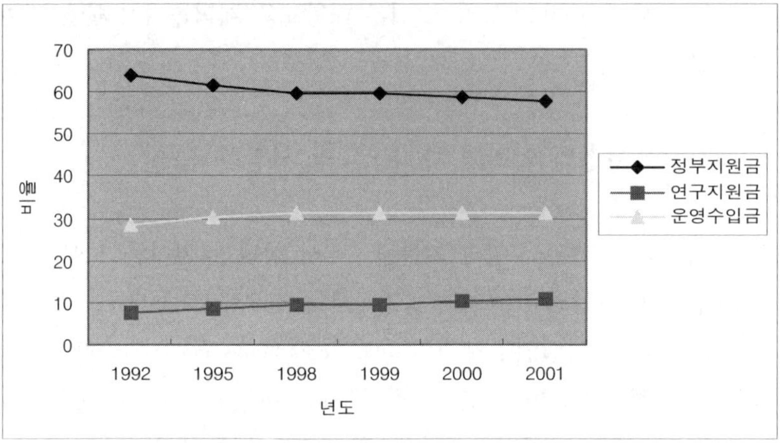

자료: Statistisches Bundesamt(2003).

문화분야에 지출된 재정은 명목적으로 302.7%가 증가한 것으로 나타나지만, 이 비용의 거의 대부분 대학부설 병원에 제한되어 사용되어왔다. 이 기간 동안 다수의 주에서 교수와 연구를 위한 항목에 새로운 지출이 없는 불가사이한 일이 벌어지고 있는 것도 바로 이 때문이다. 결과적으로 말해 1970년대 중반 이래 대학재정은 거의 변동 없이 고정적으로 집행되어 왔고, 물가인상률을 고려할 경우 대학재정은 사실상 감소하고 있다고 볼 수 있다(Hödl·Zegelin, 1999: 29).[14]

독일 대학의 이런 재정상황은 독일 대학의 지출구조에서 그대로 드러나는데, 표면적으로 보면 독일 대학의 지출구조는 매우 안정적으로 나타난다. <표 7-9>에서와 같이 1992년부터 2001년까지 대학의 지출

---

[14] 2001년과 2002년 독일의 총 국가재정에서 교육, 학문, 문화분야에 투자된 비중은 각 17.29%와 17.96%이며, 이 액수는 GDP 대비 4.23%와 4.27%이다(Statistisches Bundesamt, 2003). 2001년과 2002년 이 재정의 액수는 872억 700만 유로와 901억 3,400만 유로이며, 이 가운데 순수 교육재정은 704억 5,400만 유로와 732억 8,700만 유로를 차지하고 있다.

구조는 투자비에서 약간의 감소추세를 보이긴 하지만 거의 변화가 없기 때문이다. 하지만 대학재정의 지출에서 절대적 비중을 차지하는 운영비가 88-89% 내외를 차지하고 있지만, 이 약 88%에서 약 60%는 인건비 비중이고 약 28%는 시설운영비가 차지하고 있다. 다시 말해 대학재정의 지출구조에서 급여와 같은 고정비 비중이 압도적으로 높다는 점이다. 게다가 이 기간 동안 절대적으로 늘어나는 학생수에도 불구하고 대학시설에 대한 투자비의 비중은 오히려 감소하고 있다는 점에서 대학교육의 질적 저하는 불을 보듯 뻔한 이치로 될 수 있다.

<표 7-9> 독일 대학재정의 지출구조 추이

	1992	1995	1998	1999	2000	2001
운영비	87.9	88.4	88.3	88.8	89	88.7
투자비	12.1	11.6	11.7	11.2	11	11.3

자료: Statistisches Bundesamt(2003).

1990년대 들어 독일 대학에서 등록금제도 도입문제가 사회적 의제로 등장하는 이유도 독일 대학이 지닌 재정구조의 어려움을 해결하기 위한 하나의 방안으로 볼 수 있다. 하지만 이 주장은 대학사회의 구성원들에게 오히려 커다란 반발을 불러일으키는 계기로 되었을 뿐 실질적인 효과를 평가하기가 곤란한 것이 사실이다.[15]

3) 대학교육의 효율성 문제와 진단

독일 대학의 재정구조를 압박하는 높은 인건비 비중은 대학의 인적 구성이 지나치게 경직되어 있다는 지적으로 이어진다. 그리고 이 지적

---

[15] 물론 Berlin과 같이 지방정부의 재정상황이 극단적으로 어려운 지역에서 등록금제도가 도입되긴 했지만, 이 제도의 실효성에 대한 문제제기는 여전히 계속되고 있다.

은 독일 대학교육의 효율성에 대한 문제제기로 맞물린다. 이러한 문제제기에서 핵심적인 부분은 대학교육의 질 저하를 둘러싼 책임과 원인규명이 핵심을 이룬다(Daxner, 1996: 209). 대학교육의 효율성이 저하되는 현실에 대한 책임문제를 둘러싸고 정부와 대학 구성원 간에 팽팽한 대립과 대결구도가 형성되는 것도 이 때문이다.

1970년 독일의 종합대학에서 교수 1인당 학생이 9명이었던 반면, 2002년 15명으로 증가하는 현실을 무시하고 교육의 질을 논하는 것은 어불성설이라는 대학 구성원들의 입장에 대해 정부는 독일만큼 교수의 권리가 특권화된 사회가 어디 있느냐는 비난조의 주장에까지 다양한 입장이 충돌하고 있다.16) 다양한 의견 차이에도 불구하고 대학사회의 개혁을 둘러싸고 크게 두 가지의 입장으로 구분이 될 수 있다. 개혁주의자와 전통주의자로 나누어지는 두 개의 의견집단이 바로 그것이다. 하지만 이 용어 사용은 일반적인 사용방식이나 의미체계와는 판이하게 다른 점을 가지고 있으며, 매우 이데올로기적인 요소마저 가미되어 있다. 왜냐하면 개혁주의자들이 사용하는 개혁이라는 용어는 일반적인 함의인 평등과 진보가 아닌 차별과 개인이 강조되는 시장의 의미가 짙게 깔려있고, 전통주의자들은 보수적인 관습과 전통에 대한 존경이라는 의미보다 복지국가의 후퇴를 저지하고 계급간의 불평등을 조금이라도 해소하는 장으로서 교육이 기능해야 한다는 입장이 전면에 놓여 있기 때문이다. 일반적인 의미의 진보와 보수가 독일의 대학교육문제에서는 위치를 바꾸는 묘한 형국이 만들어지고 있는 셈이다. 바로 이런 착시현상

---

16) 대학사회에 대해 비판적인 입장을 견지하는 정부 측의 인물들은 독일을 '교수공화국(Gelehrtenrepublik)'이라고까지 폄하하고 있다. 즉, 공무원으로 신분이 보장된 교수들의 집단이기주의로 말미암아 대학의 인적 구조조정은 불가능할 뿐만 아니라 대학교육마저도 황폐화되고 있다는 주장이 바로 그것이다. 그러나 대학교육의 질을 평가할 수 있는 교수평가제에 대해 교수들은 학생의 교육효과는 졸업 이후 발현될 수밖에 없는 것이 아니냐는 주장을 하고 있다(Müller-Böling, 1994).

은 우리 사회에서도 쉽게 찾아볼 수 있다는 점에서 의미하는 바가 크다.

독일 대학의 위기의 원인을 둘러싼 개혁주의자와 전통주의자들 사이의 갈등은 학업기간의 장기화문제를 해결하기 위한 등록금제도 도입문제, 강제퇴학제도의 도입 등과 같은 구체적 사안으로 집중되고 있다. 등록금제도의 도입문제는 대학재정의 확충방안의 하나로 논의되고 있지만, 그 실효성에 대한 문제제기 역시 끊이지 않고 있다. 하지만 고령사회에서 학생들에게 경쟁압력을 부여해 졸업을 좀더 빨리시켜 경제활동에 참여할 수 있어야 한다는 개혁주의자들의 주장은 독일의 병역제도와 중등교육제도라는 외적 조건을 무시한 측면이 강하다. 즉, 독일 대학생들의 졸업연령이 평균 29세에 달하는 이유는 대학에 입학하는 연령이 평균 22세에 달할 만큼 지나치게 늦은 현실 때문이다. 의무징병제도를 고수하는 독일에서 병역을 필하기 위해 걸리는 시간과 함께 초·중등교육기간이 13년에 달하는 독일의 현실을 무시하고 학생개인의 근면성과 동기부여에만 문제를 돌리는 것은 어불성설이라는 전통주의자들의 강한 반론이 오히려 설득력을 가지는 것도 이 때문이다. 특히, 전통주의자들은 징병제도의 경우 다른 서구 선진국인 미국과 영국에서 이미 폐지한 제도를 여전히 고수하는 독일정부의 정책이 더욱 문제가 된다고 주장한다.

학업이수기간의 장기화문제에 대한 진단에서 개혁주의자들이 학생개인의 문제에 관심을 보이고 있지만, 전통주의자들은 학생들의 자발적 학업연장은 개인적 태만과 나태가 결코 아니라 노동시장 상황에 따른 부산물이라고 주장한다. 게다가 제2차세계대전 이후 교육의 대중화 추세에서 진행된 교육팽창은 초·중등교육과정에서 이미 교육의 질적 저하가 진행되어 왔기 때문에 대학교육에서 이를 수정·보완하는 데 시간이 더욱 걸릴 수밖에 없을 뿐만 아니라, 또 다른 이유로 청년층이 선호하는 대도시생활은 경제적 고비용을 요구하는 데 반해 학생들의 경제적 형편은 이를 뒷받침하지 못하는 현실에 따른 결과라고 전통주의자들은 주장한다. 바로 이런 전통주의자들의 주장은 교육재정의 확충 없이 교육의 질과 경쟁력을 논할 수 없다는 입장으로 일관되게 나아가고 있다. 이에 반해 개혁주의자들은 대학의 인적 구조조정을 통해 대학재정의 안정성을 확보한 후 경쟁기제를 더욱 강화해 대학교육의 질을 높여야 한다는 입장으로 정리할 수 있다.

개혁주의자와 전통주의자라는 독일적인 입장의 차이는 한국의 대학에도 그대로 관철되고 있다는 점에서 매우 흥미롭다. 하지만 한국의 경우 그 입장의 차이는 더욱 조악한 형태로 나타나고 있다는 점에서 조심해서 평가해볼 필요가 있다.

4. 결론: 독일 대학교육제도의 함의

독일 대학교육의 역사적 변천과정에서 특징은 공교육 중심주의가 한 치의 흐트러짐 없이 지속되고 있다는 점이다. 교육제도의 체계를 연방주의에 두고 있으면서도 국가중심의 교육체계를 강화하는 독일의 사례는 신자유주의시대라고 일컬어지는 현재의 시기에 시사하는 바가 매우 많다. 게다가 독일의 경우 교육경쟁력 강화를 위해 공공의 재화인 교육부문을 민영화 혹은 사영화하는 방향으로 나아가는 것이 아니라 오히려 반대의 행보를 보이는데, 바로 이런 독일의 공교육체계는 현대사회에서 교육이 지닌 사회적 역할과 기능을 다시 한 번 되돌아보게 한다.

독일 대학의 경우 사교육부문이 극히 미약한 상황에서 관료제의 병폐를 극복하기 위해 시장기제를 도입하는 방안에 대한 고려가 가능할 수도 있다고 보인다. 현재 벌어지고 있는 독일의 대학교육 개혁논의에서 핵심적인 쟁점사항으로 되고 있는 등록금제도의 도입문제는 교육의 개인적인 자발성을 강제하기 위해 시장기제의 도입은 필연적일 뿐만 아니라 교육재정확보를 위해 어쩔 수 없는 선택이라는 주장도 나름대로 설득력을 가지고 있다. 하지만 이런 부류의 개혁논의와는 달리 기회균등의 도구로서 교육이 제 역할을 다해야 한다는 입장 역시 독일사회에 상존하고 있다.17) 이런 상반된 주장은 교육이 사적 전유물로 될 수도 있다는 시각과 교육은 공공재화해야 한다는 시각의 차이에서 출발하고 있다. 하지만 교육제도 자체가 시장논리에 따라 좌지우지되는 상황은 공교육에 득이 아니라 해로서 작용할 뿐이라는 사실인식은 두 논리 모두 공통적이다. 문제의 해법을 두고서 개인의 자발성과 참여를 강조할 것인지 아니면 교육에 대한 국가적 투자를 더욱 강화할 것인지 하는 차이가 존재할 뿐이다. 한국의 경우와 같이 공교육을 강화할 것인지 아니면 사교육을 부양할 것인지라는 식의 이분법적인 선택에 내몰리지 않는 것이 독일 대학의 현실이다.

독일 대학이 처한 상황에 비해 한국의 대학은 판이하게 다른 처지에 놓여 있다. 지금 한국의 대학사회는 비인기학과의 폐업위기, 신임 연구인력의 충원부재로 인한 대학사회의 고령화문제, 대학서열화로 인한 지방대학의 위기, 일부 인기학과를 제외한 나머지 전공학문의 주변화문제 등과 같은 현상적 문제들로 인해 대학이 추구하는 아카데미즘과 인문주의적 정신과 가치가 존폐의 위기상황에 내몰려 있다. 물론 독일 대학들에서도 위기라는 말이 등장하지만, 대학본연의 학문탐구와 연구가 불가능할 지경에 빠지지는 않고 오히려 학문에 대한 욕구를 가진 신입생들이 끊임없이 대학으로 들어오고 있는 중이다. 대학의 위기라는 말이 독일 대학에서도 발견되긴 하지만 한국의 대학처럼 조악하고 흉물스럽지는 않다. 독일의 대학제도와 한국의 대학제도가 구조적으로 상이하면

---

17) 독일사회에서 정치적인 입장에 따라 교육문제를 바라보는 시각의 차이가 존재한다. 즉, 정치적으로 진보적인 입장을 가진 경우 교육을 기회균등이라는 이념과 일치시키는 경향이 강한 반면, 보수적인 입장은 기회정의로 규정한다. 하지만 이들간에는 차이보다 공통점이 더욱 많은 것이 독일의 정치사회적 현실이다.

서 발생하는 결과들의 차이가 지나치게 크다고 할 수 있다.

독일이나 한국사회에 교육경쟁력 강화를 위해 대학사회에 업적주의나 경쟁지향적인 풍조는 날로 강화되고 있는 것도 사실이다. 하지만 한국의 교육정책은 신자유주의 경제정책에 종속되어 놓여 있으면서 성숙하지 못한 학생들에게 원시적인 경쟁과 승리를 강요하면서 사회발전의 시간을 마치 거꾸로 돌려놓고 있는 것처럼 보이고 있는 데 반해, 독일의 교육정책은 전통적인 국가주의와 평등주의라는 가치체계에 큰 변화를 주지 않으면서도 개인적 자발성과 창의성을 높일 수 있는 해답찾기에 나서고 있어 더디게 시간이 걸리긴 하지만 사회발전에 부응하는 방향으로 나아가고 있다.

한국사회에서 재빨리 과거로 회귀하는 길만이 유일한 대책이라는 식의 과거지향적 논리가 교육문제를 구성하는 주요 담론이라고 한다면, 독일사회의 그것은 공교육의 변화와 발전이 더디게 진행되더라도 미래의 사회적 정의를 확보하기 위해 포기할 수 없는 이념이라고 본다는 점에서 차이가 있다. 바로 이런 가치지향의 차이는 대학의 경쟁력 확보라는 측면에서 파생된 입장의 차이일 수 있다. 하지만 독일 대학의 경쟁력이 과연 한국의 대학에 비해 뒤처진다고 쉽게 평가를 할 수 없는 이유가 무엇인지 지금이라도 반문해볼 필요가 있다. 결론적으로 말해 교육문제만큼은 자신의 가족인 자식문제로만 연관시키는 몰이성에서 벗어나 이성적 자세를 회복하는 것이 시급하다는 사실을 독일의 대학제도는 너무나 잘 보여주고 있다.

<참고문헌>

김진업. 1997, 「독일통일과 대학제도의 통합에 관한 연구」, ≪경제와 사회≫ 통권 33호.

Anwiler, Oskar u. a. 1992, *Bildungspolitik in Deutschland 1945-1990*, Leske+ Budrich.

Bundesminsterium für Arbeit und Sozialordnung. 1995, *Mitbestimmung*, Bonn.

Busch, Friedrich W.·Rüther, Beate·Straube, Peter-Paul(hg.). 1992, *Universitäten im Umbruch*, Isensee Verlag.

Daxner, Michael. 1999, *Ist die Uni noch zu retten?*, Rowohlt.

Deutsche Gesellschaft für Bildungsverwaltung. 1991, *Das Bildungswesen im künftigen Deutschland*, Bochum.

Der Senator für Wissenschaft und Forschung. 1986, *Berliner Hochschulgesetz und Hochschulrahmengesetz*, Berlin.

Hennis, Wilhelm. 1982, Studentenbewegung und Hochschulereform, in H. A. Glaser(hg.), *Hochschulreform - und was Nun?*, Ullstein.

Jobst, Eberhard(hg.). 1991, *Das neue deutsche Recht für Schule, Berufsausbildung und Hochschule*, Verlag K. H. Bock.

Glaser, H. Albert(hg.). 1982, *Hochschulreform - und was Nun?*, Ullstein.

Hödl, Erich·Zegelin, Wolf. 1999, *Hochschulreform und Hochschulmanagement*, Metropolis Verlag.

Lüthje, Jürgen·Schrimpf, Henning. 1991, *Eine neue Hochschulpolitik: ökologisch, demokratisch und sozial*, Köln: Heinrich-Böll-Stiftung.

Lübbe, Hermann. 1972, *Hochschulreform und Gegenaufklärung*, Herderbücherei.

Mayntz, Renate(hg.). 1994, *Aufbruch und Reform von oben*, Campus Verlag.

Max-Planck-Institut. 1994, *Das Bildungswesen in der Bundesrepublik Deutschland*, Rowohlt.

Müller-Böling, Detlef. 1994, Hochschulen als Vorstellungsstereotypen, Centrum für Hochschulentwicklung, Arbeitspapier Nr. 1.

Meyer, H. 1993, Neugestaltung der Hochschulen in Ostdeutschland. Szenarien-Friktionen-Optionen-Statistik, WZB Berlin.

Reimann, Bruno W. 1978, *Hochschulreform-Illusion und Pleite*, Verlag Neue Gesellschaft GmbH.

Schelsky, Helmut. 1969, *Abschied von der Hochschulpolitik oder Die Universität im Fadenkreuz des Versagens*, Bertelsmann Universitätsverlag.

Schipansky, Dagmar. 1998, Structures of German Research System, in D.

Müller-Böling(eds.), *University in transition*, Bertelsmann Foundation Publishers.

Sodan, Günther. 1991, *Perspektiven wissenschaftlicher Berufsausbildung im vereinigten Deutschland*, Siebengebirgsverlag Wienands.

Statistisches Bundesamt. 2003, *Hochschulstandort Deutschland 2003*, Berlin.

Teichler, Ulricht(hg.). 1990, *Das Hochschulwesen ind der Bundesrepublik Deutschalnd*, Deutscher Studien Verlag.

Vring, Thomas von der. 1975, *Hochschulreform in Bremen*, Europäische Verlagsanstalt.

제 8 장
미국의 대입제도:
공립대학의 차별적 평준화정책을 중심으로

김영석

1. 서론

입학성적에 의해 대학을 한 줄로 세우는 나라를 찾기란 그리 쉽지 않다. 그런데도 많은 사람들은 이러한 서열화가 자유경쟁에 의한 자연스러운 결과이며, 미국에서도 하버드 대학이 있는데 한국의 서울대학교가 무슨 문제가 되느냐며 반문한다. 과연 미국의 대학들간에도 우리처럼 입학성적에 따른 서열이 존재하고, 그러한 서열화가 미국 대학의 경쟁력을 높여주는 원동력이 되고 있는 것일까?

미국의 대학들은 유럽의 대학들에 비교해볼 때, 학생선발에 있어서 확실히 '경쟁'을 강조한다. 일정 정도의 입학자격을 갖추면 원하는 대학에 진학할 수 있는 유럽의 대학들과는 달리 미국의 대학들은 학생선발의 선별성(selectivity)을 기준으로 몇 개의 계층을 이루고 있다. 최근에 들어서 유명 사립대를 중심으로 학생 선발에 있어서 선별성을 더욱 강조하는 추세이다. 심지어 *U.S. News & World Report*와 같이 상업성을 추구하는 언론에서는 주기적으로 상위권 대학의 서열을 발표하기도 한다.

그리고 이러한 추세가 가까운 시일 내에 꺾일 것이라고 보는 사람도 많지 않다(Reich, 2000).

그런데 이러한 추세를 근거로 미국의 대학체제를 우리와 같은 서열화구조라고 보기 어려운 몇 가지 이유가 있다. 우선 이러한 선별성(selectivity) 경쟁이 일부 몇몇 사립대학에 의해 주도되고 있다는 점이다. 이들 사립대학의 선별성 경쟁은 다수의 우수학생들이 저렴하면서도 양질의 교육을 제공하는 공립대학으로 유입될 수밖에 없는 상황에서 오히려 선별성을 강조함으로써 일종의 고급화·명문화 이미지를 구축해 우수학생을 유치해보려는 전략이라고 할 수 있다(Cohen, 1998; Duderstadt & Womack, 2003)

반면 미국 대학교육의 80% 이상을 담당하고 있는 공립대학의 학생선발체제를 살펴보면 입학자격조건의 까다로운 정도에 따라 2-3개의 대학군(群)들로 계층화되어 있다는 점을 제외하고는 오히려 유럽식에 가깝다고 할 수 있다. 계층 내에서는 일정조건만 충족하면 원하는 대학에 입학할 수 있다는 점에서 일종의 차별적 평준화정책이라고 명명할 수 있을 것이다. 물론 공립대학의 차별적 평준화정책도 비교적 최근의 경향이라 할 수 있으며, 그 자체가 미국 전역의 경향을 대표한다고 볼 수도 없다. 1980년대까지만 해도 공립대학의 입학정책은 거의 개방입학체제(open admission)에 가까웠기 때문이다(Lucas, 1994).

캘리포니아와 텍사스를 비롯한 일부 주에서 주도하고 있는 차별적 평준화정책은 교육의 기회균등이라는 공교육의 기본이념에 비추어 모순된다는 비판을 듣기도 하지만, 사립대학이 주도하는 공격적 학생유치전쟁 속에서 공교육의 경쟁력을 지켜내는 수단이 된다는 점에서 주목할 만하다(Reich, 2000). 특히, 대학의 시장화 추세가 가속화되고 있는 시점에서 '대학의 공공성'과 '경쟁력'을 동시에 추구할 수 있는 하나의 대안으로 참고할 만한 점이 있다고 본다.

이러한 점을 고려해 다음에서는 미국 공립대학의 입학정책에 대해 입학자격조건, 개방입학체제를 둘러싼 논쟁, 사립대학과 공립대학 간의 경쟁, 대학간 계층화 및 통합네트워크 체제 등의 주제들을 중심으로 살펴보았다. 마지막에는 경쟁력 있는 주립대학시스템을 성공시킨 것으로 널리 알려진 캘리포니아 주의 사례를 중심으로 대학의 공공성과 경쟁력을 동시에 추구할 수 있는 방안에 대해 모색했다.

2. 미국대학의 입학자격조건

2002년 전미대입상담원연합(NACAC: National Association for College Admission Counsellor)에서 조사한 자료에 따르면, 대학입학을 결정짓는 상위 네 가지 중요 요인은 대입준비과정에 속하는 과목의 성적, 수능점수, 전과목 성적, 학급석차라고 한다. 대학들은 이러한 요인들을 고려해 입학여부를 결정하는데, 많은 대학에서는 이들 중 어느 하나 아니면 둘 이상의 종합점수를 토대로 일종의 '커트라인'을 제시하기도 한다(Breland et al., 2002).

이밖에도 중요시 되는 요인들로 꼽히는 것들에 논술, 입시담당자의 추천서, 교사의 추천서, 교외활동, 면접, 고교졸업시험성적, 과목별 표준화된 시험(예: SAT Ⅱ), 경제적 능력, 거주지 등이 있다. 거주지를 고려

<표 8-1> 대학입학 사정시 고려하는 주요 요인

(단위: %)

반영 비중 요인	적극 반영	적당수준 반영	한정적 반영	반영치 않음
대학준비과정의 성적	76	13	3	8
표준화된 입학시험성적	57	29	6	8
전과목 성적	50	33	11	7
학급석차	35	35	16	15

하는 것은 주로 공립대학으로서 그 대학이 소재한 주나 시에 거주하는 학생들에게 우선권을 주기 위한 것이다.

그런데 흥미로운 것은 입학 사정시 어떤 요인들이 중요시되는가에 있어서 학교의 크기별로는 큰 차이를 보이지 않고 있는 반면, 공립대학과 사립대학 간에는 중요한 차이를 보이고 있다는 것이다. 대입 사정시 주요 고려사항이라 할 수 있는 상위 네 가지 변수, 즉 대입준비과정의 성적, 수능 점수, 전과목 성적, 학급석차의 비중에 있어서는 공립과 사립 간에 큰 차이가 없는데 반해 논술이나 면접, 추천서 등 기타 요인에 대해서 사립대학이 공립대학에 비해 훨씬 더 많은 강조점을 둔다는 것이다. 공립대학이 계량화할 수 있는 객관적 요인에 따른 입학 결정에 의존하는 반면 사립대학은 개개인의 면면이나 특성을 살피는 데 더 치중한다고 볼 수 있다. 또 경쟁률이 높은 대학일수록 고교시절의 과외활동, SATⅡ와 같은 과목별 시험, 추천서 등의 반영비율이 높다는 점이 주목할 만한 특성이다.

한편 이상의 요인들을 살피는 데 있어서 우리와는 다른 미국적인 맥락을 고려해서 파악해야 할 부분들이 있다. 이를 대학입학의 가장 중요한 기준이 되는 고교 내신과 수능을 중심으로 살펴보았다.

1) 고등학교 성적

고등학교 성적은 대학입학에서 가장 중요한 비중을 차지한다(Hawkins, 2004). 이때 고등학교 성적이란 보통 9학년에서 12학년 동안의 평점평균(GPA)을 이야기하는데, 우리의 대학 학점 시스템인 ABCDF체제로 매겨지는 평점의 평균을 이야기한다. 그런데 중요한 것은 각 고등학교별로 또 학급이나 교사별로 평점을 주는 기준이 다를 수 있다는 점이다. 이를 위해 여러 가지 보완책이 고려될 수 있는데, 50% 이상의 고등학교에서 채택하고 있는 것이 가중치를 주는 것이다. 보통 수준의 과목에서

A를 받은 학생에게는 평점 4.0을 주는 반면 어려운 수준의 과목에서 A를 받은 학생에게는 5.0을 준다는 것이다. 이때 어려운 과목이란 대학의 교양과정수준에 해당하는 과목들로서 보통 Honors Course 수준이나 그보다 어려운 AP(advanced placement) Courses로 구성되어 있다. 또 이들 과목은 대개 위에서 언급한 대학준비과정(College Prep Courses)에 속한 과목들로 각 교과별로 일정 과목들을 지정해 이 중에 일정 학점 이상을 이수해야 대학에 입학할 수 있는 자격을 주는 경우가 많다. 이 대학준비과정이란 대학에서의 수학능력을 기르기 위해 각 교과별로 개설된 과목들인데, 이들 과목들이 왜 고등학교에 개설되는지를 이해하기 위해서는 미국 고등학교의 교육편제를 이해할 필요가 있다.

미국의 고등학교는 일부 사립고등학교를 제외하고는 우리와는 달리 한 학교에서 직업교육과 대학준비교육을 통합해 실시한다. 즉, 동일한 고등학교에 다니는 학생들이 직업준비과정과 대학준비과정 중 하나를 선택할 수 있으며, 따라서 직업준비과정을 선택한 학생들과 대학준비과정을 선택한 학생들이 선택해야 할 과목들이 다르다고 할 수 있다.

<표 8-2> 4년제 대학의 교과별 최소 대학준비과정 이수 요구 단위

교과	최소 요구과목 및 학점	비고
영어	4단위의 대학준비영어	
사회	3단위의 대학준비역사/사회과학	
수학	3단위의 대학준비수학	Algebra Ⅰ, Ⅱ, Ⅲ 및 Geometry 포함
과학	3단위의 대학준비과학	최소 2개 영역 이상 2개의 실험과정 이상
외국어	한 가지 외국어를 2단위 이상	

주: 1단위는 1년(2학기)과정을 말함.

평점평균과 함께 고려되는 기준이 학급석차(class rank)인데, 이를 제시하는 학교는 전체 고등학교 중 25% 정도에 불과하다. 그러나 학급석차는 대학에서의 수학능력을 가장 잘 설명해주는 지표로 보고되고 있다

(Baron & Norman, 1992).

 이렇듯 미국에서 고등학교 내신이 대학입학의 최우선 기준이 된 데에는 대학수학능력을 잘 설명해준다는 것 이외에도 고등학교 교육에 대한 신뢰가 바탕에 깔려 있다. 학사관리가 비교적 엄격하게 이루어지고 있다는 것이다. 입학하는 학생들 대부분이 3년이 지나면 졸업을 하게 되는 한국의 고등학교와는 달리 미국의 고등학교의 졸업률은 그다지 높지 않다. 예를 들어 1998년 기준 미국의 전국 졸업률 평균은 71%에 불과하다. 물론 졸업률은 끊임없이 증가하고 있는 추세이며, 예컨대 25세에서 29세까지의 인구 중 고등학교를 마친 비율은 1970년의 75%에서 1990에는 86%로 증가하는 등 대학에 입학할 수 있는 예비자원은 많아지고 있는 셈이다(Greene, 2002). 중도탈락률(dropoup rate)도 보수주의자들이 시중에 퍼뜨린 소문과는 달리 현저히 낮아지고 있는 추세이며, 이는 공교육분야에 꾸준히 투자를 늘려온 결과라고 할 수 있다(Rothstein, 1993).

 또 이러한 졸업률의 증가에도 불구하고 졸업자격조건은 완화되지 않았다(Cohen, 1998). 미국의 고등학교에도 우리와 마찬가지로 내신 인플레현상이 존재하기는 하지만, 오히려 그 반대로 졸업조건은 까다로워지고 있는 것이 추세라 할 수 있다. 대부분의 고등학교에서 영어, 수학, 사회, 과학 등의 필수핵심과목을 선택할 것을 요구하고 있고, 전국에서 절반 정도의 주에서는 졸업자격시험을 통과할 것을 요구하고 있기 때문이다. 여기에 더해 수학능력시험을 통해 학교간 내신편차를 기술적으로 고려할 수 있기 때문에 고교내신은 여전히 가장 중요한 입학결정의 지표로 작용하고 있다.

 2) 수학능력시험

 고등학교 성적과 함께 대학에서의 수학능력을 가장 잘 설명해주는 것으로 알려진 지표가 SAT[1]나 ACT[2]와 같은 표준화된 시험이다. 이러한 수학능력시험의 가장 중요한 목적은 대학 1학년에서의 학업능력을 예측하기 위함이다. 미국의 대학국(The College Board, www.collgeboard.com)의 2000-20001년 조사에 따르면 SAT I 은 약 22%, 각 교과의 지식을 묻는 SAT II 는 16%, ACT는 17% 정도의 예측 타당도를 갖는다고 하는데(National Center for Fair and Open Test, www.fairtest.org), 이는 고등학교 성적에 거의 준하는 설명력을 갖는 것이라고 볼 수 있다.[3] 이밖에도 수능은 고등학교 내신의 학교별·학급별 편차를 가늠하는 기준으로 사용되기도 하고 대학에서 반 배치나 학습지도시 참고자료로 활용될 수 있다(College Entrance Examination Board, 1988).

그러나 많은 대학에서 수능이 당초의 도입목적을 넘어서 대학입학 결정의 중요한 변수의 하나로 사용되고 있으며, 학생선발에 있어서 경쟁이 강화된 오늘날의 경우 수능의 중요성은 조금씩 강화되고 있는 추세이다. 대학에 지원할 때 대부분의 경우 SAT I 과 ACT 중 어느 하나의 점수만을 요구하는 것이 보통인데, 두 가지 모두를 요구하거나 어느 한 가지를 특정해 요구하는 경우도 있다(Hawkins, 2004). SAT I 은 언어능력(Verbal)과 수리능력(Math)으로 구성되어 있는데, 고등학교 교육과정과는 완전히 독립된 순수한 수학능력시험(aptitude test)이고, ACT는 영어, 읽기, 수학, 과학으로 구성되어 있어서 사고력 측정이 주된 목적이기는 하지만 고등학교 교육과정을 약간이나마 반영시킨다는 점에서 수학능력시험(aptitude test)의 개념과 성취시험(achievement test)의 개념이

---

[1] SAT는 원래 Scholastic Aptitude Test의 이니셜이었으나 나중에 Scholastic Assessment Test로 바뀌었다가, 지금은 이니셜이 아니고 그냥 SAT로 불린다.
[2] ACT도 원래 American College Testing Program의 이니셜에서 출발했는데, 지금은 이니셜이 아닌 그냥 ACT이다.
[3] 보통 예측 타당도는 수학능력시험과 대학 1학년 성적의 상관계수(correlation coefficients; r)를 제곱한 값(r^2)을 사용하는데, 교육평가원(ETS: Educational Testing Service)의 자료를 보면 단순히 r값만을 제시해 .55 등으로 부풀려진 점수를 보고하는 경향이 있다.

혼합된 시험이라고 할 수 있다.

한편 SAT가 오늘날과 같이 지능검사와 같은 형태의 순전히 학생의 고유능력을 측정하게 된 것은 1930년대부터라고 한다(Atkins, 2001). 이러한 형태의 수능을 선택하게 된 데에는 몇 가지 이유가 있었는데, 가장 중요한 것이 계층간의 불평등 요인을 줄여보자는 목적이었다. 당시 하버드대의 총장이었던 제임스 코넌트(James Conant)는 그때까지 순수하게 고등학교 교육과정에서 출제되었던 성취시험(achievement test) 형태의 수능이 보다 양질의 교육과정 및 교사를 통해 교육을 받을 수 있는 부유한 계층의 아이들에게 유리하다는 점을 지적했다. 그 대안으로 가정환경의 영향이 배제된 순수하게 인간 고유의 수학능력만을 측정하는 시험을 통해 학생선발을 할 것을 주장한 것이다.

또한 이러한 지능검사형 수능은 고등학교 교육과정에 대한 영향을 최소화시켜 고교교육의 자율성을 보장하는 데 유리하다는 장점이 있다. 우리나라와 같이 고등학교 교육과정에서 출제되는 수능은 이른바 시험주도교육과정(test-driven curriculum)의 위험이 큰데다 자칫 고등학교 교사들의 교육권을 침해한다 해 위헌논쟁에 휘말릴 수 있기 때문이다.

그러나 미국의 수능이 아무리 좋은 의도에서 출발했고, 대학수학능력을 정교하게 측정할 수 있도록 과학적으로 제작되었다고 하더라도 이것이 대학입시에서 당락의 기준으로는 사용될 수 없다는 점을 명확히 해야 한다(College Entrance Examination Board, 1988). 우선 한두 번의 시험이 그 학생의 능력을 정확하게 측정했다고 말할 수 없다는 점을 이유로 들 수 있다(College Entrance Examination Board, 1999). SAT I [4]을 여러 번 치른 어느 학생의 평균 점수가 1,200점이라고 할 때, 이 학생의 점수 분포는 여러 번 시험을 보는 동안 일반적으로 1,100점에서 1,300점 사이에 위치한다고 한다. 즉, 200점 정도의 점수 분포가 있기 때문에

---

4) SAT I 은 Verbal 800점, Math 800점, 총 1,600점이 만점이다.

구체적인 커트라인을 정해 당락을 결정하는 것은 문제가 된다. 이러한 점 때문에 시험제작자들도 SAT나 ACT를 당락의 기준으로 삼지 말 것을 권고하고 있고, 특히 고등학교 교육과정이 어느 정도 반영되는 ACT의 경우는 입시보다는 대학에서 배치나 학업지도의 목적에 한정해 사용할 것을 권고하고 있다. 그럼에도 불구하고, 또 우리의 경우처럼 개인점수별로 서열화하지는 않더라도, SAT나 ACT를 몇 점 이상만이 지원할 수 있다는 식의 일종의 커트라인(Cutoff)으로 사용되기도 하고, 장학금 지급의 기준으로 사용되는 경우가 발견된다. 이에 대한 ETS나 대학국(the College Board) 차원의 제재가 있는 것도 아니다. 그러나 동시에 수능이 이러한 목적으로 사용되었을 경우 법정에서는 이 시험이 얼마나 불공정한 것인지를 입증하는 증거가 된다는 것도 눈여겨볼 만하다. 즉, 수능이 원래의 목적보다 부풀려져 사용되었을 경우는 그만큼의 대가를 치르게 될 위험도 높아지는 것이다.

최근에는 보다 근원적인 차원에서 수능을 불신하는 목소리가 높아지고 있는데, 가장 큰 이유는 수능이 장기적으로 보아 대학수학능력을 제대로 설명해 주지 못한다는 점이다(Geiser & Studley, 2001). 펜실베이니아 대학에서 수능의 예측타당도를 조사한 결과(Baron & Norman, 1992)에 따르면 단순히 대학 1학년이 아닌 대학 재학 전 기간 동안의 성적과 수능과의 상관관계(r^2)는 SAT I 이 4%, SAT II가 6.8%, ACT가 3.6%에 불과한 것으로 보고하고 있다. 수능의 보다 더 큰 문제점은 이것이 계층별·성별·인종별·문화별로 불공정한 결과를 낳는다는 데 있다. 최근 수능의 비중이 높아지면서 중산층 이상의 자녀들을 중심으로 별도의 수능준비 강좌를 듣는 추세가 강해지고, 이에 따라 계층별로 다른 수능점수 분포를 보이는 경향이 나타났는가 하면, 수능이 소수인종이나 이중언어자들, 그리고 여성에게 불리한 것으로 나타나고 있다(Reich, 2001).

또 실제로 여전히 많은 대학에서 입학 사정시 수능을 고려하지 않고 있다((National Center for Fair and Open Test, www.fairtest.org). 일부 선별적

인 사립대학을 포함한 400여 개의 4년제 대학에서 공식적으로 수능을 고려하지 않고 있다는 언론보도가 나왔는가 하면 캘리포니아나 오리건, 텍사스 주 등에서는 고교성적이 상위 일정비율 이내에 드는 학생들에게는 수능 점수와 관련 없이 입학을 허가하고 있다. 그밖의 많은 대학에서도 수능을 입학허가된 학생들의 우수성을 선전하는 하나의 장식물로 사용하는 경우가 발견된다(Reich, 2001). 대학입학담당자들의 워크숍에서 보고된 사례들을 보면, 수능 점수만을 기준으로 학생을 선발해 하버드보다 100점 이상의 수능 평균을 기록한 학교가 있는가 하면, 경쟁률만을 고려해 탈락이 예상되는 학생들의 지원을 유도해 높은 경쟁률을 기록하는 학교도 보고되고 있다(Beatty, 1999). 이는 수능 점수의 평균과 선발된 학생의 우수성이 일치하지 않을 가능성이 높다는 것을 말해준다.

이렇듯 미국의 수능은 단순히 대학 1학년에서의 수학능력을 설명한다는 취지를 넘어서 여러 가지 용도로 사용되는 과정에서 많은 부작용을 낳고 있다. 그럼에도 불구하고 수학능력시험제도를 운용하고 있는 우리의 입장에서 몇 가지 고려해야 할 중요한 참고사항들이 있다. 첫째, 수학능력시험 점수를 당락의 기준으로 삼아서는 안 된다는 것이다. 미국의 경우 이를 당락의 기준으로 삼았다가 불공정 시비나 송사에 휘말리게 되는 경우가 비일비재할 뿐만 아니라 사회적 불평등의 원인이 된다는 점을 알 수 있었다. 둘째, 고등학교 교육과정에 대한 영향을 최소화해야 한다는 것이다. 고등학교 교육과정에서 직접 출제될 경우 사회계층별 불평등을 낳고, 나아가 고등학교 교육과정의 파행을 초래한다는 점을 고려해 개인의 고유한 수학능력측정 위주의 시험으로 전환한 미국의 예를 참조할 필요가 있다. 셋째, 미국의 수능이 비록 낮은 수준이기는 하지만 20%대의 예측타당도를 보고하고 있고, 90% 이상의 신뢰도를 보고하고 있다는 점에 주목해야 하는데, 이러한 높은 수준의 타당도와 신뢰도가 문제 하나하나를 사전에 검증하는 문제은행식 출제방식과 관련이 있다는 것을 유념할 필요가 있다. 넷째, 대학에서의 수학능력을 가장 잘 설명해주는 것은 고등학교의 성적이며, 수능은 고등학교의 성적과 동시에 고려되었을 경우에 가장 큰 설명력을 갖는다는 점이다. 보다 구체적으로 말하면, 수능은 고등학교 성적의 보조자료로 사용되었을 때 본래의 의의를 살릴 수 있다.

3. 선별성을 기준으로 한 대학간 계층구조

1985년 *New York Times*가 펴낸 『대학별 선별성 안내(Selective Guide to Colleges)』라는 책자를 보면, 3,000개의 대학 중에 학생선발에 있어서 선별적 정책을 취한다고 조사된 대학은 고작 175개에 불과했다(Fiske, 1985). 1955년에 절반 정도의 대학이 선별적 선발정책을 취했던 것에 비하면 개방입학체제로의 전환은 한동안 대세를 이루었다고 할 수 있다. 이러한 경향은 공립과 사립 간에 극단적인 편차를 보였는데, 1985년 당시 스탠퍼드 대학이 지원자 중 15%만의 학생을 선발한 반면 아칸소 대학은 99%를 입학시켰다. 즉, 주립대학에서는 일단 주에서 세금을 내는 학생들에게 원하는 대학에서 공부할 기회를 주되 엄격한 학사관리를 통해 학생의 질을 관리하는 정책을 폈다. 입학은 쉬우나 졸업은 어렵게 만든 것이다.

그러나 이렇듯 대학 입학시 평등을 강조하는 추세는 최근에 들어 점차 학생선발에 있어서 선별성을 강조하는 추세로 변해가게 된다. 이러한 변화의 가장 큰 원동력은 대학입학 예비자원의 증가이다(Reich, 2001). 1980년대 초 베이비붐을 겪은 미국은 1990년대 후반에 들어 다시 학령인구의 증가를 겪게 된다. 동시에 앞에서도 살펴보았듯이 공교육에 대한 투자의 효과로 고등학교 졸업률이 증가하게 되고, 이는 또 대학입학자원의 증가와 연결된다. 이러한 대학입학자원의 증가는 다시 대학입학의 경쟁률을 높이는 결과를 초래하고 결국 많은 대학에서 학생선발의 선별성을 강조하는 결과를 초래하게 된다(Duderstadt & Womack, 2003).

학생선발의 선별성을 강조하는 추세의 또 다른 동력은 미국 사회의 보수화, 이와 관련되어 경쟁을 강조하는 풍조의 만연이라고 할 수 있다. 이러한 풍조를 이끌어가는 집단은 일부 명문 사립대라고 할 수 있다. 사립대의 공격적 학생유치전략으로 우수 학생을 빼앗기게 된 일부 주립대학들도 선별성 경쟁에 뛰어든 것이다. 이러한 선별성 경쟁이 과연 학생의 우수성을 높이고 대학의 경쟁력을 높였는지에 대해서는 회의의 목소리가 높지만, 선별성을 기준으로 한 대학의 계층화 현상은 이제 뚜렷하게 자리잡아가고 있고 그 결과 입학자격조건의 까다로운 정도에 따라 대학이 몇 개의 군(群)으로 계층화되고 있다(Breland et al., 1999). 고등학교 졸업장만을 입학요건으로 하는 개방입학체제가 한 축이라면, 내신, 수능 점수 등 다양한 기준을 바탕으로 학생을 비교적 까다롭게 고르는 선별적 입학체제가 다른 한 축이라고 할 수 있다. 주립대학의 경우 주의 대표적인 종합대학 몇 개를 제외하고는 사실상 개방입학체제를 채택하고 있는가 하면, 사립대학의 경우는 매우 선별적인 학생선발체제를 채택하고 있다고 할 수 있다. 그러나 이러한 계층화가 입학자격조건의 까다롭기를 넘어서 그 자체가 우리와 같이 대학의 수준을 말해주는 것은 결코 아니다. 졸업률은 선별적인 학교로 갈수록 오히려 높아지며, 커뮤니티 칼리지의 경우는 단 10%만이 졸업할 정도로 졸업률이 낮다. 즉, 엄격한 학사관리를 통해 졸업생의 수준은 거의 평준화된다고 할 수 있다.

한편 주립대학 중에서 선별적 입학체제를 갖추고 있는 대학들도 구체적인 선발방식에서 몇 가지로 구별된다. 캘리포니아 대학의 경우처럼 고등학교 성적을 기준으로 상위 12.5%까지의 학생에게 자동입학자격을 주는 경우가 있는가 하면, 위스콘신 대학의 경우처럼 고등학교 상위 50% 학생에게 지원자격을 주는 경우도 있다.[5] 그밖의 많은 대학들은 이러한 조건을 사전에 제시하기보다는 여러 가지 조건을 종합적으로 고려해 입학자격을 부여한다. 전자의 경우는 우수한 학생들을 유치하기 위한 전략적 차원에서 나온 학생선발방식이라 할 수 있으며, 후자의 경우는 단순히 그 학교의 수용능력을 고려해서 입학자격을 부여하는 경우라고 할 수 있다.

다음 [그림 8-1]은 선별성을 기준으로 한 대학의 분포를 보여주고 있다.

[그림 8-1] 학교 종류별 학생선발정책

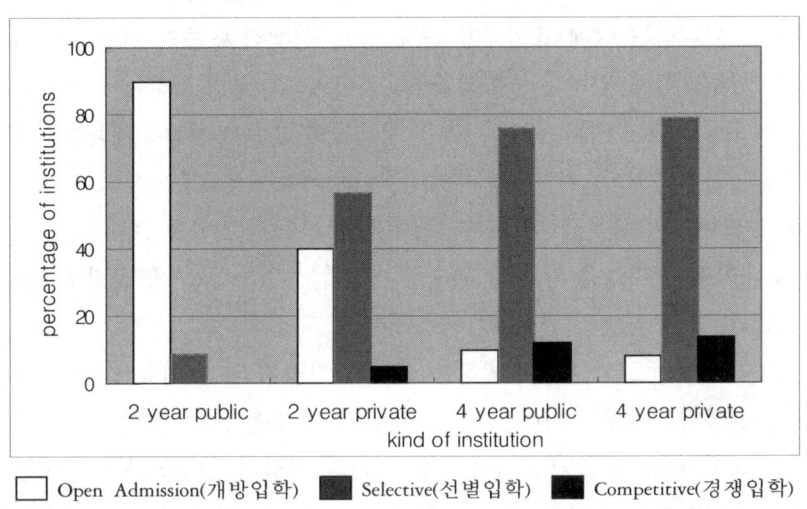

자료: Breland et al., (1995: 9-10).

이상에서 보듯이 2년제 공립대학들을 제외한 대부분의 학교에서 적절한 수준의 선별성을 강조하고 있으며, 경쟁적으로 학생을 유치하는 대학은 주로 4년제 사립대와 일부 공립대에 몰려 있다. 적절한 수준의

---

5) 예를 들어 위스콘신 대학의 경우 캠퍼스에 따라 고교성적순위가 상위 50% 혹은 75%의 학생들에게 지원자격을 주는데, 실제 입학생들 중에는 기준에 미만되는 학생들도 5-20%에 이른다(Weinstein, 1993).

선별성이란 고등학교 졸업장 이상의 몇 가지 기준을 말하는데, 대학국의 조사에 의하면, 고등교육을 받을 수 있는 기본수학능력이 있는지를 검증하는 수준이라고 할 수 있다. 매우 경쟁적으로 학생을 선발하는 아이비리그 소속의 사립대학이나 일부 공립대학의 경우는 그 숫자가 100개를 넘지 않으며, 한 학구에서 10-15명 정도의 학생들만이 진학한다. 이들 학교에 입학하는 학생들은 학교성적과 수능 점수가 일정수준 이상이기 때문에 논술이나 면접 등의 요인이 보다 중요한 입학결정변수라고 할 수 있다.

그러나 이러한 계층화가 반드시 학생의 우수성을 기준으로 한 피라미드는 아니라는 점에 유의해야 한다. 우선 경쟁적 수준의 선별성을 취하는 공립대학에 입학하는 학생들 중 아이비리그에 진학하는 학생들보다 학교성적이나 수능 점수가 높은 학생들이 많으며, 특히 체육특기생이나 동문가족입학, 기여입학 등의 경우에 비추어볼 때 더욱더 그러하다. 공립대학이 등록금 면에서 사립대학과 커다란 격차를 보이고 있고, 사립대학에 못지않은 양질의 교육을 제공하고 있기 때문에 공립대학을 선택하는 우수학생 자원이 많다는 것이다.

또 선별적으로 학생을 선발하는 학교와 그렇지 않은 학교 간에도 이를 서열화시키기에는 어려운 점이 있다. 우선 양쪽 모두 엄격한 학사관리를 하기 때문에 졸업생 수준에서는 거의 실력의 평준화가 이루어진다. 또 선별적인 대학의 경우 신입생 숫자에 버금가는 수의 편입생을 선발하기 때문에 하위 계층의 대학에 진학했다 하더라도 상위 계층의 대학으로 옮길 수 있는 기회는 얼마든지 있기 때문이다. 또, 학생선발의 선별성 이외에도 학생들이 대학을 선택하는 기준으로 본인의 재정적 조건, 학교규모, 원하는 대학의 풋볼 성적, 시설, 소재지 등 다양한 요소가 작용하기 때문에 대학을 한 줄로 세우는 일은 애초부터 불가능하다고 할 수 있다.

미국 대학의 경우 입학조건에 따른 계층화를 서열화라고 볼 수 없는 가장 중요한 이유는, 점수분포에 따라 학교나 학과를 순서지우지 않고 일정한 조건에 부합하는지 아닌지를 기준으로 학생을 선발한다는 점이다. 선택적 학생선발을 하는 대학의 많은 경우가 일정한 조건 이상의 학생들에게 자동으로 입학을 허용하는 선별적 평준화정책을 채택하고 있으며, 그러한 일정한 조건을 채우는 학생수도 입학정원보다 적은 숫자이기 때문에 일정한 조건을 채우지 못하는 학생이라도 본인의 수학 능력을 입증하기만 하면 입학을 허용하고 있다. 요컨대 과거의 업적보다는 미래의 가능성을 보고 최대한 기회를 부여하는 정책이라는 점에서 한국식의 서열화와는 근본적으로 다르다고 할 수 있다. 또 그것이 공립대학의 설립취지에 부합한다는 점에서 우리의 국립대학들과 대조되는 점이라고 하겠다.

4. 개방입학체제를 둘러싼 논쟁

앞에서 미국의 공립대학들이 1980년대까지만 하더라도 거의 개방입학에 가까운 학생선발체제를 유지하고 있었는데, 최근에 보다 선별성을 강조하는 추세로 바뀌었다는 점을 소개한 바 있다. 그런데 이를 두고 개방입학체제가 경쟁력이 없기 때문에 이를 포기한 것이 아닌가라는 오해를 가질 수도 있을 것 같다. 그러나 결론부터 말하면, 개방입학체제가 선별적 입학체제에 비해 학생교육에 있어서 경쟁력이 떨어진다는 증거는 아직 제시되지 못하고 있으며 오히려 그 반대의 경우가 다수 보고 되고 있다. 개방입학체제가 퇴조한 것은 정책실패에 따라 대학들이 자발적으로 선택한 결과라기보다는 미국 보수층의 공격과 사립대학의 공격적 학생유치전략에 떠밀린 결과라고 보는 것이 보다 적절한 해석이라고 할 수 있다. 다음에서는 개방입학체제를 성공적으로 운영한 것으로 평가되었고, 동시에 같은 이유 때문인지 보수층의 집중포화를 맞았던 뉴욕시립대학(CUNY: City University of New York)의 사례를 중심으로 공립대학의 역할과 입학정책과의 관계에 대해 생각할 기회를 마련해보았다.

1) 개방입학체제 논쟁의 맥락

개방입학체제의 정확한 의미는 고등학교 졸업장 이외의 별다른 조건 없이 입학을 허가한다는 것이다. 커뮤니티 칼리지의 경우에 대부분 이러한 개방입학체제를 취하고 있는데, 4년제 정규대학의 경우처럼 입학지원자들에게 일종의 커트라인을 제시하지 않는다는 것이 중요한 특징이라고 하겠다. 물론 개방입학체제가 꼭 커뮤니티 칼리지에만 해당된다고 보기는 어렵다. 예를 들어 캔사스를 비롯한 많은 주에서는 주에서 관리하는 모든 대학에 대해 최근까지도 이러한 개방입학체제를 유지해 왔다(Simmons, 1996).

개방입학체제가 유난히 문제가 된 것은 뉴욕시립대학(CUNY)에서이다 (Crain, 2000; 2003). 그 이유는 CUNY에서 개방입학체제가 도입된 배경에 인종문제가 관련되어 있기 때문이다(Crain, 2000). 미국에서 인권운동이 한창이던 1969년, 일단의 흑인학생들과 중남미계열 학생들은 본부대학의 남쪽 캠퍼스를 점거하면서 재학생의 인종비율을 할렘가의 인종비율과 동일하게 구성해줄 것을 요구했다. 수차례의 회담 끝에 뉴욕시의 정치인들과 학생들은 뉴욕시의 고등학교를 졸업한 모든 학생들은 CUNY 캠퍼스 중 원하는 곳에 입학을 허가하기로 합의했다. 상급대학(정규 4년제)의 경우에는 학급성적 중간 이상의 학생들에게 자동입학자격을 부여하기로 했다. 이러한 합의는 그때까지 CUNY의 학비가 무료였던 것을 감안하면 파격적인 조치로 생각될 수 있으나, 개방입학정책 자체의 관점에서 볼 때, 백인계 학생들이 주류를 이루던 다른 주의 공립대학에 비하면 그다지 새로운 것도 아니었다. 여하튼 CUNY의 경우 개방입학체제는 소기의 목적을 달성해 결국 유색인종의 학생들에게 문호를 개방하게 되었고, 1969년 당시 1/5에 불과하던 유색인종의 비율이 오늘날에 이르러서는 절반을 넘는 수치에 이르게 되었다.

2) 개방입학체제의 성과

개방입학체제 도입의 가장 큰 의의는 그것이 사회정의에 부합하고 가장 공정한 학생선발방법이라는 데 있다. 아이들은 본인의 선택에 관계없이 서로 다른 환경에서 자라나기 때문에 그들이 교육을 받은 조건도 다르다. 부유한 계층의 아이들은 그만큼 대학에 입학하는 데 필요한 여러 가지 준비를 할 수 있기 때문에 대학입학과정에서 능력 이상의 평가를 받게 되며, 가난한 계층의 아이들은 상대적으로 저평가될 수밖에 없다. 그러나 일단 기회를 준 뒤 대학이라고 하는 동질의 환경에서 경쟁할 경우 그 결과는 확연히 달라질 수 있다. 즉, 개방입학은 환경에 관계없이 능력 있는 학생이 성공할 수 있게 하는 체제라고 할 수 있다.

CUNY에서 개방입학체제를 도입한 이후 이러한 가정은 실제로 뒷받침되어 왔다(Crain, 2003). 우선 CUNY는 기초학력이 부족한 학생들에게 보충학습과정(remedial courses)을 제공했다. CUNY의 보충학습프로그램은 전국적인 명성을 얻을 정도로 혁신적인 것이었으며, 1998년 보고에 의하면 3/4의 학생들이 1년 이내에 보충학습과정을 마칠 수 있었다고 한다. 또 보충학습을 거친 학생이나 그럴 필요가 없었던 학생들이나 졸업률에 있어서는 같은 수준이었다. CUNY의 성공은 시의 다른 대학들과 비교했을 때 더욱 놀라운데, 개방입학체제의 전성기라 할 수 있는 1983년에서 1992년 사이, 860명의 졸업생이 박사과정에 진학했고, 이는 인근에 위치한 사립명문 콜럼비아 대학의 기록을 상회하는 것이었다. 나아가 박사학위 취득자의 수는 시의 다른 대부분의 대학 출신들보다 많다고 할 수 있다. 또 CUNY 산하의 대학들은 각각 경영학, 예술

등의 분야에서 명성을 확고히 하고 있다.

3) 보수진영의 반격

이러한 가시적인 성과에도 불구하고 개방입학체제에 대한 반대는 강력했다(Crain, 2000). 예컨대 1971년 닉슨 정부의 부통령(Spiro Agnew)은 CUNY가 학위를 양산하고 있다고 비난했는가 하면, 1976년 뉴욕시에서는 학생들에게 수업료를 부과하기로 결정한다. 당시 재정위기를 겪던 뉴욕시의 입장에서는 분명 이유가 있는 조치라 할 수 있지만, CUNY가 대공황기에도 수업료를 징수하지 않던 것으로 유명했던 것을 감안하면 이례적인 조치라 할 수 있다. 또 때마침 학생회를 대부분 유색인종이 장악하고 있어서 정치적 의도를 읽을 수도 있다.

이렇듯 개방입학체제가 출발시에 비해 조금 약화되기는 했지만, 1990년대 중반에 이르기까지 성공적으로 운영되어왔다고 할 수 있다. 그러나 1990년대 중반에 들어 공화당 출신의 주지사와 다소 독선적이기까지 한 줄리아니 시장이 들어서면서 개방입학체제에 커다란 타격을 가한다. 대학이사회(Board of Trustee)에 상급대학의 입학기준을 대폭 강화할 것을 요구한 것이다. 입학기준의 강화는 SAT나 ACT 등의 표준화시험에 의한 입학커트라인제도의 도입으로 이어지며, 이는 특히 흑인학생들이나 남미계열 학생들에게 치명타를 가하게 된다.

표준화된 시험 점수의 비중을 높이는 것은 동시에 보충학습프로그램의 축소 내지 폐지를 의미하는 것이기도 하다. 나아가 보충학습프로그램의 폐지는 커뮤니티 칼리지에서 상급대학으로의 진입을 차단하는 결과를 초래했으며, 결국 이는 유색인종의 학사학위 취득률을 현저히 떨어뜨리는 결과를 낳게 된다. 새로운 입학정책에 대한 교수들과 학생들의 반발은 거셌으며, 이러한 입학정책이 불공정한 것임을 뒷받침하는 여러 가지 자료들이 제시되기도 했으나, 보수적 정치인들의 눈치를 살필 수밖에 없는 이사회의 반응은 냉담하기만 했다. 저소득 유색인종 학생들에게 돈을 쓰느니, 경제적으로나 성적에 있어서나 이미 준비된 학생들만 데리고 효율적인 대학운영을 해보겠다는 보수적 정치인들의 계산에서 비롯된 것이라 하겠다. 결국 CUNY마저도 선별적인 학생선발정책을 선택할 수밖에 없는 상황에 이르고 말았다.

5. 사립대학과 공립대학 간의 전쟁

1) 사립대학의 반격

공립대학들이 본래의 취지에서 벗어나 선별적 학생선발제도를 도입하게 된 데에는 사립대학의 공격적 학생유치전략에서 받은 영향이 크다. 그런데 아이러니컬하게도 사립대학이 이러한 자세를 취하게 된 것도 알고 보면 공립대학의 급성장에 기인한 것이라 할 수 있다.

불과 20-30년 전만 하더라도 공립대학이 저렴한 수업료에 양질의 교육을 공급하던 상황에서 사립대학은 어려운 처지에 처할 수밖에 없었다. 애초에 사립대학이 다수를 점하던 미국에서 강력한 공립대학 육성정책에 힘입어, 1950년대에는 사립과 공립의 비율이 절반이던 것이 1975년에는 26%까지 떨어지게 되었다(Lyman, 1975: 156). 결국 1970년대 중반의 상황에서는 사립대학들의 생존마저 의심하기 시작할 지경에 이르게 된다. 1990년대까지 극소수의 경쟁력 있는 대학들을 제외하고는 문을 닫거나, 주립대학체제에 흡수될 것이라고 보는 사람이 많았다. 그래도 하버드는 살아남지 않겠느냐는 농담 섞인 예측이 나오기도 했다(Monyhan, 1975).

사실 일반에 알려진 이미지 때문에 보통 사립대학에 우수학생이 집중될 것으로 예상하는데, 현실은 그 반대였다고 할 수 있다. 지역의 가장 우수한 학생자원의 대부분은 그 지역의 대표 주립대학에 유입되어 왔다. 가장 큰 이유는 등록금 차이 때문이라고 할 수 있는데, 주립대학의 등록금은 아직도 2000-2001년 기준 평균 3,500달러 정도에 머물러 있는가 하면, 사립대학은 1만 6,332달러나 되는 등 5배 정도의 차이를 보이고 있으며, 아이비리그 대학들의 경우는 2만 달러를 훨씬 상회하고 있다(Alexander, 2000; Duderstadt & Womack, 2003). 저렴한 가격에 양질의 교육을 제공받을 수 있다는 점에서 미국의 공립대학은 우수학생유치에 있어서 여전히 경쟁력을 가지고 있다고 하겠다.

그러나 오늘날 사립대학에 입학하는 학생의 비율은 1975년과 비교해 떨어지지 않았다(Cohen, 1998). 위기에 처한 사립대학들은 대학운영에 경영마인드를 도입하고, 각종 수입사업은 물론 효율적인 등록금 인상, 기부금, 주식투자 등을 통해 생존을 보장받을 수 있게 된다. 이에 더해 공립대학에 집중되던 우수학생 및 교수요원을 유치하는 데도 적극 나섰다. 사립대학이 공립대학과의 경쟁에서 유리한 고지에 설 수 있었던 데에는 다음과 같은 요인들이 작용하고 있었다(Duderstadt & Womack, 2003; Reich, 2001).

첫째, 연방정부의 학생에 대한 직접적인 학비보조정책인데, 이 정책으로 인해 학생들의 수업료에 대한 재정의존도가 큰 사립학교들이 유리한 고지를 차지하게 된다(Callan & Finney, 1997). 정부의 정책은 학교 간 학비차를 실질적으로 줄여보자는 의도에서 출발했는데 결국 사립대학은 학비수입의 40%를 여기에서 충당할 정도에 이르게 되고, 이는 우수학생을 유인할 수 있는 결정적 역할을 하게 된다.

둘째, 사립과 공립 간의 학생 1인당 교육비의 불균형이 심화되고 있다. 공립대학의 경우 주정부의 지원금에 크게 의존할 수밖에 없는데, 1990년대 이후 시장화 바람이 불면서 주정부로부터 오는 예산이 줄게 되고 공립대학도 경영마인드를 도입할 수밖에 없는 지경에 이르게 된다. 주에서 대학에 지원되는 예산은 의료복지사업에 지원되는 예산보다

순위가 밀리게 되고, 대학은 할 수 없이 기부금이나 자체 수익사업에 의존하는 비중을 높일 수밖에 없게 된다. 비용절감의 차원에서 학생 1인당 교육비가 삭감될 수밖에 없게 되고, 따라서 대형강의실에서 수백명이 한꺼번에 수강하게 되는 경우도 발생하게 된 것이다. 이는 결국 공립대학에 대한 이미지를 악화시키는 결과를 초래한다.

셋째, 사립대학의 공격적인 학생-교수 유치전략으로 공립대학은 우수한 교수자원 및 학생자원을 빼앗기게 된다. 먼저 학생유치에 있어서 사립대학들은 한편으로는 10-20%의 학생들만이 입학하게 되는 선별성을 유지하면서 다른 한편으로는 우수학생들을 돈으로 사는 전략을 편다. 과거에는 공부는 잘하는데 가난한 학생들에게 주어지던 장학금이 이제는 부자이건 가난한 사람이건 성적이 우수한 학생들에게만 주어지게 된다. 하버드의 입학안내책자에는 "우리 입학생들 중 일부는 아주 매력을 느낄 만한 제의를 받을 것이고, 결코 기대해도 좋을 만한 수준일 것이다"라고 쓰여 있을 정도이다.

교수충원에 있어서도 사립대학의 정책은 다르다. 대부분의 주립대학이 대학근무경력이 일천한 신임교수들을 충원하고 있는 반면 사립대학은 다른 대학에서 근무한 경력이 있는 사람들을 중심으로 충원한다. 즉, 다른 대학에서 이미 명성이 확인된 교수들을 그들의 부를 이용해 공립대학과는 비교도 안 될 정도의 연봉을 제시하는 방식을 통해 스카우트해가는 것이다. 1960년대와 1970년대의 경우 공립과 사립의 연봉 차이는 고작해야 2,000달러 정도를 넘지 않았는데, 1980년대부터 꾸준히 증가해 1998년에는 1만 4,000달러를 상회하게 된다(Duderstadt & Womack, 2003). 버클리나 위스콘신 대학과 같은 명문 주립대학의 경우도 교수 연봉에 있어서는 사립대학에 비해 상대가 안 될 정도의 현저한 차이를 보이게 되는 지경이라 할 수 있다. 결국 이는 공립대학에서 성장시킨 교수들을 사립대학에서 돈을 주고 빼가는 것이라 할 수밖에 없는데, 이 역시 공립대학을 난처한 입장에 빠뜨리게 했다.

넷째, U.S. News and World Report와 같은 상업적인 언론의 순위발표로 공립대학에 대한 대중적 이미지가 악화되고 있다는 점이다. 이들 상업언론에서 여러 가지 기준을 토대로 상위권 대학의 순위를 발표하는데, 이러한 순위발표에서 사립대학이 상위권을 차지하면서 학부모들이나 학생들 사이에 공립대학에 대한 이미지가 사립대학에 밀리게 되었다는 것이다. 그러나 이러한 언론들에서 대학순위를 판단하기 위해 사용하는 기준들이 학생 1인당 교육비용이나 학비지원금 등 소규모의 대학이나 사립대학에 결정적으로 유리한 것들이어서 이 역시 공정한 것이라 보기는 어렵다.

2) 선별적 학생선발체제의 부작용

이러한 사립대학의 무차별적 학생유치공략은 장기적으로 보아 사립대학 자신들에게도 좋은 영향을 미칠 리가 없다. 첫째, 사립대학이 가진 막대한 부의 원천에서 정부의 세금혜택이나 학비보조정책이 차지하는 비중이 크다는 점을 감안할 때, 사립대학이 이를 이용해 공립대학과의 경쟁에서 유리한 고지를 차지한다는 것은 문제가 있을 수밖에 없다. 특히, 사립대학이 교육의 공적 측면을 도외시하고 기업마인드만을 고집한다면 이들에 대한 공공영역의 지원은 중단되어야 한다는 여론이 높다. 또 공립대학에서 성장시킨 교수요원을 그들의 막대한 부를 이용해 빼내가는 행태가 계속된다면 정치적인 영향력에서 앞서는 공립대학을 자극해 사립대학에 대한 정부의 지원을 중단할 것을 종용하는 캠페인에 나서게 할 수도 있다.

한편 사립대학의 유명 교수 스카우트 및 학생스타 유치전략은 대중적 이미지 제고에는 도움이 되었을지 몰라도 대학의 실질적 경쟁력을 높이지는 못했다는 지적이 있다(Duderstadt & Womack, 2003). 일부 스타학생들이나 유명 교수들이 대학의 명문화 이미지를 구축하는 데 도움이 되었을

지 모르나, 평균적인 학생 수준이나 교수 수준이 반드시 공립대학에 비해 우수하다고는 말할 수 없다. 아직도 실력은 우수하지만 가난한 학생들이 공립대학에 입학하고 있고, 특히 사립대학 입학생의 상당수를 차지하는 기여금입학생, 동문입학생 등 이른바 유증입학생(Legacy Students)이나 운동특기생 등을 포함해 보았을 때 더욱 그러하다. 또 이들 유증입학생 중 다수는 학내생활에 잘 적응하지 못해 많은 문제를 일으키고 있는 것으로 알려져 있다(Zelesky, 2001).

둘째, 사립대학이 주립대학에 비해 오히려 시장의 요구에 부응하지 못하고 있다는 점이다. 사립대학이 자신의 명문 이미지 제고에만 신경 쓰다 보니 사회적·경제적 효용성이 높은 연구에 투자하기보다는 학생 유치에 유리한 초현대식 스포츠센터나 학생회관, 기숙사를 짓는 데 돈을 쓴다(Reich, 2001). 또 시장이 요구하는 인력생산에 전력하기보다는 졸업생들 간의 인적 네트워크를 통한 특권화에만 신경 쓴다는 지적이다.

한편 사립대학의 선별성 경쟁이 초래하는 가장 큰 문제점은 이것이 사회적 불평등을 심화시키는 기제로 작용하고 있다는 점이다(Reich, 2001). 우선 사립대학이 촉발한 선별성 경쟁은 공립대학도 어쩔 수 없이 선별적 입학정책을 취하게 만들었으며, 이는 결국 소수인종 및 저소득층 자녀의 대학 진학기회를 현저히 떨어뜨리는 결과를 초래했다. 또 과거에는 가난한 학생들을 위해 존재하던 장학금이 이제는 스타 학생들을 모으는 데 사용되고 있으며, 스카우터들이 직접 일선 고등학교에 찾아다니며 SAT 고득점자를 중심으로 우수학생을 적극 유치하는 데 엄청난 비용을 사용하고 있다. 이들 스카우터들의 주된 공략의 대상이 중산층 이상의 자녀들이라는 것은 두말할 필요가 없다.

물론 사립대학이 강조하는 선별성에는 거품이 섞여 있다. 자격이 미달되더라도 일단 많은 학생들이 지원하도록 유도한 뒤에 그만큼 많은 학생들을 탈락시킴으로써 자기 학교의 선별성을 제고시키는 전략을 사용한다는 것이 학생선발담당자들의 솔직한 고백이다(Beatty et al., 1999).

또 상업적 언론에서 강조하는 학교평가의 기준에 맞추다 보니, 실제로 어느 한 분야에 뛰어난 재능을 보이는 학생들보다도 표준화된 시험 점수가 높은 학생들을 위주로 학생을 선발할 수밖에 없게 된다.

또 대학의 선별성 경쟁은 일종의 입시과열현상을 불러일으키기도 한다. SAT란 원래 학생의 타고난 능력을 측정하기 위해 고안된 것인데, 이것을 준비하기 위한 특별과외를 받는 학생의 비중이 늘어나게 된 것도 대학이 선별성을 강조한 이후에 벌어진 현상이라 할 수 있다. 심지어는 6학년짜리 학생이 입시전문가의 상담을 받아 미리부터 어떤 과목을 중심으로 수강을 할 것인지 계획한다는 신문보도는 많은 이의 실소를 자아내고 있다. 결국 이러한 입시준비를 할 수 있는 학생들은 중산층 이상의 자녀들이며, 대졸자와 그렇지 않은 사람들 간의 임금격차가 극심해지는 오늘날의 추세로 비추어볼 때, 대학입시가 부의 세습을 위한 가장 중요한 수단이 되고 있다고 평가할 수 있다. 즉, 대학입학의 선별성이 불평등을 강화시키는 기제로 작용한다는 것이다.

6. 공립대학의 차별적 평준화정책: 캘리포니아 주를 중심으로

대학입학에 있어서 선별성을 강조하는 추세는 당분간 되돌리기 힘들어 보인다. 그러나 대안이 없는 것은 아니다. 유명 사립대학 이상의 명성을 유지하면서도 공립대학의 이념에 충실한 사례를 캘리포니아 대학시스템에서 찾을 수 있다. 캘리포니아 공립대학의 입학정책을 차별적 평준화정책이라 명명해볼 수 있는데, 이러한 학생선발방식은 그들 스스로의 표현대로 공립대학이 추구하는 평등주의(egalitarianism)의 이상과 능력주의(meritocracy)를 동시에 추구하는 방식이라 할 수 있다(Douglass, 1997).

1) 캘리포니아 주의 공립대학시스템과 학생선발방식

캘리포니아의 공립대학들은 크게 세 개의 시스템하에 구성되어 있다.[6] 9개의 캠퍼스를 가진 University of California(UC), 23개의 캠퍼스를 가진 California State University(CSU), 그리고 109개의 2년제 California Community Colleges(CCC)로 구성되어 있다. 이들 세 개의 대학체제에서 수용하는 학생수도 엄청난 규모인데, UC에서 20여 만 명, CSU에서 40여 만 명, CCC에서 209만 명 정도를 수용한다. 이들 대학시스템은 각각 하나의 지배기구하에서 통합적으로 운영되는데, 대학지배구조의 형태는 약간씩 다르다. UC는 전체를 대표하는 총장과 평의회(Board of Regents), 그리고 교수의회(Academic Senate)로 구성되어 있으며, CSU는 연합총장(Chancellor)과 이사회(Board of Trustee)가 있고, 각각의 대학마다 별도의 총장(President)들이 있다. CCC도 하나의 시스템하에서 통합적으로 운영되는데, 연합총장(Chancellor)이 있고 일종의 평의회라 할 수 있는 '통제기구(Board of Governors)'와 개별 대학의 총장들이 있다.

이렇듯 세 개로 계층화된 대학시스템들이 각각 통합적으로 운영되는 방식은 학생선발에 있어서도 그대로 반영된다.[7] 캘리포니아 주의 학생선발방식의 특성은 이른바 '적격자 풀(eligibility pool)'이라는 말로 요약될 수 있는데, 각각의 대학체제에 학업준비도를 기준으로 각각 일정한 규모의 학생들을 할당한다는 의미이다. UC의 경우는 캘리포니아 소재 고등학교에서 상위 12.5%, CSU의 경우는 상위 33.3%의 학생들에게 자동입학권을 부여하고 나머지 학업준비가 안 되는 학생들은 일단 커뮤니티 칼리지에 배정한 후 다시 상급대학에 편입학할 수 있도록 한다

---

[6] 캘리포니아 주의 대학연계시스템(university system)에 대해서는 www.ucop.edu (University of California), www.calstate.edu(California State University), www.cccco.edu(California Community College) 참조.

[7] California주의 학생선발방식은 www.californiacolleges.edu 참조.

는 것이다. UC나 CSU 등의 상급대학에서는 학생선발시 40-60%를 하급대학에서 올라오는 편입생으로 충원하도록 정해 비록 출발선상에서는 기회가 제한되더라도 본인의 노력 여부에 의해 언제든지 상급대학으로 올라갈 수 있도록 되어 있다. 상급대학에서 출발한 학생들 중에 초기에 부진한 성적을 보인 학생들은 하급대학으로 내려가 실력을 쌓은 뒤 다시 상급대학으로 편입할 수 있다.

여기에서 문제가 되는 것은 어떻게 상위 12.5%에 속하는지를 결정하는지인데, 이를 위해 '캘리포니아고등고육협의회(California Post- Secondary Education Commission)'에서는 이른바 '적격성 지표(Eligibility Index)'라는 것을 개발해 제시하고 있다. 예를 들어 UC의 경우 그 내용은 <표 8-3>과 같다.

표에서 보듯이 내신성적이 낮은 학생은 그만큼 요구되는 수능 점수가 높아지고, 내신이 높은 학생은 요구되는 수능 점수도 낮다. 즉, 평소에 성적이 좋은 학생들은 수능에 대한 부담이 적은 반면, 평소에 성적이 낮은 학생들은 수능에 대한 부담이 크다. 이 시스템은 고등학교에 대한 내신의 중요성을 더 강조하면서도, 능력은 있으나 여러 가지 사유로 공부를 제대로 하지 못한 학생들을 수능으로 구제한다는 의미가 담겨있다고 할 수 있다.

한편 이러한 적격성 지표가 적용되지 않는 예외의 사례가 있는데, 상위 4% 이상의 학생들에게는 수능시험을 제출하지 않아도 입학이 허용되며, 수능 점수가 아주 높은 학생들의 경우도 고등학교 성적에 관계없이 입학이 허용된다. 또 어느 한 분야에서 특출한 재능을 보이는 학생들 경우 내신이나 수능에 상관없이 예외적으로 선발하는데, 대략 입학생의 6% 정도가 된다.

<표 8-3> UC 적격성 지표

캘리포니아 거주자			
a-g 평균성적	수능성적	a-g 평균성적	수능성적
2.80 - 2.84	4640	3.20 - 3.24	3408
2.85 - 2.89	4384	3.25 - 3.29	3320
2.90 - 2.94	4160	3.30 - 3.34	3248
2.95 - 2.99	3984	3.35 - 3.39	3192
3.00 - 3.04	3840	3.40 - 3.44	3152
3.05 - 3.09	3720	3.45 - 3.49	3128
3.10 - 3.14	3616	≥ 3.50	3120
3.15 - 3.19	3512		
비거주자			
a-g 평균성적	수능성적	a-g 평균성적	수능성적
3.40 - 3.44	3152	≥ 3.50	3120
3.45 - 3.49	3125		

주: 1) a-g는 필수수강과목을 말하는데, a는 역사/사회과학에서 2년, b는 영어에서 4년, c는 수학에서 3-4년, d는 실험과학에서 2-3년, e는 제2외국어에서 2-3년, f는 예술과목에서 1년, g는 대학예비과정에서 1년치의 과목성적을 제출해야 한다.
2) 수능성적=[SAT I 또는 ACT] + [2×(SAT II 작문+SAT수학+SAT II 기타과목)]

2) 캘리포니아 공립대학 입학체제의 함의

캘리포니아가 이러한 차별적 평준화정책을 채택한 것은 20세기 초반부터이다(University of California President's Office, 2004). 처음에는 UC의 경우 상위 15%, CSU는 상위 50%를 기준으로 학생을 선발했는데, 1950년대 이후 입학지원자의 숫자가 늘면서 지금의 12.5%, 33.3%로 줄어들게 된 것이다. 현재의 비율도 입학지원자의 숫자가 늘어날 경우 재조정될 가능성이 있다. 그런데 과거에는 캘리포니아의 선발방식이 전적으로 평등주의에 입각해 차별없이 개방입학체제를 취하고 있던 다른 주의 공립대학들에 비할 때, 능력주의에 경사되어 있다는 비판을 받기도 했다. 그러나 사립대학의 공격적 학생유치전략에 마냥 이끌려갈 수밖에 없는 오늘날의 현실에서는 캘리포니아 주의 학생선발방식은 오히려 빛을 발하고 있다. 캘리포니아 주의 학생선발방식이 갖는 장점은 다음과 같이 요약될 수 있다.

첫째, 소수인종이나 저소득층 학생들에게도 비교적 공정한 기회를 제공한다는 점이다. 대개 저소득층이나 소수인종은 특정한 지역의 학구에 몰려 있게 마련인데, 백인 중산층이 아닌 자신들끼리 경쟁하기 때문에 그만큼 대학입학에 있어서 많은 기회가 보장된다.

둘째, 고교내신의 비중이 여전히 높아 수능의 낮은 예측타당도로 인한 입시의 공정성 시비가 적으며, 고등학교 교육의 정상적 운영에도 도움이 된다. 물론 순수하게 고교내신만을 고려하던 과거와는 달리 수능점수가 반영된 현재의 적격성 지표는 과거에 비해 내신의 중요성이 감소되는 효과를 만들어내고 있으나, 이는 학교간 내신수준의 격차를 해소하기 위한 불가피한 선택이라 할 수 있다.

셋째, 명확한 입학조건을 제시함으로써 입시준비의 심적 부담을 덜수 있다는 점이다. 자신의 성적이면 어디를 갈 수 있다는 것을 이미 명확히 알고 있기 때문에 준비과정도 비교적 단순하며, 학교에서도 그만큼 책임감을 가지고 교육과정을 운영할 수 있게 된다.

넷째, 우수한 학생들을 조기에 확보할 수 있다. 상위 4% 학생들에게는 자동입학자격을 부여하되 조기입학사정을 통해 이들을 확보함으로써 명문 사립대학에 학생을 유출시키지 않는다는 것이다. 또 입학자격 조건이 명확한 관계로 적격성 기준을 이미 초과한 학생들에게 미리 마음을 정하게 하는 효과를 거둘 수 있다.

다섯째, 개방입학체제에 비해 훨씬 적은 비용이 들면서도 이에 준하는 평등주의적 효과를 거둘 수 있다. 개방입학체제가 보충학습프로그램을 운영하는 데 많은 비용을 사용한다는 점 때문에 보수진영의 공격을 받아왔으나, 캘리포니아주의 경우 이들을 일단 커뮤니티 칼리지에 보낸 후 다시 40-60%의 비율로 이들을 끌어올리기 때문에 보충학습프로그램에 지출하는 비용도 줄일 수 있고, 상급학교에서 공부할 수 있는 기회도 충분히 제공하는 셈이 된다.

7. 미국 대학의 입학정책이 우리에게 주는 시사점

이상에서도 살펴보았듯이 미국 대학의 입학정책을 한마디로 평가하기는 어렵다. 일부 사립대학에 의해 주도되고 상업언론들이 부추긴 결과로 빚어지고 있는 선별성 경쟁은 한국의 상황과 유사한 점이라 할 수 있다. 그러나 그것만으로 미국의 대학들도 입학성적을 기준으로 서열화되어 있다고 말할 수 없다. 아직도 대부분의 공립대학은 교육의 기회균등이라고 하는 공교육의 이념에 충실하고 있으며, 동시에 저렴하면서도 양질의 교육을 제공한다는 점에서 사립대학에 뒤지지 않는 경쟁력을 가지고 있다. 특히, 캘리포니아 주와 같이 차별적 평준화정책을 통해 명문 사립대학 이상의 명성을 유지하면서 교육의 기회균등에 이바지하고 있는 사례도 발견할 수 있었다. 이러한 사례들 속에서 미국의 공립대학이 경쟁력을 유지하는 비결을 엿볼 수 있었고, 한국의 대학입학정책이 나아가야 할 방향에 대해 몇 가지 시사점을 얻을 수 있었다.

첫째, 공립대학에 대한 국가의 재정투자가 충분히 이루어져야 한다는 것이다. 미국의 공립대학은 학비가 무료인 유럽의 대학에 비해서는 고비용이 들지만, 사립대학과 견주어 1/5수준을 유지함으로써 가난하면서도 우수한 학생들에게는 여전히 경쟁력을 가지고 있다. 그러나 최근의 시장화 추세와 보수층의 압력에 굴복한 결과로 주립대학에 대한 투자는 줄고, 사립대학에 대한 혜택이 늘면서 교육이 계급재생산의 수단으로 전락해가는 현상을 목도할 수 있다.

둘째, 공정한 입시가 무엇인지에 대한 개념 정의가 달라질 필요가 있다. 우리나라의 경우 공정한 입시란 철저히 업적주의에 입각해 성취도 시험의 결과에 따라 교육의 기회를 제한하는 방식을 취하고 있다. 그러나 이러한 업적주의는 미국의 예에서도 볼 수 있듯이 능력은 있지만 여러 가지 사정으로 충분한 기회를 보장받지 못해왔던 학생들에게는 불공정한 원칙이라 할 수 있으며, 이들에게 제2의 기회를 보장함으로써 오히려 보다 많은 우수인재를 양성할 수 있었던 것을 뉴욕시립대학의 사례를 통해 확인할 수 있었다. 대학입학에 모든 것을 걸고 일단 합격하면 모든 것이 결정되는 우리의 시스템이야말로 오히려 불공정한 입시방법이라 할 수 있다.

셋째, 수능의 용도가 제한되어야 한다. 수능은 그것이 아무리 과학적 절차에 따라 제작된 것이라 하더라도 대학에서의 학업능력을 설명하는 데는 한계가 있으며, 이를 당락의 기준으로 삼기에는 무리가 있다는 것이 합의된 결론이라 하겠다. 수능은 어디까지나 고교내신의 보조자료로서 활용될 때에만 의의가 있으며, 하물며 우리와 같이 수능 점수 1-2점으로 당락이 결정되는 방식은 결코 허용되어서는 안 된다.

넷째, 대학의 경쟁력은 입학성적이 아닌 엄격한 학사관리를 통해 유지된다는 점이다. 비록 입학 당시에는 누구나 들어올 수 있지만 졸업은 어렵게 함으로써 졸업생 수준이 인근 명문 사립대학에 못지않는 결과를 낼 수 있다는 것을 뉴욕시립대학(CUNY)의 사례를 통해 확인한 바 있다. 또 비록 상급대학에 입학했다 하더라도 성적이 부족하면 하급대학으로 내려가고 하급대학에 입학해도 능력이 입증되면 상급대학에 진출할 수 있게 한 캘리포니아 시스템의 경우처럼 학생들에게 적절한 긴장감을 유지하게 해 실력을 향상시키는 경우도 볼 수 있었다.

다섯째, 몇 개의 대학을 묶어서 동질의 학생을 공급한 뒤 교육력으로 경쟁하게 하는 시스템을 개발할 필요가 있다. 우리나라의 경우처럼 입학성적으로 모든 대학을 서열화했을 경우 대학들이 서로 경쟁할 기제를 못 갖지만, 예컨대 캘리포니아 대학의 경우처럼 일정조건을 만족하는 학생들을 뽑아놓고, 이들을 여러 개의 캠퍼스에 골고루 배치한다면 출발선상에서 동일한 조건이 주어진 만큼 대학간 활발한 경쟁이 이루어질 수 있으며, 그 와중에 학과나 전공별로 자연스러운 차별화가 발생할 수 있다고 하겠다.

한편 이상의 예를 통해 미국의 교육을 지배하는 원리를 엿볼 수 있었다. 요약하면, 세계 어느 나라보다 경쟁을 강조하는 미국이라 하더라도 단순한 경쟁이 아닌 공정한 경쟁을 강조하며, 공정한 경쟁이란 단번에 승부가 나는 경쟁이 아니라 재차 삼차 기회를 주어 최후의 승자가 승리하게 되는 경쟁이라 할 수 있다. 나아가 입학생의 성적에 의한 경쟁이 아니라 교육의 질로 경쟁하는 대학간 경쟁이라 할 수 있다. 또 교육은 소수의 엘리트를 길러내는 수단이 되기보다는 인종이나 경제력에 관계없이 균등한 기회를 보장함으로써 궁극적으로는 사회의 평등을 진전시키기 위한 가장 중요한 수단이 된다는 점이다.

<참고문헌>

Alexander, F. K. 2000, "Students Tuition and the Higher Education Market Place: Policy Implication for Public Universities," *Journal of Staff*, Program, and Organization Development, 17(2), pp.79-93.

Atkinson, R. C. 2001, *Standardized Test and Access to American Universities*, The 2001 Robert H. Atwell Distinguished Lecture delivered at the Annual Meeting of the American Council on Education, Washington D.C.: February 18, (www.ucop.edu).

Baron, J. & Norman, M. F. 1992, "SATs, Achievement Tests and High School Class Rank as Predictors of College Performances," *Educational Psychology Measurement*, Vol.52.

Beatty, A., Greenwood, M. R. C. & Linn, R. L(eds.). 1999, *Myths and Tradeoffs: The Role of Tests in Undergraduate Admissions*, The National Academies Press.

Breland, H. M., Maxey, J. Gernand R., Cunning, T. & Trapani, C. 2002,

Trends in College Admission: A Report of a Survey of Undergraduate Admission Policies, Practices, and Procedures, National Association of College Admission Counselors, (www.nacac.com).

Breland, H. M. 1999, *National Trends in the Use of Test Scores in College Admissions*, Washington D.C.: National Academy of Science, (www.nas.edu).

Breland, H. M., Maxey, J., McLure, G. T., Valigo, M. J., Boatwright, M. A., Ganley, V. L. & Jenkins L. M. 1995, *Challenges in College Admissions: A Report of a Survey of Undergraduate Admission Policies, Practices, and Procedures*, National Association of College Admission Counselors.

Callan, P. M. & Finney, J. E(eds.). 1997, *Public and Private Financing of Higher Education: Shaping Public Policy for the Future*, The Oryx Press.

Cohen, A. M. 1998. *The Shaping of American Higher Education: Emergence and Growth of the Contemporary System*, Jossey-Bass Publishers.

College Entrance Examination Board. 1988, *Guidelines on the Uses of College Board Test Scores and Related Data*.

_____. 1999, *Admissions Staff Handbook for the SAT Program 1999-2000*.

Crain, W. 2000, "Open Admissions: Why All the Controversy?," *The Messenger*, 3(1), (www.geocities.com/ccnymess/).

_____. 2003, "Open Admissions at the City University of New York," *Academe*, 89(4).

Douglass, J. A. 1997, *Setting the Conditions of Undergraduate Admissions: The Role of University of California Faculty in Policy and Process*, (a report to the Task Force on Governance, University of California Academic Senate).

Duderstadt, J. J. & Womack, F. W. 2003, *The Future of Public University in America: Beyond the Crossroads*, The Johns Hopkins University Press.

Fiske, E. B. 1985, *Selective Guide to Colleges*, New York Times Books.

Geiser, S. & Studly, R. 2001, *UC and SAT: Predictive Validity and Differential Effect of SAT I and SAT II at the University of California*, University of California, Office of President.

Greene, J. P. 2002, *High School Graduation Rate in the United States*, Center for

Civic Innovation at the Manhattan Institute, (www.manhattan-institute.org).
Hawkins, D. A. 2004, *The State of College Admissions 2003-2004*, National Associaltion for College Admission Counselling.
Lucas, C. J. 1994, *American Higher Education: A History*, St. Martin Griffin.
Lyman, R. W. 1975, "In Defense of Private Sector," *Daedulas*, 140(1), pp.156-159.
Monyhan, D. P. 1975, "The Politics of Higher Education," *Daedalus*, 104(1). pp.128-147.
Reich, R. B. 2000, "How Selective Colleges Heighten Inequality," *The American Prospect Online*, Sep. 15.
Rothstein, R. 1993, *The Myth of Public School Failure*, The American Prospective, 13(1).
Simmons, D. 1996, "Shutting the Door on Open Admission," *Collegian*, April 5, (www.kstatecillegian.com).
University of California President's Office. 2004, *History of UC Eligibility*, (www.www.universityofcalifornia.edu/news/compreview/history.pdf)
Weinstein, L. A. 1993, *Moving a Battleship with Your Bare Hands: Governing a University System*, Magna Publications, Inc.
Zelesky, J. A. 2001, "Legacy student development: The costs and benefits of privilege," *The Vermont Connection*, 22, pp.90-98.

제 9 장
대학서열체제 혁파방안: 국립대 통합네트워크

정진상

1. 서문

　대학입시는 우리 교육의 모순을 야기하는 핵심 고리다. 대학입시 혹은 대학입학제도는 중등교육과 고등교육을 매개하는 학생선발장치다. 입학제도는 어느 나라에나 있고 학생들 사이에 일정한 경쟁이 있게 마련이다. 그럼에도 불구하고 우리나라의 대학입시가 유별난 것은 학생들이 '입시지옥'을 거쳐야 하기 때문이다. 우리나라의 입시경쟁이 미국 텔레비전 프로그램 '믿거나 말거나'에 소개될 정도로 유례없는 '지옥'이 되고 있는 것은 바로 '무한경쟁'이라는 경쟁의 특수성에 기인한다.
　입시경쟁이 무한경쟁인 이유는 무엇인가? 입시경쟁은 그저 대학에 입학하기 위한 경쟁이 아니다. 입학 정원을 채우지 못하는 대학이 속출할 정도로 이미 대학은 충분히 많다. 가장 치열한 경쟁은 극소수 명문대 입학을 놓고 벌이는 경쟁이다. 우리나라 학생들의 '꿈'은 서울대 입학이다. 서울대가 안 되면 연·고대, 그것도 안 되면 그냥 '서울대'(지방에서는 서울에 소재하는 대학들을 통칭 서울대라고 부르기도 한다) 하는 식이고, 이런 학교에 들어가기 위해 학생과 학부모들이 무한경쟁을 벌이고 있다. 게다가 대학입시는 열아홉 살에 치르는 한 번의 시험으로 인생의 승패를 가르는 단판 승부다.

 수능시험성적과 그에 따라 배정되는 대학의 졸업장은 일종의 신분증명서다. 상위의 신분증명서를 취득하기 위해 대부분의 학생들은 지옥을 통과할 각오가 되어 있다. 수험생을 둔 학부모는 가정에서 비상사태를 선포하고 이 기간 동안 생활방식을 바꾸는 한편 가능한 모든 자원을 동원할 준비가 되어 있다. 고등학교 교장은 학교의 위상을 높이기 위해 '서울대 보내기' 경쟁에 기꺼이 참여한다. 그리고 이들의 행동은 현재의 상황에서는 지극히 '합리적'이다. 교육부장관이나 교육전문가들이 기회 있을 때마다 무한입시경쟁과 사교육 문제의 한 원인을 학부모들의 의식으로 돌리고 있는데, 이는 사태의 원인과 결과를 거꾸로 파악한 것이거나 아니면 의도적으로 자신들의 책임을 회피하려는 수작에 불과하다. 입시 위주 교육이 지속되는 한 학부모들의 의식을 나무랄 수 없으며 그들의 행동 또한 매우 합리적이라고 할 수 있다.[1] 그러면 대학입시의 무한경쟁이 초래되는 본질은 무엇인가?

 입시경쟁은 입시제도를 통해 나타난다. 그러나 입시제도는 입시경쟁

---

[1] 우리나라에서 치열한 대학입시경쟁이 일어나는 배경에는 물론 높은 교육열이 있다. 높은 교육열은 전통사회의 과거제도라는 유산과도 맞닿아 있겠지만, 무엇보다 근현대사의 역사적 경험에서 원인을 찾을 수 있다. 한국의 근대는 자생적 발전과정이 봉쇄당한 채 일제 식민지 지배로 시작되었다. 봉건 조선의 지배층은 일제의 하위 파트너로 편입되어 경제적 지배력을 상실하지는 않았으나 식민지 지배기간 동안 지배의 정당성을 대부분 상실했다. 해방 직후의 계급투쟁, 특히 한국전쟁과 농지개혁은 구래의 지배층(지주계급)에 결정적인 타격을 가했고, 봉건적 신분질서를 실질적으로 붕괴시켰다. 이로써 한국사회는 비록 서구와 같은 시민혁명을 경험하지는 못했지만, 봉건적 신분제 폐지라는 근대적 과제를 어느 사회보다 철저히 수행했다. 이러한 역사적 경험으로 인해 한국사회에는 세계에서 찾아보기 힘든 평등주의가 자리잡았다(정진상, 1994). 이러한 평등주의의 기초 위에서 교육은 지위상승의 유일한 통로가 되었고, 이는 유달리 높은 교육열을 낳았다. 평등주의와 짝을 이룬 교육열은 한국 현대사의 역동성을 저변에서 설명하는 가장 중요한 요인이다. 이러한 교육열이 사회를 발전시키는 방향으로 제도적으로 적절하게 조절되지 않을 때 무한경쟁으로 나타나기 쉽다.

을 매개하는 현상일 뿐 본질이 아니다. 따라서 대학입시의 방법을 이리 저리 바꾸는 '입시제도 개선'으로는 결코 문제를 해결할 수 없다. 역대 정부가 대학입시제도를 개선하기 위해 얼마나 다양한 정책을 내놓았는가. 그러나 잘 알다시피 그 숱한 개선책 가운데 어느 하나도 성공한 적이 없다. 이와 관련해 지금까지 교육 당국은 수요와 공급이 일치하지 않는 한 경쟁을 피할 수는 없으므로 현재의 입시제도가 그나마 공정하고 효율적인 제도이며 적어도 달리 대안이 없다는 교육전문가들의 주장에 위안을 얻고 있을 뿐이다. 입시경쟁의 본질은 한마디로 '대학서열체제'다. 모든 대학이 강고한 서열체제를 이루고 있는 한 학생은 한 단계라도 서열이 높은 대학에 입학하려 할 것이고, 이 때문에 누구도 입시경쟁에서 벗어날 수 없게 되는 것이다. 지금까지 입시제도 개혁은 대학서열체제를 그대로 둔 채 경쟁의 방법만 바꾸려 했기 때문에 효과를 거둘 수 없었다. 대학들이 일렬로 서열을 이루고 있는 체제에서 모든 학생들이 한 단계라도 더 높은 곳에 위치한 대학에 입학하려 기를 쓰는데 어떻게 무한경쟁이 없어지겠는가. 요컨대 무한입시경쟁의 본질은 대학서열체제이며, 입시경쟁으로 표현되는 우리나라 교육의 총체적 모순을 해결할 수 있는 본질적 매개고리는 대학서열체제를 혁파하는 것이다.

2. 몇 가지 원칙들

1) 대학서열체제를 혁파하기 위한 개혁방안은 대학교육의 공교육화를 통한 교육의 공공성 강화의 방향에서 접근해야 한다.

1995년 5·31 교육개혁조치 이후 신자유주의적 교육정책이 정부의 정책방향으로 설정된 이래 김대중, 노무현 정부도 이러한 방향을 취해왔다. 자본주의 사회의 대학교육은 노동시장의 직접적 요구에 취약하기 때문에 국가가 공교육을 강화하는 방향으로 정책을 펴지 않으면 대학 본연의 임무인 학문의 균형적인 발전을 기대할 수 없다. 그런데 최근 정부의 정책방향을 보면 공교육화와 정면으로 배치되는 신자유주의적 방향으로 경도되고 있어 심히 우려되는 실정이다. 따라서 더 늦기 전에 방향을 제대로 잡아야 한다. 대학이 학문연구기관으로서, 사회비판의 진지로서 민중의 지적 계발을 위한 교육기관으로서 본래의 역할을 할 수 있도록 해야 한다. 또한 국민들의 교육에 대한 수요가 커져 대학교육은 이미 엘리트 교육이 아니라 대중교육으로 전화했다. 대학을 기본적으로 대중교육으로 자리매김해, 모든 국민에게 평등한 교육의 기회가 돌아가도록 무상교육을 목표로 해야 한다. 우리가 개혁안의 이름을 '국립대' 통합네트워크라고 붙인 것은 대학교육의 공교육화라는 원칙 위에서 사립대학을 네트워크 안으로 끌어들여 준국립으로 운영되도록 해야 한다는 취지에서다.

2) 대학서열체제를 혁파하기 위해서는 입시제도와 대학제도 자체에 대한 근본적이고 혁명적인 조치가 필요하다.

현재의 대학서열은 대학 입학생들의 수준에 좌우되며 현행 대학입시제도가 이를 매개하고 있다. 따라서 입시제도가 개혁의 핵심이 될 수밖에 없다. 그러나 앞 장에서 본 바와 같이 현재의 대학서열체제 아래서는 어떠한 입시제도 개혁도 실패할 수밖에 없다. 국립대와 사립대의 차별을 없앤다든지 각 대학의 제도를 바꾸는 방법으로도 문제를 해결할 수 없다. 대학서열체제 자체를 혁파하는 방법 외에는 다른 대안이 없다. 즉, 입시제도 자체를 근본적으로 바꾸고 우리나라 대학 전체의 질서를 재편하는 근본적이고 혁명적인 조치가 필요하다. 그리고 개혁안에는 중등교육과 대학·대학원제도의 일관된 편성이 고려되어야 한다.

3) 국민 다수의 동의를 얻을 수 있고 저항을 최소화할 수 있는 지점에서 실현가능한 개혁방안이 구체적으로 제시되어야 한다.

실현가능성이란 두 가지 의미를 담고 있다. 하나는 국립대 통합네트워크가 하나의 체계(system)로서 작동가능한가(feasible) 하는 문제이고, 다른 하나는 이를 현재의 사회세력간의 힘 관계 속에서 현실화할 수 있는가(realizable) 하는 문제다. 대학서열체제로 인한 무한입시경쟁으로 나타나는 교육 모순을 해결하고자 하는 국민들의 열망은 크다. 그러나 학벌사회의 기득권층이 대학서열체제를 유지하려고 하기 때문에 현재의 조건에서 작동가능한 개혁안을 구체적으로 제시할 필요가 있다. 국립대를 개혁의 출발점으로 삼는 것은 이러한 고려 때문이다. 현재 국립대학은 수도권을 제외하면 전국 각 지역에 균형적으로 분포되어 있고, 교육여건이 상대적으로 양호하며, 국립대끼리는 대학별 교육여건의 차이도 크지 않다. 이에 비해 사립대학과 국립대학, 그리고 사립대학과 사립대학 사이에는 불균형이 심할 뿐 아니라 사립대학들 중에는 부실대학이 적지 않다. 따라서 국립대를 개혁의 중심에 놓고 사립대학을 추동하는 방향에서 개혁안이 구성되어야 한다. 또한 저항을 최소화하기 위해서는 현재 서열체제의 정점에 있는 서울대 문제를 특별하게 고려할 필요가 있다.

4) 현재의 정치 지형에서는 전면적인 교육개혁을 현실화하기 어려우므로 교육개혁운동의 차원에서 개혁안을 구성할 필요가 있다.

교육 모순의 정도로 보면 전면적 개혁이 시급하지만, 현재의 정치 지형에서 전면적인 교육개혁을 당장 실행에 옮기기는 어려워 보인다. 노무현 정부는 중등교육의 공교육화, 대학의 경쟁력 강화, 지역균형발전

등을 교육정책의 목표로 표방하고 있지만, 실제로는 이러한 방향에 역행하는 교육개방과 교육시장화의 방향으로 움직이고 있다. 'WTO 교육개방 양허 계획안', '국립대학 운영에 관한 특별법', '지방대학 혁신역량 강화프로젝트' 등이 그런 예다. 정부의 이러한 신자유주의적 교육정책에 맞서 교육개혁운동 진영에서는 '대학 평준화'를 중요한 의제로 삼고 있다. 정부의 신자유주의적 교육정책을 더 방치하면 한국의 교육이 점점 더 깊은 수렁으로 빠질 것이므로, 실현가능한 정책대안을 가지고 대처하는 것이 시급하다. 따라서 개혁안의 현실화를 위해, 현재의 교육문제를 둘러싼 사회적 대립관계 속에서 교육개혁운동을 추진할 수 있는 주체세력을 형성하는 데 각별한 주의를 기울여야 한다.

3. 대학과 대학원 제도

1) 서울대학교를 포함한 기존의 국립대학들을 하나의 통합네트워크로 구성한다.

- 대학서열체제의 핵심적인 축은 서울대를 정점으로 하는 대학간판 서열이다. 이 서열은 서울대-수도권대-지방 국립대-지방 사립대 순으로 획일화되어 있다. 그 중에서도 가장 중요한 축은 서울대-비서울대, 수도권대-지방대의 서열이다. 이를 해소하기 위해서는 지방 국립대학의 위상을 현재의 서울대 수준으로 높이는 것이 핵심과제다. 2002년 현재 4년제 국공립 종합대학은 총 26개로 입학정원은 6만 8,358명이며 교육대학을 합치면 7만 3,000여 명이다.[2] 이 중 서울대를 제외한 지

---

2) 2002년 현재 4년제 대학의 입학정원은 32만 4,309명이며, 이 중 국공립대학 입학정원은 6만 8,358명, 사립대학은 25만 5,951명이다(교육부, 『교육 통계 2003』, 교육부 홈페이지 자료실).

방 국립대학들은 대학의 규모나 교수수, 학생수에서 대체로 균질적이어서 격차가 크지 않다. 개혁안의 핵심은 이들 국립대학3)을 통합네트워크로 구성해 대학제도 개혁의 견인차로 삼는 것이다.
- 대학서열체제의 정점에 있는 서울대를 통합네트워크에 포함시키는 것이 무엇보다 중요하다. 이는 '서울대폐지론'으로 잘못 알려져 있는데, 실은 현재 서울대 졸업장의 특권을 폐지하는 것일 뿐 서울대는 통합네트워크에서 더 중요한 역할을 한다. 이에 대해서는 3)항에서 더 자세히 다룰 것이다.

  2) 대학의 공교육체제로의 전환이라는 원칙에 따라 일정한 수준이 되는 사립대학들을 국립대 통합네트워크에 편입한다.

- 현재 자그마치 전체 학생의 75%가 속해 있는 4년제 사립대학을 개혁안에 포함시키지 않을 경우 대학제도 개혁은 소기의 목적을 달성할 수 없다. 특히, 수도권의 경우, 현재 국립대학(공립대학 포함)이 적은데다가 서울대가 자체 학부생을 모집하지 않을 경우 불균형이 더욱 심화될 것이다. 수도권과 지방 간에 최소한의 균형을 맞추기 위해서도 사립대학의 국립대 통합네트워크 편입이 불가피하다. 국립대 통합네트워크라는 이름 때문에 이 개혁안이 사립대학을 배제하는 것으로 오해될 수 있는데, 이것의 취지는 사립대학을 준국립화해 대학교육의 공교육화라는 원칙을 살리는 것이다.
- 우리나라 사립대학의 운영을 들여다보면 사립대학을 국립대 통합네트워크로 편입해 준국립으로 전환하는 것은 그리 어렵지 않다. 재단이 거액의 재원을 조달하는 외국의 사립대학과 달리 우리나라의 사립대학들은 재원의 90% 이상을 학생들의 등록금에 의존하고 있고 재

---

3) 이 책에서 '국립대학'은 시립대학, 도립대학 등 공립대학을 포함한 개념으로 정확하게 말하면 국공립대학을 말한다.

단 전입금은 대부분의 대학에서 무시해도 좋을 수준이다. 대부분의 사립대학들은 초기 시설투자비를 제외하면 거의 전적으로 학생들의 등록금에 의존해 운영되고 있는 실정이다.
- 국립대 통합네트워크에 편입되는 사립대학들에 현재의 사립중등학교와 같은 방식으로 국립대와 동일한 재정지원을 함으로써 사립대들의 국립대 통합네트워크 편입을 유도한다. 학구별(다음 6)항을 보라)로 대학진학 희망학생에 비례해 국립대 통합네트워크 입학정원의 상한과 하한을 정하고, 그에 맞추어 일정한 기반시설과 수준을 갖춘 사립대학들을 통합네트워크로 편입하는 것이다. 국립대 통합네트워크가 구축되면 국립대학의 수준이 올라갈 것이므로 대부분의 사립대학들은 독자적인 존립기반을 유지하기 어려울 것이다. 그리고 일정한 기반시설과 수준에 미달하는 대학은 전문대학으로 유도하고 대학생 수요에 맞게 대학을 통합하는 등 구조조정을 한다.
- 사립대학의 국립대 통합네트워크 편입을 유도하기 위한 다른 한 가지 방안은 전문대학원 설치와 연계하는 것이다. 즉, 각종 전문대학원의 설치권을 국립대 통합네트워크에 편입하는 대학들에 한정해 부여하고 전문대학원 입학정원을 지역별로 인구비례에 따라 안배한다. 전문대학원 제도에 대해서는 4)항에서 자세히 다루겠지만, 사실 현재의 명문대학들이 의대, 법대, 상대 등 인기 학과에 의존하고 있기 때문에 이들 학과를 학부과정에서 폐지하고 전문대학원에 설치하면, 명문 사립대학들도 통합네트워크에 편입되지 않고는 존립하기 힘들 것이다. 그래도 통합네트워크에 편입되기를 거부한다면 이를 강제할 수는 없다.
- 이렇게 되면 서울에 있는 대부분의 사립대학과 지방에 있는 일정 수준 이상의 사립대학들이 국립대 통합네트워크에 편입될 것이다. 물론 사립학교법 개정을 통해 현재의 사립대를 민주화하는 것이 전제되어야 한다. 현재로서는 국립대 입학정원과 통합네트워크에 편입될 가능

성이 있는 사립대학들의 입학정원을 합쳐보면 국립대 통합네트워크의 총 정원은 약 20만 명 정도로 예상된다.

3) **서울대학교는 따로 학부생을 모집하지 않는 대신 학부강의를 통합 국립대 통합네트워크 학생들에게 개방한다.**

- 서울대는 대학서열체제의 정점에 위치하기 때문에 대학서열체제를 혁파하는 데 있어서 서울대 문제가 핵심이라는 점은 새삼 강조할 필요가 없다. 서울대폐지론이나 서울대 독립법인화안 등은 이러한 인식에서 나온 것이다. 대학서열체제의 모순으로 인해 서울대에 대한 사회적 압력이 커지자 서울대 내부에서도 지역균형선발제, 학부정원 축소 등을 도입하려 하고 있지만, 이러한 처방은 대학서열체제를 해소하기는커녕 오히려 고착화할 것이다. 왜냐하면 이 제도 아래서는 '지역균형'이라는 정당성을 확보하는 가운데 각 지역의 가장 우수한 학생들이 서울대에 집중될 것이 자명하기 때문이다.
- 서울대 학부개방안은 2001년 4월 20일에 장회익 교수 등 서울대 교수 20명이 공개적으로 제기한 안이다(http://www.antihakbul.org, 자료실). '대학간 협력을 통한 학사과정 개방화 방안'이라는 제목으로 제안된 이 안은 "첫째로 연합 국립대학으로 하여금 세계 정상급의 연구 및 대학원 교육이 이루어지게 하며, 둘째로 학사과정 교육에 관한 한 한시적으로(10년 시행 후 재검토) 서울대학교 명칭의 입학생과 졸업생을 내지 않으면서도 국내 최우수 교육기관 수준의 인재를 배출할 수 있도록" 하자는 것이다. 이를 위해 '교육정상화 특별법'을 제정해 교육예산을 확보하고 지역균형발전에 기여하도록 하자고 이 안은 주장한다.
- 서울대는 시설이나 교수의 역량에서 다른 국립대학과 상당한 격차가 있기 때문에 대학제도 개혁에서 서울대를 따로 취급할 필요가 있다.

그 방향은 서울대가 현재 가지고 있는 연구교육 역량을 보존하면서 한 단계 높이는 것이다. 그것은 서울대를 대학원대학(대학원 중심 대학이 아니다!)으로 전환해 학문의 중심으로 거듭나게 하는 것이다. 서울대는 독자적으로 학부생을 모집하는 대신, 학부강의를 개설하되 국립대 통합네트워크의 학생들에게 개방하게 된다. 이렇게 해 전국의 우수한 인재들이 서울대 졸업장을 위해서가 아니라 실력향상을 위해서 서울대 학부에서 수학하고 나아가 서울대 대학원에 진학할 수 있게 하는 것이다.

- 평등의 원칙을 따른다면 서울대에 이러한 특권적 지위를 부여해서는 안 될 것이다. 원칙적으로는 서울대도 다른 대학과 마찬가지로 학부를 그대로 두고 추첨을 통해 신입생을 배정받아야 한다. 그러나 기존의 교육자원을 활용한다는 측면에서도 그렇고, 현재 막강한 기득권을 가지고 있는 서울대 교수들의 저항 명분을 제거한다는 측면에서도 서울대에 특별한 지위를 부여하는 것이 불가피해 보인다. 이 개혁안에 대해 대부분의 서울대 교수들이 반대하는 실질적인 이유는 서울대 학벌이 주는 이익을 포기하고 싶지 않다는 데 있기 때문이다. 따라서 학부를 개방해 전국의 수재들을 가르치고 대학원에서 진정으로 학문을 할 수 있게 하는 특별한 지위를 부여한다면 서울대 교수들이 이 개혁안에 반대할 명분은 제거되는 셈이다.

4) 학부과정은 4년으로 하되 1기 과정(2년)에는 인문사회계열과 자연계열 두 계열만 두고, 2기 과정(2년)은 학부제로 운영한다.

- 나중에 살펴보겠지만 대학입학제도가 대학입학자격에 의한 국립대 통합네트워크의 공동선발제도로 바뀌기 때문에 수많은 전공분야별로 학생을 선발하는 것은 물리적으로 불가능하다. 이 문제를 해결하기 위해서 학부과정을 두 과정으로 나눌 필요가 있다. 1기 과정은 기초

학문을 배우는 탐색기로, 2기 과정은 전공학습을 하는 시기로 나누는 것이다. 이렇게 되면 학생들은 두 계열 중 하나를 선택해 대학에 입학한 후 탐색기를 거쳐 각자의 전공분야를 선택할 수 있을 뿐 아니라 기초학문을 충분히 연마할 수 있을 것이다. 또 모든 학생들이 교양기초과목을 이수하기 때문에 비인기분야인 기초학문분야의 교수들도 역할이 커질 것이다.

- 1기 과정은 인문사회계열과 자연계열 두 계열로 나누고 각 계열에 교양과목과 기초학문분야의 교과목을 개설한다. 기초학문의 발전을 위해서도, 장차 전공분야를 공부할 학생들의 폭넓은 교양을 위해서도 기초교양과정을 확대하고 내실화하는 것이 필요하다. 특히, 기초학문 학습을 통해 의사나 판·검사, 변호사 등 전문직 종사자의 교양을 높이는 것이 절실히 필요하다.

- 2기 과정은 인문학부, 사회과학부, 자연과학부, 공학부, 농학부, 해양학부, 가정학부 등의 학부를 두고 완전한 학부제로 운영한다. 지금도 일부 대학이 학부제를 운영하고 있으나 학부의 장점을 제대로 살리지 못해 폐해가 크다. 그 근본적인 이유는 학과제도를 사실상 그대로 둔 채 학부제를 시행하고 있기 때문이다. 학부제가 제대로 시행되면 학생들은 각자의 관심에 따라 자유롭게 전공을 선택할 수 있고, 복수전공, 부전공 등의 제도를 활용할 수 있다. 이러한 장점 때문에 미국이나 유럽의 대학들은 거의 학부제로 운영되고 있다. 우리나라에서 학부제가 실효를 거두지 못하고 있는 것은 전공학과로 고착된 학과 교수들의 제 몫 챙기기 내지는 위기의식 때문이다. 교수들이 같은 캠퍼스에 있는 모든 학생들을 제자로 생각하지 않고 자기 학과 혹은 전공에 적을 두고 있는 학생들만을 제자로 생각하는 데서 문제가 생기는 것이다. 학문분야에 대한 수요는 빠르게 변하는데 기존의 학과제도는 그에 대응하지 못해 비인기 학과 교수들은 원하지 않는 학생들을 억지로 끌어오려 하고 이로 인해 불필요한 경쟁이 발생해 학부제가 오

히려 질곡이 되는 것이다. 이 문제를 해결하기 위해서는 학부과정에서는 학과 자체를 없애 완전한 학부제로 운영하고 학과는 대학원에만 설치해야 한다. 이렇게 되면 교수들은 여전히 학부에 강의를 개설해 전공분야를 가르칠 수 있고, 학생들은 자신이 원하는 교과목을 선택해 하나 이상의 전공분야를 자유롭게 공부할 수 있을 것이다.
- 학부과정을 이수한 학생에게는 전공(복수전공, 부전공 포함)이 표시된 '국립대학 학사 학위'를 수여하고 일반대학원이나 전문대학원에 진학할 수 있는 자격을 부여한다.

5) 법대, 사범대, 경영대, 의대(치대, 한의대, 수의대), 약대 등 전문직을 위한 학부과정을 폐지하고, 이 과정들을 전문대학원에 설치한다.

- 대학서열체제의 또 다른 한 축은 법대, 의대 등 전문직종에 진출할 수 있는 인기 학과와 비인기 학과 사이의 서열이다. 성적이 우수한 학생들이 기초학문분야로 진학하지 않고 법대, 의대 등에 집중되는 것은 국가 전체의 창조적 엘리트 양성에 중요한 장애가 되고 있다.
- 학부과정에서 전문직과 관련 있는 인기 학문분야를 기초학문이나 다른 응용학문과 병립시켜놓으면 현재의 특정 분야 집중현상을 막을 수 없다. 대학입시에서 특정 분야의 경쟁을 완화하고 기초학문을 살리기 위해서는 법대, 사범대, 경영대, 의대(치대, 한의대, 수의대), 약대 등 전문직을 위한 학부과정을 폐지하고 이들을 전문대학원에 설치해야 한다(전문대학원에 대해서는 8)항에서 자세히 다룬다). 사실 이들 학문은 모두 응용학문이기 때문에 굳이 학부과정에 설치할 필요가 없다. 인기 학문분야를 학부과정에는 받아들이지 않고 전문대학원에만 설치하면 학생들은 학부과정에서 기초학문을 충분히 공부하며 자신의 적성을 발견할 기회를 갖게 될 것이며, 전문직종에 진출하는 경우에도 교양이

충실해지는 효과를 거둘 수 있을 것이다.
- 현재의 교육대학과 교원대학은 학부를 폐지하고 국립대 통합네트워크의 교육전문대학원으로 전환하며, 지역별 인구비율에 따라 입학정원을 조정한다.

6) 지역의 국립대학들을 현재의 거점 대학을 중심으로 학구별로 통합하고 몇 개의 캠퍼스로 조직한다.

- 행정조직과 생활권을 고려해 학구를 서울, 경기, 대전충남, 충북, 강원, 전북, 광주전남, 대구경북, 부산, 울산경남, 제주의 11개 학구로 묶는 방안을 생각할 수 있다. 이에 대해서는 개혁안이 실행될 때 면밀히 검토해 얼마든지 조정할 수 있을 것이다.
- 현재 지방의 국립대학은 시도별 거점 대학과 중소규모의 대학들로 이루어져 있다. 그런데 이들 사이에 격차가 있고 분업이 제대로 이루어지지 않아 비효율성이 초래된다.[4] 지역 각 도시에 산재해 있는 국립대학들을 학구별로 통합해 내적 통일성을 유지시킬 필요가 있다. 학구별 통합은 학과들의 중복을 피하고 효율성을 극대화하는 방향으로 한다. 또한 학구는 전문대학원 설치의 기본단위가 될 수 있을 것이다.
- 전체 국립대 통합네트워크 조직은 학구별 대학과 학구 내의 도시 및 지구별 캠퍼스로 구성된다. 예컨대 경남대학 진주(혹은 제3) 캠퍼스, 경북대학 대구(혹은 제1) 캠퍼스, 전남대학 순천(혹은 제2) 캠퍼스와 같은 식이다.
- 이렇게 구획된 학구를 독자적인 네트워크로 조직해 입학생을 학구별

---

4) 최근에 이야기되고 있는 광주전남지역 5개 국립대 연합방안이나 경상대와 창원대 통합방안, 충남대와 충북대 통합방안 등은 이에 대한 하나의 대응이라고 볼 수 있다. 그러나 전체 대학서열체제를 그대로 둔 상태에서는 한 지역에서 아무리 좋은 개혁안이 나와도 효과가 크지 않고, 따라서 실현 가능성도 매우 낮을 수밖에 없다.

로 공동선발하는 방안도 생각해볼 수 있다. 그러나 현재 서울과 지방의 격차가 너무 크기 때문에 그러한 방안은 서울로의 인구집중이라는 부작용을 낳을 수 있다. 따라서 우리의 개혁안은 입학생 모집단위는 전국으로 하되, 대학의 운영은 학구별로 하게 한다.

7) **대학원은 일반대학원과 전문대학원으로 구분한다. 학문을 위한 일반대학원은 대학별 특성화를 유도한다.**

- 학문을 계속하려는 학생들을 위한 일반대학원에는 인문학, 사회과학, 자연과학 등 기초학문분야의 학과들과 공학, 농학, 가정학 등 응용학문분야의 여러 학과들을 둔다.
- 서울대학교를 대학원대학으로 전환해 최고 수준의 일반대학원으로 육성한다. 서울대를 대학원 중심 대학으로 개편하는 문제는 서울대의 자체 발전계획에서도 여러 차례 제기되어 상당한 공감대가 형성되어 있다. 그럼에도 성과가 지지부진한 이유는 교수들이 학벌 기득권에 안주하려 했기 때문이다. 최근에 서울대가 학부 정원을 감축하는 조치를 취한 것은 서울대 개혁에 대한 사회의 압력이 거세게 작용했기 때문이다. 그러나 학부 정원을 감축해 대학원 중심 대학으로 가더라도, 서울대는 좀 나아질지는 모르지만 대학서열체제는 더욱 공고해질 것이다. 대학서열체제 혁파를 위해서는 서울대에서 학부를 완전히 없애 서울대를 대학원대학으로 만들어야 하는데, 대학원교육과 학부교육의 연계성을 고려해 학부를 개방하는 우리의 개혁안이 최선의 대안이다.

각 학구의 국립대학들이 자연스럽게 분야별로 특성화되도록 유도한다. 현재 각 대학의 학과는 서울대를 모방해 만들어졌는데, 학과들은 매우 많으나 한 학과의 규모가 지극히 영세해 대학원을 제대로 운영하기 힘든 상황이다. 그런데도 많은 학과가 앞다투어 대학원을 만

들어 부실한 학위를 양산하고 있다. 대학원과정을 개설해 유지하려면 현재 7-8명 수준에 불과한 한 학과당 교수의 수가 최소한 20-30명은 되어야 한다. 또 우리나라의 인구를 고려할 때 동일 학과의 대학원과정이 지금처럼 수십 개나 있을 필요가 없다. 통상적으로 십여 개 정도면 충분하다고 생각된다. 학구 내에 분산되어 있는 동일 전공의 교수들이 한 대학을 중심으로 컨소시엄을 구성해 하나의 대학원 과정을 운영하도록 하거나, 교수교환제도를 통해 대학들을 학문분야별로 특성화하는 것이 바람직하다.

- 일반대학원에는 석사과정(2년)과 박사과정(2년)을 두며 소정의 과정을 이수한 학생에게 석사학위와 박사학위를 수여한다.
- 서울대 대학원에 입학할 때 국립대 통합네트워크 출신에게 우선권을 부여한다. 이는 사립대학을 국립대 통합네트워크에 편입하기 위한 하나의 유인책이 될 것이다.

8) 전문직업을 위한 전문대학원은 학구별로 인구비율에 따라 입학정원을 조정한다.

- 전문대학원은 3-4년 과정으로 하고 법학대학원(3년), 행정대학원(2년), 외무통역대학원(2년), 교육대학원(2년), 경영대학원(2년), 의학대학원(3년), 치의학대학원(3년), 한의학대학원(3년), 수의학대학원(3년), 약학대학원(3년) 등을 둔다.
- 전문대학원을 졸업한 학생들에게 석사학위를 수여하고, 소정의 시험을 거쳐 각 전문직종의 자격증을 부여한다. 고급공무원임용제도(고시제도)를 개혁해 전문대학원 졸업자에게만 공무원 임용자격을 부여한다. 각종 고시를 통한 고급인력채용제도의 근본적 개혁이 절실하다. 이에 대해서는 '6절'에서 자세히 다룰 것이다.
- 전문대학원은 '지역균형인재등용제도'와 연계해 학구별로 인구비율에

따라 입학정원을 조정한다. 지역불균형을 해소하고 지방대학을 살리기 위해 이 제도의 도입이 시급하다. 이에 대해서도 '6절'에서 자세히 다룰 것이다.
- 각 학구별로 교육대학원을 두어 학구 내의 중등학교와 초등학교 교원을 양성한다. 현재의 사범대학 및 교육대학체제와 교사임용제도는 많은 폐단을 낳고 있다. 고육책에 불과한 교원임용고사에 의한 교사임용제도는 폐지해야 한다. 중등학교와 초등학교의 교사는 국립대 통합네트워크의 교육대학원 졸업생(석사) 중에서 선발함으로써 교사의 질을 높여야 한다.

4. 대학입학제도

대학서열체제를 재생산되는 핵심 고리는 현행 대학입시제도다. 그러나 지금까지 아무리 대학입시제도를 개선해도 대학서열체제를 허물어뜨릴 수 없었고, 결과적으로 서열의 상위로 진출하려는 무한입시경쟁을 없앨 수 없었다. 이는 대학서열체제 자체를 혁파할 수 있는 대학입시제도 개혁이 아니면 무한입시경쟁의 해결책이 될 수 없다는 얘기가 된다. 국립대 통합네트워크의 최대의 장점은 대학서열체제 자체를 해소할 수 있기 때문에 무한입시경쟁을 근본적으로 막을 수 있다는 데 있다. 국립대 통합네트워크 입학제도의 개요는 다음과 같다.

1) 학부입학제도

① 신입생 선발단위는 대학별·학과별이 아니라 전체 국립대 통합네트워크의 총 정원으로 한다.
- 현재 대학서열체제에서 대학별·학과별 입시는 학력고사든 수능이든

내신이든 대학입시의 무한경쟁을 벗어날 수 없다. 현재 대학별·학과별로 입시가 치러지지만 실제로는 학생들의 수능 점수에 따라 해당 서열의 대학에 배정되고 있다고 해도 과언이 아니다. 수능 점수에 따라 대학이 배정되는 구조를 학생들이 대학을 선택해 배정받는 구조로 바꾸는 것이 우리 개혁안의 핵심이다. 대학서열체제를 혁파하기 위해서는 대학별·학과별 선발제도를 국립대 통합네트워크 전체를 모집단위로 하는 선발제도로 바꾸어야 한다.

- 국립대 통합네트워크의 총 정원을 정해 일정한 자격을 갖춘 학생들에게 대학입학자격을 부여한다. 2002년 현재 4년제 국립 종합대학은 26개인데, 여기에 교육대학을 합치면 입학정원은 약 7만 3,000명이며, 사립대를 합치면 약 32만 명이다. 현재, 국립대학 전체와 일정한 수준을 갖춘 사립대학이 국립대 통합네트워크에 편입되면 총 정원은 약 20만 명 정도로 예상할 수 있다.
- 엄격한 학사관리에 의해 중도 탈락자가 생길 것을 고려해 계열별 입학정원은 졸업정원의 150%(약 30만 명)로 한다. 대학교육의 질을 높이기 위해 엄격한 학사관리를 하면 중도 탈락자가 발생할 것이고(이에 대해서는 '5절'에서 자세히 다룰 것이다), 학부 2기 진입과정에서 전공분야별 불균형이 생길 것이므로 입학정원을 졸업정원보다 많게 할 필요가 있다.[5] 대학입학을 쉽게 하고 졸업을 어렵게 만드는 것이 우리

---

5) 1981년에 이러한 취지로 도입되었던 졸업정원제는 보기 좋게 실패했을 뿐만 아니라, 대학 정원을 늘려 교육을 부실화하는 결과를 가져왔다. 실패는 처음부터 예정되어 있었다. 입학 문을 열지 않은 채 졸업 문을 좁게 만드는 것은 좁은 문을 들어온 학생들의 저항을 불러일으킬 수밖에 없었다. 당시 대학서열체제를 그대로 둔 채 각 대학이 졸업정원의 130%를 입학정원으로 해 신입생을 선발했다. 가령 이전에는 전국에서 200등을 하면 서울대 법대에 입학할 수 있었는데 졸업정원제의 도입으로 260등만 해도 입학할 수 있게 되었다. 그러나 260명 중 60명은 아무리 공부를 열심히 해도 상대평가에 의해 졸업장을 받을 수 없게 돼 있었다. 전국에서 260등이라는 우수한 성적으로 어려운 관문을 뚫고 입학한 학생들이 중도 탈락에 순순히 승복하기를 기대하는 것은 무리다. 교수들도 어떻게든 60명을 낙제시켜야 하는데 곤혹스럽기 짝이

개혁안의 또 다른 취지다.6)

② 대학입학자격은 인문사회계와 자연계 두 계열로만 나눈다.
- 학부 1기 과정(2년)에서는 인문사회계와 자연계 두 계열로 나누어 교양과목과 기초과목을 이수하므로 입학정원도 인문사회계와 자연계 두 계열로만 나눈다. 이는 향후 학생들이 신중하게 전공을 선택하기 위해서도 필요하며, 이른바 인기 학과에 학생들이 집중되는 폐단을 없애기 위해서도 필요하다.

③ 대학입학자격은 고교내신성적과 계열별 대학입학자격시험을 통해 국립대 통합네트워크 총 입학정원 계열별로 부여한다.
- 학생들은 고교내신성적과 대학입학자격시험 두 가지 중 하나를 충족하면 대학입학자격을 갖는다.
- 원칙적으로 고교내신성적으로 대학입학자격을 부여한다. 먼저 고교내신성적을 기준으로 총 입학정원의 70%(고교내신성적 상위 약 21만 명)에게 입학자격을 부여한다. 내신성적 점수는 공개하지 않는다.
- 이렇게 될 경우 현재의 대학입시에서와 같은 무한경쟁은 획기적으로 완화될 것이다. 수능시험을 통해 수험생들을 1등부터 꼴찌까지 일렬로 줄세우는 일이 없어져, 내신성적이 당락 등위 주변에 있는 일부 학생들을 제외하면 입시 부담이 크게 줄어들 것이다. 또한 최근 제기되고 있는 고교평준화 해제론에 맞서 고교평준화를 정착시킬 수 있을

없었다. 이러한 사정은 다른 대학에서도 마찬가지였다. 입학 문을 열지 않은 채 도입된 졸업정원제는 작동할 수 없는 시스템이었던 것이다. 그러나 국립대 통합네트워크 입학제도에서는 졸업정원제가 가능할 뿐 아니라 바람직하다. 그것은 입학 문을 대폭 열고 졸업 문을 좁히자는 발상이기 때문이다.

6) 국민들 중에서도 대학의 엄격한 학사관리와 졸업정원제를 요구하는 목소리가 높다. 경상대학교 사회과학연구원 조사(2004)에서는 '대학에서 학업능력이 떨어지는 학생을 졸업시켜서는 안 된다'는 항목에 대해 응답자의 84.1%가 동의했다.

것이고, 중등교육을 정상화할 수 있을 것이다.

④ 계열별 입학정원 중 30%는 별도의 대학입학자격시험을 통해 입학자격을 부여한다.
- 원칙적으로 모든 신입생을 내신성적으로 선발하는 것이 중등교육 내실화와 지역균형발전에 도움이 되겠지만, 중등학교에서 제대로 적응하지 못해 내신성적으로 대학입학자격을 취득하지 못한 학생, 실업계 고등학교 학생, 특수목적고 등 특수고등학교의 학생, 만학도 등을 고려할 때 일정비율에 한해 대학입학자격시험을 도입이 불가피하다.[7]
- 대학입학자격시험에는 고등학교 졸업(졸업 예정)의 학력을 가진 모든 사람이 응시할 수 있다. 다만, 대학입학자격시험 응시횟수를 3회로 제한한다.
- 계열별 고교내신성적으로 선발된 학생들(70%)과 대학입학자격시험 합격자들(30%)이 대학입학자격을 갖는다.

⑤ 현행 수능시험을 폐지하고 이를 대학입학자격시험으로 대체한다.
- 현행 수학능력시험은 중등교육의 학업성취를 평가하는 것이 아니라 대학공부를 수행할 수 있는 능력을 측정한다는 취지로 도입되었기 때문에 평가의 주체가 중등학교가 아니라 대학이며, 이로써 중등교육과정을 심각하게 왜곡하고 있다. 게다가 수능시험은 객관적이고 공정해야 한다는 이유로 5지선다형, 지식 위주의 평가로 일관함으로써 학생들의 창의력과 종합적 사고능력을 해치고 있다.

---

[7] 대학입학자격시험제도를 도입하게 되면 특수목적고가 원래의 취지대로 제자리를 잡을 수 있을 것이다. 현재의 특수목적고는 대부분 원래의 취지에서 벗어나 명문대 진학을 위한 수단으로 변질되었기 때문에 입시교육의 폐해가 더욱 심각하다. 대학입학자격시험제도에서는 전국적으로 9만 명을 선발하기 때문에 학생들은 특목고의 취지에 맞는 공부를 하면서도 대학입시의 부담에서 벗어날 수 있을 것이다.

- 현행 수학능력시험은 모든 수험생들을 점수에 따라 일렬로 세움으로써 무한입시경쟁을 야기하고 대학서열체제를 고착화하는 핵심적인 매개고리다. 따라서 수능의 내용과 방법을 아무리 개선해도 성적을 등급화하는 수능시험이 있는 한 문제가 해결될 수 없다.
- 대학입학자격시험은 등급을 매기는 시험이 아니라 대학입학자격의 당락을 결정하는 시험이다. 즉, 시험성적을 점수로 매기지 않고 오직 합격 여부만 결정하는 것이다. 이렇게 되면 학생들의 무한경쟁을 현저히 완화할 수 있다.
- 대학입학자격시험은 기본적으로 중등교육의 성과를 평가하는 시험이다. 따라서 중등교육과정에서 출제되어야 하며 교사들이 평가의 주체가 되어야 한다.

⑥ 대학입학자격을 획득한 학생들은 먼저 1, 2, 3지망으로 대학(캠퍼스)을 지원해 대학을 배정받고, 정원이 초과되어 대학을 배정받지 못한 학생들은 추첨을 통해 배정받는다.
- 학생이 원하는 대학에 자유롭게 진학할 수 있도록 해주는 것이 가장 바람직하겠지만, 기존의 대학서열을 의식해 몇몇 대학에 학생들이 집중됨으로써 혼란이 생길 우려가 있다. 그렇다고 해서 성적순으로 대학을 배정한다면 입시과열경쟁을 해소할 수 없다. 현행 고등학교 배정방식과 같이 선지원 후추첨으로 하는 것 외에 다른 대안이 없다.[8]
- 서울대가 학부생을 모집하지 않기 때문에, 일정 수준의 사립대학들이

---

8) 프랑스나 독일의 경우 대학입학자격시험(바깔로레아, 아비투어)을 통과한 모든 학생들이 제한 없이 자신이 원하는 대학에 지망해 입학하지만 별 문제가 없다. 한국의 경우에는 완전히 자유의사에 맡기면 기존의 대학서열체제로 인해 과도기적 혼란이 있을 수 있기 때문에 한시적으로 추첨배정방식을 도입할 필요가 있다고 생각된다. 과도기가 지나가고 나면 학생들이 자신이 원하는 캠퍼스에 입학할 수 있으리라고 예상되므로, 국립대 통합네트워크가 정착된 후에는 추첨제도를 폐지해도 될 것이다.

국립대 통합네트워크에 편입되더라도 대학별 교육여건의 차이가 그렇게 크지 않다. 다만 서울 소재 대학에 입학하려는 학생들이 다소 많을 것으로 예상되는데, 나중에 논의할 지역균형인재등용제도를 활용하면 지역분산효과를 상당히 거둘 수 있을 것이다. 대부분의 학생들이 자신들이 거주하는 학구에 있는 대학으로 진학할 것이므로 추첨에 의한 선의의 피해자는 소수에 국한될 것이다. 그러나 이렇게 원치 않는 학교에 배정된 경우라 해도, 입학한 학생의 학적만 추첨에 의해 배정되는 것이고 학점 이수는 원하는 대학(캠퍼스)에서 할 수 있기 때문에 크게 문제될 게 없다.[9]

⑦ 학부 2기 과정의 각 학부(인문학부, 사회과학부, 자연과학부, 공학부, 농학부, 해양학부, 가정학부 등)는 학부 1기 과정 이수자 중에서 무시험 서류전형으로 진입생을 선발한다.
- 서류전형은 학부 1기 과정 학점이수과목과 성적을 토대로 한다. 학부 2기 과정의 각 학부 진입생은 50%의 범위 내에서 다른 캠퍼스 출신을 우선적으로 선발한다. 이는 대학입학과정에서 생길 수 있는 추첨에 의한 불이익을 최소화하고 통합네트워크의 개방성을 최대화하기 위한 장치다.

---

9) 또한 대학(캠퍼스)들 사이에 지원자의 불균형이 클 경우에는 모든 대학이 일률적으로 정원의 150%를 선발하는 것이 아니라 120~180% 범위에서 입학 정원에 차등을 둘 수 있게 함으로써 지원과 배정 사이의 격차를 완화할 수 있을 것이다. 이렇게 되면 학생들이 많이 몰리는 대학이 생겨나겠지만, 그런 대학은 상대적으로 교육환경이 나빠지고 졸업하기도 어려워질 것이기 때문에 시간이 지나면 오히려 기피 대상이 되고, 이런 식으로 점차 자연스럽게 입학정원이 균형을 찾아가게 될 것이다.

2) 대학원입학제도

① 일반대학원은 학부과정의 성적을 중심으로 한 서류전형으로 신입생을 선발한다.
- 일반대학원 입시에서 다소 경쟁이 있겠지만, 대학원이 세분화되어 있기 때문에 경쟁이 국지적으로 일어날 것이다. 그리고 학부 성적이 중요한 요소가 될 것이므로 학부교육의 정상화에 도움이 되는 방향으로 경쟁이 일어날 것이다. 학부교육의 정상화를 유도하기 위해서는 대학원입시에 학부에서의 학업성취(성적)가 중요한 요소로 작용하도록 제도화해야 한다.

② 대학원의 각 학과는 신입생 선발에서 다른 대학(캠퍼스) 출신 학생에게 50% 범위 내에서 우선권을 부여한다.
- 대학원의 특정 학과에 같은 대학 출신이 집중되어 학벌이 형성되는 폐해를 막기 위해서도, 대학입학과정에서 생기는 추첨에 의한 불이익을 최소화하기 위해서도 타대학 출신에게 입학우선권을 부여할 필요가 있다. 물론 서울대 대학원에는 100% 타대학 출신이 입학하게 될 것이다.

③ 대학원의 특성화를 위해 위의 원칙 아래서 각 대학원의 전공학과에 최대한 자율적인 신입생 선발권을 부여한다.
- 대학원 과정에서는 캠퍼스 사이의 자연스러운 경쟁을 통해 특성화를 유도하는 것이 바람직하다. 이를 위해서는 타대학 출신에게 일정비율 내에서 우선권을 주도록 강제하는 것 외에는 신입생 선발에 최대한 자율성을 보장해야 할 것이다.

④ 전문대학원은 학부과정 이수자 중에서 학부과정 성적(50% 반영)과

별도의 선발시험 점수(50%)를 근거로 해 신입생을 선발한다.
- 우리 개혁안에서는 전문대학원 입학경쟁이 가장 치열할 것으로 예상된다. 따라서 별도의 선발시험제도가 필요하다. 다만 이 경우에도 대학교육의 정상화를 위해 학부과정 성적을 중요하게 반영해야 한다.

⑤ 전문대학원은 지역균형인재등용제도의 취지에 따라 동일 학구의 학부 출신에게 우선권(80%)을 부여한다.
- 우리의 개혁안에서는 지역균형인재등용제도의 취지에 따라 각종 전문대학원의 정원이 학구별로 인구비율에 따라 조정되어 있다. 이를 학부와 연결해야 소기의 목적을 달성할 수 있는데, 그 방법은 학구별로 전문대학원 정원이 조정되어 있으므로 동일 학구 내의 대학에 전문대학원의 문을 일차적으로 개방하는 것이다. 동일 학구의 대학 출신에게만 입학자격을 줄 수도 있겠지만, 여러 가지 예외적인 상황을 고려해 80% 정도의 범위 내에서 그들에게 우선권을 주는 것으로도 충분하다고 생각된다.

이상과 같은 국립대 통합네트워크의 대학과 대학원 입학제도를 그림으로 나타내면 [그림 9-1]과 같다.

5. 국립대 통합네트워크의 운영

국립대 통합네트워크에서는 전국의 대학들이 하나의 네트워크로 운영된다. 신입생을 통합해 선발하고, 모든 학생들에게 모든 대학(캠퍼스)의 강의를 개방하며, 공동의 국립대학 학사학위를 수여한다. 이러한 통합 운영을 제외한 모든 학사운영에 대해서는 대학자치의 이념에 따라 각 대학(캠퍼스)이 최대한의 자율성을 가져야 한다. 국립대 통합네트워

[그림 9-1] 국립대 통합네트워크 입학제도

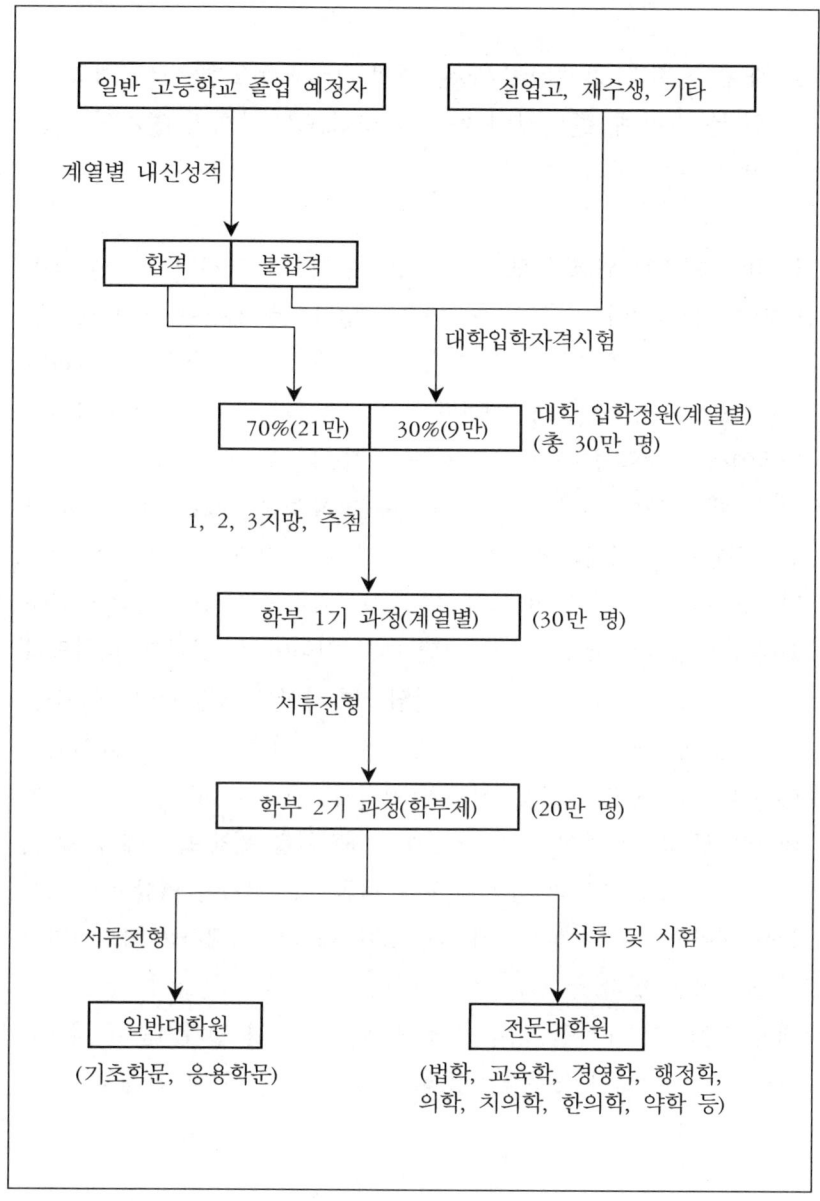

크의 구체적인 운영방식은 다음과 같다.

1) 대학 학적과 관계없이 모든 졸업생에게 동일한 '국립대학 학위'를 수여해, 졸업장이 아니라 성적표가 사회적 평가의 기준이 되도록 한다.

- 국립대 통합네트워크의 모든 졸업생에게 전공이 표시된 동일한 국립대학 학위를 수여하며, 이로써 대학 졸업장으로 사람을 평가하는 현재의 학벌주의 관행을 없앨 수 있다. 결국 사회는 학생을 평가하기 위한 새로운 기준을 요구하게 되고, 학생평가자료는 졸업장이 아니라 대학에서의 학업성취도를 나타내는 성적표가 된다.
- 성적표에는 재학 연한, 이수과목(수준별), 성적(상대평가), 담당 교수(학점실명제) 등이 기재되어야 한다. 재학 연한은 정해진 기간 내에 학부 과정을 이수했는지를 판단하는 기준이 된다. 학업성취가 낮아 다수 교과목에 낙제를 했던 학생이라면 재학 연한이 길 것이다. 대학입학이 평준화됨으로써 학생들 간의 학업능력 차이가 커질 것이므로 수준별로 다양한 교과목이 개설되고 성적표에 교과목의 수준이 표시되어야 한다. 성적표가 중요한 사회적 평가기준이 되는데다 교수들 사이의 편차도 최소화해야 하기 때문에 상대평가를 원칙으로 해야 할 것이다. 그리고 교수들의 강의 의욕을 북돋우고 인기에 영합하는 교수들을 제어하기 위해 성적표에 담당 교수 이름을 기재하는 학점실명제를 도입해야 한다.
- 대학 성적표가 대학원 진학, 취업 등에서 유일한 평가기준이 되므로 학생들은 대학에서 공부를 열심히 하지 않을 수 없게 된다.

2) 국립대 통합네트워크 내의 어떤 대학(캠퍼스)에서도 학점을 이수할 수 있게 한다.

- 지금도 몇몇 대학은 대학간 학점교환제도를 채택하고 있지만, 대학서열체제로 인해 졸업장이 결정적인 사회적 평가기준이 되는 현실 속에서 이것은 별 실효가 없다. 국립대 통합네트워크에서는 모든 학생이 자기가 원하는 대학(캠퍼스)에서 수학할 수 있고 자기가 원하는 교수를 찾아가 배울 수 있다.
- 학점 취득을 네트워크 내에서 개방함으로써, 입학 당시 원치 않는 대학을 배정받은 학생들의 불이익을 최소화할 수 있다. 국립대 통합네트워크의 취약점 중 하나는 선지원 후추첨 방식으로 대학이 정해지기 때문에 학생들이 원치 않는 대학을 배정받을 가능성이 있다는 것이다. 따라서 학적은 배정받은 대학에 두되 강의는 이렇게 어떤 대학에서나 들을 수 있게 하면 우연으로 인한 불이익을 최소화할 수 있다.
- 특정 대학의 특정 강의에 학생들이 집중될 경우에는 수강인원을 제한하고 수학 연한과 성적을 기준으로 우선순위를 정할 수 있다. 이 경우 상대평가제를 도입해 학생들의 집중을 막고 적정한 수강생을 유지할 수 있게 한다. 학생들의 다양하고 복잡한 수강신청에 따르는 행정적인 문제는 현재의 정교한 전산시스템으로 해결할 수 있다.

3) 서울대학교는 학부과정 강의를 개설해 국립대 통합네트워크 학생들에게 개방한다.

- 서울대가 따로 학부생을 모집하지 않고 대학원대학으로 전환하면 장차 이 대학원에 진학하기 위해 서울대 학부 강의를 수강하려는 희망자가 많아질 것이다. 서울대는 학부 2기 과정(전공과정)을 중심으로 강의를 개설하고 통합네트워크 학생들에게 개방한다.

- 특정 강의에 학생들이 집중될 경우에는 학생들의 수학 연한과 성적을 기준으로 해 수강인원을 적정한 수준에서 제한한다. 이 경우 상대평가제를 통해 수강생의 집중을 완화한다.

4) 국립대 통합네트워크의 수준을 상향 평준화하기 위해 대학의 엄격한 학사관리가 필수적이다.

- 현재의 입시제도와 대학서열체제 아래서는 학생들의 저항 때문에 대학이 엄격한 학사관리를 하기가 어렵다. 학생들은 대학입시라는 엄격한 선별과정을 통과했기 때문에 성적불량으로 인한 유급이나 제적을 받아들일 준비가 되어 있지 않고, 교수로서는 그러한 학생들의 저항에 맞서 엄격한 학사관리를 관철시키기가 매우 어려운 것이 현실이다. 국립대 통합네트워크의 기본적인 취지는 대학입학의 문을 열되, 대학에 들어간 학생들이 학업에 열중하지 않으면 안 되게끔 하자는 것이다.
- 교수는 강의계획서를 인터넷을 통해 공개하고 강의평가제를 전면적으로 도입한다.
- 성적 평가는 상대평가제를 원칙으로 하고 특수한 교과목에서는 통과-낙제제도를 도입한다.
- 학생들의 다음 학기 수강신청 우선순위는 직전 학기의 수학 연한과 성적을 기준으로 정한다.
- 학부 1기와 2기에 각각 유급제도를 도입해 수준에 미달하는 학생을 유급시킨다. 2회 연속 유급할 경우에는 탈락시키고 총 재학 연한을 제한한다.
- 전공별 졸업시험제도를 도입해 국립대 통합네트워크의 학사학위를 표준화한다.

5) 대학 평준화로 인한 학생들 사이의 실력 차이에서 오는 교육의 수월성 문제는 동일한 교과목에 대해 수준별로 복수 강의를 편성함으로써 해소한다.

- 입학 문이 넓어져 다양한 수준의 학생들이 동일한 대학의 동일한 강의를 수강할 때 교육의 수월성 문제가 제기되는 것은 당연하다. 특히, 수학·어학 같은 기초도구 과목과 자연과학분야의 과목은 고급·중급 등 수준별로 편성하고, 성적표에 이수과목의 수준이 나타나게 한다.

6) 대학공교육체제의 원칙 아래, 국립대학의 등록금을 단계적으로 인하해 무상교육으로 전환한다.

- 대학의 공교육화를 위해 국립대 통합네트워크는 무상교육을 원칙으로 한다. 다만 국가재정을 고려해 학생들의 등록금을 단계적으로 줄여나간다. 국립대 통합네트워크에 편입된 사립대학들도 물론 국립대와 동일한 수준으로 등록금이 조정되어야 한다.

7) 국립대학간 경쟁을 유도하기 위해, 신입생 통합선발을 제외한 모든 학사를 각 대학이 자율적으로 운영한다.

- 국립대 통합네트워크는 중앙집권적 대학운영으로 오해받을 가능성이 있다. 교육부는 오직 신입생의 통합선발에만 관여하고, 대학자치의 원칙에 따라 각 대학에 최대한의 자율성을 보장함으로써 진정한 의미에서 대학간 경쟁이 일어날 수 있게 해야 한다.
- 이를 위해서는 단위 대학에 자율권을 부여하고 대학평의회 같은 의사결정기구를 설치해야 하며, 이를 구성하는 교수회, 학생회, 직원협의회 같은 대학자치기구에 법적 지위를 부여해야 한다.

8) 대학에 학사관리의 자율성을 보장하기 위해서는 사립학교법을 개정해 사립대학이 교육의 공공성 실현에 참여하도록 하는 것이 반드시 전제되어야 한다.

- 현재 대부분의 사립대학들은 교육의 공공성은 뒷전에 두고 재단 관계자들의 영리 추구의 수단이 되고 있다. 엄연히 공익을 목적으로 설립된 재단법인이 대학 부지매입이나 건물 신축 등을 통해 온갖 비리를 저지르고 있으며, 그러는 동안에 정작 대학은 부실해지고 있다.
- 사립대학의 이러한 비리와 부실을 실질적으로 규제할 수 있도록 사립학교법을 조속히 개정해야 하며, 돈벌이를 위해 대학을 설립하고 운영하려는 사람들이 대학교육에 발을 붙이지 못하게 만들어야 한다. 이러한 개혁을 전제로 해서 입학생 선발을 제외한 모든 학사관리의 자율성을 각 대학에 보장한다.

9) 교수임용제도를 개선하고 국립대 통합네트워크에 속한 대학 교수들의 상호교환제도를 확충한다.

- 현재의 교수채용제도는 국립대의 경우 소수의 해당 학과 교수들이 실질적인 채용권을 가지고 있어 연고주의가 개입될 개연성이 매우 크며, 사립대의 경우에는 이사장이나 총장의 자의와 독단이 개입될 가능성이 매우 높다. 이런 이유로 교수 채용비리가 끊이지 않는다. 이를 개선하기 위해, 국립대 통합네트워크 차원에서 학문분야별 교수채용위원회를 구성하고 이 위원회가 신임교수를 채용해 각 대학에 배치하는 방안을 강구해야 한다. 또한 국립대 통합네트워크가 시행될 경우 새로 생길 수 있는 대학원 학벌주의와 연고주의를 막기 위해 신임교수 채용시 동일 대학원 출신을 제한할 필요가 있다.
- 각 대학들의 특성화를 위해 교수교환제도를 대폭 확대한다. 특히, 대

학원을 컨소시엄으로 구성해 운영하게 될 경우 현재 경직적으로 운영되고 있는 대학간 교수교환제도를 광범위하게 확대할 필요가 있다.

6. 부대적 제도개혁

국립대 통합네트워크가 제대로 작동하기 위해서는 몇 가지 부대적인 제도개혁이 필수적이다. 이 개혁안은 대학제도 및 대학입시제도의 개혁을 중심에 두고 있긴 하지만 워낙 전면적인 것이어서, 교육부 수준의 단순한 교육개혁 차원을 넘어선다. 개혁의 성공을 위해 반드시 수반되어야 하는 개혁조치에는 다음과 같은 것들이 있다.

1) 지역균형인재등용제도와 고시제도의 개혁

국립대 통합네트워크가 정착되기 위해서는 우선 지역균형인재등용제도가 실시되어야 한다. 우리의 개혁안은 인기 학과 서열화를 막기 위해 전문대학원제도를 도입하는데, 이를 지역균형인재등용제도와 결합해야 하며, 현재의 각종 고시제도를 전면적으로 개혁해야 한다.

일본 제국주의의 잔재라고 할 수 있는 현행 사법고시, 행정고시, 외무고시, 기술고시 등 각종 고시제도는 대학교육을 황폐화하고 고급 사교육시장을 확대하는 역할을 하고 있을 뿐 아니라 우수한 인재를 수년간 묵히는 사회적 낭비를 초래하고 있다. 이른바 명문대학에 입학한 많은 학생들이 전공공부는 제쳐놓고 고시공부에만 열을 올리고 있는 것이 현실이다. 서울대 앞에 형성된 신림동 고시촌은 서울대학생들 뿐만 아니라 지방에서 올라온 학생들도 가세해 연중 북적이고 있다. 매년 1,000명을 뽑는 사법고시를 준비하는 사람들이 10만 명이 넘는다고 한다. 그것도 공부를 잘한다는 인재들이다. 때로는 10년을 고시공부에 매달리는 사람도 있다. 이 얼마나 큰 낭비인가. 10만 명 중 9만 9,000명은 낙방할 수밖에 없는데, 낙방한 경우 공부한 것을 써먹을 데가 없다. 어려운 관문을 뚫고 합격해 출세를 확실히 보장받았다 하더라도 이미 많은 것을 잃고 난 다음이다. 대부분의 고시합격자들은 대학입시의 관문을 통과하자마자 곧장 고시공부를 시작하기 때문에 전문직을 수행하는 데 필요한 일반적 교양을 쌓을 여유가 없다. 사정이 이렇다 보니 '사회지도층'이라 불리는 판사, 검사, 의사들의 사회의식 수준이 형편없는 경우가 많다.

대안은 현행 각종 고시제도를 개혁해 전문대학원제도를 통해 각 분야의 인재를 채용하는 것이다. 현행 고시제도의 중요한 문제 중의 하나는 훈련과정이 전혀 없이 누구나 시험에 응시할 수 있게 되어 있다는 것이다. 사법고시를 준비하는 사람들 중에는 법대생뿐 아니라 인문대, 사회대 학생은 물론이고 공대, 농대 학생들도 적지 않다. 이는 대학의 전공교육이 황폐화되는 원인 중 한 가지다. 각종 고등고시의 지원 자격을 전문대학원(법학대학원, 행정대학원, 외무통역대학원, 교육대학원, 경영대학원, 의학대학원, 치의학대학원, 한의학대학원, 수의학대학원, 약학대학원 등)에서 일정한 교육훈련을 받은 졸업자로 한정한다면 사회적 낭비를 줄이고 제대로 훈련받은 전문인력을 양성할 수 있을 것이다. 여기에는 판사, 검사, 행정사무관, 외교관 등 고급 공무원의 채용시험과 변호사, 회계사, 의사 등 전문직종의 자격증시험이 포함된다.

법학대학원(로스쿨)과 의학대학원의 경우는 이미 전문대학원으로 전환하는 문제가 수면 위로 떠올라 있다. 이러한 제도 전환 움직임은 다른 전문직종과 관련된 학부과정도 전문대학원으로 전환할 수 있는 좋은 계기다. 그러나 현행 대학서열체제를 그대로 둔 채 법학대학원이나 의학대학원을 도입할 경우에는 입시경쟁이 더욱 치열해지고 대학서열체제가 더 강고해질 가능성이 크다. 현재 서열의 상위에 있는 대학들이 전문대학원 설치권을 독점하게 될 것이고 대학생들이 전문대학원 입학을 위해 치열한 경쟁을 벌일 것이기 때문이다. 전문대학원 설치는 대학서열체제 전반을 혁파하는 전면적 개혁 프로그램 안에서 진행되어야 한다.

각종 전문대학원 설치를 지역균형인재등용제도와 결합시키면 문제를 한꺼번에 풀 수 있다. 지역균형인재등용제도의 하나인 인재지역할당제가 이미 오래전에 제기되어 논의가 상당히 진척되어 있다. 인재지역할당제란 사법고시, 행정고시, 외무고시 등 각종 고위 공직자 채용이나 의사고시 같은 전문자격증 취득시험의 합격자를 지역별, 출신 대학별로 할당해 원천적으로 특정 지역이나 대학의 권력독점을 방지함으로써 지방대학을 살리자는 방안이다(박찬석·김윤상, 1997). 지방 국립대학 총장들의 강력한 요구에 따라 1998년 2월에 국회의원 80여 명이 공동발의로 '국가인재의 지역간 균등등용 추진방안'이라는 이름의 의원입법안을 국회에 제출했는데, 인재지역할당제의 내용을 담은 이 입법안은 지금은 사문화된 상태다.

우리의 개혁안은 이러한 인재지역할당제의 취지를 전문대학원제도와 결합시킨다. 각종 고시합격자를 지역별·대학별로 할당하는 대신, 각종 전문대학원의 설치와 입학정원을 국립대 통합네트워크의 학구별로 인구비례에 따라 할당함으로써 지역균형을 이루는 것이다. 현재는 서울 소재 대학 출신들이 각종 고시합격자의 80% 이상을 차지하기 때문에 서울을 중심으로 하는 대학서열체제가 더욱 심화되고 있다. 사실 국립대 통합네트워크가 제도화되더라도 학생들이 서울 소재 대학을 선호할 가능성이 높다. 그러나 지역할당제를 실시하면 서울에는 서울의 인구비율인 25% 만큼만 입학정원이 할당될 것이므로, 서울 소재 대학을 선택할 동기가 현저히 줄어들면서 학생들이 지방으로 분산될 것이다.

지역균형인재등용제도는 국립대 통합네트워크를 정착시켜 무한입시경쟁을 획기적으로 완화하고 대학교육의 내실화를 가져올 뿐 아니라 지역균형발전에도 크게 기여할 것이다. 국립대 통합네트워크를 구축하기 전에 당장이라도 인재지역할당제를 실시할 필요가 있다. 지금까지의 지역균형개발정책이 주로 지방에 자원을 배분하는 방식으로 이루어졌다면, 인재지역할당제는 투자비용이 전혀 들지 않는 제도라는 장점도 있다.

그리고 하급 공무원 채용의 경우에는 분야별로 2년제 전문대 졸업자에게만 응시자격을 부여하는 제도를 도입할 필요가 있다.[10]

2) 사립학교제도의 개혁

국립대 통합네트워크가 제대로 작동하기 위해서는 건실한 사립대학, 특히 서울에 있는 사립대학들을 네트워크에 끌어들이는 것이 관건이다. 물론 이미 지적한 바와 같이 대학 등록금 정책과 전문대학원 설치 같은 수단을 통해 사립대학들을 끌어들이는 것은 크게 어렵지 않겠지만, 현재의 사립대 운영관행을 그대로 둘 경우 대학간 격차가 커져서 어떤 대학들은 학생들에게 외면당하는 문제가 발생할 수 있다. 사립대학들이 국립에 준하는 여건을 갖출 수 있도록 하기 위해서는 사립학교법 개정을 포함한 사립학교제도의 개혁이 필수적이다.

1980년대 이후 고등교육 수요 폭증에 따라 정부가 사립대학의 설립인가를 남발하면서 대학교육에서 사학이 차지하는 비중이 매우 높아졌다. 4년제 대학생의 75%가 사립대학교에 다닌다고 보면 된다. 사립대학은 비영리 공익재단임에도 불구하고 재단이사장의 사유물로 인식되고 있으며, 부패와 부실의 온상이 되어 있다. 또한 대부분의 사학재단

---

10) 2년제 전문대학의 제도개혁에 대해서는 이 책에서 상세히 다루지 못했다. 현재 전문대학이 정체성을 잃고 일반대학의 하위 서열로 형성되어 있는 가장 근본적인 원인은 대학서열체제다. 따라서 전문대학 제도개혁은 일반대학의 제도개혁 없이는 효과를 거둘 수 없다. 국립대 통합네트워크를 통한 일반대학 개혁과 함께 전문대학 개혁도 논의되어야 하며 이에 대해서는 따로 개혁안이 마련되어야 할 것이다.

은 거의 전적으로 학생들의 등록금에 의존해 대학을 운영하고 있으며 재단 전입금은 극히 미미한 수준이다. 또한 이사장의 비민주적이고 독단적인 운영구조와 관행으로 사실상 1인 독재체제나 다름없는 사립대학이 많다. 그 동안 사립학교법은 유력한 재단이사장들이 국회의 교육위원회에 직접 참여하거나 강력한 로비를 벌이는 가운데 대학의 공공성을 해치고 이사장의 대학통제를 강화하는 방향으로 개악되어왔다. 최근에 '사학청산법' 입법이 시도되고 있는데, 이는 사립재단 설립자나 2세들이 자신들이 과거에 사회에 내놓았던 공익재단을 청산을 통해 재산을 돌려받겠다는 것이다. 이러한 입법을 중단하고 사립대학을 원래의 설립취지로 돌려놓을 수 있는 법 개정이 대학 개혁의 선결요건이다.

  사립학교법 개정의 방향은 사학의 공공성 확보, 대학 운영의 민주화, 부패방지의 제도화에 초점을 맞추어야 한다. 사학의 공공성 확보를 위해서는 공익 이사제를 도입해 학교법인 이사회 구성 정수의 과반수를 대학운영위원회 또는 해당 대학 교수회가 추천하는 공익 이사로 구성해야 한다. 또한 사립대학의 교수임용제도를 공영화해야 한다. 대학 운영의 민주화를 위해서는 대학운영위원회를 설치해 이를 심의의결기구로 만드는 한편, 교수회, 직원협의회, 학생회에 법적 기구의 지위를 부여해야 한다. 또 부패방지를 위해 사립학교 설립인준기준을 강화하고 공개적 재산관리를 강화하는 한편, 비리가 발생했을 경우 임시이사회를 조속히 파견하고 비리 당사자의 복귀를 연장하는 등의 조치를 취해야 한다. 사립대학이 국립대 수준으로 공공성을 확보하고 민주적으로 운영되게 하는 이러한 법 개정은 국립대 통합네트워크가 작동할 수 있는 전제다.

3) 조세제도의 개혁

  국립대 통합네트워크의 최종 목표가 대학교육의 공교육화이므로 이를 완벽하게 구축하려면 엄청난 재원이 필요하다. 따라서 교육재정의 획기적인 증대가 요구된다. 현재 수준의 대학교육을 국가가 무상으로 제공한다고 할 때 추가로 소요되는 재정규모는 입학정원 30만 명 기준으로 약 7조 원이다. 현재 정부 교육 예산의 약 30%를 증액해야 하는 셈이다.

그러나 국민경제 전체로 보면 지금이라도 국민경제에 전혀 충격을 주지 않고 교육재정을 확충할 수 있다는 점을 먼저 지적해두고 싶다. 2003년 현재 우리나라의 교육비 지출액은 GDP의 13%가 넘는 것으로 추정된다(민주노동당, 2004). 이는 세계 최고 수준이다. 대학교육의 경우만 보더라도 우리나라의 경제력은 입학정원 기준으로 32만 명(전문대를 포함하면 약 60만 명)의 대학교육비를 어떤 식으로든 감당하고 있다. 이 중 정부재정이 차지하는 비율이 낮을 뿐이다. 현재 대학생의 학부모 학비 부담률(등록금)을 보면, 국립대학은 약 40%, 사립대학은 90% 이상이다. 대학교육비의 90%를 학부모가 직접 부담하고 정부지원은 10%에 불과한 것이다. 여기에다 서울 등 타지역으로 유학을 보냄으로써 추가로 발생하는 비용(하숙비 등)을 합치면 우리나라의 학부모는 현재 엄청난 교육비를 부담하고 있는 셈이다.

따라서 조세제도 개혁을 하더라도 현재 학부모가 부담하고 있는 재원을 세금으로 편입해 무상교육에 사용하는 방식이므로 국민경제 전체로 볼 때는 전혀 충격을 주지 않는다. 오히려 학비 부담을 줄이고 소득 불평등을 완화할 수 있다. 게다가 국립대 통합네트워크가 실시될 때 절감할 수 있는 사교육비의 일부라도 세금으로 전환한다면, 현재보다 대학교육의 질을 높이는 것도 가능하다. 문제는 학부모들이 대학 등록금으로 직접 지출하는 사부담 공교육비와 사교육비를 세금으로 거두는 것인데, 이는 경제가 아니라 정치의 문제이며 조세제도의 개혁을 요구한다. 민주노동당이 제안한 부유세 같은 새로운 세제를 도입하는 방안을 강구할 수 있다. 그러나 조세제도의 개혁은 현대 정치에서 가장 핵심적인 사안이기 때문에 단순히 개혁안으로 풀 수 있는 것이 아니다. 나중에 지적하겠지만 교육개혁운동이 정치운동으로 나아갈 수밖에 없는 이유가 여기에 있다.

그러나 국립대 통합네트워크에서 재정문제는 결정적인 문제는 아니다. 등록금의 차이가 국립대와 사립대 사이의 서열을 발생시키는 하나의 원인이 되고 있기는 하지만, 앞에서 지적한 바와 같이 현재 대학서열체제에서 등록금 차이는 부차적인 문제라고 할 수 있다. 궁극적으로는 무상교육을 해야겠지만, 대학 등록금 정책을 통해 과도적으로 해결할 수 있는 몇 단계 방안을 생각할 수 있다. 첫째로, 학부모에게 추가 부담을 거의 주지 않고 시행할 수 있는 방안은 국립대 통합네트워크의 등록금 수준을 현재의 국립대 등록금과 사립대 등록금의 평균 정도로 하는 것이다. 이렇게 하면 정부가 추가재정을 확보하지 않아도 된다. 다음으로 생각할 수 있는 방안은 국립대 통합네트워크의 등록금을 현재의 국립대 수준으로 하는 것이다. 이 경우 약 2조 8,000만 원 정도의 추가재정이 필요한데, 이 규모는 현재 교육재정의 약 10% 수준이다. 이 수준에서 시작해 점진적으로 재정지원을 늘려간다면 국가 재정에 큰 부담이 되는 수준은 아닐 것이다. 또한 영국처럼 학생들에게 등록금을 부과하되 전액을 정부가 대여해주고, 학생이 졸업해 일정한 소득을 갖게 되었을 때 조세형태로 상환하는 제도를 도입하는 것도 고려할 수 있다.

요컨대 완벽한 국립대 통합네트워크의 구축을 위해서는 반드시 조세제도 개혁이 따라주어야 하지만, 조세제도 개혁 없이 국립대 통합네트워크를 구축하는 것이 불가능한 것은 결코 아니다.

7. 국립대 통합네트워크의 기대효과

국립대 통합네트워크가 구축되면 다음과 같은 여러 측면에서 효과가 나타나 교육의 공공성이 강화되고 바람직한 사회를 만드는 데 크게 도움이 될 것이다.

1) 입시 위주 교육이 지양됨으로써 중등교육이 정상화될 것이다.

- 국립대 통합네트워크가 구축되면 무한입시경쟁은 사라지고, 자격시험의 당락이 갈리는 지점 가까이에 몰려 있는 학생들 간의 경쟁으로 경쟁이 매우 제한될 것이다. 이렇게 되면 입시 위주 교육에 초점을 맞출 필요가 없어지기 때문에 자연스럽게 중등교육이 정상화되고, 교사들이 폭넓은 시야를 가지고 교육할 수 있는 여건이 조성될 것이다.
- 특수목적고, 자립형 사립고 등으로 인해 고교평준화제도가 위협받고 있는데, 국립대 통합네트워크가 구축되어 내신성적으로 신입생을 선발하게 되면 고교평준화제도가 잘 정착될 것이다.
- 입시경쟁이 현저히 약화될 것이므로 중등학교의 수준별 교육도 큰 저항 없이 이루어질 것이다. 이로 인해 교육의 수월성도 제고될 것이다.
- 현재의 특수목적고가 또 다른 대학입시 준비기관의 성격에서 벗어나 본래 목적에 맞는 교육을 실시할 수 있을 것이다. 영재교육도 별다른 사회적 저항 없이 가능해질 것이다.[11]
- 대학서열체제의 해소로 학벌주의가 타파되면, 이름만 있을 뿐 정체성을 잃어버린 실업계 고등학교와 직업교육이 정상화되는 데 간접적으로 도움이 될 것이다.

---

[11] 초중등교육에서의 영재교육은 원칙적으로 특수학교를 만드는 것보다 학교제도 바깥에서 지역별로 다양한 부문의 영재교육 프로그램을 운영하는 방향으로 나아가야 한다. 현재 몇몇 지역에서 영재교육 프로그램이 시도되고 있지만, 본래의 취지에서 벗어나 일류대학 진학반의 성격을 벗어나지 못하고 있는데, 이는 무엇보다 대학서열체제 때문이다. 국립대 통합네트워크에서는 초중등교육이 입시 부담에서 벗어날 수 있기 때문에 진정한 의미의 영재교육 프로그램이 가능하게 될 것이다. 영재교육 프로그램이 운영되면 지역의 대학이 교수자원을 제공할 수 있을 것이다.

2) 서열에 의한 대학평가가 교육내용과 질에 의한 평가로 대체될 것이므로 대학교육의 경쟁력이 강화될 것이다.

- 현재의 대학서열체제에서는 대학 내에서 혹은 대학간에 경쟁이 일어나기 힘들다. 이에 반해 국립대 통합네트워크가 구축되면 대학 입학 후 학생들 사이에, 또 대학 사이에 경쟁이 일어날 것이므로 대학교육의 경쟁력이 현저히 강화될 것이다.
- 대학 졸업장 대신 학업 성취도가 중요한 사회적 평가기준이 될 것이므로 대학교육의 정상화가 이루어질 것이다.
- 대학입시경쟁이 완화됨으로써 대학원입시경쟁이 치열해지겠지만, 대학원의 전공이 세분화되고 대학원 입학전형에서 학부에서의 학업성취를 중요한 변수로 고려하면 크게 문제되지 않을 것이다.

3) 우리 사회 고질병의 하나인 학벌주의가 타파되고 사람을 능력으로 평가하는 사회가 될 것이다.

- 국립대 통합네트워크에서는 대학 졸업장이 평가의 기준이 되지 않으므로 학벌로 사람을 평가하는 관행이 크게 줄어들 것이다.
- 국립대 통합네트워크는 대학을 평준화하는 가운데 다양한 방식으로 경쟁을 조장해, 분야별로 능력에 따른 차별화가 일어나 능력으로 사람을 평가하는 사회를 만들 것이다.
- 대학원의 경우는 분야가 세분화되고 수가 적어질 것이므로 설혹 동문 조직이 잔존하더라도 현재의 명문대 동문 학벌과는 성격이 다를 것이다.

4) 사교육비가 대폭 축소됨으로써 교육 기회의 형평성이 제고될 것이다.

- 국립대 통합네트워크가 구축되면 수능시험이 폐지되고, 고교내신성적에 의한 선발로 대체될 것이므로 사교육시장이 급격하게 위축될 것이다.
- 또한 무한입시경쟁이 현저히 줄어들어 사교육의 필요성이 극히 제한될 것이다. 국립대 통합네트워크의 입학정원 안에 드는 실력을 갖춘 학생들은 따로 입시공부를 할 필요가 없게 되고, 자격시험 당락선 근처에 있는 소수만 경쟁을 벌일 것이다.

5) 교육인구로 인한 인구의 수도권 집중이 해소되고 지역균형발전에 도움이 될 것이다.

- 국립대 통합네트워크의 핵심 축이 지방에 있는 거점 국립대학들이 될 것이므로 지방 출신 학생들이 대학 진학을 위해 서울로 몰리는 현상이 현저히 줄어들 것이다.
- 국립대 통합네트워크와 지역균형인재등용제도를 결합하면 교육인구의 서울집중현상을 해소하고, 수도권 인구집중을 완화하고, 지역균형발전을 이루는 데 획기적으로 기여할 것이다.

6) 노동시장에 지나치게 종속되어 있는 대학교육이 학문을 목적으로 하는 본연의 기능으로 정상화될 것이다.

- 대학 평준화가 이루어져 대학의 서열이 없어지면 학문이나 전문직을 목표로 하지 않는 학생들의 대학 진학 필요성이 현저히 줄어들 것이다.

- 대학이 학벌이 아니라 학문을 위한 장으로 전화되면, 노동시장 진출에 유리한 전문대학의 수준도 올라가고 교육도 정상화될 것이다.

7) 외국의 교육시장 개방압력을 견뎌낼 수 있고 정체성 있는 교육이 가능하게 될 것이다.

- 현재의 대학제도는 신자유주의 시장논리와 밀려드는 개방압력에 취약할 수밖에 없다. 이미 교육부문에 시장이 형성되어 있는 상황에서 현재의 대학서열체제는 고등교육이 공공재가 아니라는 공격에 취약하다. 이대로라면 교육은 국가부문으로 인정되기 어렵기 때문에 서비스 개방 대상 목록에서 배제되기 어렵다. 개방의 물결에 속수무책으로 당하게 되는 조건인 것이다. 이러한 개방화 흐름을 저지할 수 있는 정책대안이 바로 공교육화를 전제로 하는 국립대 통합네트워크다.
- 개방이 불가피해질 때 현재의 대학서열체제 아래서는 대학교육이 일종의 '상품'으로 취급되기 때문에 '양질'의 상품이 외국에서 밀려들어오면 저질의 상품은 밀려나기 마련이다. 개방이 불가피하더라도 이를 견뎌내기 위해서는 대학의 공공성에 입각한 국립대 통합네트워크 구축이 절실하다. 특히, 국립대 통합네트워크가 구축되면 전문대학원 제도를 통해 국내 대학제도의 틀 안에서 전문인력의 양성을 소화할 수 있기 때문에 웬만한 개방압력에도 견딜 수 있을 것이다.

8) 가난한 사람들에게 동등한 교육기회를 제공함으로써 사회정의가 실현되는 데 기여할 것이다.

- 국립대 통합네트워크는 학부모들을 사교육비 부담에서 해방시키며, 무상의 국립대학을 개방함으로써, 특히 가난한 사람들에게 교육기회의 폭을 넓혀주고 계층이동의 기회를 확대해줄 것이다.

- 국가가 교육의 공공성 확보를 통해 자본주의 시장에서 강자의 힘을 완화하고 사회적 약자를 보호하는 역할을 수행함으로써 정당성 제고와 사회정의 실현에 도움이 될 것이다.

8. 실천방안

　국립대 통합네트워크는 입시제도 개선 같은 부분적인 개혁안이 아니라 대학제도 자체의 개혁과 부대적 개혁조치를 포함하는 전면적인 공교육개혁방안이다. 따라서 이 개혁을 이루기 위해서는 교육부 차원의 기술공학적 접근을 넘어서는 정권 차원의 정치적 결단이 필요하다. 그러나 현실의 국가는 충돌하는 여러 사회 세력들의 힘 관계 속에 있다. 현재 학벌사회와 대학서열체제가 유지되고 있다는 사실은 이를 유지시키려는 세력들이 국가권력의 주도권을 쥐고 있음을 말해주는 것이다. 따라서 개혁안의 실천을 위해서는 우선 현재 사회 세력들의 힘 관계 속에서 대학서열체제를 유지시키려는 세력과 이를 혁파하려는 세력을 구분해 정확하게 분석해야 한다. 사회 세력들의 힘 관계는 각 사회 세력의 이해관계와 그들이 각각 동원할 수 있는 자원을 파악함으로써 분석할 수 있다. 여기서는 대학서열체제를 유지하는 데 이해관계를 가지고 있는 세력을 저항세력으로, 그것을 해소하려는 세력을 개혁의 주체 세력으로 설정한다.

　입시지옥에 시달리는 대부분의 학생과 학부모들, 공동화된 교실에서 수업을 하는 교사들, 대학서열체제로 인해 연구와 강의 의욕을 잃은 지방대학의 교수와 학생들을 비롯한 압도적 다수의 국민들은 우리의 개혁안을 지지할 것이다. 그러나 현재의 학벌사회와 대학서열체제에서 이익을 누리고 있는 기득권층의 저항이 예상된다. 이 저항세력에는 서울대를 비롯한 명문대 교수들과 동문들, 교육관료들과 관변 교육학자들,

사립대학의 이사장들, 사설학원 등 입시산업에 종사하는 사람들이 포함된다.

1) 저항세력들[12]

(1) 서울대 학벌

대학서열체제의 정점에 있는 서울대는 학벌사회에서 권력을 독점하고 있기 때문에 가장 중요한 저항세력이 될 것이다. 서울대 학벌이 우리 사회의 전 분야에 걸쳐 독점적 권력을 장악하고 있기 때문에 위로부터의 개혁을 통한 대학서열체제 혁파는 기대하기 힘들다. 우리가 국립대 통합네트워크를 운동의 관점에서 제기하는 가장 결정적인 이유가 여기에 있다.

서울대 학벌을 서울대를 졸업한 동문들과 현재 서울대에 재직하고 있는 교수들로 나누어볼 수 있다. 서울대 동문들은 교육개혁의 의제에 대해 자신들이 각 분야에서 누리고 있는 독점적 권력을 이용해 소극적으로 저항할 수는 있겠지만 집단적으로 공공연하게 저항하기는 쉽지 않을 것이다. 교육개혁이 자신의 직접적 이해관계와는 거리가 있을 뿐 아니라 교육개혁에 대한 국민의 열망이 큰 만큼 현재 자신이 있는 위치에서 최소한의 자기 정당화가 필요할 것이기 때문이다. 다만 언론기관에 종사하는 학벌집단은 자신들의 지위를 이용해 개혁안에 대해 비

---

[12] 여기서 저항세력으로 파악하고 있는 서울대 교수, 교육부 관료와 교육학 교수, 사립대학 재단 이사장, 사설 학원장이 모두 실제로 저항세력이 된다는 의미는 아니다. 가령 서울대 교수 중에도 대학과 학문의 발전을 위해 국립대 통합네트워크를 적극적으로 지지하는 교수들이 있고, 교육부 관료나 교육학 교수 중에도 그런 사람들이 얼마든지 있을 수 있다. 그럼에도 이들을 저항세력의 범주로 파악하는 것은 그들의 물질적 이해관계가 국립대 통합네트워크와 상충하게 되어 있기 때문이다. 이 저항세력들 중에서 물질적 이해관계에서 벗어나 교육개혁이라는 대의명분에 동참할 사람들을 만들어내는 것도 운동과정의 중요한 과제 중 하나다.

난을 퍼부을 가능성이 높다. 게다가 이들은 학벌주의라는 자신들의 이해관계를 감추고 교육 경쟁력이라든지 엘리트 교육 같은 이데올로기를 동원해 교묘하게 공격할 것이다. 교육운동 진영은 다양한 대안 언론을 통해 이러한 이데올로기와 맞서 싸워야 할 것이다.

이에 비해 현직 서울대 교수들은 직접적인 개혁대상이 되기 때문에 집단적이고 조직적으로 저항할 가능성이 매우 높다. 현재의 대학서열체제 속에서 서울대 교수들은 본래 교수가 가질 수 있는 영향력을 훨씬 넘는 권력을 향유하고 있기 때문에 이것을 놓지 않으려 할 것이다. 서울대 교수들은 연구 프로젝트를 수주하는 데 유리할 뿐 아니라 전국의 '수재'들을 가르칠 수 있는 권리를 항상적으로 보장받고 있다. 게다가 단지 서울대 교수라는 이유만으로 언론매체에서 특별한 대접을 받고 각종 정부기관의 자문교수로 위촉받는 기회가 많으며, 서울대 교수 경력을 이용해 정계로 입문하는 경우도 적지 않다.[13] '대학원 중심 대학으로의 전환'을 골자로 한 구조개혁안이 서울대 내부에서 나온 지 오래지만, 이것은 교수들의 반발로 번번이 무산되어왔다. 이는 서울대가 학문공동체이기 이전에 권력기구라는 사실의 일단을 보여준다. 서울대 교수들이 연구와 교육이라는 본연의 임무를 통해 자신을 드러내기보다 서울대 교수라는 지위를 이용해 한껏 권력을 누리고 있다는 사실은, 학문에 뜻을 둔 서울대 학생들이 일단 서울대 학벌을 취득한 뒤에는 대부분 미국 유학을 선택하고 교수들도 이를 권장하고 있는 데서도 잘 드러난다. 학생도 교수도 학문이 아니라 학벌(권력) 때문에 서울대에 집착하는 것이다.

서울대 교수들은 국립대 통합네트워크에 대응함에 있어, 실제로는 학

---

[13] 강준만은 서울대 교수들을 비롯한 명문대 교수들을 '입시전쟁의 사생아'라고 부른다. "한국 지식인은 입시전쟁의 사생아이다. 왜 사생아인가? 입시전쟁의 적자(嫡子)는 대학 신입생이지만, 교수들은 그 전쟁의 전리품을 매년 정년퇴직 때까지 챙기기 때문이다."(강준만, 2001: 65)

벌을 지키려는 속셈임에도 불구하고, 대학교육의 경쟁력이나 엘리트 교육의 필요성 등을 명분으로 내세워 공공연히 저항을 표출할 가능성이 있다. 이러한 저항을 분쇄하기 위해서는 이들에게 이런 명분을 만들어 주지 않는 것이 무엇보다 중요하다. 우리의 개혁안이 서울대를 특별히 취급한 이유가 바로 여기에 있다. 국립대 통합네트워크에서는 서울대 학부를 개방해 서울대를 졸업장 따는 곳이 아니라 진정으로 학문을 하려는 전국의 수재들을 교육하는 장으로 만들고, 서울대를 대학원대학으로 전환해 학문의 중심으로 만들고자 한다. 서울대를 권력의 중심이 아니라 학문의 중심으로 만들려 하는 것이다. 이렇게 하면 서울대 교수들에게 국립대 통합네트워크에 저항할 명분을 주지 않게 되고, 따라서 그들의 주장이 결국 기득권을 지키려는 속내의 발로임을 폭로할 수 있을 것이다.14)

(2) 교육학 권력

대학서열체제를 재생산하는 매개자의 역할을 충실히 수행하고 있는 교육학 권력은 자신들의 이익을 지키기 위해 완강히 저항할 것이다. 교육학 권력이란 교육부를 중심으로 포진해 있는 교육관료와 그에 밀접하게 관련돼 있는 교육학 교수들을 가리킨다. 교육학 권력은 교육권력을 장악하고 교육개혁이라는 미명 아래 지금까지 우리 교육의 모순을 확대재생산하는 데 가장 결정적인 역할을 해왔다고 해도 과언이 아니다. 이들은 스스로의 생존을 위해 불필요한 교육과정과 시험을 양산하

---

14) 국립대 통합네트워크가 '서울대 폐지'라는 잘못된 이름으로 제기되자, 2004년 봄 서울대 총학생회는 토론회를 기획한 바 있다. 이 안을 제기한 나와 서울대 구조 조정안을 입안 중인 서울대 모 교수를 불러놓고 학생들이 보는 가운데 논쟁을 붙이려고 한 것이다. 예상한 대로 서울대 모 교수의 회피로 토론회는 무산되었다. 아마 명분 싸움에 자신이 없어서였을 것이다. 결국 강연회 형식으로 학생들에게 국립대 통합네트워크를 소개하는 것으로 만족해야 했다.

고, 문제가 드러나면 또다시 다른 제도를 연구하고 시행해왔는데, 이 과정에서 교육관료들은 교육학자들과 공모해 이른바 '교육개발'이라는 명목으로 엄청난 재원을 주물러왔다(http://www.antihakbul.org). 이들이 국가가 관리하는 수학능력시험을 놓지 않으려고 하는 중요한 이유 중의 하나도 그것이 교육학 권력의 이익과 직결되어 있다는 데 있다.

우리 교육이 교육학 권력의 전횡에 내맡겨져 있는 것은 근본적으로 잘못된 교육행정체제 때문이다. 교육부는 원래 학교교육을 지원하는 역할을 해야 함에도 불구하고 오히려 지휘·통제하는 기능을 해왔고, 그 권한을 교육관료를 중심으로 한 교육학 권력이 쥐고 있는 것이다. 그러면 어떤 사람들이 핵심 교육관료가 되는가? 5급 교육행정직시험에 합격하면 교육관료가 되고, 이들 중 상당수는 교육부 사무관이 된 뒤 연수라는 명목으로 미국으로 유학을 가며, 박사학위를 받고 돌아와서는 단순한 관료가 아닌 교육학자로 변신해 교육정책을 좌지우지한다. 또 교육부는 교육개발원, 교육과정평가원, 직업능력개발원 등 방대한 규모의 연구기관들을 거느리고 있는데, 이곳들 또한 당연히 교육학 권력에 장악되어 있다. 교육관료는 각종 정책연구 프로젝트를 교육학자들에게 독점적으로 제공함으로써 일종의 카르텔을 형성해 교육학 권력을 공고히 하고 있다. 교육부가 발주하는 각종 정책연구들이 교육학자들의 돈잔치라는 것은 공공연한 비밀이다. 그리고 이 교육학 권력의 핵심에는 서울대 사범대학 학벌이 있다는 것도 잘 알려진 사실이다.

교육학 권력은 기득권을 지키기 위해 어떤 전면적 개혁에도 저항하겠지만, 국립대 통합네트워크에 대해서는 그것이 현재의 교육학 권력의 해체를 포함하고 있기 때문에 특히 강도 높게 저항할 것이다. 교육부가 관리하는 수능시험이 폐지되고 고등학교 교사들이 출제하는 대학입학자격시험이 그것을 대체하게 되면 교육학 권력의 중요한 이권이 없어질 것이다. 그리고 대학입학제도 외의 모든 대학운영을 각 대학에 맡겨 대학 운영이 민주화되면, 교육관료들이 각 대학 총장들을 지렛대 삼아

누려온 온갖 권력도 사라지게 된다. 또 대학의 학문과 교육정책을 총괄하는 고등교육위원회를 중앙에 설치하면 교육부의 기능이 지휘·통제의 기능에서 교육지원의 기능으로 바뀌게 되어 교육부 권력은 해체될 것이다. 교육학 권력이 자신들을 부정하는 이러한 전면적 개혁을 수수방관할 리 없다.

교육학 권력의 중심에는 교육관료들이 있는데, 이들은 각자의 지위에서 개혁안을 저지하기 위해 안간힘을 쓸 것이다. 이들은 공무원 신분인 데다 저항의 명분을 찾기 힘들어 집단적이고 공개적인 방식으로 저항하기는 힘들겠지만, 여러 가지 인적 네트워크를 이용해 완강히 저항할 것이다. 더 직접적인 저항세력은 교육관료들과 결탁한 교육학 교수들이다. 이들은 교육학 권력을 유지하기 위해 온갖 교육학 이론과 미사여구를 동원해 개혁안을 헐뜯고 여건이 갖춰지지 않았다느니, 시기상조라느니 하면서 저항할 것이다. 이에 적절하게 대응해 이들의 논리가 교육학 권력을 지키려는 몸부림이라는 점을 폭로하는 것이 무엇보다도 중요하다.

(3) 사립대학 재단

사립대학 재단은 국립대 통합네트워크에 중요한 저항세력이 될 것이다. 사학재단들의 속모습에는 상당한 차이가 있다. 비교적 건실한 사학재단이 있는가 하면, 순전히 돈벌이 수단으로 만들어진 재단도 상당수 있다. 따라서 이들이 개혁안에 저항하는 방식은 다양하게 나타날 것이다. 이른바 명문 사립대학 재단은 대학서열체제에서 서울대 다음의 권력을 누리고 있기 때문에 현재의 권력을 잃을 가능성이 있는 개혁안을 반기지 않을 것이다. 서울대는 국립대학이어서 정해진 주인이 없는 반면 사립대학은 재단이라는 주인이 있기 때문에 이들의 저항은 교수들의 저항보다 훨씬 클 것으로 예상된다. 특히, 국립대 통합네트워크 편입과 전문대학원 설치를 연계하는 데 대한 저항이 클 것이다. 그러나 현재의 명문대학들이 주로 전문대학원으로 전환하기로 되어 있는 법대,

의대, 경영대 등을 통해 명문대학의 지위를 유지하고 있기 때문에 이 저항을 넘어서면 국립대 통합네트워크로의 편입은 어려운 문제는 아닐 것이다.

지방에 산재하는 부실 사립대학 재단들은 국립대 통합네트워크에 편입되지 못할 경우 존립의 기반을 잃을 것이므로 격렬한 저항세력이 될 것이다. 그러나 이들이 동원할 수 있는 권력자원이 크지 않기 때문에 크게 염려할 정도는 아니라고 생각된다. 국립대 통합네트워크는 공부를 하기 위해서가 아니라 단순히 대학 졸업장을 손에 넣기 위해서 진학하는 학생들을 줄여, 이러한 부실 대학을 정리하거나 전문대학으로의 전환을 유도하는 좋은 기회가 될 것이다.

(4) 사설학원

현재의 대학서열체제로 인해 야기되는 무한입시경쟁으로 가장 큰 물질적 이익을 누리고 있는 세력이 바로 각종 사설학원들이다. 국립대 통합네트워크는 입시경쟁을 줄여 사교육시장을 현저히 축소시킬 것이므로 사설학원에 결정적인 타격을 입힐 것이다. 따라서 사설학원은 우리의 개혁안에 대한 가장 큰 저항세력이 될 것이다. 그러나 이들은 부동산 투기꾼들이 정부의 투기억제정책에 저항하면서도 공개적으로 의사표출을 할 수 없는 것과 마찬가지로 저항의 명분을 찾기 힘들기 때문에 적극적이고 공개적인 저항은 하지 못할 것이다. 이들의 소극적 저항을 돌파하는 데는 큰 어려움이 없을 것이다. 또 사설학원에 저임금으로 고용되어 있는 강사들은 국립대 통합네트워크가 구축되면 공교육의 교사 내지 보조교사로 채용될 수 있는 가능성이 커지므로 잠재적 동조세력이 될 수도 있다.

2) 개혁의 주체 세력

(1) 교사

교사들은 입시지옥의 직접적 피해자들이다. 중등학교가 완결된 교육으로 기능하지 못하고 거의 전적으로 대학입시에 매달려 있기 때문에 교사가 교실에서 자신의 교육철학을 실현하는 데는 근본적으로 한계가 있다. 우리의 개혁안이 실행되면 중등교육은 무한입시경쟁에서 벗어나 자율성을 확보하게 되고 교사들은 전인교육을 펼칠 기회를 갖게 될 것이다. 그러나 현실의 교사들 중 다수는 관료적 교육통제체제와 대학서열체제가 강요하는 입시 위주의 교육의 타성에 젖어 있는 것이 사실이다. 보충수업이 비교육적인 것을 잘 알면서도 부수소득을 올리기 위해 그것을 받아들이는 교사들이 적지 않은 것만 보아도 알 수 있다. 이들이 타성에서 벗어나지 못하는 가장 큰 이유는 패배주의에 있다. 교육의 가장 중요한 주체이며 입시경쟁의 직접적인 피해자들인 교사들이 패배주의를 극복하고 개혁의 주체로 나서는 것이 국립대 통합네트워크 성패의 관건이다.

교사들은 그간의 험난한 투쟁을 통해 전교조라는 대중조직을 갖게 되었다. 전교조는 약 10만 명에 이르는 조합원과 10년 이상의 조직 경험을 가진 다수의 간부들로 구성된 강력한 조직이다. 지금까지 전교조는 파시즘적 교육통제와 신자유주의적 교육정책에 대항해 초중등교육을 정상화하기 위한 노력을 경주해왔다. 그러나 대학서열체제가 강요하는 입시 위주 교육이 중등교육개혁에서 최대의 걸림돌이라는 사실을 인식하고 있으면서도 교사들이 아주 최근까지도 대학개혁 요구로까지 나아가지 못했던 게 사실이다. 이는 지금까지 전교조운동의 수세적 성격을 반영하는 것이다. 그러나 중등교육의 개혁을 위해서도 교사들은 이제 전체 교육체제에 대한 공세적인 운동에 나서야 한다. 특히, 대학제도의 전면적 개혁을 교사운동의 중심 의제로 설정해야 한다.

교사운동의 핵심 조직인 전교조는 대중조직이기 때문에 교사의 권익 옹호라는 노동운동의 과제를 해결하는 데 일차적으로 집중할 수밖에 없다. 교사 대중을 노동운동에서 교육개혁이라는 교육운동으로 끌어올리기 위해서는 전교조의 지도력이 매우 중요하다. 전교조는 적어도 두 가지 면에서 지도력을 발휘해야 한다. 중앙의 정책 단위에서는 교육개혁의 과제가 교사 대중의 이해관계와 직결되어 있다는 점을 설득할 이론적 근거를 마련하고, 각 지부조직을 통해 교사 대중을 끊임없이 설득해야 한다. 그리고 다른 한편으로 교사들의 힘만으로는 교육개혁운동의 실현에 한계가 있기 때문에, 각 지역의 간부들은 교육운동이 정치운동으로 고양될 수 있도록 지역사회운동에서 교육운동의 네트워크를 형성하는 데 중심적인 역할을 해야 한다.

(2) 학부모

학부모들은 우리의 개혁안에 대해 각자의 계급적 위치에 따라 상이한 반응을 보일 것이다. 대학서열체제 속에서 이익을 누리는 학부모들은 우리의 개혁안에 저항할 것이다. 상류층을 비롯해 전문직, 관리직 등에 종사하면서 고소득과 사회적 지위를 보장받고 있는 신중간층이 이 경우에 속한다. 이들은 '경쟁력'을 표방하면서, 대학을 자신의 사회경제적 지위를 대물림하는 수단으로 생각해 열심히 학벌 경쟁에 참여하고 있으며, 그 구조가 깨지는 것을 원하지 않을 것이다. 이들은 거액의 과외비를 짧은 기간에 투자해 명문대학에 자녀를 입학시킴으로써 자신들의 계층적 지위를 세습시킬 수 있는 가능성이 높다고 생각하므로 입시경쟁이라는 단판 승부를 매력적으로 여길 것이다. 실제로 학부모의 사회·경제적 지위가 자녀의 명문대학 입학률과 밀접한 관련이 있다는 것은 제1장에서 이미 지적한 바 있다. 통계자료에서도 부모의 교육 수준이 높을수록, 부모의 직업적 위신이 높을수록, 그리고 가정의 소득 수준이 높을수록 수험생의 수능 상위권 점유율이 높은 것으로 나타난다. 전문 관리직, 전문대졸 이상, 소득 상위계층의 자녀들은 수능 점수를 매개로 상위 고등교육의 기회를 더 많이 가지는 것이다(진보교육연구소, 2002: 76).

그러나 이들 소수를 제외한 압도적인 다수의 학부모들은 학벌사회와 대학서열체제의 피해자들이다. 중하층 학부모들의 경우 현재는 상류층이 주도하는 학벌경쟁에 말려들어 있는 것이 사실이다. 한국사회는 계층을 막론하고 교육열이 유별나게 높은데, 그 배경 요인으로는 임금격차가 심한 불안정한 노동시장구조, 교육이라는 '보험'에라도 가입하지 않으면 기댈 곳 없는 취약한 사회보장제도와 극히 제한된 기회구조 등을 들 수 있다. 이 때문에 사람들은 교육을 미래를 위한 최소한의 '투자' 개념으로 바라본다. 그리고 그 투자 행위는 대단히 과소비적이어서 가난한 계층에게는 '출혈' 경쟁이 될 수밖에 없다. 이처럼 중하층의 학부모들은 무한입시경쟁의 폐해를 알면서도 어쩔 수 없이 출혈 경쟁을 벌일 수밖에 없는 처지에 있으므로 현실성 있는 개혁안이 제시되면 적극적으로 환영할 것이다. 국립대 통합네트워크가 실현되면 자녀들이 청년기에 대학입시로 인해 좌절하는 모습을 지켜보지 않아도 되고, 사교육비 지출의 감소로 삶의 질을 높일 수 있게 되므로 다수의 학부모들은 이를 환영할 것이다.

경상대 사회과학연구원 조사(2004)에 따르면, '서울대를 정점으로 하는 대학서열체제는 어떻게든 해소되어야 한다'는 데 일반인의 82.1%(매우 그렇다 48%, 그렇다 34.1%)가 동의한다. 그리고 '경찰대나 해양대 같은 특수목적대학을 제외한 전국의 국립대학교들을 하나의 네트워크로 묶어 운영하는 것이 좋다'는 항목에서 67.5%가 동의를 표했다. 이 조사가 국립대 통합네트워크가 아직 잘 알려지기 전에 실시된 것임을 감안하면, 대중들에게 개혁안이 제대로 알려질 경우 압도적 다수의 학부모들로부터 지지를 받을 수 있을 것으로 짐작된다.

학부모들은 지금까지 교육정책에서 개별적인 수준에서(개인적인 차원에서) 수동적인 적응자로서 행동해왔기 때문에 일시적으로는 대학제도의 갑작스러운 변화에 당황해할 수도 있지만, 우리의 개혁안이 실현 가능한 것으로 판단되면 개혁안을 적극적으로 지지할 것이다. 학부모들을 개혁운동의 주체로 내세우는 일이 중요하다. 학부모는 과중한 공교육비(약 50%)와 사교육비를 부담하고 있음에도 불구하고 입시제도 등 교육정책에서 소외되어왔다. 1987년 6월항쟁 이후 시민운동의 성장과 함께 '참교육 실현을 위한 전국학부모회' 등 여러 학부모 단체들이 교육개혁운동에 나서고 있다. 그러나 지금과 같은 시민운동단체로서의 학부모운동은 일정한 한계를 가질 수밖에 없다. 개별화되어 있는 학부모들은 계급적 지위가 다양할 뿐 아니라 지배이데올로기에서 벗어나기가 쉽지 않기 때문이다. 또한 현재의 학부모 단체들은 자발적 참여자들의 헌신성에 거의 전적으로 의존하고 있는데다 언론매체를 통한 문제제기의 방식으로 운동을 하고 있기 때문에 한계가 가질 수밖에 없다. 학부모운동은 이제 대중 속에 뿌리를 내릴 수 있는 방향을 모색해야 한다. 우선, 학교제도 속에서 학부모의 역할을 확보하려는 노력이 중요한데, 학교운영위원회를 법적 기구로 만들고 학부모들이 여기에 적극적으로 참여하는 것이 중요하다. 또한 대중조직을 기초로 학부모들을 조직하는 방향을 모색해야 한다. 노동조합, 농민회 등 대중조직이 교육문제를 주요 의제로 내걸고 교육개혁운동에 참여할 수 있도록 유도해야 한다.

(3) 학생

입시지옥의 직접적인 피해자인 고등학생들과 중학생들, 심지어 초등학생들도 우리의 개혁안을 적극적으로 환영할 것이라고 예상할 수 있다. 성적이 우수한 학생이든 그렇지 않은 학생이든 마찬가지일 것이다. 현재의 상황에서 이들이 문제 해결의 주체로 나서기는 어려울 것으로 보이지만, 이들은 중요한 잠재적 동조세력이 될 것이다.

대학생들의 경우에는 반응이 엇갈릴 것으로 예상된다. 이른바 명문대학에 다니는 학생들은 기득권을 놓지 않으려고 할 것이기 때문에 개혁안에 부정적일 것이다. 그러나 다수의 중하위권 대학 학생들은 우리의 개혁안이 학벌사회를 타파하는 중요한 계기가 될 것이기 때문에 환영할 것이다. 특히, 지방대학 재학생들은 대학서열체제의 피해자들이므로 크게 환영할 것이다. 이들은 개혁안을 실천하는 데 중요한 주체 세력이 될 수 있을 것이다.

　학생운동은 지금까지 정치지향적 운동에 매진해왔는데, 1990년대 초반 이후 대중조직인 총학생회를 통한 정치운동은 한계를 드러내고 있다. 대중조직으로서의 학생회는 대학 개혁, 청년실업문제 등의 의제로 방향을 전환해야 한다. 부실 대학에서 학생들은 재단비리에 대한 투쟁을 벌여왔으며, 거의 모든 대학에서 매년 학기 초에 등록금 인상 반대 투쟁을 조직해왔다. 이러한 투쟁은 기본적으로 현재의 대학체제 속에서 나타나는 모순에 대한 수세적 투쟁의 성격을 띤 것이다. 학생들은 이제 자신이 속한 대학에서 국지적으로 벌이는 수세적 투쟁에서 벗어나 '대학교육의 공교육화'라는 원칙 아래 전면적인 대학개혁운동을 의제로 설정해야 한다. 국립대 통합네트워크 구축 운동은 그 중요한 매개고리가 될 수 있으며, 특히 지방대학 학생들이 연대해 선두에 나설 필요가 있다.

　나아가 학생운동이 교육개혁의 의제를 설정하고 힘차게 운동을 전개하기 위해서는 지금까지의 '학생회 중심' 운동에서 벗어나 다양한 의제를 통한 네트워크운동으로 전환하는 것이 시급하다(장상환·정진상, 2001: 467-476). 6월항쟁 이후 급격히 성장한 학생회 중심의 학생운동은 민주화 이행 국면에서는 전대협, 한총련 등으로 결집해 위력을 발휘했지만, 1991년 5월투쟁을 고비로 침체를 겪어왔다. 학생회는 대중조직이기 때문에 학내문제를 벗어나는 사회적 의제를 운동과제로 설정하는 데 기본적으로 한계가 있다. 사회적 의제에 관심 있는 대학 내 소수의 학생들이 모여 공통된 관심을 갖고 있는 다른 대학 학생들과 네트워크를 구성해 부문별 전국 조직을 만들어나가는 방식으로 조직 노선이 변화되어야 한다. 민주노동당 학생위원회가 각 대학에 네트워크를 형성하려고 하는 것이 모범적인 사례다. 교육개혁운동에 관심 있는 각 대학 학생들이 모여 전국적인 교육개혁 네트워크를 구성하는 것이 학생운동의 당면한 조직적 과제라고 할 수 있다.

(4) 교수

교수들은 계급적 지위로 볼 때 기득권층에 속하지만, 지식인이라는 역할로 인해 모순적인 위치에 있다. 또한 교수들은 대학 개혁의 당사자들인만큼 개혁에서 중요한 세력이다. 약 4만 명에 달하는 교수들 사이에서도 현재 자기가 재직하고 있는 대학에 따라 입장이 달라질 것이다. 이른바 명문 사립대학 교수들은 대부분 현 대학서열체제의 기득권을 유지하려고 할 것이므로 잠재적 저항세력이 될 수 있다. 게다가 서울대가 학부생을 모집하지 않게 되면 자기 대학의 서열이 올라갈 것을 기대해 국립대 통합네트워크 편입에 적극적으로 저항할 가능성이 있다. 반면 중위권 대학의 교수들은 현재 사립대학의 개혁을 원하고 있고 기득권이 크지 않기 때문에 국립대 통합네트워크 편입에 우호적일 가능성이 크며, 설사 저항한다 하더라도 소극적 저항에 그칠 것이다. 지방 국립대학 교수들은 현재의 대학서열체제로 인해 상당한 피해의식을 가지고 있기 때문에 크게 저항하지는 않을 것이다. 현재의 지방대학 교수들은 훌륭한 교육여건과 뛰어난 자질에도 불구하고 우수한 학생을 유치하지 못해 강의와 연구의욕을 잃은 경우가 많다. 국립대 통합네트워크에서 교수들은 지방의 우수한 학생들을 가르칠 기회를 가질 뿐 아니라 그들을 연구의 조력자로 삼을 수도 있으므로 연구와 강의의욕이 올라갈 것이다. 나아가 각 국립대학은 동일한 조건에서의 경쟁을 통해 자연스럽게 특성화될 것이다. 국립대학 교수들의 교환제도를 통해 특성화된 국립대학에 협력할 교수들이 모여들 수 있는 제도적 장치가 보장되기 때문이다. 지방 국립대학 교수들은 국립대 통합네트워크의 중요한 수혜자인만큼 이 개혁안의 실현에 주체적으로 나서야 할 것이다.

그러나 교수들은 기본적으로 학벌사회에서 기득권을 누리는 계층이므로 교수 대중이 개혁의 적극적인 주체로 나서기를 기대하기는 힘들다. 따라서 개인의 이해관계를 떠나 지식인으로서의 역할이라는 대의를 결집하는 방향에서 교수운동을 조직해야 할 것이다. '민주화를 위한 전국교수협의회'는 오래전부터 교육문제를 비판하고 여러 대안들을 제시해왔다. 그리고 최근에는 교수노조가 결성되어 활동하고 있다. 이러한 교수 단체들이 국립대 통합네트워크 구축을 중요 의제로 설정해 대학개혁의 전면에 나서야 한다.

3) 실천전략

우리의 개혁안을 현실화할 수 있는 최종적인 기구는 공교육의 책임을 맡고 있는 국가(정부)다. 중등교육의 공공성 강화, 대학교육의 경쟁력 강화 및 지역균형발전을 중요한 교육정책 과제로 표방하고 있는 노무현 정부는 당장 국립대 통합네트워크 구축에 나서야 할 것이다. 그러나 노무현 정부의 권력기반이 취약하고 기득권층을 중심으로 한 반대세력이 강력한 정치세력을 형성하고 있는 만큼, 정부가 개혁안을 당장에 현실로 옮기기는 어려울 것으로 보인다. 현실 속에서 국가는 충돌하는 여러 사회 세력들의 힘 관계 속에 있기 때문이다. 따라서 개혁안의 실현을 위해서는 주체 세력을 형성하는 것이 가장 중요한 과제다.

대학서열체제를 유지함으로써 학벌주의를 재생산해 기득권을 유지하려는 세력들의 저항을 극복하고 국립대 통합네트워크를 실행에 옮기기 위해서는 아래로부터의 범국민적 교육개혁운동이 필요하다. 따라서 교사, 학부모, 학생, 교수 등 개혁의 주체 세력을 결집해야 한다. 그럼 개혁운동의 주체 세력을 어떻게 결집할 것인가? 여기서는 교육과 관련된 대중조직과 시민운동단체들의 힘을 결집할 수 있는 연대기구와 교육개혁을 주요 의제로 삼아 활동하는 정당의 역할이 중요하다.

 2003년 10월 11일에 결성된 'WTO 교육개방 저지와 공교육 개편을 위한 범국민교육연대'는 여러 형태의 조직들을 하나의 결집된 힘으로 모으는 출발점이 되어야 할 것이다. 여기에는 대중조직, 시민운동단체, 정당 등 31개의 단체가 참여하고 있다. 교육개혁과 직접 관련된 대중조직으로는 전교조, 학생회, 교수노조 등이 있고, 시민운동 단체로는 학부모회, 학벌없는 사회, 교육시민모임 등이 있다. 이 외에 민주노총, 전농 같은 대중조직도 교육문제에 매우 큰 이해관계를 가지고 있다. 범국민교육연대나 교육개혁운동시민연대, 그리고 비상국민회의와 같은 연대기구는 교육운동 관련 시민단체들의 느슨한 연대에 기초해 지금까지 주로 공중전을 통해 담론을 형성하는 데 주력해왔다.

 그러나 운동의 초기에 담론을 형성하고 확대하는 것은 무엇보다 중요하지만, 담론만으로는 교육개혁을 결코 현실화할 수 없다. 담론을 확대하는 공중전과 더불어 대중의 지상전이 필요하다. 대중은 지역에 산재해 있으므로 지상전은 각 지역에서 조직되고 수행되어야 한다. 인천교육연대, 대구교육연대, 서울교육연대 등은 그러한 요청에 대한 합법칙적인 산물이다. 시도 단위의 교육연대기구가 지역의 지상전을 통할하는 기구로 자리잡고, 나아가 시군구 단위의 교육연대기구가 꾸려져야 한다. 여기에는 교사단체, 학부모단체, 시민단체, 대중조직, 정당이 유기적으로 결합되어야 하며, 이를 주도하는 것은 교육운동의 가장 핵심적이고 강력한 주체인 전교조의 몫이다.

 또한 우리의 개혁안이 궁극적으로 국가 정책으로 실현되어야 하는 만큼 연대기구의 활동을 총괄하고 이를 다시 대중 속으로 침투시킬 수 있는 정당의 역할이 매우 중요하다. 현재의 정치 지형으로 볼 때 우리의 개혁안을 실행에 옮길 수 있는 계급적 이해관계를 가진 가장 유력한 정당은 민주노동당이다. 2004년 17대 총선에서 처음 의회에 진출한 민주노동당은 정책정당과 사회운동정당을 표방하며 수권정당으로서의 정체성을 가지고 있다. 따라서 민주노동당은 교육개혁의 의제를 정치적 의제로 제기하는 중심에 서서 대중조직과 시민운동단체의 활동방향을 제시하고 운동의 성과를 결집하는 역할을 해야 할 것이다.

민주노동당은 범국민교육연대의 활동을 토대로 국립대 통합네트워크를 포함한 총체적 교육개혁안을 당의 정책으로 채택했으며, 중앙당 수준에서는 이미 시민단체 및 대중조직과의 네트워크 구축을 가장 핵심적인 전략으로 정하고 사업을 벌이고 있다. 민주노동당은 신자유주의적 교육정책 담론이 지배하고 있는 이데올로기의 지형을 바꾸어 교육의 공공성 강화 담론을 형성시키고 확대하는 데 주도적인 역할을 하는 한편, 교육개혁 의제를 중심으로 지역 수준, 구체적으로 지구당 수준에서 당과 시민단체의 네트워크 구축에 적극적으로 나서야 할 것이다. 현재 교육운동 진영의 역량은 이미 이러한 과제를 수행할 수 있을 정도로 성장해 있다.

9. 맺음말

그러면 어디서부터 시작할 것인가? 2003년 초부터 우리나라 교육 전체의 틀을 바꾸려는 교육개혁운동이 본격적으로 시작되었다. 2003년 4월 24일에 전교조와 문화연대가 '교육 공공성 강화와 공교육 개편안 논의를 위한 토론회'를 열어 우리나라 교육체제 전반에 대한 개혁운동의 포문을 열었으며, 2003년 10월 11일에는 'WTO 교육개방 저지와 공교육 개편을 위한 범국민교육연대'가 결성되어 본격적인 개혁운동이 시작되었다. 범국민교육연대는 그 동안의 연구를 종합해 2004년 5월 10일에 『공교육 새판짜기』라는 공교육 종합 개편안을 내놓았다. 그리고 2004년 7월 2일에는 범국민교육연대와 교육개혁시민연대에 참여한 단체들이 '교육 공공성 실현 교육개혁 촉구 비상국민회의'를 구성하고, 비상시국선언과 10개항의 교육개혁의제를 구체적으로 내걸고 토론회를 개최하는 등 활발한 활동을 벌여왔다.

 이러한 공세적 투쟁과 함께 당면 교육 현안들에 대해서도 전면적 교육개혁의 관점에서 투쟁을 벌여나가야 한다. 당면한 현안 과제 중 국립대 통합네트워크 구축과 직접 관련되는 몇 가지만 짚어보면 다음과 같다. 첫째로, 사립학교법 개정 문제가 이미 수면 위로 올라와 있다. 정부와 집권당은 사학비리 방지에 초점을 두고 사립학교법 개정안을 만들고 있으나 사립학교의 공공성 강화에 핵심적인 요소들이 빠져 있다. 사립학교법 개정 국민운동본부와 민주노동당이 법률안에 요구하고 있는 공익이사제와 학교운영위원회의 심의의결기구화, 학교자치기구의 법제화는 국립대 통합네트워크가 작동할 수 있는 필요요건인 만큼 이를 관철시키는 투쟁이 중요하다. 둘째로, 국립대학을 독립법인화해 민영화하는 방향으로 나아가려 하는 '국립대학 운영에 관한 특별법' 제정을 저지하는 투쟁이 필요하다. 이 법률이 제정되어 국립대학이 민영화하는 방향으로 나아가면 국립대 통합네트워크를 구축하는 데 중요한 장애가 될 것이기 때문이다. 셋째로, 조만간 추진될 법학전문대학원(로스쿨)제도가 현재의 대학서열체제를 바탕으로 추진될 경우 법학전문대학원이 설치된 대학과 그렇지 않은 대학으로 대학서열체제가 더욱 강화될 것이다. 설치단계에 적극적으로 개입해 지역균형인재등용제도의 취지에 따라 지역별로 인구에 비례해 법학전문대학원이 설치되도록 하는 운동을 조직할 필요가 있다. 넷째로, 'WTO 교육개방 양허안'과 경제자유지역에 외국학교를 설치하는 것은 대학교육의 공공성을 크게 해치고 국립대 통합네트워크를 구축하는 데 커다란 장애가 될 것이므로 이를 저지하는 투쟁이 시급하다.

 우리 사회의 교육 모순은 이제 거의 임계점에 도달해 있다. 우리 개혁안의 핵심 구상을 이야기하면 많은 사람들이 수긍하는 모습을 보인다. 교육문제에 대해 조금이라도 심각하게 고민해본 사람들이라면 대학입시 평준화 외에 다른 대안이 없다고 말한다. 그러나 고착화된 '대학서열체제'라는 현실의 벽은 너무나 두껍다. 이 벽 앞에서 대부분의 사람들은 주저앉고 만다. 피해의식이나 열등의식, 숙명이나 체념에서 벗어나는 것이 문제해결의 단초다. 모순은 무르익었고 모순의 해결을 요구하는 사람들이 압도적 다수를 이루고 있다. 더 이상 지체할 수도 없다. 누가 어디서든 시작해야 한다.

교육 모순의 심각성과 관심의 편재성으로 인해 교육개혁운동은 다른 사회운동보다 유리한 조건에 있다. 가령 환경 문제는 그 모순이 모든 사람들에게 두루 미침에도 불구하고 직접 피부에 와 닿는 경우가 적은데다 우회로를 거쳐 영향을 미치는 경우가 많기 때문에 다수가 직접적으로 관심을 갖기가 쉽지 않다. 이에 비해 교육 모순은 어느 누구에게도 예외 없이 직접적인 관심사다. 교사, 교수, 학생은 말할 것도 없고, 일단 모든 국민이 학부모가 아닌가. 이 보편적인 관심사를 엮어내는 것, 이것이 교육개혁운동의 출발점이다. 이제 교육개혁운동은 국립대 통합네트워크를 포함한 총체적 교육개혁을 지향하는 시민운동으로, 교육혁명을 실현시킬 수 있는 정치운동으로 나아가야 한다.

<참고문헌>

강내희. 2003, 『교육개혁의 학문 전략』, 문화과학사.
경상대 사회과학연구원. 2002, 『제국주의와 한국사회』, 한울아카데미.
_____. 2004, 『대학서열체제의 제 문제와 국립대 통합네트워크 구축』, 학술대회자료집.
_____. 2004a, 『금속노조 실태조사 보고서』, 경상대학교 사회과학연구원.
고형일. 1998, 『2002년 이후의 입학제도 개선에 관한 연구』, 교육인적자원부

연구보고서.

김경근. 1999, 『대학서열 깨기』, 개마고원.

김동훈. 2001, 『한국의 학벌, 또 하나의 카스트인가』, 책세상.

김상봉. 2004, 『학벌사회—사회적 주체성에 대한 철학적 탐구』, 한길사.

김안나. 2003, 「대학 수능성적 분포의 변화 추이를 통해 본 고등교육의 서열화 구조」, 《교육사회학연구》 13권 3호.

김용일. 2002, 『교육의 미래: 시장화에서 민주화로』, 문음사.

마르크스. 1986, 『자본』, 김영민 옮김, 이론과실천.

민주노동당. 2004, 「7대 교육현안과 민주노동당 12대 핵심교육 공약」, http://www.kdlp.org 정책자료실.

박찬석. 2003, 『인재지역할당제 왜 해야 하는가?』, 학벌 타파 대안 토론회 자료집, http://www.antihakbul.org 자료실.

박찬석·김윤상. 1997, 「인재지역할당제: 지방차별해소를 위한 한 방안」, 《대학교육》 1·2월호, 대학교육협의회.

범국민교육연대. 2004, 『공교육 새판짜기: 공공성에 입각한 민중 진영의 공교육 개편방안』, 전국교직원노동조합.

서울대학교 사회과학연구원. 2004, 『입시제도의 변화: 누가 서울대학교에 들어오는가?』, 서울대학교 사회과학연구원.

우리교육. 2001, 「대구—경쟁 시스템으로 유지되는 교육 도시」, 《우리교육》 3월호.

이두휴. 2003, 「대학서열체계의 공고화와 지역간 불균등 발전」, 《교육사회학연구》 13권 1호, 한국교육사회학회.

_____. 2004, 「대학서열체제의 형성과 현황」, 『대학서열체제의 제 문제와 국립대 통합네트워크 구축』, 경상대 사회과학연구원 학술대회자료집.

장상환·정진상. 2001, 『한국의 사회운동』, 경상대출판부.

정진상. 1994, 「해방 직후 신분제 유제의 해체」, 경상대 사회과학연구소, 『사회과학연구』 11집.

_____. 2004, 『국립대 통합네트워크: 입시지옥과 학벌사회를 넘어』, 책세상.

정태화. 2003, 『학벌주의 극복을 위한 종합 대책 연구』, 교육인적자원부.

진보교육연구소 심포지엄 대학 평준화준비팀. 2002, 「대학 평준화, 이제는 당당히 가야 할 길」, 『진보교육』 14집.

천보선·김학한. 1998, 『신자유주의와 한국교육의 진로』, 한울.

최태룡. 2004, 「대학서열체제에 대한 사회조사」, 『대학서열체제의 제 문제와 국립대 통합네트워크 구축』, 경상대 사회과학연구원 학술대회자료집.
홍훈. 2004, 「학력, 학벌의 사회경제적 가치」, 『한국사회의 학벌과 대학교육』, 연세대학교 경제연구소, 한국직업능력개발원 공동 세미나 자료집.
황갑진. 「중등교육 문제와 그 원인」, 『대학서열체제의 제 문제와 국립대 통합네트워크 구축』, 경상대 사회과학연구원 학술대회자료집.
http://www.antihakbul.org
http://www.edu-forum.co.kr
http://www.eduhope.net
http://www.kdlp.org

■ 지은이

정진상
서울대학교 사회학박사
현재 경상대학교 교수(사회학), 사회과학연구원장
주요 저서 『국립대 통합네트워크: 입시지옥과 학벌사회를 넘어』

김영석
한국교원대학교 교육학박사
현재 경상대학교 교수(교육학)
주요 논문 「일상적 사고의 특징과 발달요인」

이두휴
전남대학교 교육학박사
현재 여수대학교 교수(교육학)
주요 논문 「대학서열체제의 공고화와 지역간 불균등 발전」

황갑진
부산대학교 사회학박사
현재 경상대학교 교수(사회학)
주요 논문 「산업사회의 발달과 사회문화 교육내용의 변화」

최태룡
서울대학교 사회학박사
현재 경상대학교 교수(사회학)
주요 논문 「컴퓨터 통신과 사회적 관계의 형성」

이전
서울대학교 지리학박사
현재 경상대학교 교수(지리학)
주요 저서 『인류와 문화』

이종래

독일 뮌스터대학 철학박사
현재 경상대학교 사회과학연구원 교수(사회학)
주요 저서 『금속노조의 조직과 리더십』

김경근

서울대학교 역사학박사
현재 전북대학교 교수(서양사학)
주요 저서 『대학서열깨기』

한울아카데미 710
대학서열체제 연구: 진단과 대안

ⓒ 경상대학교 사회과학연구원, 2004

엮은이 | 경상대학교 사회과학연구원
지은이 | 정진상·김영석·이두휴·황갑진·최태룡·이전·이종래·김경근
펴낸이 | 김종수
펴낸곳 | 도서출판 한울

편집 | 곽종구

초판 1쇄 발행 | 2004년 12월 15일
초판 2쇄 발행 | 2005년 10월 15일

주소 | 413-832 파주시 교하읍 문발리 507-2(본사)
   121-801 서울시 마포구 공덕동 105-90 서울빌딩 3층(서울사무소)
전화 | 영업 326-0095, 편집 336-6183
팩스 | 333-7543
홈페이지 | www.hanulbooks.co.kr
등록 | 1980년 3월 13일, 제14-19호

Printed in Korea.
ISBN 89-460-3332-0 93330

* 책값은 겉표지에 표시되어 있습니다.

> 이 책은 한국학술진흥재단 2003년도 협동연구지원사업 지정과제 '교육경쟁력 강화를 위한 대학간 연계협력 방안'(KRF-2003-044-B0009)의 최종 연구성과물이다.